Vis-à-Vis

USA SÜDWESTEN & LAS VEGAS

Vis-à-Vis

USA SÜDWESTEN & LAS VEGAS

DORLING KINDERSLEY
LONDON • NEW YORK • MÜNCHEN
MELBOURNE • DELHI
www.dorlingkindersley.de

Ein Dorling Kindersley Buch

www.dorlingkindersley.de

Produktion
Duncan Baird Publishers, London, England

Texte
Randa Bishop, Donna Dailey, Paul Franklin, Michelle de Larrabeiti, Philip Lee

Fotografien
Demetrio Carrasco, Alan Keohane, Francesca Yorke

Illustrationen
Gary Cross, Eugene Fleurey, Claire Littlejohn, Chris Orr & Associates, Mel Pickering, Robbie Polley, John Woodcock

Kartografie
Ben Bowles, Rob Clynes, Sam Johnston, James Macdonald (Colourmap Scanning Ltd.)

Redaktion und Gestaltung
Duncan Baird London: Michelle de Larrabeiti, Rebecca Miles, Vanessa Sayers, Liz Atherton, Georgina Harris, Judith Ledger, Dawn Davies-Cook, Kelly Cody, Jessica Hughes, Gary Cross.
Dorling Kindersley London: Ester Labi, Jane Ewart, Marisa Renzullo, Sherry Collins, Marie Ingledew, Casper Morris, Dave Pugh, Gillian Allan, Douglas Amrine

•

Titel der englischen Originalausgabe:
Eyewitness Travel Guide *Southwest USA & Las Vegas*
Zuerst erschienen 2001 in Großbritannien
bei Dorling Kindersley Ltd.
A Penguin Company

•

Für die deutsche Ausgabe

Aktualisierte Neuauflage 2012 / 2013

Programmleitung Dr. Jörg Theilacker, Dorling Kindersley Verlag
Projektleitung Stefanie Franz, Dorling Kindersley Verlag
Übersetzung Barbara Rusch, München
Redaktion Dr. Elfi Ledig, München
Schlussredaktion Philip Anton, Köln
Satz und Produktion Dorling Kindersley Verlag, München
Lithografie Colourscan, Singapur
Druck South China Printing Co. Ltd., China

ISBN 978-3-8310-2259-5
7 8 9 10 11 14 13 12

In diesem Buch wird das Erdgeschoss wie in den USA üblich als »Erster Stock« (First Floor) bezeichnet.

Dieser Reiseführer wird regelmäßig aktualisiert. Angaben wie Telefonnummern, Öffnungszeiten, Adressen, Preise und Fahrpläne können sich jedoch ändern. Der Verlag kann für fehlerhafte oder veraltete Angaben nicht haftbar gemacht werden. Für Hinweise, Verbesserungsvorschläge und Korrekturen ist der Verlag dankbar.
Bitte richten Sie Ihr Schreiben an:
Dorling Kindersley Verlag GmbH
Redaktion Reiseführer
Arnulfstraße 124 • 80636 München
travel@dk-germany.de

Inhalt

Der Südwesten stellt sich vor

Blick vom North Rim des Grand Canyon *(siehe S. 60f)*

Arizona

Zwei Flötenspieler – Petroglyphen im Walnut Canyon *(siehe S. 69)*

◁ **Traumhafter Südwesten: Saguaro-Kakteen in der Sonora-Wüste *(siehe S. 20)***
◁◁ **Umschlag: Blick vom Toroweap Point in den Grand Canyon *(siehe S. 58–63)***

Gigantisch – der Mesa Arch im Canyonlands National Park *(siehe S. 142)*

Las Vegas

Eiffelturm des Paris Hotel in Las Vegas *(siehe S. 103)*

Süd-Utah

Four Corners

New Mexico

Farbenprächtig und mythisch – hispanische Keramik

Die San Xavier del Bac Mission in Tucson, Süd-Arizona *(siehe S. 88f)*

Zu Gast im Südwesten

Cowboy-Feeling: Gäste einer Dude Ranch in Arizona beim Ausritt

Grundinformationen

Benutzerhinweise

Dieser Reiseführer soll Ihren Besuch im Südwesten der USA zu einem Erlebnis machen. *Der Südwesten stellt sich vor* beschreibt zunächst die Regionen New Mexico, Arizona, große Gebiete von Colorado und Utah sowie Las Vegas – sowohl geografisch als auch historisch und kulturell. In jedem Kapitel werden wichtige Sehenswürdigkeiten in Text und Bild präsentiert. Die besten Restaurants und Hotels finden Sie in *Zu Gast im Südwesten*. Die *Grundinformationen* bieten nützliche Tipps und Hinweise für Ihren Aufenthalt und zur Anreise.

Die Regionen des Südwestens
Die fünf Regionen des Südwestens sind jeweils in einem eigenen Kapitel beschrieben. Zwei Regionen wurden weiter unterteilt. Alle wichtigen Städte und Highlights sind auf einer Übersichtskarte am Anfang der Kapitel durchnummeriert.

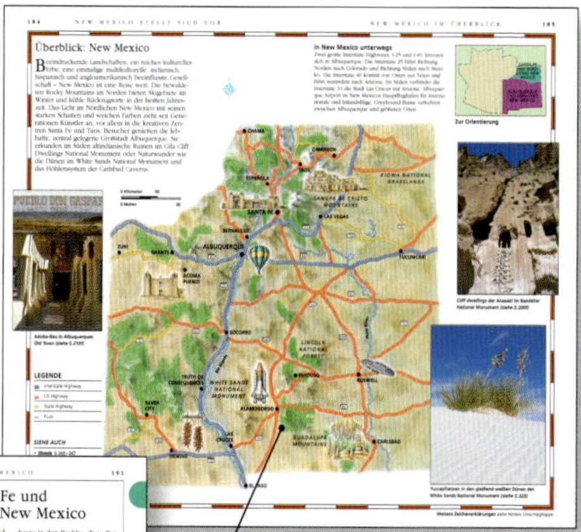

Eine Orientierungskarte zeigt, wo sich die Region befindet.

Sehenswürdigkeiten auf einen Blick führt alle Attraktionen eines Kapitels (historische Städte, Landschaften, Museen etc.) auf.

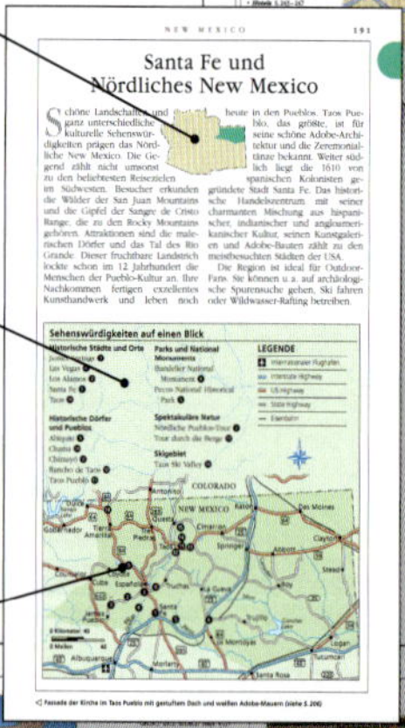

1 Erlebniskarte
Die illustrierte Karte zeigt die Charakteristika der Region sowie das Straßen- und Eisenbahnnetz. Sie liefert zudem hilfreiche Tipps zu Anreise und (öffentlichen) Transportmitteln bzw. wie man am besten zu den Sehenswürdigkeiten kommt.

2 Übersichtskarte
Der historisch-geografischen Einführung folgt eine Karte, auf der die Sehenswürdigkeiten eingetragen sind.

Jede Region des Südwestens kann anhand der Farbcodierung schnell gefunden werden.

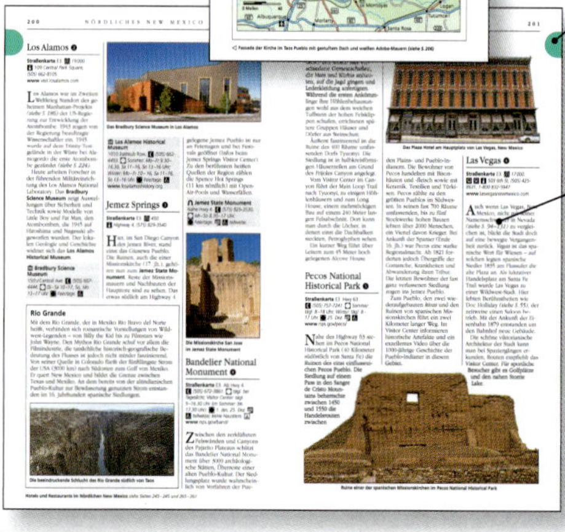

3 Detaillierte Informationen
Alle wichtigen Städte und Orte und deren interessante Gebäude sowie andere Sehenswürdigkeiten werden einzeln und in der auf der Übersichtskarte vorgegebenen Reihenfolge beschrieben. Die Kartenverweise beziehen sich auf die Straßenkarte der hinteren Umschlaginnenseiten.

Las Vegas

Dieser einzigartigen Stadt ist ein eigenes Kapitel gewidmet. Die Hauptsehenswürdigkeiten sind nummeriert und auf der *Zentrumskarte* eingetragen, auf einer weiteren Karte sind die Attraktionen im Großraum Las Vegas markiert. Die Beschreibungen der Sehenswürdigkeiten im Kapitel folgen diesen Nummerierungen. Ein zusätzliches Unterkapitel *Praktische Hinweise* bietet nützliche Infos zu Shopping, Unterhaltung und Glücksspiel.

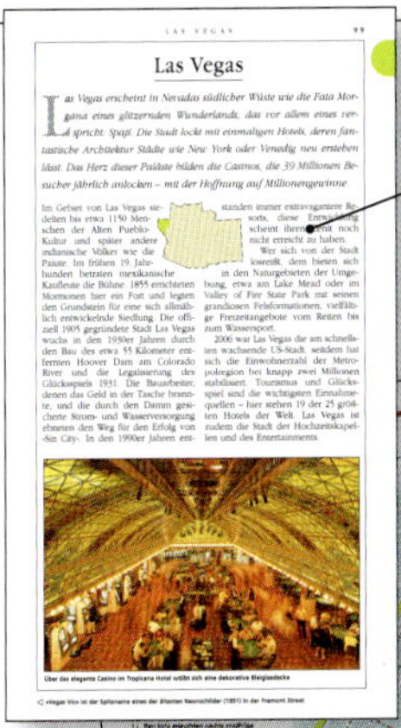

1 Einführung
Hier werden Geschichte und Entwicklung von Las Vegas beschrieben – mit Kurzinfos darüber, was die Stadt Besuchern heute bietet.

2 Zentrumskarte
Die Sehenswürdigkeiten sind auf der Karte nummeriert und somit leicht zu finden.

3 Detailkarte
Diese Illustration zeigt ein Stadtviertel mit seinen Highlights aus der Vogelperspektive.

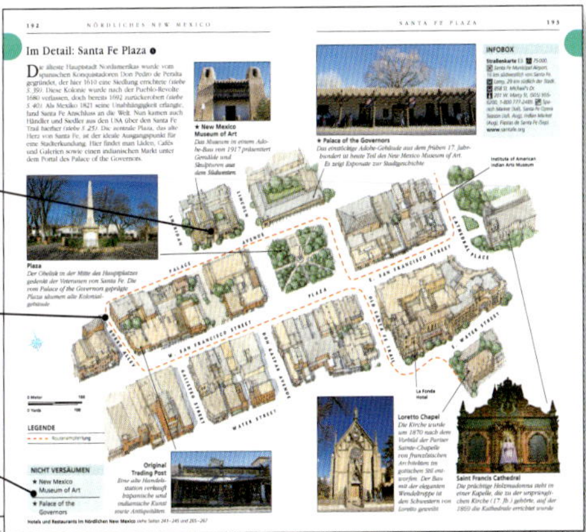

Routenempfehlungen sind rot markiert.

Sterne kennzeichnen alle Sehenswürdigkeiten, die Sie auf keinen Fall versäumen sollten.

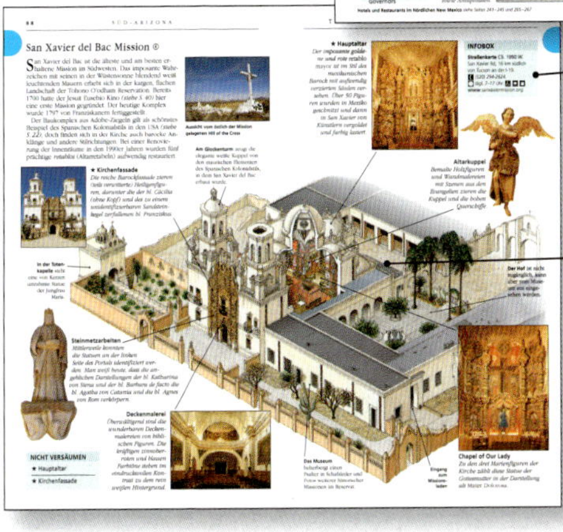

Die Infobox enthält hilfreiche Informationen, z. B. Öffnungszeiten, Telefonnummer, Website, Verkehrsanbindung.

4 Hauptsehenswürdigkeiten
Den Highlights im Südwesten sind zwei Seiten gewidmet: Historische Gebäude werden als Schnittzeichnungen mit den Innenräumen gezeigt. Bei National Parks und Forests sind Wege, Einrichtungen und Highlights auf den Karten eingetragen.

Der Südwesten stellt sich vor

Den Südwesten entdecken

Der Südwesten der USA ist die malerischste Region des Landes – von den rostroten Felsen Utahs, dem Grand Canyon in Arizona bis zu den weißen Sanddünen im Südlichen New Mexico. Allein die Landschaft ist eine Reise wert, doch es gibt noch weitere Highlights: die alten Felsbehausungen der Ureinwohner, die vibrierende hispanische Kultur, grandiose Kunstwerke und faszinierende Wildtiere. Die Berge und Canyons sind ein Eldorado für Outdoor-Fans. In Spas und auf Golfplätzen kann man relaxen. Las Vegas bringt das Bild zum Glitzern – im Neonglanz erhebt sich die Vergnügungsmetropole aus der Wüste. Im Folgenden erhalten Sie einen Überblick über die Regionen.

Saguaro-Kaktus, Arizona

Grand Canyon und Nord-Arizona

- **Grand Canyon**
- **Petrified Forest National Park und Painted Desert**
- **Historische Minenstädte**

Arizonas vielgestaltige Landschaft umfasst Berge, Grasland und große Waldflächen. Der **Grand Canyon** *(siehe S. 58–63)* ist die Hauptattraktion. Abgesehen vom grandiosen Anblick des Naturwunders, kann man hier auch klettern und raften. Die verkieselten Baumstämme des **Petrified Forest National Park** *(siehe S. 73)*, das Farbspiel der **Painted Desert** und der **Sunset Crater** *(siehe S. 69)* mit Lavafeld sind weitere Anziehungspunkte. **Sedona** *(siehe S. 73)* liegt mitten im Red Rock Country. Der schattige **Oak Creek Canyon** *(siehe S. 69)* bietet Wanderwege und Naturpools. **Flagstaff** *(siehe S. 66–68)* ist ein guter Ausgangspunkt, um historische Minenstädte und archäologische Stätten der Ureinwohner zu erkunden.

Magisches Farbenspiel im Grand Canyon *(siehe S. 58–63)*

Phoenix und Süd-Arizona

- **Spas und Golfplätze**
- **Saguaro-Kakteen**
- **Wilder Westen**

Phoenix *(siehe S. 76–79)* bietet nicht nur das Heard Museum, von hier aus ist man gleich bei den Golfplätzen des exklusiven **Scottsdale** *(siehe S. 80f)*. Saguaro-Kakteen überziehen den **Saguaro National Park** *(siehe S. 86)* bei **Tucson** *(siehe S. 84f)*. Nahebei liegt das **Arizona-Sonora Desert Museum** *(siehe S. 86)* mit Wüstenpflanzen und der **San Xavier del Bac Mission** *(siehe S. 88f)*. In **Bisbee** und **Tombstone** *(siehe S. 92)* wird der Wilde Westen konserviert. Bei Touren im **Organ Pipe Cactus National Monument** *(siehe S. 90)* und **Chiricahua National Monument** *(siehe S. 93)* erlebt man die Faszination der Wüste.

Nachbildung der Skyline von Manhattan in Las Vegas

Las Vegas

- **Fantastische Themenhotels**
- **Glitzernde Casinos**
- **Shows von Weltklasse**
- **Hoover Dam**

An der Neon-Glitzermeile des »Strip« reihen sich die Luxushotels und Casinos von Las Vegas aneinander. Zu den attraktivsten zählen **Bellagio** *(siehe S. 110)*, **Venetian** *(siehe S. 114)* und **Wynn Las Vegas & Encore** *(siehe S. 116)*. Jede Nacht treten hier internationale Stars auf, etwa in der Garden Arena des **MGM Grand** *(siehe S. 108)* oder im **Caesars Palace** *(siehe S. 111)*. All der Lichterglanz wird vom **Hoover Dam** *(siehe S. 120)* ermöglicht. Sein Stausee, ein Eldorado für Angler und Wassersportler, bildet das Zentrum der **Lake Mead National Recreation Area** *(siehe S. 120)*. Ruhiger ist es im malerischen **Valley of Fire State Park** *(siehe S. 120f)* und im **Red Rock Canyon** *(siehe S. 121)*.

◁ ***The Southwest* (Öl auf Leinwand) von Walter Ufer (1876–1936)**

Süd-Utah

- **Traumhafte Nationalparks**
- **Rostrote Felsformationen**
- **Outdoor-Paradiese**

Die Naturschönheit von Süd-Utah wird in Nationalparks geschützt. **Arches** *(siehe S. 140f)* und **Bryce Canyon** *(siehe S. 152f)* bieten malerische rötliche Felsformationen. Die schattigen Canyons von **Zion** *(siehe S. 154f)* durchziehen Wanderwege. Durch die Felsenwildnis von **Canyonlands** *(siehe S. 142)* windet sich der Colorado River. Vom **Dead Horse Point State Park** *(siehe S. 143)* aus genießt man fantastische Ausblicke auf den mächtigen Strom. Die **Lake Powell und Glen Canyon National Recreation Area** *(siehe S. 150f)* ist ein Paradies für Outdoor-Fans. Hier kann man Rad fahren und Wassersport treiben. **Moab** *(siehe S. 141)*, **Cedar City** *(siehe S. 148f)* und andere historische Städte sind einen Abstecher wert.

Erodierter Felsbogen im Arches National Park, Utah *(siehe S. 140f)*

Four Corners

- **Bergszenerie der Rocky Mountains**
- **Faszinierende Ruinen**
- **Monument Valley**
- **Indianerreservate**

Die Ruinen uralter Pueblos und Felsbehausungen dominieren die Region, in der vier Bundesstaaten zusammenstoßen. Die größten und besterhaltenen Stätten finden sich

Alte Felsbehausungen im Mesa Verde National Park *(siehe S. 180f)*

im **Mesa Verde National Park** *(siehe S. 180f)*, **Chaco Culture National Historical Park** *(siehe S. 174f)* und **Canyon de Chelly National Monument** *(siehe S. 168f)*. Heute leben die Ureinwohner der USA meist in Reservaten. Sehenswert: **Hopi Indian Reservation** *(siehe S. 166f)* und **Hubbell Trading Post** *(siehe S. 167)*. Bekanntestes Monument des amerikanischen Westens sind die Monolithen des **Monument Valley** *(siehe S. 164f)*. Majestätisch erheben sich hier auch die Rocky Mountains – auf der **San Juan Skyway Tour** *(siehe S. 178)* kann man die schönsten Abschnitte erkunden.

Santa Fe und Nördliches New Mexico

- **Kunst- und Geschichtsmuseen in Santa Fe**
- **Pueblos der Ureinwohner**
- **Missionskirchen**
- **Keramik, Kunst und Architektur**

Architektur, historische Stätten und exzellente Museen machen **Santa Fe** *(siehe S. 192–199)* zum Besuchermagneten. Hier rangiert Kunst an erster Stelle, vom **Georgia O'Keeffe Museum** *(siehe S. 194)* bis zu den Galerien der Canyon Road. Auch sehenswert: die hübschen Missionskirchen von Santa Fe und **Chimayó** *(siehe S. 203)*. Bei einer Tour zu den **Nördlichen Pueblos** *(siehe S. 202)* kann man Indianergemeinden kennenlernen und ein Exemplar der bekannten Keramik der Gegend erwerben. **Taos** *(siehe S. 204f)* ist ein weiteres Kunstzentrum mit ausgezeichneten Museen. Im **Taos Pueblo** *(siehe S. 206)* leben die Ureinwohner noch wie ihre Vorfahren in gemeinschaftlichen Adobe-Bauten. Das **Bandelier National Monument** *(siehe S. 200f)* bietet imposante Felsbehausungen.

Albuquerque und Südliches New Mexico

- **Indianische Petroglyphen**
- **Auf den Spuren von Billy the Kid**
- **White Sands National Monument**
- **Carlsbad Caverns**

Albuquerque *(siehe S. 210–215)* besitzt gute Museen und eine malerische Altstadt. Das Indian Pueblo Cultural Center und das **Petroglyph National Monument** *(siehe S. 215)* sind, ebenso wie das **Acoma Pueblo** *(siehe S. 217)* und die **Gila Cliff Dwellings** *(siehe S. 218f)*, der Kultur der Ureinwohner gewidmet. Auf den Spuren von Billy the Kid kommt man durch die Westernstädte **Silver City** *(siehe S. 219)*, **Mesilla** *(siehe S. 222)* und **Lincoln** *(siehe S. 225)*. **Alamogordo** *(siehe S. 224)* wird Weltraumfans begeistern. Um **Roswell** *(siehe S. 227)* ranken sich UFO-Spekulationen. Die weißen Sanddünen des **White Sands National Monument** *(siehe S. 223)* und die Felsformationen der **Carlsbad Caverns** *(siehe S. 226f)* sind Wunderwerke der Natur.

Petroglyphen im Petroglyph National Monument *(siehe S. 215)*

Der Südwesten auf der Karte

Dieser Reiseführer versteht unter »Südwesten« Arizona, New Mexico, das Gebiet der Four Corners im südwestlichen Colorado und Süd-Utah sowie die Stadt Las Vegas in Nevada. Dieses Areal grenzt im Süden an Mexiko, im Westen an Kalifornien und im Osten an Texas und Oklahoma. Das riesige, etwa 835 000 Quadratkilometer große Gebiet ist nur sehr dünn besiedelt. 60 Prozent der rund 14 Millionen Einwohner leben in Städten.

Satellitenbild des Colorado River und des Grand Canyon

Ein Porträt des Südwestens

Atemberaubende Canyons, kakteenübersäte Wüsten und zerklüftete Berge – der Südwesten repräsentiert ein Bilderbuch-Amerika. Schon vor gut 15000 Jahren war diese Region besiedelt. Im 20. Jahrhundert mischten sich allmählich angloamerikanische, hispanische und indianische Traditionen und ließen das für den Südwesten typische multikulturelle Flair entstehen.

»Buffalo« – ein Bisonschädel

Zum Südwesten der USA zählen Arizona, New Mexico, der Südwesten Colorados, Süd-Utah sowie Las Vegas in Nevada. Ganz unterschiedliche, aber charakteristische Bilder bestimmen die Region: die hohen Saguaro-Kakteen der Sonora-Wüste in Arizona, der rote Sandstein der Mesas im Monument Valley, die gigantischen Felsstufen des Grand Canyon und die Adobe-Architektur New Mexicos. Das geologische Zentrum der Region ist das bis zu 3600 Meter hohe Colorado Plateau. Das riesige felsige Tafelland erstreckt sich über 336000 Quadratkilometer. Es wurde durch dieselben geologischen Prozesse nach oben geschoben, die auch die Rocky Mountains formten. Die Erosionskräfte von Wasser, Wind und Sand, die auf die harten wie auf die weichen Gesteinsschichten einwirkten, modellierten die typischen Canyons, Mesas und Berge des Plateaus.

Viele der Naturwunder sind nun in Nationalparks geschützt, etwa im Grand Canyon und Zion National Park. Wunderschön ist auch die unterirdische Höhlenwelt der Region, etwa die Carlsbad Caverns in New Mexico und die Kartchner Caverns in Süd-Arizona.

Kakteen und Chili-Girlanden vor einem Blumenladen im Viertel El Presidio in Tucson

◁ **Die Wüste blüht** ***(siehe S. 20f)*** **– ein Teppich aus Frühlingsblumen, Eisenkraut und Nachtkerzen**

Gesellschaft

Indianer (Native Americans), Hispanier (Hispanics) und Angloamerikaner: Im Südwesten treffen drei Kulturen aufeinander. Spanisch hört man überall, das Alltagsenglisch ist mit spanischen Ausdrücken »gewürzt« – Zeugnis des bis ins 16. Jahrhundert zurückreichenden Kulturerbes. Spanier landeten 1540 im Südwesten, die Pilgerväter erst 80 Jahre später bei Plymouth.

***Kachina*-Figur der Hopi**

Die zahlreichen, im Südwesten gesprochenen Indianersprachen verweisen auf die Geschichte der Ureinwohner. Die Hopi und andere Pueblo-Stämme führen ihre Herkunft auf die Einwanderer zurück, die die grandiosen *cliff dwellings* (Felsenwohnungen) in Mesa Verde, im Canyon de Chelly und im Chaco Canyon errichteten. Die Navajo leben in Nord-Arizona und New Mexico im größten Reservat der USA. Hier siedeln auch Apachen *(apache)* und einige andere Stämme. Heute können die Indianer die *reservations* großteils selbst verwalten und erhalten Einnahmen aus Glücksspiel, Tourismus, Kohlebergbau und Kunsthandwerk (etwa Keramik oder *Kachina*-Figuren der Hopi). Bei einigen indianischen Festen sind Besucher willkommen, andere sind aus religiösen Gründen nicht zugänglich.

Im Südwesten dominieren drei religiöse Traditionen, wobei die indianischen Religionen vielfältig sind. Jeder Stamm hat andere, oft mit den Vorfahren und dem jeweiligen Land verbundene Glaubensvorstellungen. Der Katholizismus wurde von den spanischen Eroberern eingeführt. Er ist die vorherrschende Religion, obwohl es einige protestantische Enklaven gibt. In Utah leben hauptsächlich Mormonen.

Politik und Verwaltung

Arizona und New Mexico wurden 1912 Bundesstaaten der USA. Arizona ist heute der fünftgrößte, New Mexico der sechstgrößte Staat. Obwohl Phoenix auf Platz fünf der bevölkerungsreichsten US-Städte steht, zählt die Region zu den am dünnsten besiedelten. Rund 60 Prozent der Bewohner des Südwestens leben in Phoenix, Tucson, Santa Fe, Albuquerque und Las Cruces. Die Entwicklung der Städte führt zu einer starken Belastung der Ressourcen, vor allem der Wasserversorgung.

Blick vom Mummy Cave Overlook in den Canyon de Muerto im Canyon de Chelly

Die mächtigen Mauern des Hoover Dam stauen den Colorado River an der Grenze von Nevada und Arizona

In den 1930er Jahren begann mit dem Bau des Hoover Dam die Ära der Staudämme im Westen. In den 1960er Jahren benötigte man zur Stromerzeugung, Bewässerung der Farmen und Versorgung der Städte weitere Dämme. 1963 überflutete der umstrittene Glen Canyon Dam ein riesiges Gebiet und zerstörte Naturmonumente sowie historische und heilige indianische Stätten. Heute sind viele Stämme im Besitz des Wassers auf ihrem Land.

Kunst und Kultur

Unberührte Natur und ein warmes Klima – der Südwesten ist *der* Ort für Outdoor-Aktivitäten. Hier gibt es kilometerlange Wanderwege, Wassersport auf den Seen, Wildwasser-Rafting, Wintersportgebiete und einige der schönsten Golfplätze der USA. Die Landschaft kann man besonders gut bei einem Ausritt erkunden. »Lehnstuhl-Cowboys« können auch passiv das zentrale Event im Südwesten genießen – das Rodeo.

Symphonieorchester, Theater, Ballett und Opernhäuser gibt es in Phoenix, Tucson, Santa Fe und Albuquerque. Die traditionellen indianischen Tänze und die Hispanic-Szene vereint der Navajo-Künstler Carlos R. Nakai in seiner Flötenmusik. Er spielt auch Klassik und Jazz. Internationale Show-Stars treten vor allem in Phoenix und in der glitzernden Casinowelt von Las Vegas auf.

Besonders faszinierend ist das spezielle Licht im Südwesten, vor allem in den Bergen des Nördlichen New Mexico. Georgia O'Keeffes Landschaftsgemälde aus den 1940er Jahren trugen dazu bei, dass das Gebiet um Santa Fe zu einem Mekka für Künstler aufstieg. Heute ist die Stadt der zweitgrößte Kunsthandelsplatz der USA. Zu den berühmtesten indianischen Künstlern zählen die Keramikerin Maria Martínez (1881–1980) vom San Ildefonso Pueblo, der Maler R. C. Gorman (1931–2005), ein Navajo, und die Pueblo-Keramikerin Nancy Youngblood Lugo.

Wanderer auf dem Bright Angel Trail, Grand Canyon

Der Südwesten ist nicht nur eine geografische Region, sondern auch eine Gefühlslage. Die fantastische Landschaft und eine romantisierte Vergangenheit lassen ein Idealbild vom »Wilden Westen« entstehen. Hier kann jeder Besucher ein bisschen im »Cowboy-Feeling« schwelgen.

Landschaften

Vulkanausbrüche, Erdanhebungen und die erodierenden Kräfte von Wind und Wasser formten die farbige und vielfältige Landschaft des Südwestens. Im Paläozoikum (vor etwa 570 bis 250 Millionen Jahren) war die Region großteils von einem riesigen Binnenmeer bedeckt, dessen über 3000 Meter hohe Sedimente versteinerten. Nach der Entstehung der Rocky Mountains vor rund 80 Millionen Jahren wuschen die Flüsse und der Regen die Gesteinsschichten aus. So entstanden die charakteristischen tiefen Canyons und Felsbogen, die *arches* des Südwestens.

Das geologische Herzstück der Region ist das etwa 336 700 Quadratkilometer große Colorado Plateau. Es wird von zahlreichen Canyons, darunter dem Grand Canyon, durchschnitten *(siehe S. 58–63)*.

Im Coral Pink Sand Dunes State Park *bedecken rosa schimmernde Sanddünen über die Hälfte der 1497 Hektar großen Fläche* (siehe S. 149).

Die Felsformationen im Monument Valley *(siehe S. 164f)* entstanden durch Erosion. Auf der Höhe ihrer Kuppen befand sich einst das Bodenniveau einer Hochebene.

Die Berge *des Südwestens mit ihren schneebedeckten Gipfeln, alpinen Wiesen, Kiefern- und Wacholderwäldern, Fichten und Tannen sowie den vom Schmelzwasser gespeisten Bächen und Seen gehören zu den Rocky Mountains. Sie wurden vor rund 65 Millionen Jahren durch Vulkane und die Verschiebung der Kontinentalplatte geformt.*

Geografische Regionen

Trotz der Vielfältigkeit der Landschaft bedecken vier Wüsten 70 Prozent des Territoriums: Great-Basin-, Chihuahua-, Sonora- und Mojave-Wüste *(siehe S. 20f)*. In jedem Gebiet gedeiht eine optimal an die raue Umwelt angepasste Flora und Fauna.

LEGENDE

- Great-Basin-Wüste
- Chihuahua-Wüste
- Sonora-Wüste
- Mojave-Wüste

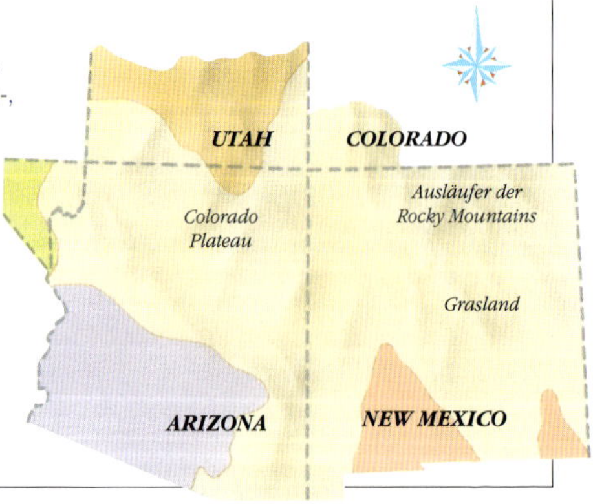

Weites Grasland *bedeckte einst die breiten Flussbecken New Mexicos und Arizonas. Von den riesigen Flächen sind nur wenige erhalten. Die meisten wurden durch die von angloamerikanischen Ranchern betriebene Überweidung zu Wüsten.*

Canyons *wie dieser im Zion National Park* (siehe S. 154f) *entstanden, indem sich ein Fluss unablässig ins Gestein schnitt. Mit zunehmender Tiefe verbreiterte die Erosion durch Wind, Regen und Eis das Flussbett. Das Wasser transportierte die Sedimente ab.*

Der orangefarbene Sandboden des Monument Valley ist mit Beifuß gesprenkelt.

Tafelberge und Felsen

Die »Mesa« genannten Tafelberge sind bisweilen über 160 Kilometer breit und wurden häufig durch die Erdkräfte angehoben. Andere dagegen sind wie viele Felsformationen aus hartem Gestein und letzte Reste einst großer Ebenen, die der Erosion zum Opfer fielen.

Das Colorado Plateau *durchschneiden von Flüssen geformte Canyons. Die Landschaft dieses Tafelmassivs weist überwältigende Gegensätze auf. In einem Höhenbereich zwischen etwa 600 und 3900 Meter finden sich Wüsten, grüne Flusstäler, dicht bewaldete Gipfel und bizarre Sandsteinformationen.*

Flora und Fauna der Wüste

Obwohl der Südwesten zu rund 70 Prozent von vier unterschiedlichen Wüsten – Sonora-, Mojave-, Great-Basin- und Chihuahua-Wüste – bedeckt ist, ist er kein arides Ödland. In der Sonora-Wüste gedeiht eine der vielfältigsten Tier- und Pflanzenwelten des Landes, in der Chihuahua-Wüste wachsen widerstandsfähige Yuccas und Agaven. Die Hügel und Ebenen sind mit einem trockenen, weizenfarbenen Gras überzogen. In der kühleren Great-Basin-Wüste finden sich vielfältige Grasarten und Wüstentiere. Frühlingsregen und Wasser aus den Bergen können die trockenste Wüste verwandeln. Zu solchen Zeiten blühen rund 250 Pflanzenarten in der Mojave-Wüste.

Alle Lebewesen der Wüste haben sich einzigartig an ihre unwirtliche Umwelt angepasst. Vor allem die Pflanzen können verfügbares Wasser speichern und in Trockenzeiten davon zehren.

Dickhornschafe *stehen unter Naturschutz und werden in den Wüstengebieten allmählich wieder angesiedelt. Die scheuen, stets fluchtbereiten Tiere zeigen sich nur selten.*

Sonora-Wüste

Sommer-»Monsune« und Winterstürme machen die Sonora-Wüste in Süd-Arizona zur grünsten Wüste des Südwestens. Hier wachsen die berühmten, bis zu 15 Meter hohen Saguaro-Kakteen *(siehe S. 86)*. Sie sind eine Heimstatt für Wüstentiere wie den Gila-Specht und den Elfenkauz.

Die geschützte Gopherschildkröte *kann über 50 Jahre alt werden. Man bekommt sie leider immer seltener zu Gesicht.*

Feigenkakteen *blühen im Frühjahr. Sie zählen zu den größten der zahlreichen Kakteenarten in der Sonora-Wüste.*

Chihuahua-Wüste

Die großteils in Mexiko gelegene Wüste dehnt sich nach Norden bis Albuquerque und in den Südosten Arizonas aus. Kakteen, Agaven und Yuccas, Eidechsen, Klapperschlangen und Kojoten überleben hier unter Extrembedingungen, im Winterschnee und bei Hitze und Gewittern im Sommer.

Javelinas, *schweineähnliche Säugetiere, durchstreifen in kleinen Gruppen die Chihuahua- und Sonora-Wüste.*

Yuccas *werden seit Jahrhunderten gesammelt. Ihre Früchte sind essbar. Aus ihren Wurzeln wird Shampoo hergestellt.*

Gefahren in der Wüste

Die Gefährlichkeit von giftigen Wüstentieren wird oft übertrieben. Zwar können manche beißen oder stechen, doch endet dies selten tödlich – außer für Kleinkinder oder Menschen mit schlechtem Allgemeinzustand. Greifen Sie nie in dunkle Spalten oder auf Simse, in oder auf die Sie nicht sehen können. Achten Sie darauf, wo Sie hintreten, und schütteln Sie Schuhe und Kleidung vor dem Anziehen aus. Bedrohen oder berühren Sie giftige Tiere niemals. Bleiben Sie nach einem Stich oder Biss ruhig, und suchen Sie sofort medizinische Hilfe.

Der Haarige Wüstenskorpion *ist giftig. Bei einem Stich sollte man sich in einem Krankenhaus das Gegengift spritzen lassen.*

Die Gila-Krustenechse *ist die einzige giftige Echsenart in den USA. Die langsame Wüstenbewohnerin ist selten zu sehen. Sie beißt nur, wenn sie sich bedroht fühlt.*

Great-Basin-Wüste

Mit Canyons, Klippen, Mesas und Spitzkuppen gilt die Great-Basin-Wüste als Inbegriff des Südwestens. Sie erstreckt sich von der Nordwestecke Arizonas bis in den Osten Utahs und nach Oregon. Zwischen Kakteen, Beifuß und Mesquite leben Dickhornschafe und verschiedene Klapperschlangenarten.

Beifuß *ist ein nach Salbei duftender Strauch, der riesige Gebiete der kühleren Great-Basin-Wüste bedeckt.*

Steinadler *kann man tagsüber beobachten, wenn sie hoch am Himmel über der Great-Basin-Wüste kreisen.*

Mojave-Wüste

Die riesige Wüste in Kalifornien erstreckt sich auch nach Arizona und ist fast ganzjährig trocken. Doch der spärliche Winterregen lässt im Frühjahr Wildblumen erblühen. Hier gibt es u.a. Kreosot-Sträucher, Kakteen und Yuccas sowie Gopherschildkröten, Eselhasen und Dickhornschafe.

Der schwarzschwänzige Eselhase *wird schon mit vollem Fell geboren. Es dient zur Tarnung, etwa zum Schutz vor Kojoten.*

Der Joshuabaum *verdankt seinen Namen einigen Mormonen, die in seinen Ästen die erhobenen Arme Joshuas zu erkennen glaubten.*

Architektur

Die Architekturgeschichte des Südwestens reicht zurück zu den Vorfahren der Pueblo-Indianer, den Anasazi. Sie errichteten mit großer Geschicklichkeit Siedlungen wie Mesa Verde *(siehe S. 180f)*. In vielen Orten gibt es historische Architektur. In den Städten sind die Adobe-Bauten der Altstadtviertel oft um eine zentrale Plaza angeordnet. Die Palette der Baustile reicht jedoch weiter: vom spanischen Kolonialstil des 18. bis zu Bauformen des 19. und frühen 20. Jahrhunderts. Holzfassaden, viktorianische Villen und Bergarbeiterhäuser verleihen vielen Bergstädten ihren rustikalen Charme. Einer der berühmtesten Architekten des 20. Jahrhunderts, Frank Lloyd Wright, gründete eine Architektenschule in Scottsdale *(siehe S. 80f)*.

San Felipe de Neri Church, Albuquerque Old Town

Traditioneller Adobe-Stil

Adobe-Öfen *(hornos)* auf El Rancho de las Golondrinas

Traditionelles Baumaterial in den Wüsten der Region ist Adobe, eine Mischung aus Lehm und Sand. Die durch Gras oder Stroh gebundene Masse wird zu Ziegeln geformt, die in der Sonne aushärten. Die Adobe-Wände werden mit einem ähnlichen Material zementiert und mit Lehm verputzt. Da Adobe schnell zerfällt, wird dies alle paar Jahre wiederholt. Moderne Adobe-Bauten sind oft aus Zement und werden mit bemaltem Kalkmörtel verputzt, der wie Adobe aussieht. Originalbauten hatten gestampfte Lehmböden, Holzbalken *(vigas)* als Dachstützen und Wasserabläufe *(canales)* an den Flachdächern.

Auf El Rancho de las Golondrinas *werden traditionelle Adobe-Häuser im Museum gezeigt* (siehe S. 198f).

Spanischer Kolonialstil

Im 17. und 18. Jahrhundert verbanden die Missionen der spanischen Kolonialisten den Barock mexikanischer und europäischer Sakralbauten mit indianischen Stilen. Man beschäftigte einheimische Handwerker und nutzte regional vorhandene Baustoffe. Als Spanish Colonial Revival erlebte die Bauweise von 1915 bis nach 1930 eine Renaissance bei privaten und öffentlichen Bauten. Rote Ziegeldächer, Zierterrakotta und Stein- oder Eisengitter wurden mit weißen Stuckmörtelmauern kombiniert. Ein Beispiel hierfür ist das Pima County Courthouse in Tucson *(siehe S. 84)* mit seiner bunt gefliesten Kuppel.

Kuppel und Türme der San Xavier del Bac Mission

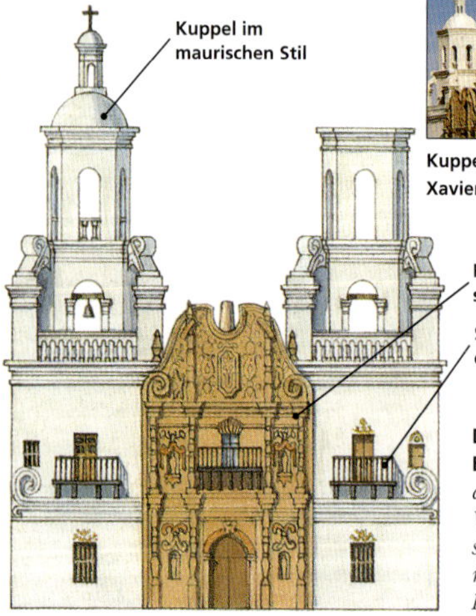

Die San Xavier del Bac Mission *zeigt die barocken Wurzeln des spanischen Kolonialstils beim Kirchenbau.*

Mission-Revival-Stil

Typisch für den mit dem spanischen Kolonialstil verwandten Mission-Revival-Stil des frühen 20. Jahrhunderts sind die weißen Kalkmörtelmauern. Häufig finden sich elegante Rundbogen, Flachdächer und Innenhöfe mit sparsamen Verzierungen. Ein schönes Beispiel ist das J. Knox Corbett House im Historic Block in Tucson *(siehe S. 84)*. Der Ziegelbau mit rotem Ziegeldach und großer Veranda auf der Rückseite wurde weiß verputzt – als wäre er ein Adobe-Bau.

Fassade des J. Knox Corbett House

Das J. Knox Corbett House *in Tucson (1906) ist ein Entwurf im beliebten Mission-Revival-Stil von dem Chicagoer Architekten David Holmes.*

Pueblo-Revival-Stil

New Mexico Museum of Art

Der Baustil war vor allem in den ersten drei Jahrzehnten des 20. Jahrhunderts populär. Typisch sind die Adobe- oder Pseudo-Adobe-Mauern mit hervorstehenden *vigas* und *canales* an den Flachdächern. Das erste und zweite Stockwerk wurde in Anlehnung an mehrstöckige Pueblo-Bauten wie etwa Taos Pueblo *(siehe S. 206)* in der Regel zurückgesetzt – daher der Name des Stil. Kennzeichen sind abgerundete Brüstungen, gerahmte Fenster und Holzsäulen. Ein exzellentes Beispiel für diesen häufig für öffentliche Bauwerke verwendeten Stil ist das New Mexico Museum of Art in Santa Fe *(siehe S. 194)*.

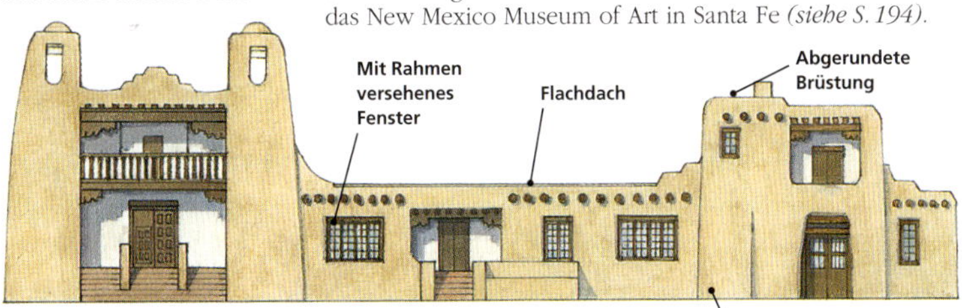

Das New Mexico Museum of Art *in Santa Fe wurde 1917 als erstes Bauwerk der Stadt im Pueblo-Revival-Stil errichtet. Ein zentraler schattiger Innenhof bietet Schutz vor der Sonne.*

Zeitgenössische Architektur

Im Südwesten wirkten die berühmten Architekten Frank Lloyd Wright (1867–1959) und Paolo Soleri (geb. 1919). Wrights »organische Architektur« verlangte die Verwendung regionaler Baustoffe und die Beachtung der Umwelt. Sein Gebäudekomplex Taliesin West *(siehe S. 80)* umfasst eine Architekturschule, Büros und sein Wohnhaus. Die riesigen Proportionen spiegeln die Wüste Arizonas wider. Nach seinem Studium in Taliesin (1940er Jahre) gründete der Italiener Soleri 1956 die Cosanti Foundation *(siehe S. 81)*. Dort lehrte er »Arcology«, eine Synthese aus Architektur und Ökologie, die die Energieverschwendung moderner Städte reduzieren sollte.

Innenausstattung des von Frank Lloyd Wright entworfenen Taliesin West

Entdecker und Eroberer

Die abgelegene Wildnis des Südwestens wurde als eine der letzten Regionen der USA von Angloamerikanern Mitte bis Ende des 19. Jahrhunderts kolonisiert. Als erste Europäer erreichten die Spanier unter dem Konquistadoren Francisco Vasquez de Coronado (1510–1554) das Gebiet im 16. Jahrhundert. Santa Fe wurde 1610 gegründet, 1752 folgte mit Tubac die erste spanische Siedlung in Arizona. Kit Carson und andere Trapper erkundeten Mitte des 19. Jahrhunderts die Ost-West-Routen. Um 1840 gründeten Mormonen Salt Lake City. Im späteren 19. Jahrhundert reisten Entdecker und Prospektoren in der Region umher, darunter auch der US-Nationalheld John Wesley Powell.

Der Inscription Rock *über einer Quelle in New Mexico war jahrhundertelang ein Rastplatz für Reisende. Hier finden sich Zuni-Petroglyphen und Graffiti, darunter Oñates Name.*

Die Butterfield Stage Route *wurde 1858 mit Billigung des Kongresses erschlossen. Die Route, auf der zweimal pro Woche Kutschen die isolierten Gebiete erreichten, half bei der Besiedlung des Westens.*

Routen der Eroberer

Die ersten spanischen Konquistadoren erreichten im 16. Jahrhundert den Südwesten – auf der Suche nach Gold. Nachfolgende Kolonisten- und Händlergruppen erschlossen neue Routen durch die raue Region.

LEGENDE

- Coronado Trail
- Oñate Trail
- Santa Fe Trail
- Butterfield Stage Route
- Old Spanish Trail
- Powell Expedition
- Anza Trail
- Camino Real
- (Bundes-)Staatsgrenze

Juan Bautista de Anza, *der spanische Kommandeur von Tubac* (siehe S. 90f), *erkundete 1774–76 den Anza Trail. Nachdem er die Pazifikküste erreicht hatte, gründete er San Francisco.*

John Wesley Powell (1834–1902)

John Wesley Powell aus Illinois war ein bemerkenswerter Mann. Sein naturgeschichtliches Interesse führte ihn auf lange, einsame Expeditionen in die Wildnis, wo er geologische und botanische Proben sammelte. 1860 trat er der Unionsarmee bei und brachte es im Bürgerkrieg zum Major. In der Schlacht bei Shiloh verlor er einen Arm, die Schmerzen begleiteten ihn bis zu seinem Tod. 1869 und 1871 führte er zwei Expeditionen den Colorado River hinab. Danach leitete er den US Geological Service und – als überzeugter Kämpfer für indianische Rechte – das Bureau of American Ethnology.

John W. Powell mit einem Ute *(siehe S. 27)*

Die Powell Expedition startete 1869, als John Wesley Powell und neun Begleiter in vier Booten auf dem Green River in Wyoming losfuhren. Ihr Ziel war der Colorado River. Einige Wochen später erreichten sie das westliche Ende des Grand Canyon *(siehe S. 52f)*.

Der Old Spanish Trail wurde 1829 erschlossen. Mitte des 19. Jahrhunderts war er eine wichtige Handelsroute zwischen New Mexico und Kalifornien.

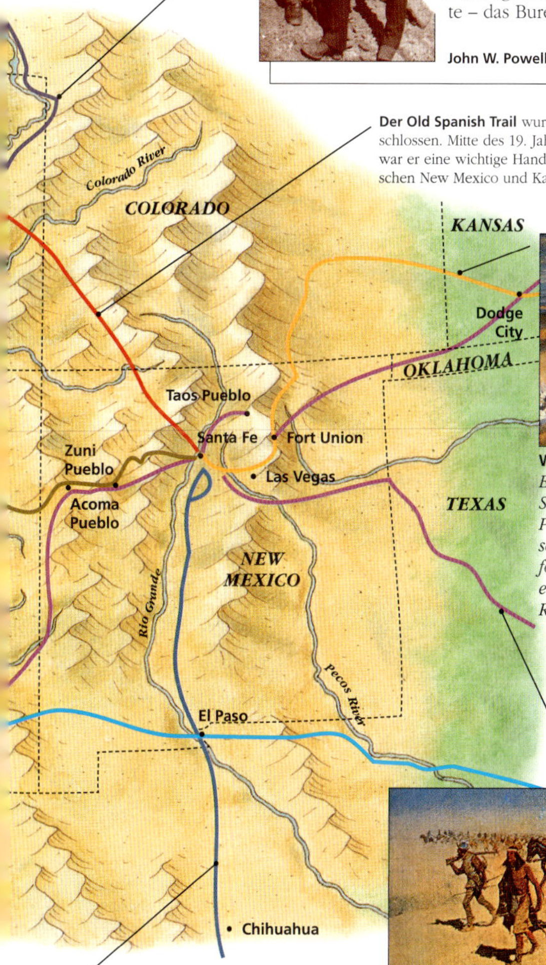

William Becknell *reiste 1821 als Erster von Missouri aus auf dem Santa Fe Trail. Er brachte in den Planwagen Waren zu den spanischen Soldaten. Durch die nachfolgenden Wagentrecks begann ein blühender Handel in der Region* (siehe S. 42).

Juan de Oñate, ein spanischer Glücksritter, reiste 1598 als Erster auf dem Camino Real. Er nannte dieses Abenteuer »Reise in den Tod«, erreichte aber sicher den Rio Grande *(siehe S. 39)*.

Francisco Vasquez de Coronado (1510–1554) *zog 1540 mit 336 Soldaten und 1000 Indianern von Mexiko nach Norden und erkundete zwei Jahre lang die Region. Seine Route wurde der Coronado Trail.*

Indianer

Hopi-Flechtarbeit

Die Ureinwohner des Südwestens haben – trotz Jahrhunderten der Unterdrückung seit der Ankunft der Spanier 1539 – viel von ihrer Kultur bewahrt. Krankheiten, Kriege und eine brutale Zwangsassimilierung verstärkten eher ihr Bemühen um den Erhalt der eigenen kulturellen Identität. Seit Mitte des 20. Jahrhunderts kämpfen sie auf politischer Ebene für die Rückgabe einstiger Territorien und für Entschädigungen. Die Navajo Reservation ist das größte der heute über 50 Reservate im Südwesten. In der ganzen Region gibt es auch Indianer, die in den Städten arbeiten oder moderne Farmen betreiben. Einige Stämme profitieren finanziell vom Glücksspiel und vom Tourismus, doch die Auseinandersetzungen um Landrechte und Umweltprobleme dauern an.

Rodeo in der Mescalero Apache Reservation bei Ruidoso, New Mexico

Apachen

Trotz ihres kriegerischen Rufs, der vor allem auf die Häuptlinge Cochise und Geronimo zurückgeht *(siehe S. 42)*, lebten die verschiedenen Stämme der *apache* hauptsächlich als Jäger und Sammler. Wahrscheinlich verließen sie ihr ursprüngliches Siedlungsgebiet im athabaskischen Sprachraum Nordkanadas im 15. Jahrhundert. Heute werden sie in drei Hauptgruppen unterteilt: Jicarilla, Mescalero-Chiricahua und Western Apaches.

Die erfolgreiche Nutzung der natürlichen Ressourcen bringt den Apachen heute einen gewissen Wohlstand. Die Jicarilla Reservation bietet exzellente Jagd- und Angeltouren an, in der ebenfalls in New Mexico gelegenen Mescalero Reservation in der Nähe von Ruidoso *(siehe S. 224f)* locken ein Skigebiet und ein Casino.

In den Reservaten können Besucher Tänze, Festivals und Rodeos *(siehe S. 32–35)* erleben, aber auch z.B. eine Nah'ih'es-Zeremonie. Dieses Initiationsritual kennzeichnet den Übergang eines Mädchens zur Frau.

Navajo

Die über 200 000 Menschen zählende Navajo Nation besiedelt das größte Reservat im Südwesten. Es erstreckt sich über rund 65 000 Quadratkilometer in Arizona, New Mexico und Süd-Utah. Spirituelles Zentrum ist der Canyon de Chelly *(siehe S. 168–171)*, wo Navajo als Schafzüchter leben. Die Wolle der einst von den Spaniern eingeführten Tiere wird für Decken verwendet.

Die Navajo sind Besuchern gegenüber im Allgemeinen aufgeschlossen und veranstalten Führungen ins Monument Valley und zu anderen Stätten ihres Landes *(siehe S. 164f)*. Bis zur Eröffnung des Fire Rock Casino in New Mexico basierten ihre Einnahmen auf dem Tourismus und dem Verkauf von Abbaulizenzen für Rohstoffe wie Öl, Kohle und Uran. Viele Navajo sind jedoch gegen die dadurch verursachte Umweltverschmutzung, deshalb sind weitere Casinos geplant, um die Abhängigkeit von der Industrie zu verringern.

Zwar leben viele Navajo außerhalb des Reservats, doch die traditionelle, *hogan* genannte Behausung hat noch große kulturelle Bedeutung. Viele der modernen, achteckigen *hogans* sind u.a. mit Strom ausgestattet.

Die Religion spielt auch heute noch eine bedeutende Rolle. Farmer bitten mit Liedern um eine gute Maisernte, Weber weben einen »Geister-Faden« in Decken. Sandbilder sind wichtige Bestandteile von Heilzeremonien, die physisch oder psychisch Kranken *hozho* (Harmonie) zurückgeben sollen.

Navajo-Frau bei der Schafschur im Canyon de Chelly, einem spirituellen Zentrum der Navajo

Pueblo-Indianer

Zu den Pueblo-(»Dorf«-) Indianern zählt man 20 Stämme in New Mexico, darunter die Zuni sowie die Hopi in Arizona. Sie stimmen in Bezug auf Kultur und

Die Spiritualität der Hopi

Religion ist ein fundamentales Element der Hopi-Kultur. Eine zentrale Rolle spielen hierbei die *Kachina-* oder *Katsina-*Figuren, die Naturelemente bzw. Naturgeister symbolisieren. Besucher kennen sie als bemalte Holzfiguren aus den Souvenirshops. In den fruchtbaren Monaten Dezember bis Juli werden die *kachina* in den Hopi-Dörfern von Tänzern verkörpert. In den restlichen Monaten ruhen sie – dem Glauben nach – in einem Schrein auf den San Francisco Peaks nördlich von Flagstaff. Religiöse Zeremonien werden häufig in der *kiva* abgehalten, einer unterirdischen, Besuchern in der Regel nicht zugänglichen Kultkammer *(siehe S. 161)*. Diese zeremonielle Praxis, die noch aus der Zeit der Anasazi stammen soll, wird auch von den anderen Pueblo-Indianern ausgeübt.

Junge Hopi als Regenbogentänzerin

Glaubensvorstellungen überein, unterscheiden sich allerdings durch fünf Sprachen. Die meisten Gruppen führen ihre Abstammung auf die Anasazi oder Alten Pueblo-Stämme *(siehe S. 160f)* zurück, die sich etwa 300 bis 200 v. Chr. in der Region verbreiteten. Acoma Pueblo, wegen seiner luftigen Lage auf einer Sandstein-Mesa auch »Sky City« genannt, gilt als eine der ältesten, ständig bewohnten Siedlungen der USA. Kultur und Geschichte der 19 Pueblos im fruchtbaren Tal des Rio Grande kann man in Albuquerque im beeindruckenden Indian Pueblo Cultural Center *(siehe S. 214f)* kennenlernen.

Heute wird in den meisten Pueblos Kunsthandwerk produziert, etwa der schöne Schmuck der Zuni oder die kunstvollen Keramiken der Hopi. Die Zeremonien der Pueblos am Rio Grande variieren von Dorf zu Dorf. Weitverbreitet ist der im Spätfrühling und Sommer stattfindende Maistanz als Bitte für eine erfolgreiche Ernte *(siehe S. 32)*.

Besucher sollten sich unbedingt respektvoll verhalten, denn die Tänze sind religiöse Rituale. Viele bedeutende Zeremonien werden unter Ausschluss der Öffentlichkeit abgehalten.

Tohono O'odham restaurieren Fresken in San Xavier del Bac

Tohono O'odham

Wie ihre nahen Verwandten, die Pima, leben die Tohono O'odham in der Sonora-Wüste. Beide Stämme haben nie das unwirtliche Land ihrer Ahnen verlassen. Dennoch zählen sie zu den am stärksten »anglisierten« Indianern der Region. Die Pima arbeiteten während der Indianerkriege in den 1860er Jahren als Führer für die US-Armee. Die für ihre schönen Körbe bekannten Tohono O'odham sind heute meist Christen. Südlich von Tucson steht die Missionskirche San Xavier del Bac *(siehe S. 88f)* auf ihrem Land. Doch sie feiern auch noch traditionelle Zeremonien wie das Nawait- oder Saguaro-Weinfest und den Tcirkwena-Tanz. Ihre schönen Korbwaren sind weithin bekannt.

Ute

Aus ihrem einst riesigen Territorium – um 1850 umfasste es 85 Prozent von Colorado – wurden die Ute durch das stete Vordringen der Siedler und Bergbaugesellschaften vertrieben. Heute heißen sie Besucher in zwei Reservaten an der südlichen Grenze von Colorado willkommen. In der Ute Mountain Reservation gibt es im Ute Mountain Tribal Park *(siehe S. 172f)* spektakuläre, wenig bekannte altindianische Ruinen zu sehen. Äußerst populär ist das Sky Ute Casino mit Lodge und Museum in der südlichen Ute Reservation. Jährlich zieht es Tausende von Besuchern hierher. Am Memorial-Day-Wochenende wird der farbenprächtige Bärentanz öffentlich aufgeführt.

Vor der Kulisse des Mount Ute fertigt eine Ute-Frau Mokassins an

Indianische Kunst

Hopi-Korbarbeit in Spiraltechnik

Die Indianer des Südwestens blicken auf ein langes künstlerisches Erbe zurück. Seit Jahrhunderten fertigen sie bemalte Keramik, Korbwaren und Schmuck. Stilisierte Darstellungen von Pflanzen und Tieren drücken die spirituelle Verbundenheit mit der Natur aus. Als im 19. Jahrhundert der Tourismus aufkam, wurden die Arbeiten bei Besuchern als Andenken immer begehrter. Im 20. Jahrhundert entwickelten sich neue indianische Kunstformen. Am Anfang standen Aquarellzeichnungen von Zeremonien, an denen Sammler Gefallen fanden. Hieraus entwickelte sich ein zunehmendes Interesse an indianischer Kunst des Südwestens – ein Markt entstand. Heute arbeiten indianische Künstler in allen künstlerischen Bereichen von der Bildhauerei bis zur Videoinstallation.

Korbarbeiten *haben bei allen Stämmen der Region Tradition. Die Verzierung der in verschiedenen Techniken aus Yucca oder Weide gefertigten Körbe variiert von Stamm zu Stamm.*

Gewebte Decken *sind eine Domäne der Navajo- und Pueblo-Indianer. Es gibt sogar Exemplare aus prähistorischer Zeit. Am bekanntesten sind die Navajo-Decken. Sie waren schon im 19. Jahrhundert bei Besuchern so beliebt und nachgefragt, dass sich Ende des 19. Jahrhunderts regional unterschiedliche Muster entwickelten.*

Indianische Malerei

Die Apachen malten auf Tierhäuten. Die Krieger verewigten ihre ruhmreichen Taten häufig in Jagd- oder Kampfszenen. Die Motive wurden in das Leder gekratzt, danach trug man die Farbe mit Pinseln und Knochen auf. Nach 1900 entstanden impressionistische oder abstrakte Arbeiten, etwa *Red Tailed Hawk* (»Rotschwanzbussard«, 1986) des Hopi-/Tewa-Künstlers Dan Namingha.

Die Töpferei *entwickelte sich um 200 v. Chr. mit den Gefäßen der Mimbres. Die schwarz glänzende Vase aus dem San Ildefonso Pueblo* (links) *und das Gefäß aus Acoma* (oben) *entstanden Mitte des 20. Jahrhunderts.*

Zeitgenössische Skulpturen *von indianischen Künstlern finden sich in Galerien im ganzen Südwesten. Die glatten Flächen und klaren Linien des abgebildeten modernen Bronzegusses* Dineh *(1981) des bekannten Bildhauers Allan Houser betonen Würde und Stärke des dargestellten Paars. Mit dem Begriff* dineh *bezeichnen sich die Navajo übrigens selbst.*

Frühe indianische Kunst

Obwohl sie aus so vergänglichen Materialien wie Lehm, Yucca oder bemalten Tierhäuten gefertigt wurden, haben sich im Südwesten alte Keramiken, Korbarbeiten und Lederbilder aufgrund des trockenen Klimas hervorragend erhalten. Aus diesem Grund weiß man hier über die frühe indianische Kunst mehr als in anderen Gebieten Nordamerikas. Die ältesten Stücke stammen aus der Zeit um 200 v. Chr., Textilien sind jüngeren Datums. Ab 600 begannen sich die Stile der drei Hauptkulturen – Hohokam, Mogollon und Anasazi – zu vermischen. Diverse Einflüsse von außen kamen hinzu. So finden sich auf einigen alten Gefäßen auch mexikanische Dekors.

Altindianische Keramikschale

Silber *wird von den Navajo, Zuni und Hopi seit Jahrhunderten verarbeitet. Ab Mitte des 19. Jahrhunderts nahmen die Navajo spanische Stileinflüsse auf. Die Zuni und Hopi übernahmen in den 1930er Jahren ein kompliziertes Verfahren des Silberüberzugs. Typisch sind erhabene silberne Muster auf dunklem Untergrund.*

Die Schnitzerei *konzentriert sich auf die aus Kiefern- oder Pappelholz gefertigten* Kachina-*Figuren der Pueblo-Indianer. Vor allem die Hopi sind für Masken tragende Figuren bekannt, die ebenfalls* Kachina-*Geister darstellen.*

Der Südwesten im Film

Hollywood-Filme, aber auch zahllose TV-Serien und Werbespots haben das Panorama des Südwestens weltweit so bekannt gemacht, dass Besucher vor Ort ein Déjà-vu-Gefühl erleben. Das Monument Valley *(siehe S. 164f)* war »Hauptdarsteller« in einigen Western von John Ford. Die grandiose Landschaft in Süd-Utah, insbesondere um Moab und Kanab, war ebenfalls Kulisse zahlreicher Filme. »Fernsehfilme kann man auch im Hinterhof drehen, doch die großen Dramen muss man dort inszenieren, wo Gott den Westen erschuf«, konstatierte der legendäre Western-Darsteller John Wayne. Und so hat das Kino mehr als jedes andere Medium die populäre Vorstellung vom »Wilden Westen« *(siehe S. 54f)* verbreitet.

Das Old Tucson Studio *wurde für* Arizona *(1940) errichtet. Es ist immer noch eine beliebte Filmkulisse und beherbergt mittlerweile auch einen familienfreundlichen Wildwest-Themenpark.*

Im Johnson Canyon *bei Kanab* (siehe S. 149) *wurde 1962* How the West was Won (Das war der Wilde Westen) *gedreht. Die heute öffentlich zugängliche Westernstadt war 1952 auch Kulisse für den Film* Westward the Women (Karawane der Frauen).

John Ford im Monument Valley

George B. Seitz gebührt die Ehre, als erster Regisseur die Monolithen des Monument Valley als Kulisse genutzt zu haben. 1924 drehte er hier *The Vanishing American*. Doch erst John Ford setzte den Südwesten auf nie zuvor gesehene Weise in Szene. 1939 läutete sein erster hier gedrehter Film *Stagecoach* (*Ringo/Höllenfahrt nach Santa Fe*, 1939) eine Western-Renaissance ein und verhalf dem jungen John Wayne zu Starruhm. Ford setzte neue Maßstäbe, indem er die großartige Landschaft des Westens auf Cinemascope-Format bannte. Er löste damit eine wahre »Studio-Stampede« von Regisseuren aus, die ihn imitierten. Über 60 Kinofilme, zahllose Fernsehproduktionen, Werbefilme und Videoclips wurden mittlerweile im Monument Valley gedreht.

Regisseur John Ford am Set von *Stagecoach*

Moabs *schneebedeckte Gipfel, rote Felsformationen und tiefe Canyons* (siehe S. 141) *dienten als Kulisse für über 100 Filme, 1991 auch für das Roadmovie* Thelma & Louise.

Robert Zemecki *nutzte 1990 das Monument Valley als Kulisse für den dritten Teil von* Back to the Future (Zurück in die Zukunft). *Hauptdarsteller waren Michael J. Fox und Christopher Lloyd.*

Sundance Film Festival

Der Schauspieler und Regisseur Robert Redford ist Besitzer des Sundance Resort, einer Einrichtung, die dem Ökotourismus verpflichtet ist. Teil des Projekts ist die Förderung von Filmkunst. Das 1981 von Redford ins Leben gerufene Sundance Film Festival, bei dem sich die »Independents« im Bereich Dokumentar- und Spielfilm treffen, findet jährlich in der zweiten Januarhälfte statt. Die meisten Vorstellungen laufen jedoch nicht im ca. 120 Kilometer nordwestlich von Moab gelegenen Sundance Resort, sondern in Park City und im Tower Theater in Salt Lake City. Das wichtigste US-Festival für innovatives unabhängiges Kino lockt auch große Namen aus Hollywood an. Die Karten sind schnell ausverkauft – also auf jeden Fall vorbestellen!

Robert Redford 1998 beim Sundance Film Festival

Das Monument Valley *erhielt den Spitznamen »Ford Country«. John Ford drehte hier und in anderen Gebieten in Süd-Utah neun Filme, darunter 1956 den Klassiker* The Searchers (Der schwarze Falke).

Der Dead Horse Point State Park (siehe S. 143) *dient seit Langem als besonders spektakuläre Kulisse. 1991 rasten hier* Thelma & Louise *in den Tod. 2000 zeigte Tom Cruise in der spannenden Anfangssequenz von* Mission Impossible: 2 *seine Kletterkünste an der atemberaubenden Steilwand.*

In Tombstone (siehe S. 92) *wurde 1993 der gleichnamige Western gedreht, in dem Val Kilmer, Sam Elliott, Bill Paxton und Kurt Russell in den Hauptrollen glänzten.*

Der Lake Powell (siehe S. 150f) *mit seiner fast übernatürlichen Schönheit diente als Kulisse für* Rough Night in Jericho (Als Jim Dolan kam), *einen Western mit Dean Martin (1967), für das Bibelepos* The Greatest Story Ever Told (Die größte Geschichte aller Zeiten) *(Abbildung) mit Charlton Heston (1965) und den Science-Fiction-Klassiker* Planet of the Apes (Planet der Affen), *ebenfalls mit Charlton Heston (1968).*

Das Jahr im Südwesten

Hitze in der Wüste, Eis und Schnee in den Bergen – der Südwesten der Vereinigten Staaten ist berühmt für seine Extreme. Die Temperaturen variieren entsprechend der jeweiligen Lage eines Gebiets. Je höher die Lage, desto kühler das Klima. Da vor allem in Arizona, Süd-Utah und New Mexico die Hitze im Sommer fast unerträglich sein kann, betrachten viele das Frühjahr und den Herbst als ideale Reisezeit. Diese Regionen präsentieren sich vor allem im Herbst von ihrer schönsten Seite, wenn sich die Wälder und Nationalparks in alle nur erdenklichen Gold-, Rot-, Gelb- und Ockertöne hüllen. Die multikulturelle Gesellschaft des Südwestens mit ihren indianischen, hispanischen, europäischen und angloamerikanischen Wurzeln und Einflüssen bietet auch Gelegenheit, die unterschiedlichsten Feste, Zeremonien und Veranstaltungen mit allen Sinnen zu genießen.

Frau beim Auffädeln von Chilis

Frühling

Obwohl das Wetter im Frühjahr launisch sein kann, finden zu dieser Jahreszeit im ganzen Südwesten Feste und Veranstaltungen statt. An Ostern gelten viele von Gebeten begleitete Zeremonien in den Pueblos der Bitte um eine gute Ernte.

März

Guild Indian Fair and Market *(1. Wochenende)*, Phoenix. Im Heard Museum stattfindende Messe für indianisches Kunsthandwerk, mit indianischem Essen und mit Tänzen.

Rio Grande Arts and Crafts Festival *(Mitte März)*, Albuquerque. Festival mit Werken von über 200 Künstlern und Handwerkern.

Tänzer beim Guild Indian Fair and Market, Phoenix *(März)*

Mariachis, hispanische Musiker, spielen am Cinco de Mayo auf *(Mai)*

April

American Indian Week *(Mitte Apr)*, Albuquerque. Kunst und Tänze im Indian Pueblo Cultural Center.

Tucson International Mariachi Conference *(Mitte–Ende Apr)*, Tucson. Festival der mexikanischen *Mariachi*-Musik.

Gathering of Nations Pow Wow *(Ende Apr)*, Albuquerque. Festival mit Händlern von über 300 Stämmen.

T oder C Fiesta *(Ende Apr)*, Truth oder Consequences. Jährliches Festival mit Rodeo, Parade und Straßenfest.

Sommer

Die warme Jahreszeit ist prädestiniert für Open-Air-Veranstaltungen, seien es Bootsrennen, Rodeos oder Kultur-Events von Country Music bis zu Opernaufführungen. Im Juli und August kann das schwüle Wetter mit gewaltigen Gewittern und Sommerstürmen vor allem in Süd-Arizona recht belastend werden.

Mai

El Cinco de Mayo *(5. Mai)*. In vielen Städten finden zum Gedenken an den mexikanischen Sieg über Frankreich (1862) Feste mit Paraden, Tanz und mexikanischem Essen statt.

Santa Cruz Feast Day *(Anfang Mai)*, Taos und Cochiti Pueblo. Festlichkeiten mit Segnung der Felder und einem farbenprächtigen Maistanz.

Tucson Folk Music Festival *(Ende Mai)*, Tucson. Gesamte Palette der Folk Music, präsentiert in ganz Tucson.

Taste of Durango *(Mitte Mai)*, Durango. Essen und Musik auf den Straßen sowie Kochwettbewerb der Restaurants.
Helldorado Days and Rodeo *(Mitte Mai)*, Las Vegas. Viertägiges Festival mit Rodeos und Kunstausstellungen.
Phippen Western Art Show & Sale *(Memorial-Day-Wochenende)*, Prescott. Ausstellung von Western-Kunst und Skulpturen.
Wyatt Earp Days *(Memorial-Day-Wochenende)*, Tombstone. Show-Schießereien, Straßenunterhaltung und Barbecue.

Juni

San Antonio Feast Day *(13. Juni)*, Sandia Pueblo. Festival mit indianischen Tänzen.
Albuquerque Pride *(Mitte Juni)*, Albuquerque. Dreitägiges schwul-lesbisches Festival mit Musik und Comedy.
Annual Bluegrass and Country Music Festival *(Mitte Juni)*, Telluride. Eines der größten musikalischen Open-Air-Events im Westen.
Utah Summer Games *(Mitte–Ende Juni)*, Cedar City. Sport-Event mit Marathon, Radfahren, Tennis.
New Mexico Arts and Crafts Fair *(Ende Juni)*, Albuquerque. Kunsthandwerk, Kunst, Essen, Unterhaltung.
Utah Shakespeare Festival *(Ende Juni–Okt)*, Cedar City. Aufführungen in zwei Theatern der Stadt.
Taos Summer Chamber Music Festival *(Juni–Aug)*, Taos und Angel Fire. Open-Air-Festival mit zahlreichen Konzerten.

Juli

UFO Encounter *(Anfang Juli)*, Roswell. Vorträge über UFOs, aber auch Konzerte und Unterhaltung.

Exponat beim UFO Encounter in Roswell *(Juli)*

Nambe Falls Celebration *(4. Juli)*, Nambe Pueblo. Traditionelle Tänze, Essen, Kunst und Handwerk in schöner Berglage.
Fourth of July *(4. Juli)*, in fast allen Städten. Feiern mit Umzügen, Feuerwerk, Sportveranstaltungen, Musikfestivals und indianischen Zeremonialtänzen.
Hopi Festival of Arts and Culture *(Anfang Juli)*, Flagstaff. Hopi-Festival mit Musik, Tanz und über 70 Schnitzern, Malern, Juwelieren, Töpfern und Webern.
Frontier Days *(1. Woche)*, Prescott. Ältestes Profi-Rodeo der Welt. Rennen mit ungezähmten Pferden und Vorführung von Lassokünsten.
Taos Pueblo Pow Wow *(2. Woche)*, Taos Pueblo. Traditionelle Zeremonien und Tänze im Taos Pueblo.

Regenbogentänzer, Nambe Falls Celebration

Spanish Market *(letztes Wochenende)*, Santa Fe. Kunst und Handwerk von zeitgenössischen hispanischen Künstlern.
Arizona Cardinals Training Camp *(Ende Juli–Mitte Aug)*, Flagstaff. Das Training des NFL-Teams ist öffentlich zugänglich.
Santa Fe Opera *(Juli–Aug)* Santa Fe. Opernaufführungen in der Open-Air-Arena.
Chamber Music Festival *(Juli–Aug)*, Santa Fe. Mit das schönste Kammermusik-Festival der USA, das an verschiedenen Orten in der Stadt stattfindet.

August

Old Lincoln Days *(1. Wochenende)*, Lincoln. Festival mit der naturalistischen Darstellung des Tods von Billy the Kid sowie Aufführung des Historienstücks *Last Escape of Billy the Kid*.
Inter-Tribal Indian Ceremonial *(Mitte Aug)*, Red Rock State Park bei Gallup. 50 Stämme treffen sich zu Tänzen, Pow Wows, Paraden, Rodeos und Rennen. Indianische Kunst und Kunsthandwerk.
Bat-Flight Breakfast *(Mitte Aug)*, Carlsbad Caverns. Beim Frühstück im Freien kann man Tausende Fledermäuse beim Rückflug in die Höhlen sehen.
Payson Rodeo *(3. Wochenende)*, Payson. Das von der Professional Roedo Cowboys Association (PRCA) veranstaltete Rodeo bietet einen Wettbewerb der Besten.
Indian Market *(3. Wochenende)*, Santa Fe. Seit 1922 ist dieser Markt eine Fundgrube für indianische Kunst und Kunsthandwerk.
Great American Duck Race *(4. Wochenende)*, Deming. Entenrennen, Tortilla-Werfen, Prämierung der am besten angezogenen Ente, Konzerte, Kulinarisches und Demings größte Parade.

Annual Bluegrass and Country Music Festival in Telluride *(Juni)*

Herbst

Die herbstlichen Wälder und Berge des Südwestens leuchten in allen Schattierungen von Rot bis Gold. Der Herbst mit seinen kühleren, angenehmen Temperaturen eignet sich besonders gut zur Erkundung dieser Region.

September

Navajo Nation Fair and Rodeo *(Anfang Sep)*, Window Rock. Größte indianische Messe der USA mit Parade, Rodeo, Gesang und Tanz sowie Kunsthandwerk.
Hatch Chile Festival *(Anfang Sep/Labor-Day-Wochenende)*, Hatch. Kochen, Musik und Kunsthandwerk im Zentrum der Chiliproduktion.
Rendezvous of the Gunfighters *(Labor-Day-Wochenende)*, Tombstone. Mit Parade, Kutschenfahrten, Chili-Kochwettbewerben und Fake-Schießereien.
All-American Futurity *(Anfang Sep/Labor Day)*, Ruidoso Downs Racetrack. Pferderennen mit Preisgeldern von zwei Millionen Dollar.
New Mexico State Fair *(Mitte Sep)*, Albuquerque. Eine der größten Bundesstaatsmessen mit Rodeos, Karneval, Ausstellungen, Musik.
Grand Canyon Music Festival *(Mitte Sep)*, Grand Canyon Village. Kammermusik von Barock bis Klassik sowie Jazzkonzerte und weitere Musikveranstaltungen.
Flagstaff Festival of Science *(Ende Sep)*, Flagstaff. Zehn Tage lang verschiedene Ausstellungen in den Museen und Observatorien.
The Whole Enchilada Festival *(Ende Sep)*, Las Cruces. Mit der größten Enchilada der Welt *(siehe S. 250)* sowie Kunsthandwerk.

Oktober

Albuquerque International Balloon Fiesta *(Anfang Okt)*, Albuquerque. Beim größten und bekanntesten Ballonfahrertreffen der Welt steigen über 850 Heißluftballons in die Luft.
Lincoln County Cowboy Symposium *(2. Wochenende)*, Ruidoso. Mit Cowboy-Dichtern, Geschichtenerzählern, Tänzern und Musikern lässt man den »Wilden Westen« aufleben.
Helldorado Days *(3. Wochenende)*, Tombstone. Historische Aufführungen, Paraden, Karneval, Musik und Straßenfest.

Eingefangenes Kalb beim Lincoln County Cowboy Symposium *(Okt)*

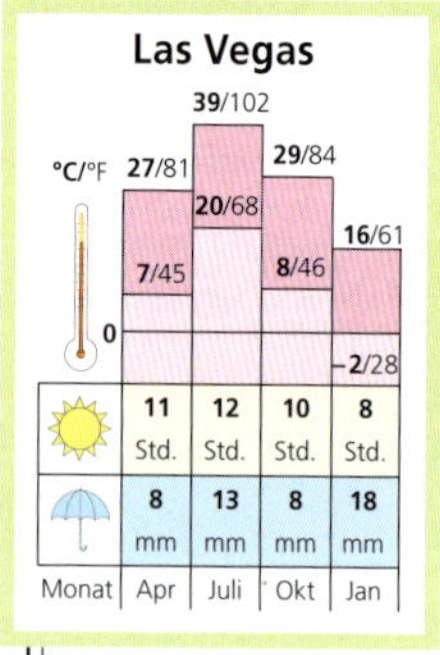

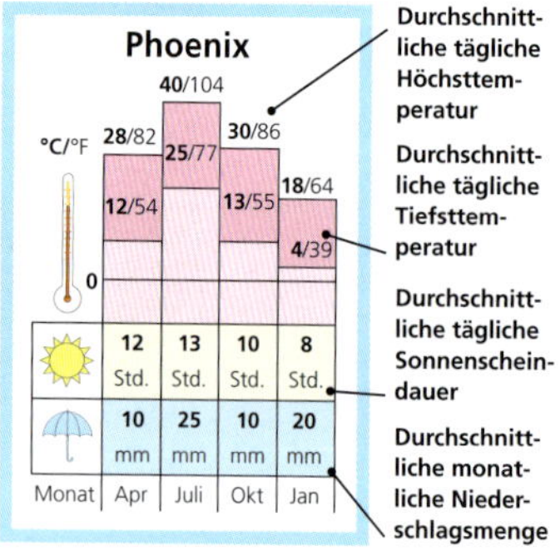

Klima

Das Klima unterscheidet sich je nach Region. In Phoenix und im Süden sind die Sommer heiß und trocken, die Winter mild und sonnig. In nördlicher liegenden Gebieten wie Süd-Utah oder Nord-Arizona und New Mexico sind die Winter kalt, in den höheren Lagen schneit es.

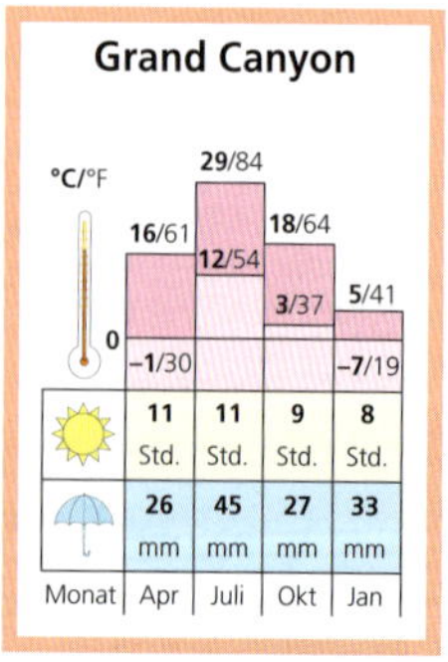

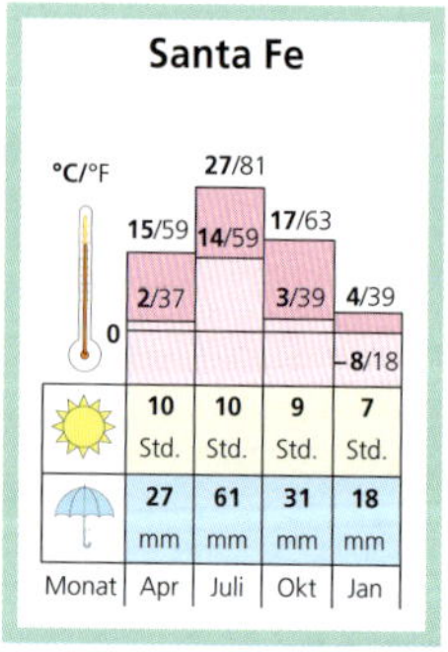

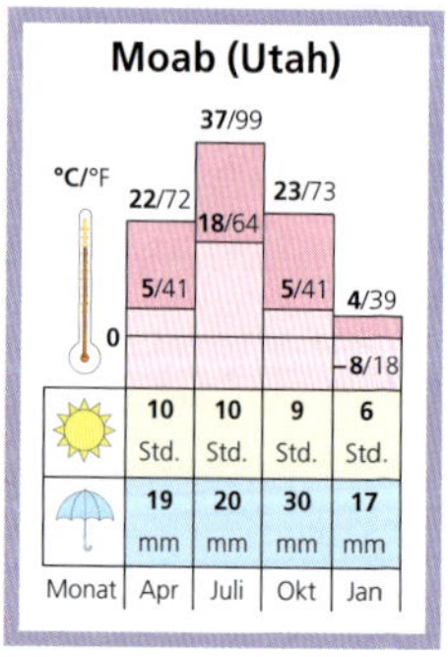

Santa Fe Film Festival *(3. Woche)*, Santa Fe. Vorführungen internationaler Filme, zeitgenössisches Kino und Retrospektiven von Klassikern.
Moab Ho-Down Bike Festival *(letzte Woche)*, Moab. Mountainbike-Touren, Klettern, Workshops und mehr.

Winter

Weihnachten wird im Südwesten sehr amerikanisch gefeiert: Auf fast allen Gebäuden und Bäumen glitzern Lichter. Die Skisaison dauert von Mitte November bis Anfang April. In den zahlreichen Skizentren kann man Ski fahren, snowboarden und Schlittschuh laufen.

November

Festival of the Cranes *(Mitte Nov)*, Socorro. Festival anlässlich des Wanderflugs der Schreikraniche in das Bosque del Apache Wildlife Refuge *(siehe S. 218)*.

Dezember

La Fiesta de Tumacacori *(1. Wochenende)*, Tumacacori. Feiern auf dem Missionsgelände zu Ehren des indianischen Kulturerbes des oberen Santa Cruz Valley.
Old Town Stroll *(1. Freitag)*, Albuquerque. Beginn der Weihnachtsfeierlichkeiten in der Altstadt mit Umzug, Festbeleuchtung, Live-Musik und Essensständen.

Skifahrer bei der Abfahrt am Ridge, Taos Ski Valley

Parade of Lights *(Mitte Dez)*, Lake Mead Marina. Parade von ca. 50 mit Lichtern geschmückten Booten vor Tausenden von Zuschauern.
Canyon Road Farolito Walk *(24. Dez)*, Santa Fe. Tour mit Kerzen auf der Canyon Road mit Weihnachtssängern und Lagerfeuern.

Januar

Fiesta Bowl Festival and Parade *(Anfang Jan)*, Phoenix. College-Football im ASU Sun Devil Stadium.
San Ildefonso Pueblo Feast Day *(Ende Jan)*, San Ildefonso Pueblo. Festtag mit Zeremonialtänzen.
Tucson Area Square Dance Festival *(Mitte Jan)*, Tucson. Das Square-Dance-Festival zieht jährlich Tausende von Tänzern an.
PGA Waste Management Phoenix Open *(Ende Jan/Anfang Feb)*, Phoenix. Jährliches PGA-Golfturnier.

PGA/WM Phoenix Open – das große Golfturnier in Phoenix *(Jan/Feb)*

Feiertage

New Year *(1. Jan)*
Martin Luther King Jr. Day *(3. Mo im Jan)*
Presidents' Day *(3. Mo im Feb)*
Easter Sunday *(variabel)*
El Cinco de Mayo *(5. Mai)*
Memorial Day *(letzter Mo im Mai)*
Independence Day *(4. Juli)*
Pioneer Day *(24. Juli in Utah)*
Labor Day *(1. Mo im Sep)*
Columbus Day *(2. Mo im Okt)*
Veterans Day *(11. Nov)*
Thanksgiving *(4. Do im Nov)*
Christmas Day *(25. Dez)*

Saguaro-Kaktus mit Weihnachtsbeleuchtung

Februar

Tubac Festival of the Arts *(Anfang Feb)*, Tubac. Jährlicher Höhepunkt für Tubac und eines der wichtigsten Kunsthandwerks-Events in Süd-Arizona.
Silver Spur Rodeo *(Mitte Feb)*, Yuma. Rodeo, Kunsthandwerk und Yumas größte Parade.
Tucson Gem and Mineral Show *(Mitte Feb)*, Tucson. Eine der größten Juwelen- und Mineralienmessen der Vereinigten Staaten, die auch für Nicht-Fachleute geöffnet ist.
La Fiesta de los Vaqueros *(Ende Feb)*, Tucson. Rodeo und andere Cowboy-Shows sowie der größte nicht motorisierte Umzug der Welt.

Die Geschichte des Südwestens

Seit Jahrtausenden leben indianische Kulturen in der kargen wüstenartigen Landschaft des Südwestens. Jahrhundertelang waren sie mit Eroberern konfrontiert – mit den spanischen Kolonisten im 17. und 18. Jahrhundert und den Angloamerikanern im 19. und 20. Jahrhundert. Das faszinierende multikulturelle Flair des heutigen Südwestens beruht auf seiner wechselvollen Geschichte.

Die ersten Einwanderer kamen vor etwa 25 000 bis 30 000 Jahren als nomadisierende Jäger und Sammler über die Beringstraße, eine Landbrücke, die einst Asien und Nordamerika verband. Die Nachkommen dieser auch Paläo-Indianer genannten Gruppen verbreiteten sich über den ganzen Kontinent bis ins heutige Argentinien. Schon Jahrtausende vor der Ankunft der spanischen Konquistadoren im 16. Jahrhundert gab es im Südwesten indianische Kulturen, deren Techniken und Fertigkeiten optimal an die unwirtliche aride Umwelt angepasst waren.

Kachina-Figur

Die ersten Einwohner

Die ersten Bewohner des Südwestens gehörten zur Llano- bzw. Clovis-Kultur. Sie wurde nach einer archäologischen Stätte nahe der Stadt Clovis in New Mexico benannt. Dort fand man steinerne Speerspitzen, die in Mammutknochen steckten. Von 10 000 bis 8000 v. Chr. durchzogen Gruppen dieser auf große Säugetiere des Pleistozäns spezialisierten Jägergesellschaft die Region. Als ihre bevorzugten Beutetiere allmählich ausstarben, verlegten sie sich mehr auf das Sammeln von Pflanzen. Ethnologen nehmen an, dass mit dem Anwachsen der Bevölkerung bäuerliche Gesellschaften entstanden und dass um 800 v. Chr. Einwanderer und Händler aus dem heutigen Mexiko neue Nutzpflanzen und landwirtschaftliche Techniken einführten. Zu dieser Zeit begann der Maisanbau.

Zu den frühen bäuerlichen Stämmen zählen die nach ihren schönen Korbwaren sogenannten *Basketmakers* (»Korbflechter«), die vermutlich in großen Familienverbänden lebten. Die zur Anasazi-Kultur gehörenden *Basketmakers* wohnten in bis zu zwei Meter tiefen Grubenhäusern mit oberirdischem Dach. Für ihre erfolgreichen Jagdzüge nutzten sie Speere und auch gezähmte Hunde. Die Federn von domestizierten Truthähnen schätzten sie als wertvollen Schmuck.

Ab etwa 500 n. Chr. entstanden in den agrarischen Gesellschaften des Südwestens große Dörfer (Pueblos). Deren Zentrum bildete in der Regel

ZEITSKALA

Steinerne Speerspitze

10 000–8000 v. Chr. Die nomadische Jägerkultur der Clovis in New Mexico fertigt Werkzeuge aus Mammutelfenbein und Stein

800 v. Chr. Mais aus Mexiko; Beginn der Landwirtschaft, doch Lebensgrundlage bleibt der halbnomadische Nahrungserwerb

30 000 v. Chr. | **20 000 v. Chr.** | **10 000 v. Chr.**

30 000–25 000 v. Chr. Erste Nomaden überqueren die Beringstraße, die Landbrücke zwischen Asien und Nordamerika

10 000 v. Chr. Erste Menschen an der Spitze Südamerikas

5000–500 v. Chr. Die Cochise (»Menschen der Wüstenkultur«) kommen nach Südost-Arizona

◁ **Papago-Frau aus dem Pima County *(siehe S. 84f)*, Arizona, 1903**

ein großes, als gemeinschaftlicher Kultraum genutztes Grubenhaus, der Vorläufer der häufig noch heute gebräuchlichen *kivas (siehe S. 161)*.

Altindianische Kulturen

Um 700 n. Chr. dominierten im Südwesten die Kulturen der Hohokam, Mogollon und Anasazi (Alte Pueblo-Kultur). Sie waren bereits ab 300 bis 200 v. Chr. sesshaft geworden und betrieben Ackerbau.

Hohokam-Gefäß

Die Anasazi begannen mit dem Bau von Siedlungsanlagen, die sich zu Städten wie Chaco Canyon (um 800, *siehe S. 174f*) und Mesa Verde (um 1000, *siehe S. 180f*) entwickelten. Diese Großsiedlungen verwaisten aus bis heute unbekannten Gründen im 12. und 13. Jahrhundert *(siehe S. 161)*. Vermutlich zogen die Bewohner ins Tal des Rio Grande, ins nordwestliche New Mexico, auf die Hopi-Mesa und nach Acoma, wo ihre Nachkommen noch heute in Pueblos leben.

Die Hohokam bewirtschafteten zwischen 300 v. Chr. und 1350 n. Chr. die Wüsten Zentral- und Süd-Arizonas. Mithilfe ausgefeilter Bewässerungssysteme konnten sie jährlich zwei Ernten einbringen. Möglicherweise handelt es sich bei den heutigen Tohono O'odham (Papago) und den Pima in Süd-Arizona um ihre Nachkommen *(siehe S. 26f)*.

Die für ihre Keramiken berühmte Mogollon-Kultur ging wohl in der Anasazi-Kultur auf. Die Nachkommen der seit der Einführung von Nutzpflanzen aus dem heutigen Mexiko sesshaften Bauern leben im Norden der Region.

Navajo und Apachen

Die Navajo und Apachen gehören zur athabaskischen Gruppe und waren ursprünglich in Kanada und Alaska ansässig. Um 1200 bis 1400 zogen die Vorfahren der Navajo nach Süden, die der Apachen wanderten wahrscheinlich im späten 15. Jahrhundert in den Südwesten ein.

Die Navajo waren einst Jäger, verlegten sich dann allerdings auf die Schafzucht. Die mit dem Sammelnamen *apache* bezeichneten Gruppen – Jicarilla, Mescalero, Chiricahua und Western Apache – blieben ihrem nomadischen Lebensstil treu. Vor allem die Chiricahua Süd-Arizonas erlangten Berühmtheit, als ihre Führer Cochise und Geronimo im 19. Jahrhundert die Kolonisierung des Gebiets durch gezielte Attacken auf Siedler zu verhindern suchten.

Maisfeld der Navajo bei Holbrook, Arizona, 1889

Ankunft der Spanier

Mit missionarischem Eifer und in der Hoffnung, so reiche indianische Städte wie in Südamerika vorzufinden, führte der Franziskanerpater Marcos de Niza 1539 die erste spanische Expedition in den Südwesten. Eine Vorhut berichtete bei ihrer Rückkehr aus dem Land der Zuni vom angeblich

ZEITSKALA

300 v. Chr. Hohokam-Kultur in Zentral- und Süd-Arizona

200 v. Chr. »Korbmacher«-Kulturen in der Region von Four Corners

Altindianisches Armband

700 Erste Siedler auf den Hopi-Mesas; dauerhafte Dörfer mit Grubenhäusern

1 n. Chr. | **200** | **400** | **600** | **800**

200 v. Chr. Mogollon-Kultur im Südwesten von New Mexico und Südosten von Arizona. Die Mimbres entwickeln die Spiralgang-Keramik

500 v. Chr. Bohnen- und Kürbisanbau, fortschreitende Landwirtschaft

Keramikgefäß, Mimbres

600 Früheste Besiedlungsspuren von Acoma- und Hopi-Mesas

800 Große Pueblos wie Chaco Canyon entstehen

Hopi-Mesa und Acoma Pueblo

Die Hopi-Dörfer Old Oraibi und Walpi und das Acoma Pueblo thronen auf hohen Mesas im Nordosten Arizonas und im Norden New Mexicos. Die wohl ältesten ständig bewohnten Siedlungen der USA entstanden ca. 1150. Die Anasazi-Vorfahren der Hopi und Acoma erreichten das Gebiet in der »Zusammenkunft der Clans« genannten Periode zwischen 1100 und 1300. Dem Bear Clan von Mesa Verde folgten Clans aus dem Canyon de Chelly, Chaco Canyon und den Siedlungen von Keet Seel und Betatakin im heutigen Navajo National Monument.

Acoma Pueblo, New Mexico *(siehe S. 217)*

sagenhaften Reichtum der Dörfer. Marcos glaubte, das sagenhafte Goldland Cibola gefunden zu haben, obwohl er die Zuni-Siedlungen nie betrat. Doch der Mythos war geboren und hielt sich hartnäckig.

Ein Jahr später drang Francisco Vasquez de Coronado *(siehe S. 216)* mit 330 Soldaten, 1000 indianischen Verbündeten und über 1000 Stück Vieh in das Gebiet ein, eroberte das Handelszentrum Zuni Pueblo und durchkämmte zwei Jahre lang Arizona, New Mexico, Texas und Kansas auf der Suche nach dem sagenhaften Cibola. Seine brutale Unterdrückung der Indianer führte 140 Jahre später zur Pueblo-Revolte.

Kolonie New Mexico

Da es kein Gold gab, verloren die Spanier das Interesse an der Region, bis zu Juan de Oñates Expedition von 1598. Er gründete Santa Fe und die Kolonie New Mexico. Sie umfasste das heutige New Mexico und Arizona sowie Teile von Colorado, Utah, Nevada und Kalifornien. Die Spanier eroberten die Pueblos in blutigen Schlachten. Oñates Grausamkeit, die harten Bedingungen und schlechten Ernten vertrieben viele Siedler aus der Kolonie. 1610 wurde Don Pedro de Peralta neuer Gouverneur. Santa Fe wurde Hauptstadt.

Coronado bricht 1540 zu seiner Entdeckungsreise ins sagenhafte Goldland auf, Stich von Norman Price

1100–1300 »Zusammenkunft der Clans« auf den Hopi-Mesas

1400 Navajo und Apachen wandern von Kanada in den Südwesten

1300 Mesa Verde wird aufgegeben

1540–42 Francisco Vasquez de Coronado auf der Suche nach Gold in New Mexico

1610 Don Pedro de Peralta macht Santa Fe zur Hauptstadt

1000 | **1200** | **1400** | **1600**

1020 Chaco Canyon auf dem Höhepunkt als Handels- und Kulturzentrum

um 1250 Alte Siedlungen verwaisen aus ungeklärten Gründen; neue Pueblos entstehen entlang dem Rio Grande

Juan de Oñate

1539 Marcos de Nizas erste spanische Expedition im Südwesten

1598 Juan de Oñate gründet die Kolonie New Mexico

1680 Pueblo-Revolte

Trotz der Unwirtlichkeit der Region kehrten immer mehr Siedler, Priester und Soldaten zurück – fest entschlossen, die Indianer zu unterwerfen und ihre Religion zu unterdrücken.

Illustration der Pueblo-Revolte von 1680

Pueblo-Revolte

Die vordringenden Kolonisten rissen das Nutzland der Pueblos an sich und bauten riesige Ranches. Die Indianer weigerten sich, für sie zu arbeiten, und widersetzten sich der Missionierung. Als 1675 drei indianische religiöse Würdenträger in Santa Fe gehenkt und über 40 öffentlich ausgepeitscht wurden, rief der Pueblo-Führer Popé zum Widerstand auf. Beim Aufstand am 9. August 1680 starben 375 Siedler und 21 Priester, weitere 2000 Siedler wurden über den Rio Grande zurückgedrängt.

Die Pueblo-Indianer konnten die Region jedoch nicht halten: 1692 eroberte Diego de Vargas Santa Fe zurück. Es gab allerdings Anzeichen einer toleranteren spanischen Politik gegenüber den Indianern.

Ende der spanischen Ära

Ab dem Ende des 18. Jahrhunderts wollten die Spanier ihren Einfluss nach Kalifornien ausdehnen und sich die Pazifikküste sichern – gegen England und Russland. 1752 gründeten sie mit Tubac nahe Tucson ihre erste Siedlung in Arizona. 1775 erreichte Juan Bautista de Anza die Pazifikküste und gründete in Alta California die Stadt San Francisco *(siehe S. 24)*.

Mit der Erschließung des Südwestens eröffneten sich für die Angloamerikaner neue Handelsmöglichkeiten. Als Napoléon beim Louisiana Purchase 1803 das 2,2 Millionen Quadratkilometer große Louisiana an die USA verkaufte, hatten diese eine gemeinsame Grenze mit New Mexico und gingen aus dem Konkurrenzkampf mit Spanien als Sieger hervor.

1810 begann Mexikos Unabhängigkeitskrieg gegen Spanien. 1821 erklärte das Land seine Unabhängigkeit.

Missionen

Ende des 17. Jahrhunderts lebte der Jesuit Eusebio Kino als Missionar in Süd-Arizona – Seite an Seite mit den Pima, zu denen er ein gutes Verhältnis aufbaute. Er begann mit der jesuitischen Praxis, Vieh oder Samen von Nutzpflanzen, etwa Weizen, zu verschenken. Die in das Missionsprogramm einbezogenen Indianer entkamen der Zwangsarbeit. Der Pater brachte die Indianer südlich von Tucson dazu, bei Bac mit dem Bau von San Xavier del Bac *(siehe S. 88f)*, der wunderschönen Missionskirche, zu beginnen. Als Kino 1711 starb, gab es in der Region schon 20 Missionen.

Pater Eusebio Kino

ZEITSKALA

1692 Diego de Vargas erobert Santa Fe zurück

1706 Siedlungen in Albuquerque

1711 Pater Kino stirbt; 20 Missionen in Süd-Arizona

ab 1730 Erste europäische Siedlung in Arizona bei Tubac

Juan Bautista de Anza

1775 Gründung von Tucson; Juan Bautista de Anza erschließt Route nach San Francisco

1700 | **1720** | **1740** | **1760**

1691 Jesuitenmissionar Pater Eusebio Kino gründet die erste Mission in Tumacacori, Arizona

Mission in Tumacacori

1752 Presidio (Festung) in Tubac bei Tucson, Arizona

1776 Die Franziskanerpriester Escalante und Dominguez bereisen als Erste den Old Spanish Trail

1824 wurde die Republik Mexiko gegründet. Nach Jahren der spanischen Güterblockade im Westen handelten die Mexikaner nun gern mit ihren angloamerikanischen Nachbarn, die dringend benötigte Waren anboten.

Angloamerikanische Besiedelung

Nach dem Louisiana Purchase von 1803 gab es Konflikte um Landrechte. Hispanier und Indianer machten zwar gern Geschäfte mit Angloamerikanern, doch sie waren verärgert über die neuen Siedler, die Ranches und sogar Städte auf Land bauten, das ihnen nicht gehörte. Ab etwa 1840 betrieben die USA eine intensive Ausdehnung nach Westen, Siedler wurden nun vom Militär begleitet. 1845 erwarben die USA Texas. Als sich Mexiko der weiteren US-Expansion widersetzte, setzte der Präsident die Armee ein, um die Kontrolle über New Mexico zu gewinnen. Der so ausgelöste Mexikanische Krieg endete 1848 mit dem Vertrag von Guadalupe-Hidalgo und der mexikanischen Zession: Für 18,25 Millionen Dollar trat Mexiko Kalifornien, Utah, Nevada, Teile von Wyoming und Colorado sowie New Mexico, zu dem Nord-Arizona gehörte, an die USA ab. 1853 erwarben die USA mit dem Gadsden Purchase Süd-Arizona für zehn Millionen Dollar. Jede der Regionen hatte zwar eine eigene Hauptstadt für administrative Belange, konnte jedoch keine Abgeordneten in den Kongress entsenden.

Der Louisiana Purchase von 1803

Auswirkungen des Amerikanischen Bürgerkriegs

Viele Menschen im Südwesten sympathisierten beim Ausbruch des Bürgerkriegs 1861 mit den Konföderierten und standen den Südstaaten gegen die Union des Nordens zur Seite. Sie wollten Arizona zum Territorium der Konföderierten deklarieren, doch 1862 drängten Unionstruppen die Konföderierten am Glorieta Pass bei Santa Fe zurück. 1863 erkannte die US-Regierung Arizona als eigenes Territorium an und zog die heutige Grenze zu New Mexico.

Nach dem Bürgerkrieg drangen Berichte vom Rohstoff- und Landreichtum des Westens nach Osten – in der Folge zogen angloamerikanische Siedler in Scharen westwärts. In Arizona fand man Gold-, Silber- und Kupfervorkommen. Die Bergbauorte Jerome *(siehe S. 72)*, Tombstone und Bisbee *(siehe S. 92)* boomten, ebenso Silver City in New Mexico. In Colorado entstanden die Minenstädte Silverton, Ouray und Telluride *(siehe S. 178f)*.

Apachen greifen angloamerikanische Siedler an (Stich, ca. 1886)

1778 Bau der Mission San Xavier del Bac

1803 Louisiana Purchase: gemeinsame Grenze der USA und New Mexico

1824 Gründung der Republik Mexiko

1822 Ende des mexikanischen Unabhängigkeitskriegs

1848 Vertrag von Guadalupe-Hidalgo; mexikanisches Gebiet kommt an die USA

1846–48 Mexikanischer Krieg

1853 Gadsden Purchase: USA erwerben Süd-Arizona

1780 | **1800** | **1820** | **1840**

1792 Pedro Vial erschließt eine Route nach Santa Fe

1821 Mexiko erklärt Unabhängigkeit von Spanien; William Becknell führt Händler aus dem Osten auf dem Santa Fe Trail

Händlerwagen

1855 Erste Mormonensiedlung in Moab, Süd-Utah; Mormonen werden aber von den Ute vertrieben

1857 Utah-Krieg, Mormonen kämpfen gegen US-Truppen

Ankunft der Angloamerikaner

Die ersten nicht spanischen Siedler europäischer Herkunft im Südwesten im frühen 19. Jahrhundert, die sogenannten Angloamerikaner, waren *mountain men* (»Bergmänner«) oder Pelzjäger. Sie lernten von den Indianern das Überleben in der Wildnis, heirateten indianische Frauen und sprachen oft mehrere indianische Sprachen sowie Spanisch. Über den 1776 eröffneten Old Spanish Trail und den Vorläufer des Santa Fe Trail von St. Louis (ab 1792) gelangten Händler und Siedler in die Region *(siehe S. 24f)*. Erst nach Mexikos Unabhängigkeitserklärung 1821 kamen auch angloamerikanische Händler, die Luxusgüter wie Orangen, Seidentücher und Whisky verkauften. 1846 marschierten amerikanische Soldaten ein, um 1850 hatten die USA das Gebiet annektiert. Die Angloamerikaner unterdrückten die Indianer und Hispanier und nahmen ihnen ihr Land ab, auf dem dann riesige Ranches entstanden oder Städte wie Tombstone, das nach den Silberfunden von 1877 schnell wuchs.

Mountain Man
Jim Bridger war einer der rauen Kerle, die um 1820 die Handelsrouten in den Westen erschlossen.

Krieg gegen Mexiko
Die Lithografie zeigt eine Schlacht im Amerikanisch-Mexikanischen Krieg (1846–48). Nach der Einnahme von Mexiko-Stadt bekamen die USA für 18,25 Millionen Dollar u. a. New Mexico und Kalifornien.

Krieg gegen die Apachen

Die kleinen nomadisierenden Apachen-Stämme galten als Bedrohung für die Siedlungen in Südost-Arizona und im Süden und Nordwesten New Mexicos. Das US-Militär sollte sie regelrecht auslöschen. 1861 löste die Hinrichtung eines Verwandten von Häuptling Cochise einen Krieg aus, der 1872 mit der Einrichtung der Apachen-Reservate endete. Der 1877 begonnene Guerillakrieg gegen die Siedler hörte drei Jahre später mit dem Tod des Führers Victorio auf. Geronimo kämpfte ab 1851 gegen Mexikaner und Angloamerikaner. Nach seiner Niederlage 1886 wurde der berühmteste Krieger der Apachen in ein Reservat in Florida gebracht.

In kriegerischer Haltung: Häuptling Geronimo (1886)

Prospektor des Bergbaubooms
Nach 1850 zog die Region Bergarbeiter magnetisch an, doch nur wenige machten ihr Glück. Reich wurden vor allem die großen Unternehmen, die zunehmend die Bergbaugebiete kontrollierten.

Bau der Eisenbahn
1869 strömten mit der transkontinentalen Eisenbahn Bergarbeiter, Abenteurer und Reisende in den Südwesten. Neue Industrien entstanden.

Vertreibung
Das Porträt zeigt Navajo-Häuptling Manuelito (1818–1894) nach dem »Langen Marsch« (1864), auf dem über 8000 Navajo nach New Mexico deportiert wurden. Viele starben.

Planwagentrecks auf dem Santa Fe Trail

Charles Ferdinands *The Attack on the Emigrant Train* (1856) zeigt die Konflikte zwischen Apachen und Händlern bzw. Siedlern, die nach Erschließung des Santa Fe Trail *(siehe S. 24f)* in Massen in den Südwesten vordrangen.

Die Apachen fühlten sich von den angloamerikanischen Siedlern bedroht. Indianerüberfälle auf Siedlertrecks wurden oft gemalt.

Amerikanischer Einfluss
Auf John Gasts American Progress *(1872) folgt eine die amerikanische Kultur verkörpernde Frau in weißem Kleid den Indianern. Das Schulbuch (Bildung), Züge, Schiffe und Siedler symbolisieren die »Zivilisation«.*

1897 malte C. M. Russell Cowboys, die einen Stier mit dem Lasso einfangen

Kampf um Land

Nach dem Bürgerkrieg trieb die US-Regierung die Besiedelung des Westens voran. 1864 wurden über 8000 Navajo von ihrem Land vertrieben und auf dem »Langen Marsch« zum 640 Kilometer entfernten Reservat in Bosque Redondo, New Mexico, gebracht. Viele Navajo starben auf dem Marsch oder später an Krankheiten im Reservat. 1868 erhielten sie rund 52 000 Quadratkilometer Land in Arizona, New Mexico und Süd-Utah. Die Chiricahua führten ihren Kampf gegen die Besiedlung bis Ende des 19. Jahrhunderts fort. Sie gaben erst 1886 mit der Kapitulation ihres Häuptlings Geronimo auf.

Ab 1870 wurden riesige Areale zu gigantischen Schaf- und Vieh-Ranches. Reibereien zwischen Farmern, Kleinbauern und Ranchern waren an der Tagesordnung. Zu den »Weidelandkriegen« zählte auch der durch Billy the Kid *(siehe S. 54)* berühmt gewordene Lincoln County War. Die Landnahme der angloamerikanischen Rancher zerstörte in New Mexico die traditionellen Strukturen des gemeinsamen Landbesitzes. Viele der indianischen Bauern verloren dabei ihre Lebensgrundlage.

Vier große Bahnstrecken brachten ab etwa 1880 immer mehr Siedler auf der Suche nach Wohlstand in die Region. Für sie stand außer Frage, dass ihnen die Ausbeutung des Landes rechtmäßig zustand. Die Eisenbahn förderte den Aufbau verschiedener Industriezweige, darunter Viehzucht, Bergbau und Holzfällerei, und brachte begehrte Luxusgüter aus dem Osten.

Billy the Kid erschießt einen Mann in einer Bar (Stich)

1912 wurden New Mexico und Arizona 47. bzw. 48. Bundesstaat der USA. In den Jahren vor und nach dem Ersten Weltkrieg erlebte vor allem Arizona aufgrund seiner reichen Bodenschätze einen wirtschaftlichen Boom.

ZEITSKALA

1860

1868 Errichtung einer Navajo Reservation bei Four Corners

1877 Entdeckung von Kupfer in Bisbee, Arizona, und Silber in Tombstone, Arizona

1878 Beginn des Lincoln County War in Lincoln, New Mexico

Geronimo (1829–1909)

1880

1881 Schießerei im OK Corral; Billy the Kid in New Mexico erschossen

1886 Indianerkriege enden mit der Kapitulation Geronimos

1889 Phoenix wird Hauptstadt des Territoriums Arizona

1900

1901 Eröffnung der Grand-Canyon-Bahn, mit der Touristen kommen

Grand-Canyon-Dampflok

1912 New Mexico und Arizona werden 47. bzw. 48. Bundesstaat der USA

1917 Eintritt der USA in den Ersten Weltkrieg

1920

1931–36 Bau des Hoover Dam in Arizona

Wassermangel

Mit der steigenden Bevölkerungszahl wurde die Wasserversorgung im Südwesten zu einem drängenden Problem. Riesige, staatlich finanzierte Dämme entstanden, die das kostbare Nass in die wachsenden Städte, etwa nach Phoenix, brachten. Damm- und Straßenbauprojekte kurbelten die Wirtschaft der Region an und zogen noch mehr Siedler an.

Bereits in den 1960er Jahren reichte die Kapazität des 1931 bis 1936 erbauten Hoover Dam nicht mehr aus. Der 1963 fertiggestellte Glen Canyon Dam staute den gigantischen Lake Powell auf, der ein wunderschönes Naturgebiet überflutete und zahlreiche altindianische Ruinen zerstörte.

Die Wasserversorgung ist aufgrund des Bevölkerungswachstums nach wie vor ein Problem. Deshalb wird die Nutzung von allen möglichen Quellen ständig diskutiert.

Zweiter Weltkrieg

Krieg und Nachkriegszeit veränderten die Wirtschaft. In den dünn besiedelten, abgelegenen Wüstengebieten New Mexicos fanden unter strenger Geheimhaltung Entwicklung und Test der ersten Atombombe statt. Den Anfang machte 1945 das Manhattan-Projekt in Los Alamos *(siehe S. 186)*. Militäreinrichtungen wie die Titan Missile Base in Süd-Arizona und die White Sands Missile Range in New Mexico gewannen zur Zeit des Kalten Kriegs in den 1950er Jahren nationale Bedeutung.

Militärische Forschung, Computertechnik und andere Industrien führten nach dem Krieg zu Verstädterung und Bevölkerungszuwächsen. Phoenix und Albuquerque zählen zu den am schnellsten wachsenden Städten der Vereinigten Staaten. Der Südwesten ist ein Zentrum der Rüstungs- und Weltraumforschung.

Test einer Patriot Missile, White Sands, New Mexico

Der Südwesten heute

Die Wirtschaft im Südwesten boomt noch immer. Die durch *»snow birds«* (»Überwinterer«) verstärkte Bevölkerung wächst. Immer mehr Besucher bestaunen die Naturwunder und historischen Stätten in den Anfang des 20. Jahrhunderts gegründeten Nationalparks. Diese trugen wesentlich zu einem ökologischen Bewusstsein und zur steigenden Wertschätzung indianischer Geschichte bei. Ziel ist, das Erbe des Südwestens für kommende Generationen zu bewahren.

Rückgabe eines Pueblo-Artefakts (frühes 19. Jh.)

1943 Beginn des geheimen Manhattan-Projekts (Bau der Atombombe) in Los Alamos, New Mexico

1945 Erster Atombombentest bei Trinity im Süden von New Mexico

Die Atombombe »Fat Man«

1958 In Arizona soll die Joint Use Area Landstreitigkeiten zwischen Hopi und Navajo beilegen

1963 Eröffnung des Glen Canyon Dam

1974 Central Arizona Project zur Wassergewinnung aus dem Colorado River

1982 Das Spaceshuttle *Columbia* landet im White Sands Space Harbor

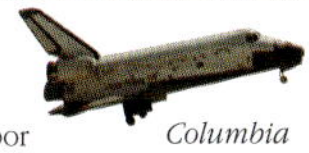

Columbia

1996 Clinton unterzeichnet Navajo-Hopi Land Dispute Settlement Act

20. März 2007 Eröffnung des Grand Canyon Skywalk

1940 | 1960 | 1980 | 2000 | 2020

Blick auf das gigantische Naturwunder Grand Canyon *(siehe S. 58–63)* ▷

Arizona

…erblick: Arizona

Der weiträumige Bundesstaat besitzt einzigartige Naturwunder. Im äußersten Südwesten erstreckt sich die unwirtliche, in ihrer Schönheit jedoch überwältigende Sonora-Wüste. An ihren Rändern liegen Tucson und Phoenix, die größte Stadt Arizonas und sein Wirtschaftszentrum. Richtung Norden ändert sich die Landschaft: Wälder, Canyons und Berge lösen die hohen Wüstenplateaus ab. Hier ziehen Flagstaff und die malerischen Bergstädtchen Sedona und Jerome Besucher an. Das Highlight par excellence ist der Grand Canyon *(siehe S. 58–63)* – allein wegen dieser Schlucht kommen Millionen nach Arizona.

Die Felsformationen des Cathedral Rock überragen einen See an der Red Rock Crossing nahe Sedona

In Arizona unterwegs

Phoenix ist Drehscheibe für internationale und nationale Flüge. Das Land selbst lernt man am besten per Auto kennen. Arizona verfügt über ein sehr gutes Straßennetz. Die I-40 durchquert den Norden, die I-10 den Süden. Hauptverkehrsader in Nord-Süd-Richtung ist die I-17. Durch Arizona führen zwei Amtrak-Bahnlinien. Aus den Großstädten der USA kommen hier regelmäßig die Greyhound-Busse an.

LEGENDE

- Interstate Highway
- US Highway
- State Highway
- Fluss

SIEHE AUCH

- ***Hotels*** S. 232–237
- ***Restaurants*** S. 252–257

Wolkenkratzer dominieren die Skyline von Downtown Phoenix

Weitere Zeichenerklärungen siehe hintere Umschlagklappe

Route 66 in Arizona

Route 66 bei Flagstaff

Sie ist zweifellos die berühmteste Straße der USA, fast 4000 Kilometer lang, Teil des amerikanischen Mythos, Symbol für Weite und Freiheit – und unlösbar verbunden mit dem Siegeszug des Automobils: die Route 66 von Chicago nach Los Angeles. Die »Mutter aller Straßen«, die »Hauptstraße Amerikas« verband nach zwölf Jahren Bauzeit ab 1926 Hunderte abgelegener Kleinstädte. In den 1930er Jahren wurde sie zur Schicksalsstraße von 200 000 Farmern aus Oklahoma, die durch Dürrephasen ihre Höfe verloren hatten und in einem endlos langen Treck auf der Route 66 nach Kalifornien zogen. Ihr Los schildert John Steinbecks Roman *Grapes of Wrath (Früchte des Zorns)* von 1939.

In Seligman *gibt es typische Route-66-Läden und -Diners. Auf der Fahrt durch die Berglandschaft der Uplands von Arizona fühlt man sich in die Pionierzeit zurückversetzt.*

Die Route 66 *führt über lange Strecken durch eine Wildnis ohne jegliche Ablenkungen der modernen Welt. In Arizona verläuft das längste Teilstück der Originalstraße.*

LEGENDE

- Route 66
- Andere Straße
- Bundesstaatsgrenze

0 Kilometer 40
0 Meilen 40

Oatmans *historische Hauptstraße säumen Häuser und Gehwege aus dem 19. Jahrhundert. In der alten Goldgräberstadt werden regelmäßig »Schießereien« aufgeführt.*

Die Grand Canyon Caverns *wurden 1927 entdeckt. Auf einer 45-minütigen Führung kann man rund 1,2 Kilometer unter der Erdoberfläche ein System fußballfeldgroßer Höhlen mit Stalagmiten und glitzernden Kristallen bewundern.*

»On the Road« – Route 66

Als die Amerikaner in den 1940er und 1950er Jahren das Auto lieben lernten, fuhren mehr Menschen in den Westen als je zuvor. Hunderte Motels, Restaurants und Besucherattraktionen schossen entlang der Route 66 wie Pilze aus dem Boden. Sie hatten eine neue, aufregende, witzig-ironische Architektur. Der Niedergang der Route 66 begann ab 1970 mit dem Bau eines US-weiten mehrspurigen Highway-Netzes. Doch mittlerweile hat die Straße Kultstatus. In Arizona konnten durch das Engagement von Fans die schönsten Bauten und Schilder der Route 66 erhalten werden.

Bobby Troup, der Komponist des Hits *Route 66* – stilgerecht in einem 1948er Buick Cabrio

Zur Orientierung *(siehe S. 12f)*

Route 66

Kartenausschnitt

Holbrook *wurde 1882 gegründet und ist eines der Wahrzeichen an der Route 66. Hier steht das berühmte Wigwam Village. Die Zimmer des restaurierten Motels aus den 1950er Jahren haben die Form indianischer Tipis.*

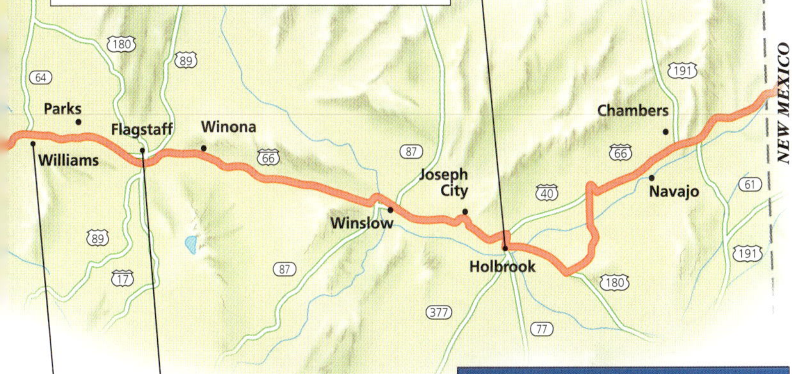

In Flagstaff *steht die berühmte Raststätte Museum Club. Das große Blockhaus wurde 1931 gebaut. In dem späteren Nachtclub namens »The Zoo« traten durchreisende Country-Musiker auf, z. B. Stars wie Willie Nelson.*

Williams *hat viele nostalgische Diners und Motels, darunter das Route 66 Place genannte Café Twisters (siehe S. 254) mit Soda Fountain und Barhockern aus den 1950er Jahren sowie unzähligen »66-Devotionalien«.*

logie des Grand Canyon

Der Grand Canyon gleicht wie kein anderer Ort der Welt einem aufgeschlagenen Buch, in dem sich fast zwei Milliarden Jahre Erdgeschichte nachlesen lassen. Seine vielfarbigen Gesteinsschichten entstammen verschiedenen geologischen Zeitaltern. Die älteste reicht ins Präkambrium zurück, einem Zeitalter, das vor rund 570 Millionen Jahren endete. Im Vergleich dazu ist der Canyon selbst eine junge Erscheinung. Er entstand vor fünf bis sechs Millionen Jahren, als der Colorado River begann, sich hier seinen Weg zu bahnen. Aufgrund der Neigung des Kaibab-Plateaus ist der Canyon an einigen Stellen stärker erodiert als an anderen.

Blick auf Grand-Canyon-Plateau und South Rim

Blick zum North Rim
Atemberaubend schön und mit gigantischen Ausmaßen: Der Grand Canyon zählt zu Recht zu den absoluten Highlights der USA (siehe S. 58–63).

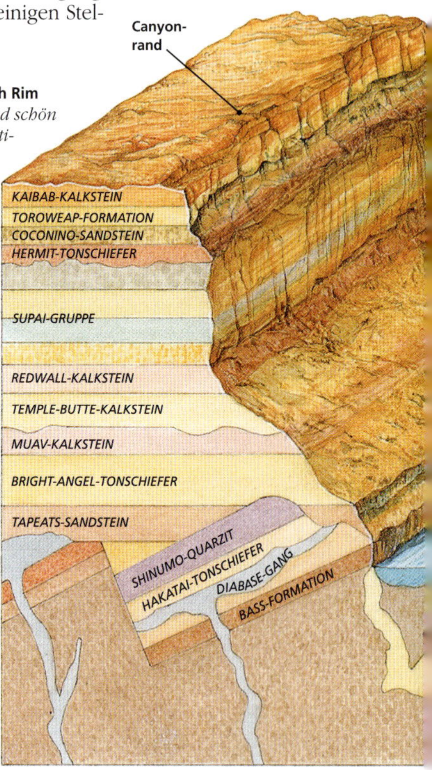

Spuren frühen Lebens

Die in den Schichten gefundenen Fossilien zeigen die Entwicklung des Lebens auf der Erde. Als sich die älteste Schicht, der Vishnu-Schiefer, im Proterozoikum bildete, entstanden gerade die ersten Bakterien und Algen. Später lagerten sich die harten Bestandteile unzähliger kleiner Meereslebewesen in den jüngeren, dicken Kalksteinschichten ab.

Canyonasymmetrie
Da das Kaibab-Plateau nach Süden abfällt, fließt das Regenwasser am North Rim in Richtung Canyon – und über den Rand. Deshalb ist das North Rim des Grand Canyon stärker erodiert als das South Rim, weist tiefe Nebencanyons und einen größeren Abstand zum Fluss auf.

Die Surprise-Canyon-Formation
Diese erst 1985 von Geologen klassifizierte, 335 Millionen Jahre alte Schicht findet man nur in abgelegenen Gebieten des Canyons.

Colorado River *Vor rund fünf Millionen Jahren änderte der Colorado seinen Lauf. Man nimmt an, dass er von einem kleineren Fluss »umarmt« wurde, der durch das Kaibab-Plateau floss. Die vereinte Kraft beider Flüsse fräste den Grand Canyon aus.*

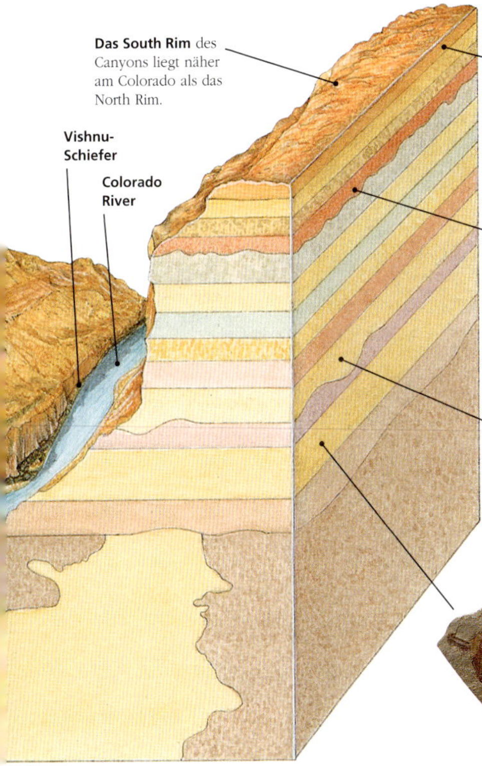

Fischplatt- *Fossilien sind im Kaibab-Kalkstein abgelagert.*

Farnwedel- *Fossilien stammen aus dem Hermit-Tonschiefer.*

Der Temple-Butte-Kalk *enthält Fossilien von Meereslebewesen.*

Trilobiten *finden sich im Bright-Angel-Tonschiefer.*

Entstehungsgeschichte des Grand Canyon

Der Colorado River ist für die Tiefe dieser Riesenschlucht verantwortlich. Ihre Breite und Gestalt gehen jedoch auf das Konto stärkerer Kräfte: Korn für Korn trägt der Wind Kalk- und Sandstein ab. Das über den Rand fließende Regenwasser nagt tiefe Nebencanyons in die weichen Gesteinsschichten. Zerstörerisch wirkt das Eis, zu dem Regen- und Schmelzwasser in den Felsritzen gefriert. Es dehnt sich aus und sprengt Felsteile von den Canyonwänden. Weiche Gesteinsschichten erodieren schnell zu abgeschrägten Formationen. Harter Fels widersteht dem Zahn der Zeit in senkrechter Unbeugsamkeit.

Eis und Wasser formten diesen Einschnitt

Wilder Westen

Unzählige Filme und Bücher prägten ein Bild vom »Wilden Westen«, das lauter »tough guys« auf Pferden zeigte, wie sie Herden durchs Land trieben und den Tag im Saloon beendeten. Das Leben an der *frontier* war allerdings nicht so romantisch. Die Siedler, die mitten in der Wildnis ankamen, kämpften für und gegen alles: für Land, gegen die Natur, gegen Indianer und gegeneinander. Die Idee des *American West* ist durch das (Über-)Leben von Prospektoren und Cowboys mitgeformt. Heute sind Geisterstädte wie Jerome *(siehe S. 72)* oder Show-Duelle in Tombstone malerische Besucherattraktionen. Ende des 19. Jahrhunderts war die Schieß-oder-stirb-Mentalität leider harte Wirklichkeit.

Alte Holzhäuser *stehen noch in vielen ehemaligen Bergbaustädtchen. Die Geschichte des Bergbaus im Südwesten kann man u.a. in Oatman* (siehe S. 70) *und Bisbee* (siehe S. 92) *kennenlernen.*

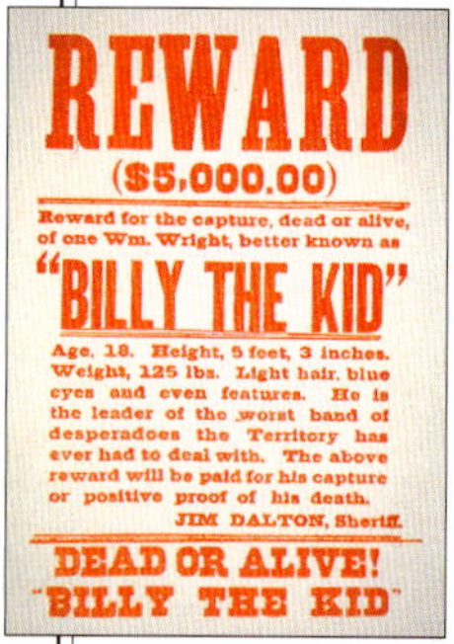

Wanted – *tot oder lebend. William Bonney bzw. Billy the Kid, einer der berüchtigtsten* Outlaws, *wurde von Sheriff Pat Garrett am 14. Juli 1881 in Fort Sumner erschossen* (siehe S. 225). *Das Kopfgeld betrug 5000 Dollar.*

Deadwood Dick *war der Spitzname des für seine Lassokünste berühmten Cowboys Nat Love. An die rund 5000 afroamerikanischen Cowboys erinnern auch heute im Südwesten weder Denkmäler noch Museen.*

Cowboys wurden für ihre Reitkunst und Kameradschaft bewundert. Das Gemälde zeigt zwei Freunde, die einem dritten zu Hilfe eilen.

The Questionable Companionship (1902) *von Frederic Remington zeigt die Spannungen zwischen Indianern und der US-Armee, die bei der Vertreibung der Stämme vom Land ihrer Vorfahren eine zentrale Rolle spielten.*

Die Cowboy-Mode *tauchte ab etwa 1900 in der Werbung auf. Nach wie vor sind Jeans von Levi Strauss überall erhältlich* (siehe S. 272).

Bei Ausritten *mit Führer kann man den Westen eindrucksvoll erleben. Sie sind Teil des Angebots von Dude Ranches* (siehe S. 279), *in denen die Gäste auch das heutige Cowboy-Leben kennenlernen können.*

Die realistischen Pferdedarstellungen Remingtons zeugen von einer tiefen Kenntnis von Verhalten und Physiologie der Tiere. Er malte sie bevorzugt in dramatischen Szenen.

Cowboys im Südwesten

Der in New York geborene Künstler Frederic Sackrider Remington (1861–1909) wurde Ende des 19. Jahrhunderts durch seine epischen Bilder von Cowboys, Pferden, Soldaten und Indianern bekannt. Das Ölgemälde *Aiding a Comrade* (1890) thematisiert den Mut und die Solidarität der Cowboys in einer Zeit, in der Viehhirten und Klein-Rancher von mächtigen Bergbaugesellschaften und Viehzuchtunternehmen geradezu überrollt wurden. Remington klagte über das Verschwinden seiner Helden: »Cowboys? Es gibt keine Cowboys mehr!«

Schießerei im OK Corral

Zu den berühmtesten Wildwest-Storys gehört die Schießerei zwischen den Clantons und Earps am 26. Oktober 1881 im OK Corral in Tombstone *(siehe S. 92)*. Nach der gängigsten, allerdings leidenschaftlich umstrittenen Version waren die Clantons die Bösen und die Earps Vertreter von Recht und Gesetz. Virgil Earp, der Marshall der Stadt, seine Brüder (und Hilfssheriffs) Morgan und Wyatt sowie ihr Verbündeter Doc Holliday trafen beim großen Showdown auf Billy Clanton und die McLaury-Brüder Tom und Frank. Von den sieben Protagonisten wurde nur Wyatt Earp nicht von einer Kugel getroffen. Billy, Tom und Frank wurden getötet. Wyatt Earp zog später nach Los Angeles, wo er 1929 verstarb. Heute wird die Schießerei mit vielen Platzpatronen nachgestellt.

1957 wurde der »gunfight« mit Burt Lancaster und Kirk Douglas verfilmt ***(Zwei rechnen ab)***

Phillips
66
Enjoy
Coca-Cola
DRINK
NuGrape
SODA
CONTAINS GRAPE JUICE CERTIFIED
IMITATION GRAPE FLAVOR CANE SUGAR

Grand Canyon und Nord-Arizona

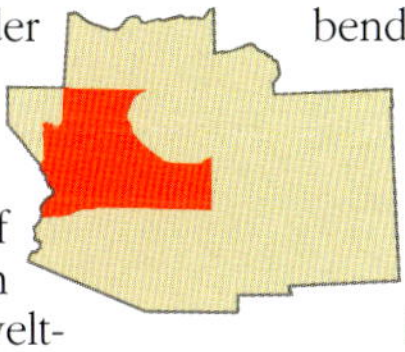

Für viele Besucher ist der Norden Arizonas das Land des Grand Canyon. Hier hat der Colorado River in Jahrmillionen auf seinem Weg nach Westen Richtung Kalifornien die weltberühmte, grandiose Schlucht in den Fels gegraben. Doch Nord-Arizona bietet weit mehr: die Wüstenlandschaft des Colorado Plateau voller Beifußbüsche und Yuccas, die bewaldeten Vorberge der San Francisco Peaks oder die riesigen National Forests Kaibab, Prescott und Coconino. Sie bilden die Kulisse für das quicklebendige Zentrum Flagstaff und die hübschen Städtchen Sedona und Jerome. Faszinierende Geisterstädte aus der Zeit des Bergbaus wie Chloride und Oatman erinnern daran, dass Arizona seinen Spitznamen »Kupferstaat« durch den »mining boom« in der ersten Hälfte des 20. Jahrhunderts erhielt. Über 25 Prozent von Arizona sind heute indianische Reservate. Zu den beeindruckendsten altindianischen Pueblo-Überresten zählen das Bergdorf Tuzigoot und die Ruinen des Montezuma Castle.

Sehenswürdigkeiten auf einen Blick

Historische Städte und Orte

Camp Verde 12
Flagstaff 2
Grand Canyon Skywalk, Grand Canyon West 8
Jerome 14
Lake Havasu City 10
Oatman 9
Sedona 16
Williams 7

National Parks und Monuments

Grand Canyon S. 58–63 1
Montezuma Castle National Monument 13
Petrified Forest National Park 18
Sunset Crater Vulcano National Monument 4
Tuzigoot National Monument 15
Walnut Canyon National Monument 5
Wupatki National Monument 3

Spektakuläre Natur

Oak Creek Canyon 6
Meteor Crater 17
The Wave 19
Tour ins Zentrum Arizonas 11

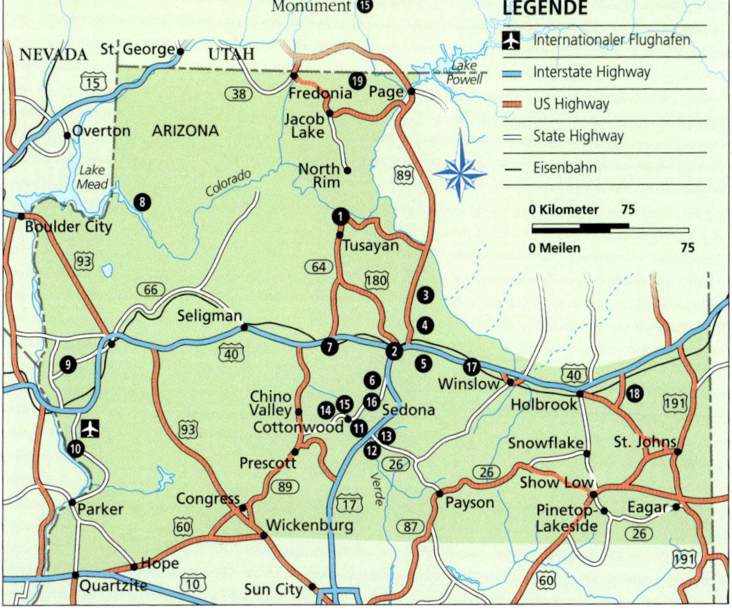

Route-66-Memorabilien eines Ladens an der berühmten Straße (siehe S. 50f)

Grand Canyon ❶

Der Grand Canyon ist eines der faszinierendsten Naturwunder der Welt und Symbol des Südwestens. Die fast 450 Kilometer lange, im Schnitt 16 Kilometer breite und rund 1500 Meter tiefe Riesenschlucht ist Teil des Grand Canyon National Park *(siehe S. 60–63)*. Im Lauf von Jahrmillionen haben sich die Wasser des Colorado River ihren Weg durch das Colorado Plateau *(siehe S. 18f)* gebahnt, das die Schlucht, den Großteil von Nord-Arizona und die Four Corners einschließt. Für den gewundenen Flusslauf ist die geologische Eigenart des aus vielfarbigen Kalkstein-, Sandstein- und Tonschieferschichten bestehenden Plateaus verantwortlich, aus dem die Erosion riesige Felsformationen und -nadeln *(siehe S. 52f)* herausmodellierte. Einzigartig ist das ständig wechselnde Spiel von Licht, Schatten und Farben auf den Gesteinsformationen – vor allem bei Sonnenuntergang, wenn die Felswände in allen Nuancen von Rot bis Ocker leuchten.

Maultierausritte
Auf den engen Pfaden des Canyons kommt man mit Mulis gut voran.

Havasu Canyon
Seit 1300 ist der Havasu Canyon die Heimat der Havasupai. Heute leben die etwa 500 in der Havasupai Reservation ansässigen Indianer vom Tourismus.

Grandview Point
Der 2250 Meter hoch gelegene Grandview Point ist die höchste Erhebung am South Rim genannten Südrand des Canyons. Man erreicht ihn über den Desert View Drive (siehe S. 61). *Im Jahr 1540 sollen Spanier von hier aus erstmals die grandiose Schlucht erblickt haben.*

North Rim
Auf dem ruhigeren, schwerer zugänglichen North Rim tummelt sich nur ein Zehntel der Besuchermassen des South Rim. Hier scheint die Wildnis noch unberührter zu sein. Der steile North Kaibab Trail führt zur Phantom Ranch am Grund des Canyons (siehe S. 60).

INFOBOX

Straßenkarte B3. *Visitor Center, Canyon View Information Plaza, südlich von Mather Point, Arizona, (928) 638-7888.* *Grand Canyon Airport, Tusayan.* *Grand Canyon Railway tägl. von Williams.* *von Flagstaff und Williams.* *South Rim: tägl., North Rim: nur im Sommer.* *North Rim: Mitte/Ende Okt–Mitte Mai bei Schnee geschl.* *teilweise.*
www.nps.gov/grca

Blick vom Hopi Point
Auf der weit in den Canyon ragenden Spitze des Hopi Point an der Hermit Road kann man den traumhaften Sonnenuntergang bewundern, in dessen Licht vier wunderschön geformte Gipfel erstrahlen.

Yavapai Point am South Rim

Der Aussichtspunkt befindet sich etwa acht Kilometer nördlich des Südeingangs im Abschnitt des Rim Trail. Von hier aus hat man einen fantastischen Blick auf den Canyon. Anhand einer Tafel kann man wichtige Punkte dieses Abschnitts identifizieren.

Bright Angel Trail
Der sowohl von Indianern als auch von frühen Siedlern benutzte Bright Angel Trail folgt dem natürlichen Verlauf entlang einer enormen geologischen Verwerfung. Der Pfad ist schattig und hat einige saisonale Wasserquellen. Er eignet sich daher besonders gut für Tagestouren.

d Canyon National Park

Der Grand Canyon National Park ist rund 4900 Quadratkilometer groß und liegt zur Gänze in Arizona. Das als UNESCO-Welterbe ausgewiesene Gebiet umfasst den Canyon selbst, der an der Mündung des Paria River in den Colorado River beginnt, und erstreckt sich von Lees Ferry bis zum Lake Mead *(siehe S. 120)* sowie über die angrenzenden Areale. Bereits 1903 äußerte Theodore Roosevelt bei einem Besuch, dass der Canyon für künftige Generationen erhalten werden müsse – »als Sehenswürdigkeit, die jeder Amerikaner einmal erleben sollte«. 1908 wurde das Gebiet zum National Monument erklärt, 1919 zum National Park. Der Park ist am North Rim und am belebteren South Rim zugänglich. Am südlichen Rand drängen sich im Sommer allerdings die Besuchermassen *(siehe S. 62f)*.

Der North Kaibab Trail folgt dem Bright Angel Creek nach Roaring Springs und führt dann zur Phantom Ranch hinunter.

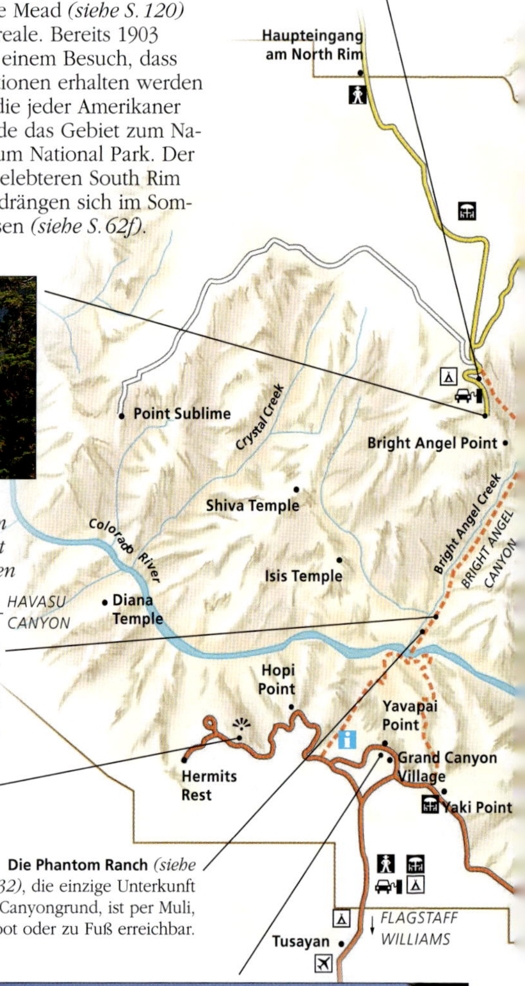

Grand Canyon Lodge
Sie liegt hoch über dem Canyon am Bright Angel Point. Die Lodge bietet sowohl Zimmer als auch Abendessen (siehe S. 63).

Der Bright Angel Trail beginnt am South Rim. Der gepflegte, aber anstrengende Weg führt in den Canyon hinunter und trifft dort auf den North Kaibab Trail, der zum North Rim hochführt.

Die Phantom Ranch *(siehe S. 232)*, die einzige Unterkunft am Canyongrund, ist per Muli, Boot oder zu Fuß erreichbar.

Hermit Road
Auf der Route (März–Nov für private Pkws gesperrt) fährt im Sommer ein kostenloser Shuttle-Bus zum Aussichtspunkt Hermits Rest.

Grand Canyon Railway
Die restaurierte Dampfeisenbahn fährt von Williams bis zum 100 Kilometer entfernten Grand Canyon Village.

Hotels und Restaurants in Nord-Arizona *siehe Seiten 232–234 und 252–254*

Point Imperial (2683 m) ist der höchste Punkt des North Rim. Von hier aus sieht man Mount Hayden und Painted Desert *(siehe S. 73)*.

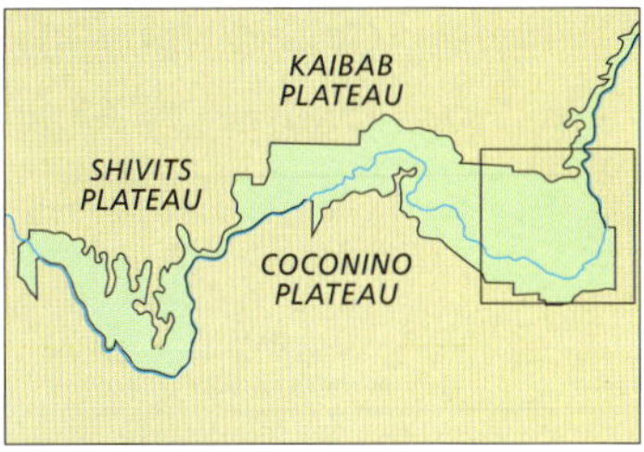

Zur Orientierung

Gebiet des Grand Canyon National Park

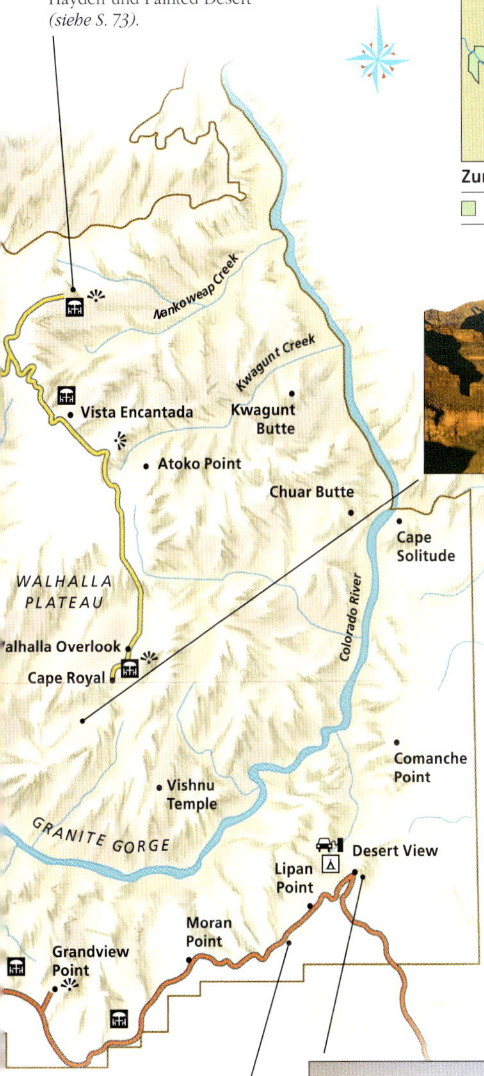

Wotan's Throne
Die charakteristische Felsformation liegt zwar näher am North Rim, doch man kann sie von beiden Seiten des Canyons aus sehen.

LEGENDE

- Highway
- Parkgrenze
- Fluss
- Tankstelle
- Ranger-Station
- Camping/Wohnmobile
- Picknick
- Information
- Aussichtspunkt

0 Kilometer 5

0 Meilen 5

Die Tusayan Ruin war ein Pueblo, der um 1150 von den altindianischen Bewohnern verlassen wurde. Neben den Ruinen steht das Tusayan Museum.

Desert View Drive
Die Route vom Grand Canyon Village zum Desert View bietet eine atemberaubende Aussicht auf den mittleren und östlichen Canyon.

Überblick: Grand Canyon National Park

Glocke bei Hermits Rest

Der Grand Canyon mit seinen scheinbar endlos sich erstreckenden Felsschichten, seinen faszinierenden Formationen, Kegeln, Nadeln, Klippen und Steilwänden bietet im Lauf des Tages ein beeindruckendes Farbenspiel. Auf den vom Südeingang aus erreichbaren Hauptrouten Hermit Road und Desert View Drive kann man das atemberaubende Panorama genießen. Die Straße zum North Rim (Highway 67) ist im Winter geschlossen. Im Grand Canyon Village am South Rim finden Besucher alle nötigen Versorgungseinrichtungen. Auf den Wanderwegen entlang dem North und South Rim kann man den Canyon aus der Nähe betrachten. Wer die Anstrengung und eine Übernachtung nicht scheut, sollte auf dem Bright Angel Trail am South Rim oder dem North Kaibab Trail am North Rim in die Schlucht hinabsteigen – ein unvergleichliches Erlebnis, das alle Mühen vergessen lässt.

Adobe-Architektur im Pueblo-Stil: Hopi House, Grand Canyon Village

Grand Canyon Village

Grand Canyon National Park.
(928) 638-7888. *teilweise.*

Das Grand Canyon Village entstand im späten 19. Jahrhundert. Nachdem die Santa Fe Railroad 1901 eine Bahnlinie von Williams hierher eröffnet hatte, begann man mit dem Bau einer ausgedehnten Anlage von Unterkünften. Die Fred Harvey Company errichtete eine Reihe von attraktiven Bauten, darunter das bekannte El Tovar Hotel *(siehe S. 233)*. Das 1905 eröffnete Haus ist nach den spanischen Entdeckern benannt, die 1540 die Schlucht erreichten. Im ebenfalls 1905 eröffneten, von Hopi in Anlehnung an die traditionelle Architektur ihres Volkes erbauten Hopi House konnten Einheimische kunsthandwerkliche Souvenirs verkaufen. Es wurde von der ehemaligen Lehrerin und Architektin Mary E. J. Colter entworfen. Im Gedenken an die Traditionen des Südwestens verband sie indianische und hispanische Architekturstile *(siehe S. 22f)*. Mary Colter schuf einige der schönen historischen Bauten am South Rim, darunter 1914 das Lookout Studio und Hermits Rest oder 1922 die Phantom Ranch am Grund des Canyons.

Heute gibt es im Grand Canyon Village zahlreiche Hotels, Restaurants und Läden. Man kann sich leicht verirren, da die Häuser versteckt auf bewaldeten Grundstücken stehen. Das Grand Canyon Village ist Startpunkt für die meisten Muli-Ausritte durch den Canyon und Endstation der Grand Canyon Railway.

South Rim

Die meisten der über vier Millionen Besucher pro Jahr kommen zum South Rim, das im Gegensatz zum North Rim ganzjährig geöffnet hat und von Flagstaff oder Williams über die Highways 180 bzw. 64 leicht zu erreichen ist. **Hermit Road** am South Rim ist von März bis November für den Privatverkehr geschlossen, doch es gibt Shuttle-Busse. **Desert View Drive** (Highway 64) ist ganzjährig geöffnet. Beide Straßen beginnen am Grand Canyon Village und passieren einige der schönsten Aussichtspunkte auf die Schlucht. Die 13 Kilometer lange Hermit Road führt nach Hermits Rest, der 42 Kilometer lange Desert View Drive verläuft in die Gegenrichtung, vorbei am faszinierenden Aussichtspunkt Desert View.

Vom Grand Canyon Village aus windet sich die Hermit Road am South Rim entlang. Erster Aussichtspunkt ist der **Trailview Overlook** mit Blick auf den Canyon und den Bright Angel Trail. Der folgende **Maricopa Point** bietet einen Panoramablick auf den Canyon, allerdings nicht auf den Colorado River, der erst vom nahen **Hopi Point** aus zu sehen ist. Die Straße endet in **Hermits Rest**, wo ein Mary-Colter-Bau einen Andenkenladen beherbergt. Etwas östlich vom Grand Canyon Village liegt **Yavapai Point**. Von hier aus ist die Phantom Ranch auf der anderen Uferseite des

Im Andenkenladen von Hermits Rest kann man Kunsthandwerk kaufen

Der steinerne Wachtturm des Desert View am Desert View Drive

Kalifornische Kondore

Der Kalifornische Kondor ist der größte Vogel Amerikas, seine Flügelspannweite beträgt 2,70 Meter. In den 1980er Jahren waren die Vögel fast ausgestorben. Man fing die letzten 22 Exemplare und begann mit der Neuzucht. 1996 wurden die ersten Kondore in Nord-Arizona freigelassen. Heute ziehen dort über 70 Exemplare ihre Kreise. Am South Rim tummeln sich immer einige Kondore. Besucher sollten die Tiere nicht füttern.

Kalifornische Kondore

Colorado zu sehen, die einzige überdachte Unterkunft am Grund des Canyons *(siehe S. 232)*.

Auf dem längeren Desert View Drive erreicht man nach 20 Kilometern den **Grandview Point**, wo die Spanier 1540 angeblich erstmals den Canyon erblickten. 16 Kilometer weiter steht die Tusayan Ruin, die Ruine eines alten Pueblos. Das dortige kleine Museum ist der Alten Pueblo-Kultur gewidmet. Kurz darauf kommt man zum **Desert View** mit einem Wachtturm – er war Colters ausgefallenster Bau. Die obere Etage ist mit Hopi-Wandmalereien (frühes 20. Jh.) verziert.

North Rim

Das etwa 2400 Meter hohe, mit Gelbkiefern, Espen und Douglaskiefern dicht bewaldete North Rim ist höher, kühler und grüner als sein südliches Gegenüber. Hier kann man mit großer Wahrscheinlichkeit Maultierhirsche, Kaibab-Hörnchen und wilde Truthähne entdecken. Man erreicht das North Rim über den Highway 67 (nach Hwy 89A), der zur **Grand Canyon Lodge** *(siehe S. 233 und 252)* führt. Dort finden sich touristische Einrichtungen, Campingplatz, Tankstelle, Restaurant und Supermarkt. Im nahen Info-Center des Nationalparks sind Karten erhältlich. Von Mitte oder Ende Oktober bis Mitte Mai sind das oft verschneite North Rim und seine Einrichtungen geschlossen.

Das North Rim ist doppelt so weit vom Colorado River entfernt wie das South Rim. Einen Eindruck von der Breite der Schlucht (16 km) gewinnt man von den Aussichtspunkten. Sie sind über Panoramastraßen (rund 45 km) entlang dem North Rim oder über Wanderwege erreichbar. Der North Kaibab Trail führt zum Grund des Canyons und trifft dort auf den Bright Angel Trail des South Rim. Der malerische **Cape Royal Drive** beginnt nördlich der Grand Canyon Lodge. Er führt zum Cape Royal auf dem Walhalla Plateau (37 km), von wo aus sich die Aussicht auf berühmte Felsformationen wie Wotan's Throne und Vishnu Temple eröffnet.

Kurze, leichte Wanderwege oberhalb des Rim führen um Cape Royal herum. Über einen Abstecher (5 km) gelangt man zum höchsten Punkt: dem **Point Imperial**. Unterwegs bietet die **Vista Encantada** Panoramablicke und Picknicktische.

Maultierhirsch am North Rim

Bright Angel Trail

Der populärste Wanderweg des Canyons beginnt am South Rim am westlichen Ende des Grand Canyon Village beim Kolb Studio. Nach einem spektakulären, 13 Kilometer langen Abstieg überquert man den Colorado River auf einer Hängebrücke. Nicht weit davon endet der Weg an der Bright Angel Campsite nahe der Phantom Ranch. Entlang dem Weg bieten zwei Rasthäuser und ein gut ausgerüsteter Campingplatz Übernachtungsmöglichkeiten. Für die Tour sollte man mehr als einen Tag veranschlagen. Die meisten Besucher wandern vom South Rim bis zu einer der Unterkünfte bzw. dem Campingplatz und steigen am nächsten Tag wieder hoch. Im Sommer erreichen die Temperaturen am Canyongrund 43 °C oder mehr. Tagesausflügler sollten mindestens einen Liter Wasser pro Stunde und Person mitnehmen. Empfehlenswert ist auch ein Erste-Hilfe-Set.

Rast im Schatten: Wanderer auf dem Bright Angel Trail am South Rim

Ein unvergessliches Erlebnis: Blick auf den Grand Canyon in der Abenddämmerung ▷

Flagstaff ❷

Schild des Lowell Observatory

Das in den Kiefernwäldern der San Francisco Peaks gelegene Flagstaff zählt zu den ansprechendsten Zentren der Region. Die freundliche Stadt glänzt mit Bars und Restaurants, die sich im Labyrinth der alten roten Ziegelbauten in der kompakten Innenstadt drängen. 1876 kamen die ersten angloamerikanischen Siedler hierher – Schafzüchter. Mit der Anbindung an die Eisenbahn 1882 wurde die Stadt zum Zentrum der Holzindustrie. Flagstaffs Northern Arizona University, die auch zwei Kunstmuseen beherbergt, ist knapp zwei Autostunden vom South Rim des Grand Canyon entfernt. Die umliegenden Berge ziehen im Sommer Wanderer und im Winter Skifahrer an.

Flagstaff vor der Kulisse der San Francisco Peaks

Überblick: Flagstaff

Flagstaffs schmales, lang gestrecktes Zentrum führt nach Norden zum Museum of Northern Arizona und südlich zur Universität. Den Mittelpunkt bildet das kleine Altstadtviertel mit schönen roten Ziegelhäusern, guten Restaurants und Bars. Nahe dem Zentrum findet sich das Lowell Observatory auf dem Mars Hill. Das beliebte Skigebiet Arizona Snowbowl liegt im Norden, nur zehn Minuten Fahrt von der Stadt entfernt.

Lowell Observatory

1400 West Mars Hill Rd. *(928) 774-3358.* *Juni–Aug: tägl. 9–22 Uhr; Sep–Mai: unterschiedliche Öffnungszeiten (Details tel. erfragen).* *Feiertage.*
www.lowell.edu

Das 1894 gegründete Lowell Observatory thront ca. 1,6 Kilometer nördlich des Zentrums. Es ist nach seinem Gründer Percival Lowell, der aus einer der reichsten Familien Bostons stammte, benannt. Er finanzierte das Observatorium, um nach Leben auf dem Mars zu suchen. Der Standort bot sich wegen der Höhenlage und klaren Bergluft an. Das Observatorium fand zwar keine Marsmännchen, errang aber durch seine 1912 publizierten Daten, die die Ausdehnung des Alls belegten,

Der Pluto Dome (1930) des Lowell Observatory in Flagstaff

internationale Anerkennung. Am 18. Februar 1930 entdeckte Clyde Tombaugh, der berühmte Astronom des Observatoriums, den Pluto.

Besucher können die Ausstellungen, die Hauptrotunde und das John Vickers McAllister Space Theater, in dem es Vorführungen zum Nachthimmel und zu aktuellen Forschungen gibt, besichtigen. Darüber hinaus gibt es auch tägliche Campus-Führungen und nachts Teleskop-Vorführungen.

Historische Altstadt

Nur zehn Minuten dauert ein Spaziergang vom einen zum anderen Ende der hauptsächlich um 1890 erbauten Altstadt von Flagstaff. In vielen der mit Stein- und Stuckfriesen verzierten Häuser finden sich heute Cafés, Bars und Läden. Zu den architektonischen Highlights zählen das restaurierte Babbitt Building und der 1926 erbaute Bahnhof, heute das Visitor Center. Das attraktivste Gebäude ist wohl das am 1. Januar 1900 eröffnete Weatherford Hotel. Das nach dem texanischen Unternehmer John W. Weatherford benannte Haus hat eine zweistöckige umlaufende Veranda und einen »Sonnenraum«.

Northern Arizona University

624 S. Knoles Drive. *(928) 523-9011.* *unterschiedlich, bitte tel. erfragen.* **www**.nau.edu

Flagstaff verdankt seine lebhafte Café-Szene vor allem den 16 000 Studenten der Northern Arizona University (NAU). Der Haupteingang zum Campus mit seinen Rasenflächen, den stattlichen Bäumen und historischen Gebäuden befindet sich am Knoles Drive. Vor allem zwei Museen sind einen Besuch wert: die mit Wechselausstellungen und Studentenarbeiten bestückte Beasley Gallery im Fine Art Building und das Old Main Art Museum and Gallery im ältesten Haus der Universität, dem Old Main Building. Dort präsentiert die Weiss Collection u. a. Werke des berühmten mexikanischen Künstlers Diego Rivera.

Hotels und Restaurants in Nord-Arizona *siehe Seiten 232–234 und 252–254*

Arts-and-Crafts-Schaukel, Riordan Mansion State Historic Park

Riordan Mansion State Historic Park

409 W. Riordan Ranch Rd. *(928) 779-4395.* *Mai–Okt: Do–Mo 9.30–17 Uhr; Nov–Apr: Do–Mo 10.30–17 Uhr.* *25. Dez.*
www.az.stateparks.com

Um 1885 gründeten Michael und Timothy Riordan ein Sägewerk, das ihnen schnell ein Vermögen einbrachte. Die Brüder bauten sich eine 40-Zimmer-Villa mit zwei Flügeln, die sie jeweils mit ihren Familien bewohnten. Das 1904 fertiggestellte, holzverkleidete Gebäude mit seiner Arts-and-Crafts-Innenausstattung steht heute als State Historic Park unter Denkmalschutz.

Pioneer Museum

2340 Fort Valley Rd.
(928) 774-6272. *Mo–Sa 9–17 Uhr.* *So, Feiertage.*
www.arizonahistoricalsociety.org

Das 1960 eröffnete Pioneer Museum befindet sich in einem eleganten Steinhaus, das 1908 als Krankenhaus errichtet wurde. Zum Museum gehören die Handwerksausstellung in der Ben-Doney-Heimstätte, die auf dem Gelände ausgestellte Dampflok von 1929 und ein Dienstwagen der Santa Fe Railroad. Sehenswert: die Fotografien von Ellsworth und Emery Kolb, die um 1900 den Grand Canyon ablichteten.

Arizona Snowbowl

Snowbowl Road, nahe Hwy 180.
(928) 779-1951. *Schneebericht von Flagstaff: (928) 779-4577.* *Dez–Mitte Apr.*
www.arizonasnowbowl.com

Skifahrer finden ihr Vergnügen elf Kilometer nördlich der Stadt im Skigebiet Arizona Snowbowl. In den dortigen San Francisco Peaks fallen im Jahresdurchschnitt 6,6 Meter Schnee – genug für die verschiedenen Pisten an den unteren Hängen des 3707 Meter hohen Agassiz Peak. Es gibt vier Sessellifte. Auch im Angebot: Skikurse für Anfänger.

Im Sommer kann man auf den Gipfel wandern oder von der Seilbahn des Arizona Scenic Skyride aus die fantastische Aussicht auf die Landschaft genießen.

Museum of Northern Arizona

Siehe S. 68.

INFOBOX

Straßenkarte C3. *66 000.*
Pulliam Airport, 6 km südl.
Amtrak Flagstaff Station, One East Route 66. *Flagstaff Busbahnhof, 399 South Malpais Lane.* *Flagstaff Visitor Center, im Amtrak-Bahnhof, 1 East Route 66, Flagstaff, (928) 774-9541.*
Mo–Sa 8–17, So 9–16 Uhr.
Feiertage. *Hopi Festival of the Arts (Anfang Juli).*
www.flagstaffarizona.org

Flagstaff: Museum of Northern Arizona

Das Museum beherbergt eine der größten Sammlungen archäologischer Artefakte im Südwesten, zudem bietet es Kunst- und naturwissenschaftliche Ausstellungen. Die Abteilungen gruppieren sich um den Innenhof. Die Archaeology Gallery beim Eingang erläutert die Geschichte der ethnischen Gruppen der Region. Die Ethnology Gallery dokumentiert 12 000 Jahre Geschichte der Hopi-, Zuni-, Navajo- und Pai-Kulturen auf dem Colorado Plateau. Der Museumsladen verkauft modernes indianisches Kunsthandwerk, der Buchladen ist auf indianische Kunst spezialisiert.

INFOBOX

3101 North Fort Valley Rd.
(928) 774-5213. tägl. 9–17 Uhr. Feiertage.
www.musnaz.org

Im Innenhof gibt es Ausstellungen zu Flora und Fauna des Colorado Plateau aus verschiedenen Zeitaltern.

In der Kiva Gallery steht der Nachbau einer *kiva (siehe S. 161).*

★ Ethnology Gallery
In der hervorragenden Abteilung werden die Kulturen der Hopi, Navajo, Pai und Zuni vorgestellt.

Geology Gallery
Hier gibt es ein lebensgroßes Skelettmodell eines Dilophosaurus und Dioramen mit Wüstenszenen aus dem alten Arizona.

Museumsbau
Das Museum von 1935 besitzt eine Steinfassade und steht unter Denkmalschutz.

LEGENDE

- Archaeology Gallery
- Ethnology Gallery
- Babbitt Gallery
- Geology Gallery
- Historischer Innenhof
- Exhibition Gallery
- Keine Ausstellungsfläche

NICHT VERSÄUMEN

★ Ethnology Gallery

Wupatki National Monument ❸

Straßenkarte C3. Forest Service Road 545, Sunset Crater/Wupatki Loop Rd. *(928) 679-2365.* *Flagstaff.* *Flagstaff.* *tägl. 9–17 Uhr.* *25. Dez.* *teilweise.* **www**.nps.gov/wupa

Zum Wupatki National Monument zählen rund 2700 historische Stätten, die einst von den Vorfahren der Hopi bewohnt wurden. Die 14000 Hektar große, sonnenverdörrte Wildnis nördlich von Flagstaff wurde erstmals nach dem Ausbruch des Sunset Crater im Jahr 1064 besiedelt. Die Sinagua und ihre Anasazi-Verwandten nutzten die durch die Vulkanasche erhöhte Fruchtbarkeit des Bodens für die Landwirtschaft. Die gewaltige Eruption fand auch Eingang in ihre Glaubensvorstellungen. Warum sie die Region im frühen 13. Jahrhundert wieder verließen, ist bis heute ungeklärt *(siehe S. 160f)*.

Am größten ist das Wupatki Pueblo aus dem 12. Jahrhundert, das auf seinem Felsenhochsitz die Wüste überblickt. In der vierstöckigen Anlage mit 100 Räumen lebten einst über 100 Sinagua. Vom Visitor Center führt ein Pfad zu den einzelnen historischen Stätten. Es gibt einen Platz, auf dem die Sinagua wohl ein Ballspiel ausübten, bei dem der Ball – ohne Berührung mit Hand oder Fuß – durch einen Steinring gelangen musste.

Sunset Crater Volcano National Monument ❹

Straßenkarte C3. Hwy 545, nahe Hwy 89, Sunset Crater/Wupatki Loop Rd. *(928) 526-0502.* *Flagstaff.* *Flagstaff.* *tägl. 9–17 Uhr (Mai–Okt: 8–17 Uhr).* *25. Dez.* **www**.nps.gov/sucr

Ein gewaltiger Vulkanausbruch formte 1064 den 120 Meter tiefen Krater und hinterließ einen 300 Meter über das Lavafeld ragenden Aschenkegel. Er verdankt seinen Namen der schwarzen, roten und orangen Tönung. Der leichte Lava Trail (1,6 km) führt durch die Aschenlandschaft mit Lavaröhren, -blasen und -schloten.

Walnut Canyon National Monument ❺

Straßenkarte C3. Hwy 40, Ausfahrt 204. *(928) 526-3367.* *Flagstaff.* *Flagstaff.* *tägl. 9–17 Uhr (Mai–Okt: 8–17 Uhr).* *1. Jan, 25. Dez.* *teilweise.* **www**.nps.gov/waca

Rund 16 Kilometer östlich von Flagstaff sieht man im Walnut Canyon (erreichbar über die Interstate 40) in die Felsen gebaute *cliff dwellings*. Im 12. und 13. Jahrhundert lebten hier die Sinagua, die wegen der fruchtbaren Böden und der guten Wasserversorgung aus dem nahen Walnut Creek in den Canyon zogen. Zu besichtigen sind 25 *cliff dwellings*. Sie ducken sich unter Überhänge, die die Erosion in die Sand- und Kalksteinwände modellierte. Die Sinagua verließen den Ort um 1250 – möglicherweise aufgrund von Dürre, Krankheiten oder Kriegen *(siehe S. 160f)*. Eine interessante Ausstellung von Sinagua-Artefakten gibt es im Walnut Canyon Visitor Center.

Petroglyphen, Walnut Canyon

Oak Creek Canyon ❻

Straßenkarte C3. *1-800 298-7336.*

Südlich von Flagstaff windet sich der Highway 89A auf einer reizvollen Strecke nach Sedona *(siehe S. 73)* durch den Oak Creek Canyon. Hier werfen dichte Wälder ihre Schatten. Das Farbenspiel der Steilklippen aus Kalkstein, Sandstein und Basalt reicht von Weiß über Gelb und Rot bis Schwarz. Das beliebte Erholungsgebiet besitzt viele Wanderwege, etwa den steilen East Pocket Trail, der durch den Wald zum Canyonrand führt. Im nahen Slide Rock State Park nutzen Schwimmer eine Felsformation als Wasserrutsche.

Pueblo-Ruinen (12. Jh.) des Wupatki National Monument vor dem Panorama der San Francisco Peaks

Williams ❼

Straßenkarte B3. 2700. *200 W. Railroad Ave, (928) 635-1418.* **www**.williamschamber.com

Die Kleinstadt wurde 1851 nach dem legendären *mountain man* und Trapper Bill Williams (1787–1849) benannt, der u. a. bei den Osage in Missouri gelebt hatte. Die Stadt entwickelte sich um die Eisenbahn herum, die ab etwa 1880 hierherführte. Der Bau einer Nebenstrecke zum South Rim des Grand Canyon 1901 machte aus Williams ein Touristenzentrum. In den späten 1920er Jahren avancierte die Stadt zum beliebten Zwischenstopp an der Route 66 *(siehe S. 50f)*.

Hier pflegt man die Pionierattitüde: Man(n) trägt Stetson und fährt Pick-up. Die meisten Hotels und Restaurants liegen an der Straßenschleife von Route 66 und Interstate 40. Die Diners im Stil der 1950er Jahre, u. a. mit Soda Fountains und Postern, haben sich komplett der Route-66-Nostalgie verschrieben.

Im Retro-Stil: Diner Twisters an der Route 66 in Williams ***(siehe S. 254)***

Grand Canyon Skywalk, Grand Canyon West ❽

Straßenkarte B3. *Grand Canyon West: Reservierung (702) 220-8372.* *Apr–Sep: tägl. 7–19 Uhr; Okt–März: tägl. 8–17 Uhr* **www**.grandcanyonskywalk.com

Der Grand Canyon Skywalk ist eine Plattform mit Glasboden und -geländer, die 21 Meter über den Rand des Grand Canyon hinausragt (in 1220 Metern Höhe über dem Canyongrund). Skywalk und Grand Canyon West sind ein Projekt der Hualapai und liegen in deren Reservat – näher an Las Vegas als am South Rim (ca. 400 km entfernt). Seit 2010 verkürzt die neue Colorado River Bridge den Weg von Las Vegas zum Grand Canyon West. All-inclusive-Touren zum Skywalk kann man in Las Vegas oder vor Ort buchen. Sie bieten zusätzlich noch Cowboy-Shows, Ausritte und Helikopterflüge oder Bootstouren.

Ein Indianerdorf präsentiert Behausungen der Hualapai. Im Amphitheater gibt es täglich Vorführungen zur Kultur der Indianer. Auf dem Areal von Grand Canyon West verkehrt ein Shuttle-Bus – private Fahrzeuge sind verboten.

Grand Canyon Skywalk, hoch über dem Colorado River

Oatman ❾

Straßenkarte A3. 100. *P.O. Box 423, Oatman, (928) 768-6222.* **http://**oatmangoldroad.org

Als Prospektoren 1904 in den Black Mountains auf Gold stießen, wurde Oatman ihr Versorgungszentrum. Heute genießt man hier das Flair einer einstigen Boomtown – mit einem Hotel aus den 1920er Jahren, in dem die Filmstars Carole Lombard und Clark Gable 1939 die Flitterwochen verbrachten. Es gibt tägliche Gunfight-Shows.

Lake Havasu City ❿

Straßenkarte A4. *45 000.* *314 London Bridge Road, (928) 453- 3444.* **www**.golakehavasu.com

Der kalifornische Unternehmer Robert McCulloch gründete im Jahr 1964 am Colorado River ein Erholungszentrum: Lake Havasu City, das im Binnenstaat Arizona bald sehr beliebt war. Vier Jahre später gelang ihm mit dem Kauf der London Bridge, die er von Großbritannien an den Lake Havasu bringen ließ, ein wahrer Geniestreich.

Neider vermuteten allerdings, dass McCulloch die Brücke mit der berühmten Tower Bridge in London verwechselt hätte. Der Spott steigerte sich noch, als sich herausstellte, dass in Havasu City gar kein geeigneter Wasserlauf für die Brücke vorhanden war – doch der Unternehmer ließ einfach den dafür benötigten Kanal graben. Das Areal ist heute eine der beliebtesten Attraktionen in Arizona. Besucher finden hier viele Läden und Restaurants.

Für die London Bridge wurde in Lake Havasu City extra ein Kanal angelegt

Tour ins Zentrum Arizonas ⓫

Der Verde River fließt durch die bewaldeten Hügel und fruchtbaren Wiesen des Zentrums von Arizona, bevor er sich zum weiten grünen Tal zwischen Flagstaff und Phoenix öffnet. Dieses Zentrum besitzt bezaubernde Städtchen wie das schön gelegene Sedona oder die alte Bergarbeiterstadt Jerome. Jenseits der Berge liegt die ehemalige Hauptstadt Prescott mit würdevollen viktorianischen Bauten. Beeindruckende Zeugen der uralten Geschichte dieser Region sind die Pueblo-Ruinen Montezuma Castle und Tuzigoot.

ROUTENINFOS

Route: *Von Sedona geht es auf dem Hwy 89A bis Tuzigoot, Jerome und Prescott. Hwy 69 führt östlich von Prescott zur Interstate 17, der Route nach Camp Verde, Fort Verde und Montezuma Castle.*

Länge: *137 km.*

Reisezeit: *Angenehm im Frühling und Herbst, heiß im Sommer.*

Sedona ①
Der freundliche Ferienort Sedona mit seinen New-Age-Läden und Galerien ist zwischen eindrucksvolle rote Felsberge eingebettet.

LEGENDE

Routenempfehlung

Andere Straße

Tuzigoot National Monument ②
Von den Ruinen des bis 1425 bewohnten Berg-Pueblos sieht man ins Tal des Verde River hinab.

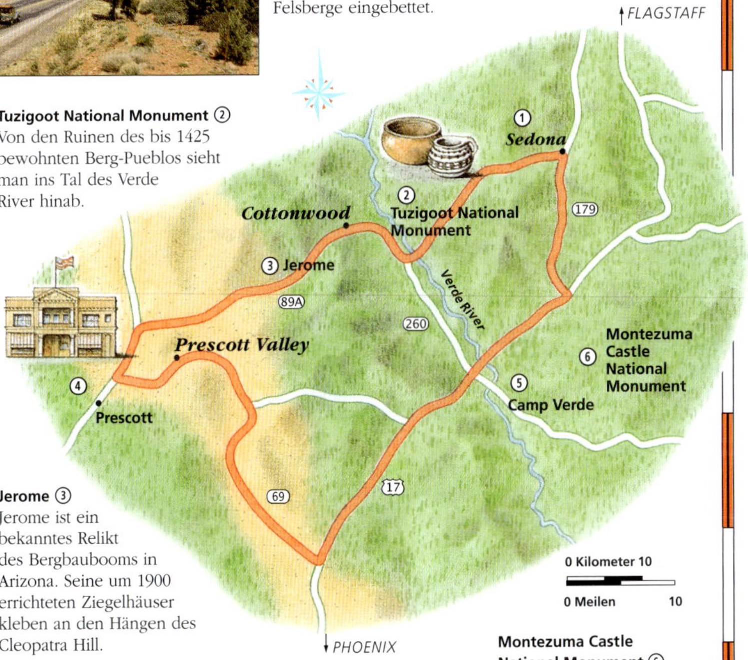

Jerome ③
Jerome ist ein bekanntes Relikt des Bergbaubooms in Arizona. Seine um 1900 errichteten Ziegelhäuser kleben an den Hängen des Cleopatra Hill.

Prescott ④
Die kühle Bergstadt zwischen den zerklüfteten Gipfeln und dichten Wäldern des Prescott National Forest ist ein Zentrum für viele Outdoor-Aktivitäten.

Montezuma Castle National Monument ⑥
Die altindianischen Ruinen aus dem 12. Jahrhundert liegen an einem der schönsten Plätze des Südwestens.

Camp Verde ⑤
Highlight der Kleinstadt ist das 1865 von der US-Armee erbaute Fort Verde. Führer in historischer Kleidung leiten die Besucher.

Ruinen des in die Kalksteinklippen gebauten Montezuma Castle

Camp Verde ⓬

Straßenkarte B4. *6000.* *385 South Main St, (928) 567-9294.*
www.visitcampverde.com

Camp Verde wurde um 1860 von Farmern mitten im Verde River Valley gegründet – ein riskantes Unternehmen, da Apachen in der Nähe lebten. Die zum Schutz der Siedler herbeigerufene US-Armee erbaute 1865 das **Fort Verde**. Heute ist Camp Verde Zentrum einer blühenden Gemeinde von Farmern und Ranchern. Der Ort war Ausgangspunkt für zahlreiche brutale Militärattacken gegen die Apachen, die 1882 mit der Schlacht von Big Dry Wash endeten. Nachdem die Apachen in Reservate deportiert worden waren, wurde Fort Verde nicht mehr gebraucht und 1891 aufgegeben. Vier Originalbauten des Forts stehen noch. Im einstigen Verwaltungsbau finden sich witzige Exponate über das Leben in der Armee. Die Einrichtungen der anderen drei Gebäude an der Officers' Row wurden rekonstruiert. Von Frühjahr bis Herbst betätigen sich Freiwillige in Kleidung der damaligen Zeit als Führer und stellen Alltagsszenen nach.

Historisch gekleidete Führer im Fort Verde State Historic Park

Fort Verde State Historic Park
Nahe Hwy I-17. *(928) 567-3275.*
Do–Mo 9–17 Uhr.

Montezuma Castle National Monument ⓭

Straßenkarte C4. I-17, Ausfahrt 289. *(928) 567-3322.*
Memorial Day–Labor Day: tägl. 8–18 Uhr (sonst bis 17 Uhr).
www.nps.gov/moca

Die Pueblo-Ruinen wurden 1906 zum National Monument erklärt. Sie liegen einige Kilometer östlich der I-17. Im 12. Jahrhundert wurden die *cliff dwellings* von den Sinagua in den Kalkstein oberhalb des Beaver Creek gebaut. Sie haben sich gut erhalten. Einst umfassten sie 20 Räume auf fünf Etagen. Am Visitor Center mit einer Ausstellung über die Sinagua beginnt ein leichter Wanderpfad entlang dem Beaver Creek. Von dort eröffnet sich ein schöner Blick auf die Ruinen.

Zum National Monument gehört auch Montezuma Well (18 km noröstlich). Die 15 Meter tiefe und 140 Meter breite, mit Wasser gefüllte Bodensenke besaß für viele Stämme religiöse Bedeutung – als Stätte der Schöpfung. Über 3800 Liter Wasser fließen pro Minute hindurch. Der Wasservorrat wurde lange zur Bewässerung des umliegenden Gebiets genutzt. Ein Pfad führt zunächst um den Rand der Senke, bevor er sich zum Ufer hinabwindet.

Jerome ⓮

Straßenkarte B4. *500.*
Box K, Jerome. *teilweise.*
www.jeromechamber.com
www.azjerome.com

Von Osten, auf dem Highway 89A, kann man Jerome schon aus der Ferne sehen. Die alten Ziegelhäuser kleben an den steilen Hängen des Cleopatra Hill. 1912 erlebte der Ort, in dem bereits um 1870 Silber abgebaut wurde, den Durchbruch: Prospektoren stießen auf eine 1,5 Meter dicke Kupferader. Zwei Jahre später trieb der Erste Weltkrieg den Kupferpreis in die Höhe. Jerome boomte, bis die Preise durch den Börsencrash von 1929 abstürzten. Obwohl sich die Minen bis 1953 hielten, war Jeromes große Zeit vorbei. Als die Stadt begann, auf dem durch Sprengungen instabil gewordenen Cleopatra Hill bergab zu rutschen, verkam sie zur Geisterstadt. Neues Leben brachten Künstler und Kunsthandwerker, deren Galerien und Läden Besucher anzogen. Heute wandern Tagesausflügler durch das quirlige Zentrum mit Ziegelhäusern (spätes 19., frühes 20. Jh.).

Tuzigoot National Monument ⓯

Straßenkarte B4. Hwy 89A ist ausgeschildert. *(928) 634-5564.*
Memorial Day–Labor Day: tägl. 8–18 Uhr (sonst bis 17 Uhr).
www.nps.gov/tuzi

Ladenfassade aus dem frühen 20. Jahrhundert in der historischen Main Street von Jerome

Hotels und Restaurants in Nord-Arizona *siehe Seiten 232–234 und 252–254*

Furt im malerischen Oak Creek bei Red Rock Crossing, Sedona

Von den auf einem isoliert stehenden Kalksteinhügel gelegenen Ruinen des Tuzigoot National Monument hat man einen weiten Blick auf das Tal des Verde River. Der von den Sinagua ab dem 12. Jahrhundert erbaute Pueblo bot etwa 300 Menschen Platz und wurde Anfang des 15. Jahrhunderts verlassen. Zu dieser Zeit schlossen sich die Sinagua wohl den im Norden lebenden Anasazi an.

Tuzigoot wurde in den 1930er Jahren teilweise wiederaufgebaut. Interessant sind die Pueblo-Eingänge: Die Häuser wurden durch über Leitern erreichbare Dachluken betreten. Artefakte und Kunstwerke der Sinagua sind im Visitor Center ausgestellt.

Sedona ⓰

Straßenkarte C3. *16 000.* *331 Forest Rd, 1-800 288-7336.* **www**.visitsedona.com

Sedona liegt südlich von Flagstaff zwischen bewaldeten Hügeln und roten Canyons. Seitdem der Parapsychologe Page Bryant 1981 in der Umgebung sieben »elektromagnetische« Wirbel identifizierte, ist die Stadt ein Zentrum der Esoterikszene. Die »New Agers« lösten einen Tourismusboom aus, dem Sedona Restaurants, Hotels, Läden und Galerien verdankt.

Auf der Red Rock Loop Road gelangt man zur Crescent Moon Ranch in Red Rock Crossing. In der US Forest Service Recreation Area gibt es eine Furt über den Oak Creek. Im Red Rock State Park führen Wege durch die Wälder am Oak Creek.

Meteor Crater ⓱

Straßenkarte C3. I-40, Exit 233. *(928) 289-2362.* *Juni–Aug: tägl. 7–19 Uhr; Sep–Mai: tägl. 8–17 Uhr.* *25. Dez.*

Der Barringer Meteor Crater entstand vor etwa 50 000 Jahren. Der Krater (167 m tief, 4 km Durchmesser) erinnert so sehr an einen Mondkrater, dass in den 1960er Jahren hier NASA-Astronauten »übten«. Heute werden Touren angeboten. Im Visitor Center gibt es Infos zur Geschichte des Kraters.

Petrified Forest National Park ⓲

Straßenkarte D3. Nahe I-40. *(928) 524-6228.* *Sommer: tägl. 7–19 Uhr (im Winter unterschiedlich).* *25. Dez.* **www**.nps.gov/pefo

Der Park zählt zu den ungewöhnlichsten Attraktionen Arizonas. Vor Jahrmillionen schwemmten Flüsse Tausende Bäume in einen riesigen Sumpf. Das Grundwasser durchdrang das Holz, das Silizium darin kristallierte. Die in vielen Farben versteinerten Bäume behielten ihre Form und Struktur bei.

Entlang dem Park erstreckt sich die Painted Desert. Dort wechseln Sand und Felsen im Tagesverlauf je nach Licht ihre Farbe von Blau nach Rot. Vom Visitor Center führt eine Straße (45 km) durch den Park. Am Kachina Point beginnt der Weg in die Painted Desert Wilderness. Wer zelten will, braucht eine (kostenlose) Erlaubnis. Am Südende der Straße zeigt das **Rainbow Forest Museum** Versteinerungen.

Rainbow Forest Museum
Nahe Hwy 180 (Südeingang). *(928) 524-6228.* *Sommer: tägl. 7–19 Uhr; Winter: tägl. 8–17 Uhr.* *25. Dez.*

Versteinerter Baumstamm, Petrified Forest

The Wave ⓳

Straßenkarte B2. Wire Pass Trailhead, ca. 25 km östlich von Kanab, über Hwy 89. *(435) 644-1300.* *nur 20 Besucher pro Tag (Permit erforderlich).* **www**.blm.gov/az/st/en/arolrsmain/paria/coyote_buttes.html

Die grandiosen Wellenformen und dramatischen Farben dieser Sandsteinformation liegen in den Coyote Buttes auf dem Colorado Plateau an der Grenze von Arizona und Utah.

Phoenix und Süd-Arizona

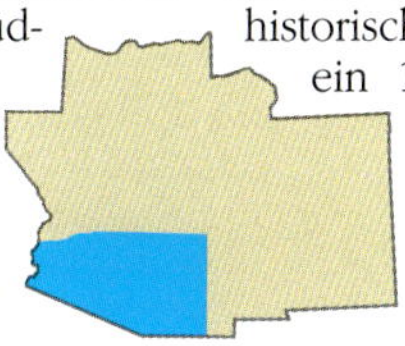

Die weitläufigen, grandiosen Landschaften des südlichen Arizona werden von Bergketten und trockenen Hochebenen beherrscht. Die urtümliche Schönheit seiner Wüsten schützen der Saguaro National Park und das Organ Pipe Cactus National Monument. Bereits ab etwa 400 v. Chr. wurde die Region von den Hohokam bewirtschaftet *(siehe S. 38)*, die das kostbare Wasser für ihre Felder nutzten. Ab dem 16. Jahrhundert errichteten spanische Konquistadoren Forts und gründeten Siedlungen in der Region. Das hispanische Erbe zeigt sich in den schönen Missionskirchen von San Xavier del Bac und Tumacacori sowie in der historischen Stadt Tucson, die um ein 1776 errichtetes spanisches Fort entstand.

In den 1870er Jahren wurde Silber gefunden. Die Region wurde in der Folge für ein Jahrzehnt zum Wilden Westen. Diese raue Ära wird heute in Orten wie dem für die Schießerei im OK Corral berühmten Tombstone nachgestellt. Die Invasion der Bergarbeiter ließ die Städte erblühen, etwa das um 1860 von Farmern am Salt River gegründete Phoenix. Heute ist Phoenix das größte Ballungszentrum im Südwesten und für warme Winter und vielfältige Freizeiteinrichtungen bekannt.

Sehenswürdigkeiten auf einen Blick

Historische Orte
- Bisbee ❿
- Globe ❸
- Nogales ❾
- Phoenix ❶
- Tombstone ⓫
- Tubac ❽
- Tucson ❺
- Yuma ❻

Parks, Museen und National Monuments
- Amerind Foundation ⓭
- Casa Grande Ruins National Monument ❹
- Chiricahua National Monument ⓮
- Kartchner Caverns State Park ⓬
- Organ Pipe Cactus National Monument ❼

Spektakuläre Natur
- Apache Trail ❷

◁ **Besucher der Lazy K Bar Guest Ranch nahe Tucson** ***(siehe S. 84–87)*** **beim Ausritt in die Berge**

Phoenix ❶

Registrierkasse im ehemaligen Museum of History

Dort, wo ab 1860 Farmer und Rancher siedelten, erstreckt sich heute die Metropole Phoenix im Tal des Salt River. Seit 1912 ist die Hauptstadt Arizonas das politische und wirtschaftliche Zentrum des Bundesstaats. Die in das Ballungszentrum eingemeindeten Orte konnten bis heute ihren Charakter bewahren. Downtown Phoenix mit seinen viktorianischen Häusern am Heritage Square, dem Phoenix Art Museum und der exzellenten Sammlung indianischer Artefakte im Heard Museum *(siehe S. 78f)* sprüht mittlerweile wieder vor urbanem Leben.

Fassade des Arizona State Capitol Building von 1900

Überblick: Downtown Phoenix

Der Siedlungskern aus dem 19. Jahrhundert erstreckt sich um Washington und Jefferson Street, die von Ost nach West zwischen Seventh Street und 19th Avenue verlaufen. Die östlichen Parallelstraßen der wichtigsten Nord-Süd-Achse Central Avenue heißen »Streets«, die westlichen »Avenues«. Die weit verstreuten Attraktionen sind am besten per Auto erreichbar, DASH-Busse verkehren unter der Woche regelmäßig zwischen Downtown und State Capitol.

Arizona State Capitol Museum

1700 W. Washington St.
(602) 542-4675.
Mo–Fr 9–16 Uhr.
Feiertage.
10, 14 Uhr.
www.lib.az.us/museum

Das 1900 fertiggestellte Arizona State Capitol war Sitz der Staatsregierung, bis diese 1960 in neue, nahe gelegene Gebäude zog. Der schöne, von einer Kupferkuppel gekrönte Bau ist heute Museum. Auf Führungen kann man die sorgfältig restaurierten Regierungsräume besichtigen. Die Geschichte von Phoenix dokumentieren alte Sepia-Fotografien

Blau- und Kupferspat

Arizona Mining and Mineral Museum

1502 W. Washington St. *(602) 771-1611. Mo–Fr 8–17, Sa 11–16 Uhr. Feiertage.*
www.admmr.state.az.us

In den Jahren nach dem Bürgerkrieg (1861–65) überschwemmten Prospektoren auf der Suche nach wertvollen Bodenschätzen den Südwesten. Legendär waren die Reichtümer, die sie in Arizonas Bergen fanden: unglaubliche Mengen an Silber in den Dragoon Mountains bei Tucson oder Gold, Silber, Kupfer und Türkise weiter nördlich in den Cerbat Mountains bei Kingman. Die Kunde von den Goldvorkommen in den Superstition Mountains östlich von Phoenix lockte Tausende auf der meist vergeblichen Suche nach Glück und Reichtum in die Region.

Das Museum dokumentiert die wechselhafte Geschichte des Bergbaus in Arizona mithilfe von Fotografien und historischen Werkzeugen, aber auch glitzernden Proben der verschiedenen Gesteine, die die Bergarbeiter abbauten. Am eindrucksvollsten sind die kupferhaltigen Malachite und Azurite, die in schillernden Grün- und Blautönen erstrahlen.

Children's Museum of Phoenix

215 N. 7th St. *(602) 253-0501. Di–So 9–16 Uhr.* www.childrensmuseumofphoenix.org

Dies ist weniger ein Museum, sondern eher ein beliebter Spielplatz, wo sich Kinder in sicherer Umgebung austoben können. Highlights sind das riesige Innenraum-Baumhaus, ein Raum, wo man eine Burg bauen kann, und ein Wald aus grünen und orangefarbenen Nudeln. Für Kinder unter drei Jahren gibt es einen Extra-Bereich.

Arizona Science Center

600 E. Washington St. *(602) 716-2000. Mo–Fr 10–17, Sa, So, 10–20 Uhr. Thanksgiving, 25. Dez.* www.azscience.org

Die Themen der über 300 interaktiven, wissenschaftlichen Exponate in dem topmodernen, dreistöckigen Gebäude reichen von Physik bis zur menschlichen

Zeichenerklärung
siehe hintere Umschlagklappe

Anatomie. Publikumsrenner ist die »Körperreise« in »All About You« (erste Etage), einer Ausstellung über die Biologie des Menschen. In »The World Around You« (dritte Etage) stehen eine 27 Meter lange Felswand und die Oberflächen verschiedener Substanzen zur Erkundung bereit. Das Breitwand-Kino ist bei Kindern sehr beliebt, aber auch Erwachsene kommen hier auf ihre Kosten.

Heritage Square

115 N. 6th St. *teilweise.*

Phoenix ist eine moderne Stadt, deren Einwohnerzahl nach dem Zweiten Weltkrieg rasant anstieg. Viele alte Gebäude fielen diesem Wachstum zum Opfer, nur wenige Bauten aus dem späten 19. und frühen 20. Jahrhundert blieben vom Abriss verschont. Die interessantesten stehen am Heritage Square, der mit Bäumen und Cafés zum Spazierengehen einlädt. Das im Stil der Zeit eingerichtete Rosson House, eine Holzvilla von 1895 mit umlaufender Veranda und auffälligem sechseckigem Türmchen, kann besichtigt werden (Tel. 602-262-5070). Nebenan steht das Burgess Carriage House im Kolonialstil – eine Rarität im Südwesten. Das Silva House (1900) beherbergt Ausstellungen zur Geschichte Arizonas.

INFOBOX

Straßenkarte B4. *1,5 Mio (Zentrum).* *Sky Harbor International Airport, 5 km östlich der City.* *Greyhound Bus, 2115 East Buckeye Rd.* *Greater Phoenix Convention & Visitors Bureau, 125 N. 2nd St, (877) 225-5749.* *PGA Waste Management Phoenix Open (Feb).*
www.visitphoenix.com

Phoenix Art Museum

1625 N. Central Ave. *(602) 257-1222.* *Mi 10–19, Do–Sa 10–17, So 12–17 Uhr.* *Mo, Thanksgiving, 25. Dez.*
www.phxart.org

Ein strenger, moderner Bau beherbergt das zweistöckige Phoenix Art Museum, dessen Wechselausstellungen einen exzellenten Ruf genießen. Diese teilen sich meist die Fläche in der unteren Etage mit der Dauerausstellung zeitgenössischer Kunst aus Europa und den USA. Im zweiten Stock finden sich Werke von amerikanischen Künstlern des 18. und 19. Jahrhunderts, vor allem von Malern, die dem Südwesten verbunden waren. Gezeigt werden Arbeiten der Taos-Gruppe von etwa 1900 und deren bekanntestem Mitglied Georgia O'Keeffe (1887–1986) *(siehe S. 203)*.

Zentrum von Phoenix

Arizona Mining and Mineral Museum ②
Arizona Science Center ④
Arizona State Capitol Museum ①
Children's Museum of Phoenix ③
Heard Museum ⑦
Heritage Square ⑤
Phoenix Art Museum ⑥

Fassade des Phoenix Art Museum

Phoenix: Heard Museum

Das Heard Museum wurde 1929 von dem vermögenden Rancher und Geschäftsmann Dwight Heard gegründet. Gemeinsam mit seiner Frau Maie hatte er in den 1920er Jahren eine umfassende Sammlung indianischer Kunst zusammengetragen. Später erweiterten Spender die Museumsbestände, darunter Arizonas Senator Barry Goldwater und die Fred Harvey Company, die ihre *Kachina*-Figuren stiftete. Die Hauptattraktion unter den über 40 000 Exponaten des Museums sind genau diese rund 500 Puppen. Außerdem zeigt das Museum Korbwaren, Keramik, Textilien und Kunstwerke sowie Silberarbeiten der Navajo, Zuni und Hopi.

Das Heard Museum befindet sich in einem Gebäude im spanischen Kolonialstil

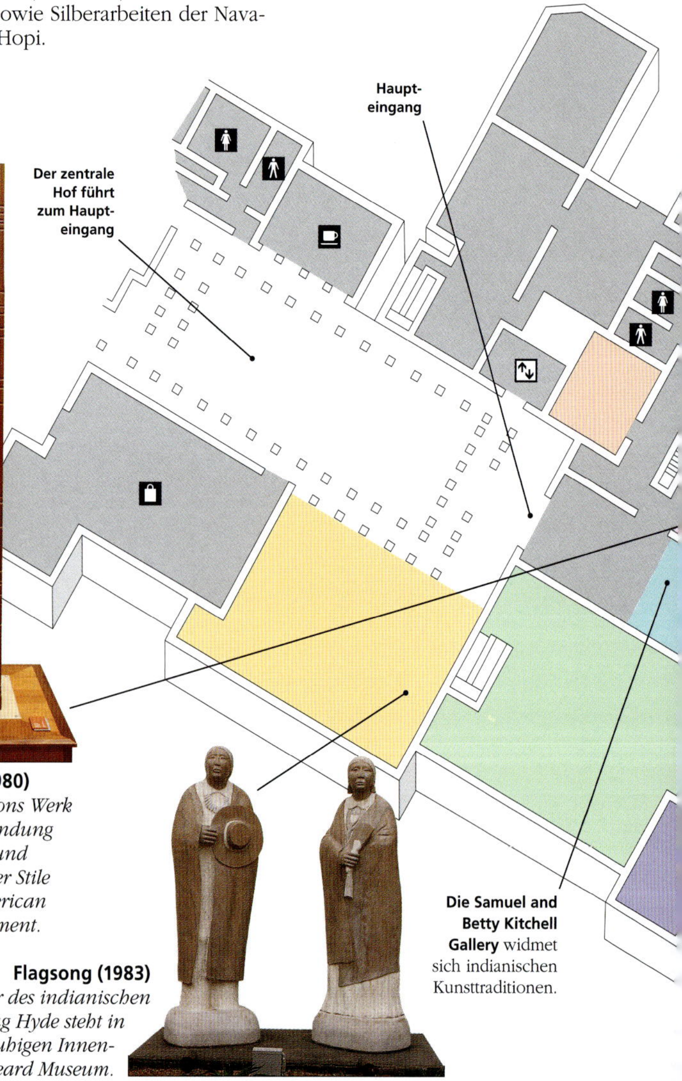

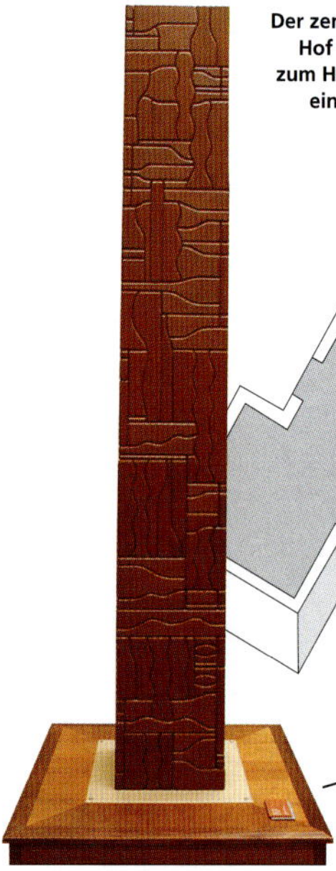

Red Totem (1980)
George Morrisons Werk zeigt die Verbindung traditioneller und zeitgenössischer Stile im Native American Fine Art Movement.

Flagsong (1983)
Die Skulptur des indianischen Künstlers Doug Hyde steht in einem der ruhigen Innenhöfe des Heard Museum.

Die Samuel and Betty Kitchell Gallery widmet sich indianischen Kunsttraditionen.

Red Tailed Hawk
*Dan Naminghas impressionistische Darstellung einer Hopi-*kachina *in Form eines Rotschwanzbussards (1986) hängt in der Kunstsammlung des Heard Museum.*

INFOBOX

2301 North Central Avenue, Phoenix, AZ 85004. *(602) 252-8840.* *(602) 252-8848.* *Phoenix Greyhound Station.* *Mo–Sa 9.30–17, So 11–17 Uhr.* *25. Dez.* www.heard.org

LEGENDE

- Samuel and Betty Kitchell Gallery
- Crossroads Gallery
- Sandra Day O'Connor Gallery
- Ullman Learning Center
- Freeman Gallery
- Home: Native Peoples in the Southwest
- Lincoln Hall
- Pritzlaff Courtyard
- Edward Jacobson Gallery of Indian Art
- Maureen and Dean Nichols Garden
- Wechselausstellungen
- Keine Ausstellungsfläche

Navajo-Kinderdecke
Die farbenprächtige traditionelle Decke von etwa 1870 ist eine der Hauptattraktionen der Sandra Day O'Connor Gallery. Sie dokumentiert die Geschichte des Museums und zeigt die frühe Sammlung indianischer Artefakte der Familie Heard.

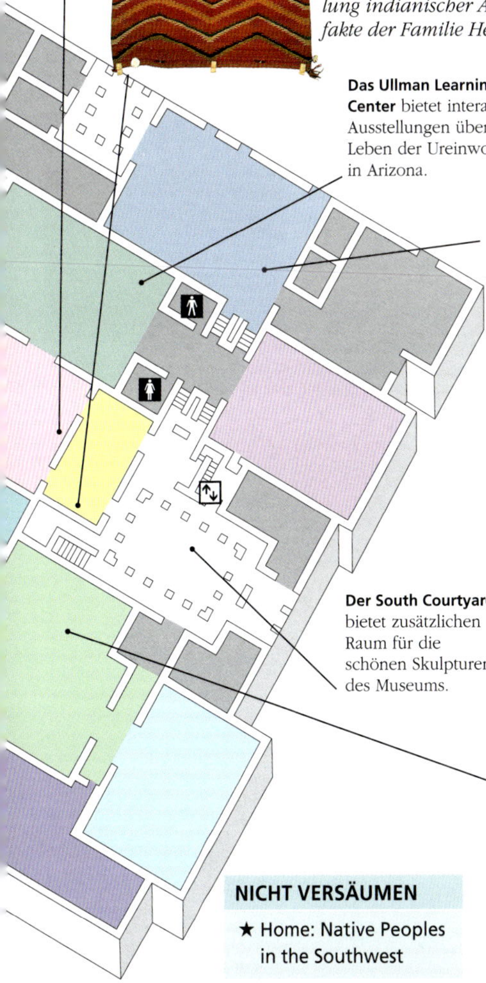

Das Ullman Learning Center bietet interaktive Ausstellungen über das Leben der Ureinwohner in Arizona.

Every Picture Tells a Story
Die interaktive Ausstellung zeigt, wie Künstler mit ihren Werken die Umwelt interpretieren.

Der South Courtyard bietet zusätzlichen Raum für die schönen Skulpturen des Museums.

★ Home: Native Peoples in the Southwest
Die preisgekrönte Abteilung bietet eine Zeitreise durch 14 Jahrhunderte. Gezeigt werden Kachina-*Puppen, Schmuck, Keramik, Textilien und Korbwaren.*

NICHT VERSÄUMEN

★ Home: Native Peoples in the Southwest

Phoenix: Abstecher

Phoenix gehört zu den größten Städten der Vereinigten Staaten (1,5 Millionen Einwohner in der Stadt selbst, über vier Millionen in der Metropolregion). Das Stadtgebiet erstreckt sich im Tal des Salt River und über 5200 Quadratkilometer in die Sonora-Wüste. Wegen der angenehmen Wintertemperaturen (16–21 °C) und der rund 300 Sonnentage im Jahr ist Phoenix ein beliebtes Urlaubsziel. »Snow birds« (Langzeitgäste) überwintern hier gern.

Zum Großraum Phoenix gehört die 19 Kilometer nordöstlich des Zentrums gelegene ehemalige Stadt Scottsdale mit ihren klimatisierten Einkaufszentren, Designerläden, Hotels, Restaurants und Golfplätzen der absoluten Spitzenklasse *(siehe S. 276)*. Sie eignet sich als Ausgangspunkt für Ausflüge nach Taliesin West und in den Papago Park. In Tempe, zehn Kilometer östlich der City, findet man die Arizona State University sowie das Pueblo Grande Museum. In Mesa steht der Arizona Temple, eine große Mormonenkirche von 1927.

Sehenswürdigkeiten auf einen Blick

Camelback Mountain ④
Cosanti Foundation ③
Mystery Castle ⑦
Papago Park ⑥
Pueblo Grande Museum and Archaeological Park ⑤
Scottsdale ②
Taliesin West ①

LEGENDE

- Downtown Phoenix
- Großraum Phoenix
- Internationaler Flughafen
- Interstate Highway
- State Highway
- Highway
- Eisenbahn

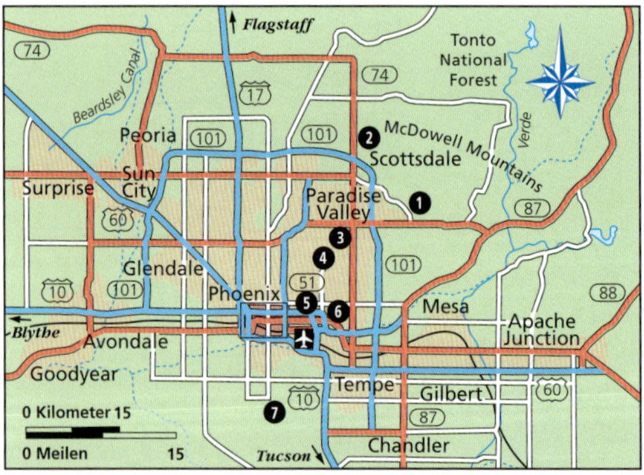

Taliesin West ①

Cactus Rd/Ecke Frank Lloyd Wright Blvd, Scottsdale. *(480) 627-5340.* *tägl. 9–16 Uhr.* *Ostern, Thanksgiving, 25. Dez.*
www.franklloydwright.org

Der im Allgemeinen als der bedeutendste US-Architekt angesehene Frank Lloyd Wright (1869–1959) gründete im Jahr 1937 den 240 Hektar großen Komplex Taliesin West als Winterschule für seine Studenten. Wright war in Chicago mit einer Reihe von eleganten und innovativen, offen gestalteten Häusern berühmt geworden. Er propagierte die Nutzung von regional vorhandenem Material wie Steine und Erde beim Bau von Häusern, war aber auch ein Pionier bei der Verwendung von Gussbeton *(siehe S. 23)*.

Taliesin West ist heute Sitz der Lloyd Wright School of Architecture, an der Studenten bis zu fünf Jahre leben und auch arbeiten – u.a. als Führer durch den über eine lange, kurvige Wüstenstraße erreichbaren Komplex. Die Farben der niedrigen Gebäude zeigen Wrights Begeisterung für die Wüste. Er war darauf bedacht, die natürliche Umgebung einzubinden. Es gibt Führungen von einer bis drei Stunden. Einstündige Führungen beginnen alle 30 Minuten zwischen 9 und 16 Uhr.

Das elegante Einkaufszentrum Fashion Square in Scottsdale

Scottsdale ②

In der nach dem Militärpfarrer Winfield Scott (1837–1910) benannten Stadt aus dem späten 19. Jahrhundert konnten aufgrund der Religiosität des Gründers weder Saloons noch Glücksspiel Fuß fassen. Scottsdales Alleen und seine Wüstenlage zogen den Architekten Frank Lloyd Wright an. Die Region ist noch immer für Künstler und Designer attraktiv. Mittlerweile ist sie jedoch vor allem für ihre 175 Golfplätze bekannt.

Das Zentrum des heutigen Stadtteils von Phoenix erstreckt sich um die Scottsdale Road zwischen 2nd Street und Indian School Road. Hier säumen niedrige, hell bemalte Adobe-Häuser die Straßen. Es locken In-Restaurants, Bars, Antiquitätenläden und Kunstgalerien. Shopping-Möglichkeiten bieten der El Pedregal

Innovatives Design: der Andenkenladen der Cosanti Foundation

Festival Marketplace, das im Renaissance-Stil errichtete Einkaufszentrum Borgata, die Downtown mit ihren Kunstläden rund um Main Street, Marshall Way, Old Town und Fifth Avenue sowie das beliebteste Einkaufszentrum von Phoenix, der Fashion Square. Hier findet man Designerläden und hervorragende Restaurants *(siehe S. 272f)*.

Cosanti Foundation ③

6433 Doubletree Ranch Rd, Paradise Valley. *(480) 948-6145.* *Mo–Sa 9–17, So 11–17 Uhr.* *Feiertage.* *Spende.* **www**.arcosanti.org

Der 1919 in Italien geborene Architekt Paolo Soleri begann 1947 sein Studium in Taliesin West. Er gründete 1956 in Scottsdale die Cosanti Foundation zur Erforschung urbaner Lebensräume auf der Basis von »Arcology«, der Verbindung von Architektur und Ökologie *(siehe S. 23)*. In Cosantis einfachen, niedrigen Bauten mit Ateliers, Galerie und Werkstätten stellen Soleri und seine Mitarbeiter ihre zum Markenzeichen gewordenen Windglocken her. Führungen gibt es auf Anfrage.

Besucher können auch Soleris Hauptprojekt besichtigen, das 100 Kilometer nördlich von Phoenix an der Interstate 17 liegt. Arcosanti wurde 1970 ins Leben gerufen, um das umweltbewusste »Arcology«-Konzept in die Realität zu überführen. Die Bewohner leben in Häusern, die zugleich Arbeits- und Lebensstätten sind. Es gibt Touren, Workshops und Unterkünfte.

Camelback Mountain ④

Scottsdale.

Der nach seiner Buckelform benannte Camelback Mountain überragt nur elf Kilometer nordöstlich von Downtown Phoenix die Vorstädte und ist eines der auffälligsten Wahrzeichen der Stadt. Den durch prähistorische vulkanische Eruptionen modellierten Berg aus Granit und Sandstein erreicht man am besten von Norden kommend über die beschilderte Abzweigung am McDonald Drive nahe der Kreuzung mit dem Tatum Boulevard. Vom Parkplatz aus führt ein gut markierter Weg zum Gipfel. Der steile Anstieg überwindet eine Steigung von rund 25 Prozent.

Der Camelback Mountain grenzt an die schöne, bewaldete Echo Canyon Recreation Area mit ihren zahlreichen schattigen Picknickplätzen.

Pueblo Grande Museum and Archaeological Park ⑤

4619 E. Washington St. *(602) 495-0900.* *Mo–Sa 9–16.45, So 13–16.45 Uhr.* *Feiertage.* **http://**phoenix.gov/recreation/arts/museums/pueblo/index.html

Acht Kilometer östlich von Downtown Phoenix kann man im Pueblo Grande Museum eine Hohokam-Ruine und Artefakte der altindianischen Kultur bewundern, u. a. Kochgeräte und Keramik. Viele Exponate stammen aus dem nahen Archaeological Park, wo sich eine 1887 ausgegrabene Siedlung der Hohokam (8.–14. Jh.) befindet. Durch die 1887 freigelegten Ruinen führt ein Weg, an dem Schilder auf Kanäle hinweisen, die die Hohokam einst zur Bewässerung der Felder nutzten.

Die Fassade von Taliesin West fügt sich organisch in die Wüstenlandschaft ein

Kakteen im Desert Botanical Garden des Papago Park

Papago Park ⑥

Galvin Parkway/Ecke Van Buren St. (602) 261-8318. **http://**phoenix.gov/recreation/index.html

Der zehn Kilometer östlich von Phoenix gelegene Papago Park ist mit seinen Wanderpfaden, Radwegen, Picknickplätzen und Seen zum Angeln ein beliebtes Ausflugsziel. Zum Park gehört der 59 Hektar große **Desert Botanical Garden** mit über 20 000 Kakteen und Wüstenpflanzen aus aller Welt. Von seiner schönsten Seite zeigt er sich im Frühjahr, wenn viele Arten in voller Blüte stehen. Auf Führungen erfährt man Wissenswertes über die außergewöhnlichen Lebenszyklen der Wüstenpflanzen.

Ebenfalls zum Park gehört der **Phoenix Zoo**. Zwischen Bergen und Seen werden verschiedene Habitate gezeigt, etwa die Sonora-Wüste oder ein tropischer Regenwald. In den meist durch Kanäle oder Wälle begrenzten Zonen leben jeweils über 1300 Tiere. Bei der kommentierten Fahrt mit der Safaribahn lernt man sie kennen.

Desert Botanical Garden
1201 North Galvin Parkway.
(480) 941-1225. *Mai–Sep: tägl. 7–20 Uhr; Okt–Apr: tägl. 8–20 Uhr.* *Feiertage.*
www.dbg.org

Phoenix Zoo
455 North Galvin Parkway.
(602) 273-1341. *8. Jan–Mai: tägl. 9–17 Uhr; Juni–Sep: tägl. 7–14 Uhr; Okt–6. Nov: tägl. 9–17 Uhr; 7. Nov–7. Jan: tägl. 9–16 Uhr.* *25. Dez.*
www.phoenixzoo.org

Mystery Castle ⑦

800 East Mineral Road. *(602) 268-1581.* *Okt–Juni: Do–So 11–16 Uhr.*

Boyce Luther Gulley, der Schöpfer des Mystery Castle und damit wohl der exzentrischsten Sehenswürdigkeit in Phoenix, zog 1927 aus gesundheitlichen Gründen hierher. Da seine kleine Tochter gern am Strand Sandburgen gebaut hatte, Phoenix aber weit vom Meer entfernt liegt, errichtete Gulley für sie von 1930 bis zu seinem Tod im Jahr 1945 eine lebensgroße Märchen-Sandburg aus alten Ziegeln, Autoteilen und Gerümpel vom Schrottplatz. Auf einer Führung kann man die 18 Räume des wahrlich schrägen Schlosses erkunden und die Inneneinrichtung bewundern – ein Sammelsurium von Antiquitäten und Möbeln aus aller Herren Länder.

Endstation im Phoenix Zoo

Fassade des ungewöhnlichen Mystery Castle in Phoenix

Apache Trail ❷

Straßenkarte C4. *Globe Chamber of Commerce, 1360 N. Broad St, Globe, (928) 425-4495, oder Greater Phoenix Convention & Visitors Bureau, 125 N. 2nd St, (602) 254-6500.* **www**.visitphoenix.com

Von Phoenix aus führt der Highway 60 schnurgerade nach Osten durch die Wüste bis nach Apache Junction. Von dort kommt man auf dem kurvigen Highway 88 in die Superstition Mountains. Die nach den einst hier lebenden Indianern Apache Trail genannte Panoramastraße stößt nach 72 Kilometern auf den Theodore Roosevelt Lake, der 1911 am Salt River aufgestaut wurde.

Auf der Fahrt in die Berge erreicht man zunächst nach acht Kilometern den Lost Dutchman State Park. Er ist nach einer Goldmine benannt, die hier von Jacob Waltz und Jacob Weiser um 1870 entdeckt wurde. Die beiden Goldsucher, die viele riesige Goldnuggets verkauften, verrieten nie die genaue Lage. Nach ihrem Tod durchwühlten Hunderte Prospektoren vergeblich die Berge auf der Suche nach der legendären Goldader.

Nach dem State Park führt die Straße, vorbei an einigen Camps, durch die zerklüftete Landschaft zum 27 Kilometer entfernten Dörfchen Tortilla Flat am Ostende des schmalen Canyon Lake, wo es ein exzellentes Café gibt. Der See war das erste von zahlreichen Wasserreservoirs am Salt River, die zur Versorgung von Phoenix errichtet wurden. Der Canyon Lake hat eine Marina und kann auf *Dolly's Steamboat* bei einer 90-minütigen Bootsfahrt erkundet werden.

Danach führt die nun anspruchsvoller werdende Straße höher in die Superstition Mountains und erreicht den 84 Meter hohen Theodore Roosevelt Dam. Dort bieten sich gute Angel- und Wassersportmöglichkeiten.

Die zwei großen Ruinenkomplexe des **Tonto National Monument** befinden sich fünf Kilometer östlich des Damms. Die Pueblos (frühes 14. Jh.)

Hotels und Restaurants in Süd-Arizona *siehe Seiten 234–237 und 254–257*

Blick vom Fish Creek Hill auf den kurvenreichen Apache Trail

wurden von den Salado aus Steinen und Lehm errichtet. Beispiele der Töpferkunst dieser Indianer sind im Heard Museum *(siehe S. 78f)* zu sehen. Ins Lower Cliff Dwelling mit 19 Räumen führt ein kurzer, steiler Pfad, die 40 Räume des Upper Cliff Dwelling sind nur mit einem Ranger zu besichtigen.

Bergbaugeräte im Gila County Historical Museum

Tonto National Monument
Hwy 188. *(928) 467-2241.*
tägl. 8–17 Uhr. *25. Dez.*
www.nps.gov/tont

Globe ❸

Straßenkarte C4. *6000.*
Globe Chamber of Commerce, 1360 North Broad St, (928) 425 4495.

Globe liegt etwa 160 Kilometer östlich von Phoenix in den bewaldeten Dripping Spring and Pinal Mountains. 1875 stießen Prospektoren in der Nähe auf Silber – im Gebiet eines Apachen-Reservats, zu dem die Berge allerdings nicht mehr gehörten. Die nach einem massiven, kugelförmigen Silbernugget aus den nahen Bergen benannte Siedlung wurde als Bergbaustadt und Versorgungszentrum gegründet. Die Silberadern waren bald erschöpft, doch der Kupferbergbau blühte hier bis 1931. Globe besitzt eine attraktive Altstadt mit Gebäuden aus dem späten 19. und frühen 20. Jahrhundert. Das interessante **Gila County Historical Museum** dokumentiert die Stadtgeschichte und zeigt Bergbau-Utensilien. In den Häusern der heutigen Besh-Ba-Gowah Ruins im Süden der Stadt lebten im 13. und 14. Jahrhundert Salado-Indianer.

Gila County Historical Museum
1330 North Broad St. *(928) 425-7385.* *Mo–Fr 10–16, Sa 11–15 Uhr.* *1. Jan, 25. Dez.*
Spende.

Casa Grande Ruins National Monument ❹

Straßenkarte C4. *(520) 723-3172.* *tägl. 9–17 Uhr.* *Thanksgiving, 25. Dez.*
www.nps.gov/cagr

Von etwa 200 v. Chr. bis Mitte des 15. Jahrhunderts betrieben die Hohokam südöstlich von Phoenix im Tal des Gila River Ackerbau. Zu den eindrucksvollsten der wenigen verbliebenen Hohokam-Stätten zählt das Casa Grande National Monument, das »Große Haus«, wie es 1694 ein spanischer Jesuitenmissionar nannte. Der vierstöckige, einer Festung gleiche, wuchtige Bau mit seinen bis zu 1,20 Meter dicken Mauern wurde in der ersten Hälfte des 14. Jahrhunderts aus hart austrocknendem Caliche-Lehm errichtet. Experten vermuten, dass die Ausgucke in drei Wänden zu astronomischen Beobachtungen dienten. Der Bau kann lediglich von außen besichtigt werden, doch im Besucherzentrum sind interessante Exponate zur Geschichte und Kultur der Hohokam zu sehen.

Das Casa Grande Ruins National Monument liegt 24 Kilometer östlich der Interstate 10 am Stadtrand von Coolidge. Bitte nicht mit der Stadt Casa Grande westlich der Interstate 10 verwechseln!

Das festungsgleiche Casa Grande Ruins National Monument

Tucson ❺

Exponat, Arizona University

Tucson liegt in einer von fünf Bergketten umrahmten Senke am Nordrand der Sonora-Wüste in Süd-Arizona. Die zweitgrößte Stadt des Bundesstaats besticht durch ihre freundliche Atmosphäre und interessante Sehenswürdigkeiten, die eine ständig steigende Zahl von Besuchern anlocken. Im frühen 18. Jahrhundert wollten die eindringenden spanischen Konquistadoren das Land der hier ansässigen Tohono O'odham und Pima an sich reißen *(siehe S. 40)*. Aufgrund des erbitterten Widerstands der Indianer verlegten sie ihre regionale Festung *(presidio)* kurz nach 1770 von Tubac nach Tucson. Die Stadt wurde offiziell 1775 von dem Iren Hugh O'Connor gegründet. Der Stolz der Stadt auf ihre Geschichte zeigt sich an den vielen sorgfältig restaurierten Bauten aus dem 19. Jahrhundert im Barrio Historic District.

Moderne Wolkenkratzer in der City von Tucson

Überblick: Tucson

Tucsons wichtigste Kunstsammlungen und Museen konzentrieren sich an zwei Zentren: auf dem Campus der University of Arizona (zwischen Speedway Blvd, East Sixth Street, Park und Campbell Avenue) sowie in der City, zu der die historischen Viertel Barrio und El Presidio gehören. El Presidio, in dem viele der ältesten Gebäude der Stadt stehen, und der Barrio Historic District südlich der Cushing Street sind am besten zu Fuß zu erkunden.

Tucson Museum of Art und Historic Block

140 N. Main Ave. *(520) 624-2333.* *Di–Sa 10–17, So 12–17 Uhr.* *Thanksgiving, 25. Dez.* *1. So im Monat frei.*
www.tucsonarts.com

Das 1975 eröffnete Tucson Museum of Art befindet sich im Historic Block, zu dem auch fünf der ältesten, meist (über) 100 Jahre alten Häuser von El Presidio zählen. Diese historischen Bauten gehören zum Museum und beherbergen verschiedene Teile der großen Sammlung. Der Historic Block umfasst zudem die Skulpturengärten und Innenhöfe des Museums.

Im Kunstmuseum selbst sind moderne europäische und amerikanische Werke und Exponate des 20. Jahrhunderts ausgestellt. Eine wunderbare Dauerausstellung präkolumbischer Kunst mit zum Teil 2000 Jahre alten Artefakten findet sich im Adobe-Bau des Stevens House (1866). Dort sind auch Exponate aus der spanischen Kolonialzeit mit hervorragenden Werken sakraler Kunst zu sehen. Von Dezember bis März ist in der Casa Cordova (um 1850) die hübsche Krippe *El Nacimiento* mit über 300 Tonfiguren aufgestellt. Sehenswertes Kunsthandwerk, darunter ein echter Morris-Stuhl, beherbergt das J. Knox Corbett House von 1907.

Pima County Courthouse

115 N. Church Ave.

Die Kuppel des Gerichtshofs mit ihren schönen Fliesen ist ein Wahrzeichen der City von Tucson. Das heutige Gebäude ersetzte 1927 ein einstöckiges, 1869 errichtetes Adobe-Haus. Im Hof ist der Verlauf der Originalmauer der Festung markiert, im Inneren ist von ihr noch ein ein Meter dickes und vier Meter hohes Teilstück erhalten geblieben.

El Presidio Historic District

Der El Presidio Historic District erstreckt sich über das Areal, in dem 1775 die spanische Festung *(presidio)* San Agustin del Tucson errichtet wurde. Über 70 der Häuser stammen noch aus der Territoriumsära Arizonas, bevor es 1912 zum US-Bundesstaat wurde. Heute residieren in den historischen Bauten Läden, Restaurants und Büros. Archäologische Ausgrabungen auf dem Areal brachten Artefakte der erheblich früheren Hohokam-Kultur zutage.

St. Augustine Cathedral

192 S. Stone Ave. *(520) 623-6351.* *nur zu Messen, Zeiten bitte tel. erfragen.*

Bleiglasfenster in der Kathedrale

Die 1896 begonnene St. Augustine Cathedral wurde im Spanischen Kolonialstil der Kathedrale von Querétaro in Zentralmexiko errichtet. An der imposanten Sandsteinfassade des leuchtend weißen Bauwerks stellen fein gearbeitete Skulpturierungen drei Symbole der Sonora-Wüste dar: Yucca, Saguaro-Kaktus und Krötenechse. Über dem Hauptportal thront die Bronzestatue des hl. Augustinus, des Stadtpatrons.

Adobe-Haus aus dem 19. Jahrhundert im Barrio Historic District

INFOBOX

Straßenkarte C5. *520 000.*
Tucson International, 16 km südl. der City.
Amtrak Station, 400 E. Toole Ave. *Greyhound Station, 471 W. Congress.*
Metropolitan Tucson Convention & Visitors Bureau, 110 S. Church Ave, (520) 624-1817, 1-800 638-8350. *La Fiesta de los Vaqueros (Ende Feb).*
www.visittucson.org

Barrio Historic District

In Tucsons ehemaligem Geschäftsviertel aus dem späten 19. Jahrhundert säumen bunte Adobe-Häuser die ruhigen Straßen. In der nahen Main Street befindet sich der »Wunschschrein« **El Tiradito**. An dieser Stelle wurde einst ein junger Mann in Liebeshändeln getötet. Wenn eine hier für seine Seele aufgestellte Kerze eine ganze Nacht lang brennt, gehen der Sage nach die Wünsche des Spenders in Erfüllung.

University of Arizona

Visitors' Center, 811 N. Euclid Ave. *(520) 621-5130.* *Mo–Fr 9–17 Uhr.* **www**.arizona.edu

Auf und nahe dem 1,5 Kilometer östlich der City gelegenen Campus finden sich faszinierende Museen. Das **Arizona Historical Society Museum** dokumentiert Arizonas Geschichte von der Ankunft der Spanier 1540 bis zur Gegenwart. Das **University of Arizona Museum of Art** widmet sich europäischer und amerikanischer Kunst von der Renaissance bis zum 20. Jahrhundert. Gegenüber stellt das **Center for Creative Photography** Arbeiten der besten amerikanischen Fotografen des 20. Jahrhunderts aus. Das riesige Archiv kann nach Voranmeldung besichtigt werden. Im **Flandrau Science Center** begeistern die kindgerecht konzipierten interaktiven Ausstellungen. Das 1893 gegründete **Arizona State Museum** zeigt eine der besten Sammlungen von Artefakten aus 2000 Jahren indianischer Geschichte.

Zentrum von Tucson

Barrio Historic District ⑤
El Presidio Historic District ③
Pima County Courthouse ②
St. Augustine Cathedral ④
Tucson Museum of Art und Historic Block ①

Zeichenerklärung *siehe hintere Umschlagklappe*

Tucson: Abstecher

Der Großraum Tucson reicht im Norden bis zu den Santa Catalina Mountains, wo die Panoramastraße zum Gipfel des Mount Lemmon beginnt. Im Westen liegen die Tucson Mountains, die den Saguaro National Park West umrahmen. Dessen Gegenstück erstreckt sich östlich der City. Im Süden erhebt sich die wunderschöne San Xavier del Bac Mission *(siehe S. 88f)* in der flachen Wüstenlandschaft der Tohono O'odham Indian Reservation.

Riesen der Wüste: Saguaro-Kakteen im Saguaro National Park

Sehenswürdigkeiten auf einen Blick

Arizona-Sonora Desert Museum ②
Biosphere 2 Center ⑦
Mount Lemmon ⑥
Old Tucson Studios ③
Pima Air and Space Museum ⑤
Saguaro National Park (Osten und Westen) ①
San Xavier del Bac Mission *S. 88f* ④

LEGENDE

- Downtown Tucson
- Großraum Tucson
- Internationaler Flughafen
- Interstate Highway
- US Highway
- State Highway
- Eisenbahn

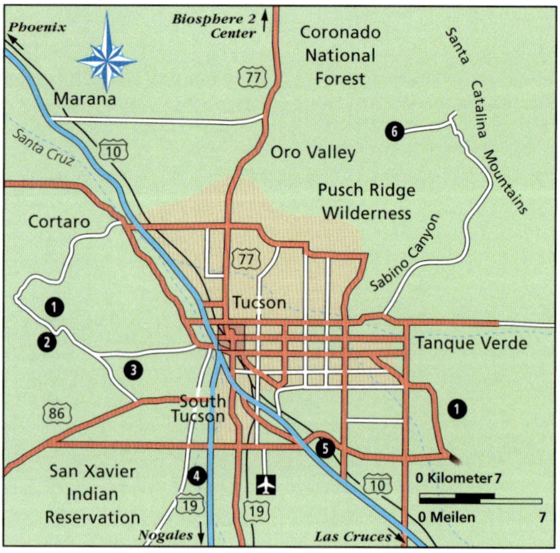

Saguaro National Park ①

3693 S. Old Spanish Trail. (520) 733-5153. *tägl. 9–17 Uhr.* *25. Dez.* *nur Bajada Loop Drive.* **www**.nps.gov/sagu

Das vielleicht berühmteste Symbol des amerikanischen Südwestens kommt nur in der Sonora-Wüste vor: der Saguaro-Kaktus (sprich: »sa-wah-ro«). Die größte Kaktusart der USA kann bis zu 200 Jahre alt werden. Altehrwürdige Giganten werden bis zu 16,50 Meter hoch und erreichen ein fast unglaubliches Gewicht von über 7000 Kilogramm.

Der 1994 gegründete Park umfasst zwei Landstriche am Ost- und Westrand von Tucson. Zusammen erstrecken sie sich über rund 37 000 Hektar. An Wanderwegen und Picknickplätzen vorbei gelangt man auf dem 14,5 Kilometer langen, ungeteerten Bajada Loop Drive tief in den Park hinein. Ein Weg führt zu den in Vulkangestein geritzten Felsbildern der altindianischen Hohokam-Kultur. Die ältesten Saguaros stehen neben dem 13 Kilometer langen Cactus Forest Drive im östlichen Park, den man auf über 160 Kilometer Wanderwegen erkunden kann. Im Winter bieten Ranger Führungen durch beide Parks an.

Arizona-Sonora Desert Museum ②

2021 N. Kinney Rd. *(520) 883-2702.* *März–Sep: tägl. 7.30–17 Uhr (Juni–Aug: So–Fr bis 16.30, Sa bis 22 Uhr); Okt–Feb: tägl. 8.30–17 Uhr.* **www**.desertmuseum.org

Zu dem rund 8,5 Hektar großen Naturpark gehören auch ein botanischer Garten, ein Zoo und ein Naturkundemuseum mit Ausstellungen zu Geologie, Geschichte, Flora und Fauna der Sonora-Wüste. Ein drei Kilometer langer Weg führt an über 1200 Pflanzenvarietäten vorbei. Auf dem Gelände leben zahlreiche Tiere, etwa Kolibris, Wildkatzen und mexikanische Grauwölfe.

Blühender Kaktus im Arizona-Sonora Desert Museum

Old Tucson Studios ③

201 S. Kinney Rd. *(520) 883-0100.* *tägl. 10–16 Uhr (Mitte Feb–Mitte Apr: bis 18 Uhr).* *Thanksgiving, 24., 25. Dez.* **www**.oldtucson.com

Der im Stil einer Westernstadt um 1860 gehaltene Wildwest-Themenpark wurde 1939 ursprünglich als Kulisse für einen Western errichtet. In den Old Tucson Studios wurden seitdem berühmte Hollywood-Western gedreht, darunter *Zwei rechnen ab* (1957) mit Burt Lancaster und Kirk Douglas und der John-Wayne-Klassiker *Rio Bravo* (1958), aber auch die in den 1970er Jahren beliebte Fernsehserie *Unsere kleine Farm*. Auch Teile von *Drei Amigos!* (1986) und *Tombstone* (1993) entstanden hier.

Vor der Kulisse einer Frontier-Stadt um 1860 sorgen in der Main Street kostümierte Darsteller mit Stunt-Shows, Schießereien und Kutschenfahrten für Unterhaltung. Besucher können sich als »Westerner« betätigen – etwa beim Goldwaschen.

»Schießerei« vor der Mission in den Old Tucson Studios

San Xavier del Bac Mission ④

Siehe S. 88f.

Pima Air and Space Museum ⑤

6000 E. Valencia Rd. *(520) 574-0462. tägl. 9–17 Uhr. Thanksgiving, 25. Dez. tel. erfragen.* **www**.pimaair.org

Rund 15 Kilometer südöstlich von Tucsons City beherbergt das Pima Air and Space Museum eine der größten Flugzeugsammlungen der Welt. Über 275 klassische Luftfahrzeuge sind hier – mitten in der Wüste – ausgestellt, darunter die drei Präsidentenmaschinen von Kennedy, Nixon und Johnson, ein Nachbau des berühmten Flugzeugs der Gebrüder Wright von 1903 sowie einige moderne Düsenjäger.

Die Militär- und Luftfahrtexponate verteilen sich auf vier Hangars. Es gibt auch nachgebaute Quartiere aus dem Zweiten Weltkrieg. In der **Davis-Monthan Air Force Base** werden weitere 2000 Flugzeuge gezeigt. Zu den Exponaten zählen B-29- und Überschallbomber. Zum Museum gehört auch das südlich der City in Sahuarita gelegene **Titan Missile Museum** (täglich geöffnet), eine Raketenabschussrampe sowie der größte »Flugzeugfriedhof« der Welt.

Mount Lemmon ⑥

(520) 749-8700.

Der Mount Lemmon (2790 m) ist der höchste Berg der Santa Catalina Mountains, deren kühles Klima im Sommer Tausende von Wochenendausflüglern anlockt. Von Tucson aus führt der Mount Lemmon Highway in einer Stunde zum Gipfel – mit schönem Blick auf die Stadt. Das Gebiet kann auf 240 Kilometer Wanderwegen erkundet werden, eine Seitenstraße führt in den Urlaubsort Summerhaven mit Läden und Restaurants. Am Gipfel gibt es den kleinen Sky-Valley-Lift, der fast das ganze Jahr über in Betrieb ist.

Biosphere 2 Center ⑦

8 km nordöstlich der Kreuzung Hwy 77/79. *(520) 838-6200. tägl. 9–16 Uhr. Thanksgiving, 25. Dez.* **www**.b2science.org

Biosphere 2 wurde 1991 errichtet. Im Inneren der einzigartigen Forschungseinrichtung finden sich fünf Habitate: Wüste, Regenwald, Steppe, Sumpf und Ozean (mit lebendem Korallenriff). Zwei Jahre lang lebten acht Menschen vollständig von der Außenwelt isoliert in dem futuristischen Glas-Stahl-Bau. Die Forschungen galten dem Einfluss der Menschen auf ihre Umwelt sowie den Auswirkungen dieser »Welt« auf die darin Lebenden.

Heute lebt niemand mehr hier. Der Bau wird nun für Studien zur Wirkung von erhöhtem Kohlendioxidausstoß auf die Atmosphäre genutzt. Bei Führungen kann man das Areal besichtigen. Führungen durch die Innenräume kosten extra.

Die futuristischen Gebäude des Biosphere 2 Center nördlich von Tucson

Vögel in den Canyons von Süd-Arizona

Breitschnabelkolibri

Auf den ersten Blick erscheint die Landschaft in Süd-Arizona trocken, doch tatsächlich fällt in dieser hoch gelegenen Wüstenwelt jährlich ca. 280 Millimeter Regen. Deshalb blüht hier eine überraschend vielfältige Vegetation von Kakteen bis hin zu bunten Wildblumen im Frühjahr. Sie ziehen verschiedenste Vogelarten an, weshalb die Region zu den fünf wichtigsten Vogelbeobachtungsgebieten der USA zählt. Gute Spots für Vogelfreunde sind die fruchtbaren Canyons zwischen Tucson und der mexikanischen Grenze. Bei der I-19 nahe Green Valley leben im Madera Canyon rund 400 Vogelarten, darunter Kolibris, Fliegenschnäpper und Grasmücken, auch seltene Tyrannen und Baumläuferwaldsänger. Der weiter entfernte Ramsey Canyon in den Huachuca Mountains ist die »Hauptstadt« der Kolibris: Hier kann man mit etwas Glück 14 Unterarten der Winzlinge beobachten.

San Xavier del Bac Mission ④

San Xavier del Bac ist die älteste und am besten erhaltene Mission im Südwesten. Das imposante Wahrzeichen mit seinen in der Wüstensonne blendend weiß leuchtenden Mauern erhebt sich in der kargen, flachen Landschaft der Tohono O'odham Reservation. Bereits 1700 hatte der Jesuit Eusebio Kino *(siehe S. 40)* hier eine erste Mission gegründet. Der heutige Komplex wurde 1797 von Franziskanern fertiggestellt.

Der Baukomplex aus Adobe-Ziegeln gilt als schönstes Beispiel des Spanischen Kolonialstils in den USA *(siehe S. 22)*, doch finden sich in der Kirche auch barocke Anklänge und andere Stilrichtungen. Bei einer Renovierung der Innenräume in den 1990er Jahren wurden fünf prächtige *retablos* (Altarretabeln) aufwendig restauriert.

Aussicht vom östlich der Mission gelegenen Hill of the Cross

★ Kirchenfassade
Die reiche Barockfassade zieren (teils verwitterte) Heiligenfiguren, darunter die der hl. Cäcilia (ohne Kopf) und des zu einem unidentifizierbaren Sandsteinkegel zerfallenen hl. Franziskus.

Am Glockenturm zeugt die elegante weiße Kuppel von den maurischen Elementen des Spanischen Kolonialstils, in dem San Xavier del Bac erbaut wurde.

In der Totenkapelle steht eine von Kerzen umrahmte Statue der Jungfrau Maria.

Steinmetzarbeiten
Mittlerweile konnten die Statuen an der linken Seite des Portals identifiziert werden. Man weiß heute, dass die angeblichen Darstellungen der hl. Katharina von Siena und der hl. Barbara de facto die hl. Agatha von Catania und die hl. Agnes von Rom verkörpern.

Deckenmalerei
Überwältigend sind die wunderbaren Deckenmalereien von biblischen Figuren. Die kräftigen zinnoberroten und blauen Farbtöne stehen im eindrucksvollen Kontrast zu dem rein weißen Hintergrund.

NICHT VERSÄUMEN

- ★ Hauptaltar
- ★ Kirchenfassade

★ Hauptaltar
Der imposante goldene und rote retablo mayor *ist im Stil des mexikanischen Barock mit aufwendig verzierten Säulen versehen. Über 50 Figuren wurden in Mexiko geschnitzt und dann in San Xavier von Künstlern vergoldet und farbig lasiert.*

INFOBOX

Straßenkarte C5. 1950 W. San Xavier Rd, 16 km südlich von Tucson an der I-19.
(520) 294-2624.
tägl. 7–17 Uhr.
www.sanxaviermission.org

Altarkuppel
Bemalte Holzfiguren und Wandmalereien mit Szenen aus den Evangelien zieren die Kuppel und die hohen Querschiffe.

Der Hof ist nicht zugänglich, kann aber vom Museum aus eingesehen werden.

Das Museum beherbergt einen Psalter in Schafsleder und Fotos weiterer historischer Missionen im Reservat.

Eingang zum Missionsladen

Chapel of Our Lady
Zu den drei Marienfiguren der Kirche zählt diese Statue der Gottesmutter in der Darstellung als Mater Dolorosa.

Boote und Wassersportler am malerischen Mittry Lake nördlich von Yuma

Yuma 6

Straßenkarte A4. *65 000.* *Amtrak, 281 S. Gila St.* *Greyhound, 170 E. 17th Place.* *Yuma Convention and Visitors' Bureau, 201 N. 4th Ave, 1-800 293-0071.* **www**.visityuma.com

Yuma liegt am Zusammenfluss von Colorado und Gila River im äußersten Südwesten Arizonas. Die schon im 16. Jahrhundert von Spaniern erwähnte Siedlung erlangte um 1850 Bedeutung, als dort Zehntausende Goldsucher auf dem Weg nach Kalifornien den Colorado River überquerten. Die Dampfschifffahrt auf dem Fluss wurde vom 1849 errichteten Fort Yuma aus betrieben.

Wegen der warmen Winter ist Yuma bei Langzeitgästen beliebt, die hier »überwintern«. Seine wechselvolle Geschichte kann man in zwei historischen Parks nachvollziehen: Yuma Crossing präsentiert die Flussschifffahrt und das Militärleben im späten 19. Jahrhundert. Yuma Territorial Prison lässt das von 1876 bis 1909 größte Gefängnis Arizonas lebendig werden.

Organ Pipe Cactus National Monument 7

Straßenkarte B5. *(520) 387-6849.* *tägl. (Visitor Center 8–17 Uhr).* *Thanksgiving, 25. Dez.* **www**.nps.gov/orpi

Bei dem mit dem Saguaro-Kaktus *(siehe S. 86)* verwandten Orgelpfeifenkaktus verzweigen sich die zahlreichen Arme an der Pflanzenbasis. Die in den USA selten gewordene Kakteenart wächst fast ausschließlich in der in Südwest-Arizona gelegenen Sonora-Wüste auf einem riesigen, einsamen Landstrich entlang der mexikanischen Grenze. In dieser Wüstenwildnis gedeihen auch zahlreiche andere Pflanzenarten sowie eine vielfältige Fauna. Einige Tierarten wie Eselhasen, Schlangen und Känguruhratten kommen nur in der Kühle der Nacht aus ihren Verstecken. Weitere Kakteen wie Engelmann-Feigenkaktus und Teddybear Cholla sind am beeindruckendsten im Frühsommer, wenn ihre Blüten in voller Farbenpracht stehen.

Durch den Park führen zwei Panoramastraßen. Auf dem 34 Kilometer langen Ajo Mountain Drive durchquert man in zwei Stunden die Wüste der Vorberge. Der acht Kilometer lange Puerto Blanco Drive führt in einer halben Stunde zur Red Tanks Tinaja, einem natürlichen Wasserreservoir, und zu dem Picknickplatz nahe Pinkley Peak. Die Bandbreite der zahlreichen Wanderwege reicht von geteerten, für Rollstuhlfahrer geeigneten Wegen bis zu Naturpfaden. Im Besucherzentrum, das eine Ausstellung über die Flora und Fauna des Parks beherbergt, sind Karten und Campinggenehmigungen erhältlich. Im Winter werden Führungen angeboten.

Wer den rund drei Fahrstunden von Tucson entfernten Park näher erkunden möchte, sollte eine Campingübernachtung einplanen. Im 55 Kilometer nördlich gelegenen Ajo finden sich Motels und Verpflegungsmöglichkeiten.

Tubac 8

Straßenkarte C5. *150.* *Tubac Chamber of Commerce, 2 Tubac Rd, (520) 398-2704.* *Mo–Fr 10–16 Uhr (Sommer: bis 13 Uhr).* **www**.tubacaz.com

Das königliche Presidio (Fort) von San Ignacio de Tubac wurde 1752 zum Schutz der spanischen Ranches und Minen sowie der nahen Missionen Tumacacori und San Xavier gegen die Angriffe der Pima-Indianer errichtet. Tubac war zudem der erste Zwischenstopp der berühmten Landexpedition zur Kolonialisierung der San Francisco Bay von 1776. Der Treck wurde von Juan Bautista de Anza, dem Komman-

Seltene Orgelpfeifenkakteen im Organ Pipe Cactus National Monument

Missionskirche im Tumacacori National Historical Park

danten des Forts, geleitet *(siehe S. 40)*. Nach dessen Rückkehr wurde die Garnison nach Tucson verlegt. Tubac verlor für die nächsten 100 Jahre an Bedeutung. Heute ist die Stadt eine kleine, blühende Künstlerkolonie mit attraktiven Läden, Galerien und Restaurants rund um die Plaza.

Tubacs Geschichte präsentiert der **Tubac Presidio State Historic Park**, in dem sich die unterirdischen Fundamente des einstigen Forts und historische Gebäude befinden. Im dortigen Presidio Museum decken die Exponate, darunter bemalte Altarretabeln und Kolonialmöbel, eine über hundertjährige Epoche ab.

Umgebung: Fünf Kilometer südlich liegt der **Tumacacori National Historical Park** mit den schönen Ruinen der Mission Tumacacori. Die gegenwärtige Kirche wurde um 1800 auf den Überresten der 1691 vom Jesuitenpater Eusebio Kino *(siehe S. 40)* gegründeten Mission errichtet. Die 1848 verlassene Mission mit ihrer verwitterten ockerfarbenen Fassade, ihren Ziegelsäulen, dem Portalbogen und dem geschnitzten Holztor ist ein beeindruckendes historisches Zeugnis. Den Hauch der Zeit verspürt man auch im höhlenartigen Innenraum mit den teils freigelegten Adobe-Ziegeln und verblichenen Malereien an den Sanktuariumswänden. Ein kleines Museum informiert hervorragend über die Missionare und die Pima-Indianer. Von September bis Juni finden an den Wochenenden Handwerksdemonstrationen (Tortilla-Backen, Korbflechten, mexikanische Töpferei) statt. Am ersten Wochenende im Dezember wird auf dem Missionsgelände mit der Fiesta de Tumacacori *(siehe S. 35)* das kulturelle Erbe des oberen Santa Cruz Valley gefeiert.

Tubac Presidio State Historic Park
Burrel St/Ecke Presidio Drive.
(520) 398-2252. tägl. 9–17 Uhr. 25. Dez.

Tumacacori National Historical Park
(520) 398-2341. tägl. 9–17 Uhr. Thanksgiving, 25. Dez.
www.nps.gov/tuma

Nogales 9

Straßenkarte C5. *19 500.* *123 W. Kino Park, (520) 287-3685. Mo–Fr 9–17 Uhr.* **www**.thenogaleschamber.com

Die Grenzstadt Nogales am Ende des mexikanischen Pacific Highway erstreckt sich auf US- und mexikanischem Territorium. In der Handelsstadt werden riesige Warenmengen umgeschlagen, u.a. 75 Prozent des in Nordamerika verkauften Winterobstes und -gemüses.

Mexikanische Keramik aus Nogales

Früher suchten Schnäppchenjäger auf beiden Seiten der Grenze nach Decken, Möbeln und Handwerk. Mittlerweile gibt es Reisewarnungen der US-Regierung, die Grenze nach Mexiko zu überqueren, weil der Drogenkrieg gefährliche Ausmaße erreicht hat.

Besucher, die nach Mexiko müssen, stellen ihr Auto besser auf US-Seite auf bewachten Parkplätzen ab und überqueren die Grenze zu Fuß. Abgesehen davon, dass man kaum Parkplätze findet, sind Autos mit US-Kennzeichen attraktiv für Diebe. Zudem verbringt man mit Auto zwei bis drei Stunden beim Zoll.

Eine Visumpflicht besteht nur für Urlauber, die weiter nach Süden reisen und länger als 72 Stunden bleiben wollen. Wie US- und kanadische Reisende muss man seinen Pass dabeihaben. Wer keine US-Staatsbürgerschaft besitzt, sollte sicherstellen, dass er wieder in die USA einreisen darf. Für Besucher aus Ländern, die am Visa Waiver Program *(siehe S. 284)* teilnehmen, sollte dies kein Problem darstellen.

Sternengucker in Süd-Arizona

Süd-Arizona mit seiner trockenen Luft und den dunklen, klaren Nächten ist ein internationales Zentrum der Astronomie. In einem Radius von 120 Kilometern erheben sich in den Bergen rund um Tucson zahlreiche hochkarätige Observatorien. Das Kitt Peak National Observatory mit seinen großen Teleskopen sowie das Fred Lawrence Whipple Observatory können besichtigt werden. Das Mount Graham International Observatory profitiert von Teleskopen, die weltweit zu den technisch besten zählen. Die faszinierende Schönheit des Sternenhimmels kann man hier jedoch auch ganz ohne Hightech-Geräte genießen.

Observatorien in den Bergen Süd-Arizonas

Bisbee ⑩

Straßenkarte C5. 6500.
Bisbee Chamber of Commerce, 1 Main St, (520) 432-5421.
www.bisbeearizona.com

Die stimmungsvolle ehemalige Bergbaustadt boomte nach Kupferfunden in den 1880er Jahren und stieg um 1900 zum größten Zentrum zwischen St. Louis und San Francisco auf. Noch heute dominieren viktorianische Bauten wie das auffällige Copper Queen Hotel das historische Stadtzentrum. An den Berghängen befinden sich schöne alte Siedlungen.

Besucher können die einstigen Minen besichtigen, etwa die tief in die Erde getriebene Queen Mine oder die südlich der Stadt gelegene Lavender Open Pit Mine.

Ausstellungen über den Bergbau und das Leben im Alten Westen präsentiert das Bisbee Mining and Historical Museum.

Nur Show – Nachstellung der Schießerei im OK Corral in Tombstone

Die viktorianische Bergbaustadt Bisbee erstreckt sich bis an die Hänge der Berge

Tombstone ⑪

Straßenkarte C5. 6500.
Visitor Center, 395 E. Allen St, (520) 457-3929.
www.tombstonechamber.com

Tombstones Berühmtheit basiert auf der legendären Schießerei, die 1881 zwischen den Brüdern Earp und der Clanton-Bande im OK Corral ausgetragen wurde *(siehe S. 55)*. Heute zählen seine historischen Straßenzüge zu den beliebtesten Sehenswürdigkeiten im Südwesten.

Gegründet wurde die Stadt von Ed Schieffelin, der 1877 das damalige Apachen-Gebiet erkundete. Allen Unkenrufen zum Trotz, dass er dort nur seinen Grabstein *(tombstone)* finden würde, entdeckte er einen ganzen Silberberg. Von 1880 bis zur versehentlichen Überflutung der Schächte 1887 wurde in den Minen Silber im Wert von über 37 Millionen Dollar abgebaut. Der Prospektor bewies eine gute Portion schwarzen Humors, als er die boomende Stadt, in der sich bald Prospektoren, Cowboys, Glücksspieler und Gesetzeshüter drängelten, Tombstone nannte. Sie wurde zur wildesten aller Städte und war zeitweise größer als San Francisco.

1962 wurde die »town too tough to die« ein National Historic Landmark. Besucher genießen die einmalige Atmosphäre der makellos erhaltenen Altstadt – vor allem in der Allen Street mit ihren hölzernen Gehwegen, Läden und Restaurants. Der **OK Corral** ist heute ein Museum. Täglich um 14 Uhr wird das Duell zwischen den Earps, Doc Holliday und der Clanton-Bande nachgestellt.

Im denkmalgeschützten **Tombstone Courthouse** in der Toughnut Street residierte von 1882 bis 1929 das County-Gericht. Der restaurierte Gerichtssaal gehört heute zu einem Museum, in dem u.a. Fotografien von berühmten Persönlichkeiten der Stadt gezeigt werden.

Die sündige Toughnut Street, die *Rotten Row*, säumten früher die Zelte der Bergarbeiter, Bordelle und über 100 Bars. Sehenswert sind u.a. das Rose Tree Inn Museum mit dem angeblich weltgrößten Rosenstrauch und das Bird Cage Theater, einst eine Tanzhalle und Bordell. Der Name stammt von den »Käfigen«, die von der Decke hingen und in denen sich die Schönen der Nacht darboten. Ganz in der Nähe findet man den heute noch als Bar betriebenen Crystal Palace Saloon.

Auf dem berühmten Boothill Cemetery nördlich der Stadt liegen Tombstones (selten friedlich) Verstorbene begraben. Schwarzen Humor findet man auch hier, etwa im Gedenkspruch für den 1882 zu Unrecht gehenkten George Johnson: *»He was right, we was wrong, but we strung him up, and now he's gone.«* (Er hatte recht, wir nicht, wir haben ihn trotzdem gehenkt, und nun ist er tot.)

OK Corral
Allen St. *(520) 457-3456.*
tägl. 9.30–17 Uhr.
www.ok-corral.com

Tombstone Courthouse
219 Toughnut St. *(520) 457-3311.* *tägl. 9–17 Uhr.*
25. Dez.
www.azstateparks.com

Heute ein Museum: das Tombstone Courthouse im Stadtzentrum

Kartchner Caverns State Park ⓬

Straßenkarte C5. *(520) 586-2283.* *tägl. 7–18 Uhr (Sommer: 8–17 Uhr; Höhlenführungen 8.30–16.30 Uhr, vorab buchen).* *25. Dez.* *obligatorisch.* **www**.azstateparks.com/parks/kaca

Die Kartchner Caverns zählen zu den größten Naturwundern in Arizona. Die in den Whetstone Mountains gelegenen drei Hektar großen Höhlen mit ihren bunten Formationen wurden 1974 von zwei Höhlenkletterern entdeckt. Zum Schutz der Höhlen hielt man ihre Existenz zunächst 14 Jahre lang geheim. Während dieser Zeit erkundeten die beiden das bunte Wunderland der Speläotheme (sekundäre Mineralablagerungen), die in Jahrmillionen aus dem Kalzit des Tropf- und Fließwassers entstanden waren. 1988 erstand der Staat die Höhlen mit ihren immer noch wachsenden Formationen, die elf Jahre später nach umfangreichen Schutzmaßnahmen öffentlich zugänglich gemacht wurden.

Vor einer Führung informiert das Discovery Center über die Geologie der Höhlen, deren Formationen nicht berührt werden dürfen, denn das Fett der menschlichen Haut stoppt ihr Wachstum. Neben Stalagmiten und Stalaktiten kann man Formationen bewundern wie den etwa 6,30 Meter hohen Soda Straw, die Turnip Shields und das Popcorn.

Orangefarbene und weiße Säulen in den Kartchner Caverns

Amerind Foundation ⓭

Straßenkarte C5. *(520) 586-3666.* *Di–So 10–16 Uhr.* *Mo, Feiertage.* **www**.amerind.org

Die Amerind Foundation (der Name ist eine Verkürzung von *American Indian*) zählt zu den wichtigsten archäologisch-ethnologischen Privatmuseen der Vereinigten Staaten. Die Sammlung beschäftigt sich mit sämtlichen Aspekten indianischen Lebens und umfasst Zehntausende Artefakte aus den verschiedensten Kulturen – von Inuit-Masken über Werkzeuge der Cree bis zu Skulpturen der mexikanischen Casas-Grandes-Kultur.

Die nahe Amerind Art Gallery zeigt sehenswerte Western-Kunst, darunter Werke von Berühmtheiten wie William Leigh (1866–1955) und Frederic Remington (1861–1909). Interessant sind zudem die fröhlichen rosa Gebäude im Stil des Spanish Colonial Revival *(siehe S. 22)*.

Chiricahua National Monument ⓮

Straßenkarte D5. *(520) 824-3560.* *tägl. 8–16.30 Uhr.* *Thanksgiving, 25. Dez.* **www**.nps.gov/chir

In den Chiricahua Mountains lebten einst die gleichnamigen Apachen. Von dem uneinnehmbaren Bergland aus führten sie Ende des 19. Jahrhunderts ihre Angriffe auf die Siedler aus. In dem 4800 Hektar großen Gebiet finden sich fantastische Felsformationen, die durch mehrere Vulkanausbrüche vor rund 27 Millionen Jahren entstanden: massive Felsen, die auf kleinen Podesten balancieren, hoch aufragende Felsnadeln und riesige Steinsäulen. Die bizarre Landschaft kann man von einer Panoramastraße und von Wanderwegen aus bewundern.

Im nahen Willcox ist das unterhaltsame **Rex Allen Arizona Cowboy Museum** dem einheimischen Schauspieler gewidmet, der in den 1950er Jahren in 19 Cowboy-Filmen die Hauptrolle spielte.

Rex Allen Arizona Cowboy Museum
150 N. Railroad Ave. *(520) 384-4583.* *tägl. 10–16 Uhr.* *Feiertage.*

Vor Jahrmillionen durch Vulkane entstandene Felsformationen im Chiricahua National Monument

Las Vegas

Geschichte von Las Vegas

Keine andere Stadt der USA hat sich so oft und so erfolgreich neu erfunden wie Las Vegas. Anfangs garantierten in dem unwirtlichen Landstrich an der Grenze zu drei Wüsten unterirdische artesische Brunnen das Überleben. In der Folge fassten hier Indianer, mexikanische Kaufleute, Mormonen und Bahnarbeiter Fuß. Sie alle trugen zu dem einmaligen Zusammentreffen von Faktoren bei, die das Entstehen von Las Vegas ermöglichten. Las Vegas besitzt inzwischen zwar nicht mehr das Monopol als Glücksspielstadt, zieht jedoch nach wie vor die Massen an. Megastars des Showbusiness wie Frank Sinatra und Elvis Presley, exzentrische Superreiche wie Howard Hughes, Gangster wie Bugsy Siegel und vor allem der einzigartige Glamour schufen den Nimbus von Las Vegas als Hauptstadt der Unterhaltung, in der scheinbar alles möglich ist – solange man dafür bezahlen kann.

Als Helen Stewart *1905 ihr Ranchland an die Eisenbahn verkaufte, war dies der Startschuss für die Gründung von Las Vegas.*

Downtown Las Vegas

Anfang des 20. Jahrhunderts wuchs die Stadt rund um die Fremont Street. Ab den 1960er Jahren *(siehe rechts)* litt die Downtown unter der Konkurrenz des Strip. Heute ist sie als Fremont Street Experience zu neuem Leben erwacht *(siehe unten rechts und S. 118).*

Roulette *gehört zu Las Vegas seit der Legalisierung des Glücksspiels in Nevada 1931. In den 1930er Jahren versuchten die Besucher beim Spiel die Wirtschaftskrise zu vergessen.*

Der Bau des Hoover Dam *am Colorado River nahe Las Vegas (55 km) brachte der Stadt immensen Aufschwung* (siehe S. 121). *Anfang der 1920er Jahre war ihre Einwohnerzahl auf 2300 gefallen. Mit dem Bauprojekt strömten ab 1931 Geld und Menschen in die Stadt, in der bald wieder rund 7500 Einwohner lebten. Zehntausende kamen, um den Bau des Damms zu verfolgen und ihr Glück in den neuen Spielclubs zu versuchen, die wie Pilze aus dem Boden schossen.*

◁ **Lichtermeer des Strip, links der »mittelalterliche« Türmchenbau des Excalibur, daneben das New York New York**

Benjamin Siegel *(links) wurde heimlich »Bugsy« genannt. In den 1930er Jahren zog der Gangster aus New York City nach Los Angeles. Er ließ in Las Vegas das luxuriöse Hotel und Casino Flamingo* (siehe S. 111) *errichten. Nur ein Jahr nach Eröffnung des Casinos 1946 wurde er von Partnern ermordet. Wahrscheinlich hatte er sich zu sehr in den Vordergrund gedrängt. An der Stelle des alten Flamingo steht heute ein Luxushotel im Tropenstil.*

Der Strip

Seit den 1960er Jahren hat die einstige Wüstenstraße mit der niedrigen Bebauung einen märchenhaften Aufstieg zur glitzernden Neonmeile vollzogen *(siehe S. 102–105).*

Howard Hughes

Der Milliardär Howard Hughes bezog im November 1966 eine Luxus-Suite in der neunten Etage des Desert Inn. Als ihn das Hotelmanagement ein paar Monate später zum Ausziehen bewegen wollte, kaufte der Exzentriker kurzerhand das Hotel für 13,2 Millionen US-Dollar. Obwohl er sein Zimmer vier Jahre lang nicht verließ, erwarb Hughes in Las Vegas Immobilien für rund 300 Millionen Dollar, z. B. das Hotelcasino Silver Slipper auf der anderen Seite des Strip. Dessen blinkende Neonzeichen störten ihn – als neuer Besitzer konnte er sie einfach ausschalten.

Hughes verschaffte Las Vegas Legalität und polierte das Image der Stadt auf. Die Zeit krimineller Investoren ging zu Ende. In den 1960er Jahren eröffneten Familien-Resorts wie Circus Circus, Unternehmen wie MGM, Hilton und Holiday Inn starteten Bauprojekte. Doch noch in den 1970er und 1980er Jahren wurde aufgedeckt, dass Kriminelle Hotelgewinne einstrichen.

Milliardenschwer: Unternehmer Howard Hughes

Zum Rat Pack *zählten Peter Lawford, Sammy Davis Jr., Frank Sinatra, Joey Bishop und Dean Martin. Sie besiegelten in den 1950er Jahren durch ihre Shows im heute abgerissenen Sands Hotel Las Vegas' Ruf als Mekka der Unterhaltung.*

SOUVENIRS
GIFTS
T-SHIRTS
R

Las Vegas

Las Vegas erscheint in Nevadas südlicher Wüste wie die Fata Morgana eines glitzernden Wunderlands, das vor allem eines verspricht: Spaß. Die Stadt lockt mit einmaligen Hotels, deren fantastische Architektur Städte wie New York oder Venedig neu erstehen lässt. Das Herz dieser Paläste bilden die Casinos, die 39 Millionen Besucher jährlich anlocken – mit der Hoffnung auf Millionengewinne.

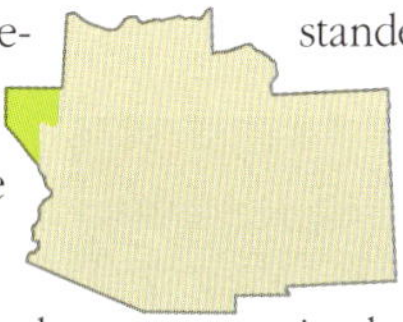

Im Gebiet von Las Vegas siedelten bis etwa 1150 Menschen der Alten Pueblo-Kultur und später andere indianische Völker wie die Paiute. Im frühen 19. Jahrhundert betraten mexikanische Kaufleute die Bühne. 1855 errichteten Mormonen hier ein Fort und legten den Grundstein für eine sich allmählich entwickelnde Siedlung. Die offiziell 1905 gegründete Stadt Las Vegas wuchs in den 1930er Jahren durch den Bau des etwa 55 Kilometer entfernten Hoover Dam am Colorado River und die Legalisierung des Glücksspiels 1931. Die Bauarbeiter, denen das Geld in der Tasche brannte, und die durch den Damm gesicherte Strom- und Wasserversorgung ebneten den Weg für den Erfolg von »Sin City«. In den 1990er Jahren entstanden immer extravagantere Resorts, diese Entwicklung scheint ihren Zenit noch nicht erreicht zu haben.

Wer sich von der Stadt losreißt, dem bieten sich in den Naturgebieten der Umgebung, etwa am Lake Mead oder im Valley of Fire State Park mit seinen grandiosen Felsformationen, vielfältige Freizeitangebote vom Reiten bis zum Wassersport.

2006 war Las Vegas die am schnellsten wachsende US-Stadt, seitdem hat sich die Einwohnerzahl der Metropolregion bei knapp zwei Millionen stabilisiert. Tourismus und Glücksspiel sind die wichtigsten Einnahmequellen – hier stehen 19 der 25 größten Hotels der Welt. Las Vegas ist zudem die Stadt der Hochzeitskapellen und des Entertainments.

Über das elegante Casino im Tropicana Hotel wölbt sich eine dekorative Bleiglasdecke

◁ »Vegas Vic« ist der Spitzname eines der ältesten Neonschilder (1951) in der Fremont Street

berblick: Las Vegas

Las Vegas besitzt zwei Zentren: das Wunderland am Strip und die ältere Downtown, wo 1905 die Erfolgsgeschichte der Stadt begann *(siehe S. 96f)*. Der 7,2 Kilometer lange Strip, eigentlich Las Vegas Boulevard (Hwy 604), verläuft Richtung Nordosten durch die Stadt und bei der Fremont Street *(siehe S. 118)* durch Downtown. Streng genommen gehört der Abschnitt südlich der Sahara Avenue zum Clark County, das eigentliche Stadtgebiet erstreckt sich rund um Downtown. Die schöne Landschaft der Umgebung mit Bergen, Canyons und Wüste schützen zahlreiche Parks, die oft nur eine kurze Fahrt vom Strip entfernt liegen *(siehe S. 120f)*.

Den Strip erleuchten nachts unzählige glitzernde Neonlichter

In Las Vegas unterwegs

Auf dem langen Strip fährt man am besten mit dem Auto. Die großen Hotels bieten kostenlose Parkplätze und einen Parkservice an. Die Deuce-Busse fahren auf dem Strip und halten an den großen Hotels. Die Monorail-Bahn fährt zwischen dem MGM Grand und dem Sahara Hotel. Taxis findet man vor den Hotels.

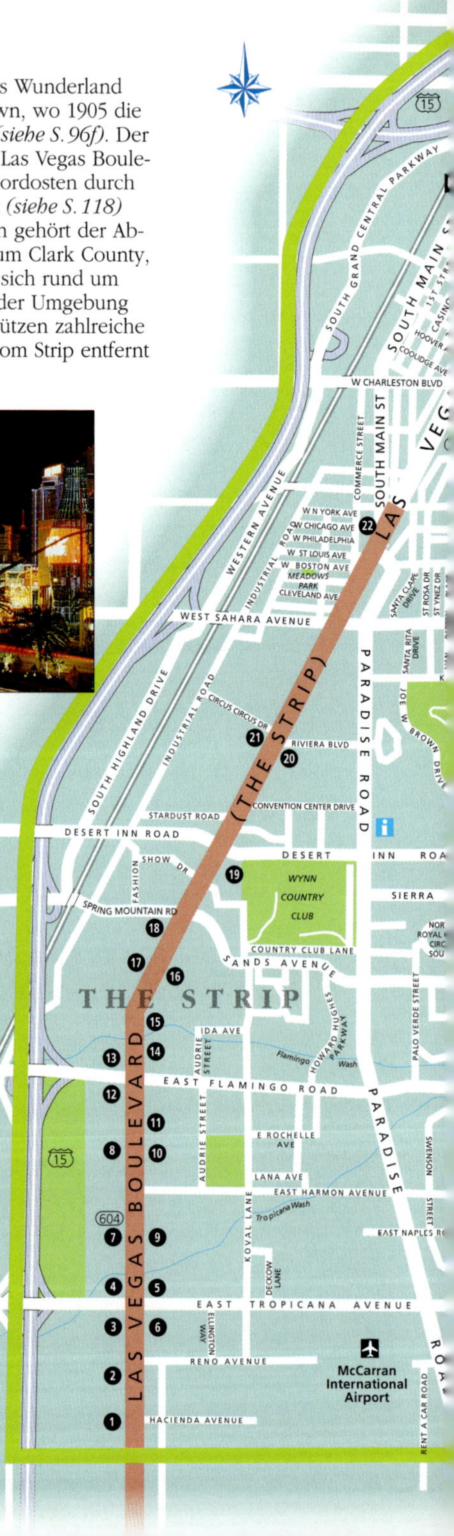

LEGENDE

- Strip *S. 102–105*
- Internationaler Flughafen
- Busbahnhof
- Information
- Interstate Highway
- US Highway
- State Highway

0 Meter 500

0 Yards 500

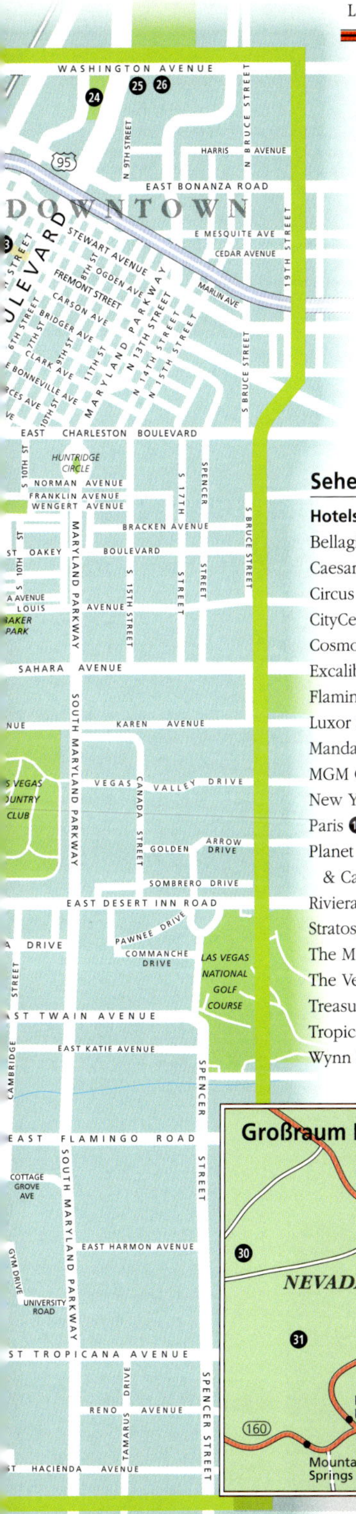

Das berühmte Caesars Palace Forum

SIEHE AUCH

- ***Hotels*** S. 237–240
- ***Restaurants*** S. 257–261

Sehenswürdigkeiten auf einen Blick

Hotels und Casinos

Bellagio 12
Caesars Palace 13
Circus Circus 21
CityCenter 7
Cosmopolitan 8
Excalibur 3
Flamingo Las Vegas 14
Luxor Las Vegas 2
Mandalay Bay 1
MGM Grand 5
New York New York 4
Paris 11
Planet Hollywood Resort & Casino 10
Riviera 20
Stratosphere 22
The Mirage 17
The Venetian 16
Treasure Island 18
Tropicana Resort and Casino 6
Wynn Las Vegas & Encore 19

Historische Städte und Orte

Boulder City/Hoover Dam 27

Straßen und Malls

Fremont Street Experience 23
Showcase Mall 9

Museen und Sammlungen

Autosammlung im Imperial Palace 15
Las Vegas Natural History Museum 25
Old Las Vegas Mormon State Historic Park 26
The Lied Discovery Children's Museum 24

Spektakuläre Natur

Lake Mead National Recreation Area 28
Mount Charleston 30
Red Rock Canyon National Conservation Area 31
Valley of Fire State Park 29

Mehr über Las Vegas? Vis-à-Vis Las Vegas *ISBN 978-3-8310-0850-6*

Im Detail: Strip I

Das Herz von Las Vegas schlägt am neonlichtüberfluteten Las Vegas Boulevard, dem »Strip«. An dessen südlichem Abschnitt stehlen sich riesige Luxushotels wie das Luxor, das New York New York und das Bellagio gegenseitig die Schau. Mit Restaurants, Läden und Casinos wollen sie alle nur erdenklichen Besucherwünsche unter einem Dach erfüllen. Am schönsten sind diese Mega-Resorts abends, wenn ihre respektlos-üppige Architektur im Lichterglanz verspielte Fantasiereiche kreiert und sich etwa die illuminierte Sphinx vor dem Luxor erhebt. Wandel steht auf der Tagesordnung am Strip, wo die Hotels immer größer werden, Spitzenköche Restaurants eröffnen und lang laufende Shows abgesetzt werden, um Platz für neue zu machen.

Der Strip bei Nacht im Lichterglanz

New York New York
Freiheitsstatue, Empire State Building – diese und andere Wahrzeichen Manhattans zieren die Vorderfront des Hotelkomplexes. ❹

Luxor
Die nachgebaute große Treppe ist eines des Highlights der Titanic Artifact Exhibition im Luxor. ❷

Monte Carlos Renaissance-Architektur wird in diesem Hotel wiederbelebt.

Das Mandalay Bay zaubert mit Palmen und Bambus ein tropisches Paradies des 19. Jahrhunderts.

Das Excalibur ist eine türmchenbewehrte englische Mittelalterfantasie.

Tropicana
Das Casino imitiert das Ambiente von Miami South Beach mit Art-nouveau-Glasdecke und -leuchten. ❻

Die Showcase Mall ist mit ihrer gigantischen Coca-Cola-Flasche aus Neon unübersehbar. Eine riesige Spielhalle zieht dort vor allem Familien in ihren Bann.

MGM Grand Hotel
Leo, das berühmte Löwensymbol des Hollywood-Studios MGM, thront 15 Meter über dem Strip an der Tropicana Avenue. ❺

Hotels und Restaurants in Las Vegas *siehe Seiten 237–240 und 257–261*

Caesars Palace
Das Hotel zählt zu den ältesten und elegantesten am Strip. Standesgemäß zieren Reproduktionen von römischen Statuen den 1966 erbauten Prachtbau. In den luxuriösen Forum Shops sind sie sogar beweglich. ⓭

Imperial Palace
Die Front des asiatisch angehauchten Hotels mit einer für Besucher zugänglichen Oldtimer-Sammlung ist wie eine Pagode gestaltet. ⓯

Lobby des Bellagio
Die farbenprächtige Glasinstallation in der eleganten Lobby des Hotels ist ein Werk des berühmten Glaskünstlers Dale Chihuly. ⓬

Das CityCenter ist eine Ansammlung schicker Hotels und Casinos.

Im Beach Club des Cosmopolitan kann man der Hitze stilvoll entfliehen.

Das Paris dominiert mit der Kopie des Eiffelturms (in der halben Höhe des Originals) den Strip.

Planet Hollywood Resort & Casino
Das 1963 eröffnete Hotel stieg zum Glitzerpalast am Strip auf, was 1967 offenbar wurde, als Elvis hier Priscilla das Jawort gab. Das jetzige Planet Hollywood versucht, diesen Glamour zu bewahren. ❿

Flamingo Las Vegas
Ein Wahrzeichen des Strip sind die rosa und orange erstrahlenden Flamingofedern an der Fassade dieses in den 1970er und 1980er Jahren renovierten Hotels. Der Originalbau von 1946 war Bugsy Siegels Lieblingsprojekt (siehe S. 97). ⓮

Im Detail: Strip II

An der Ecke zur Sahara Avenue öffnete das El Rancho Vegas Hotelcasino als erster Casinobau am nördlichen Strip 1941 seine Tore. Während des Baubooms der 1950er Jahre schossen die Resorts wie Pilze aus dem Boden. Mit den Hotelkomplexen The Sands, Desert Inn, Sahara und Stardust begann eine Entwicklung, die den Strip in einen gigantischen Themenpark für Erwachsene verwandeln sollte. Die wenigen Pioniere des nördlichen Strip, die heute noch stehen, haben sich aufgrund millionenschwerer Umbauten bis zur Unkenntlichkeit verändert.

Das Venetian und der nördliche Strip

Mit modernen Resorts wie The Venetian oder The Mirage zog am Strip die Luxusliga ein. Heute erinnert hier fast nichts mehr an die derbe Zirkusatmosphäre, die die Stadt einst prägte.

Treasure Island

Das Treasure Island lockt mit seiner Seefahrerthematik die Passanten an. Jeden Abend findet vor dem Hotel mehrmals die Wassershow »Sirens of TI« statt. ⓲

The Mirage ist elegant und doch herrlich verspielt – immerhin bietet sein schöner Garten am Strip einen »Vulkanausbruch«.

Die Fashion Show Mall ist zurzeit die größte Einkaufsmeile der Stadt. Sie bietet über 200 Läden, einen Vergnügungs-Komplex sowie einen Bereich mit Fast-Food- und anderen Restaurants.

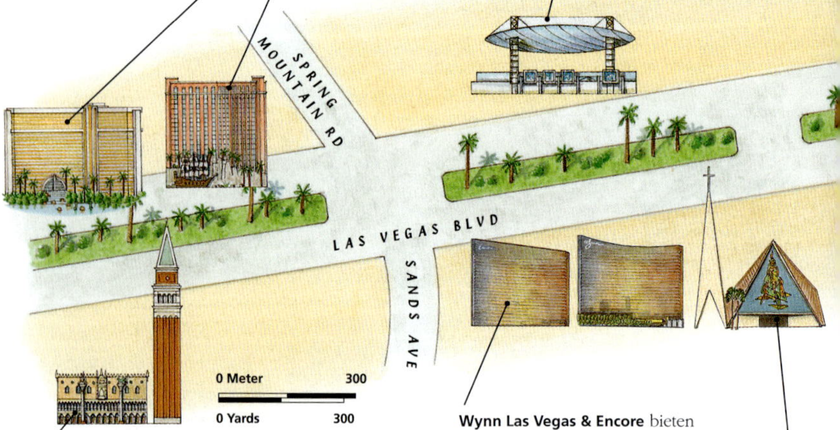

Wynn Las Vegas & Encore bieten alles: Casinos, exklusiven Golfplatz, extragroße Luxuszimmer, preisgekrönte Restaurants, Nachtclubs und Dutzende von Designershops.

Die Guardian Angel Cathedral, eine Kapelle am Cathedral Way, besitzt Marmorböden und imposante Säulen.

The Venetian

Durch das Shopping-Center des Luxushotels führen – ganz venezianisch – »Kanäle«. ⓰

Hotels und Restaurants in Las Vegas *siehe Seiten 237–240 und 257–261*

Circus Circus
Clown Lucky zeigt den Weg zu dem riesigen Komplex, in dem über dem Casino Zirkusvorführungen und traditionelle Karnevalsfeste stattfinden. ㉑

Stratosphere Tower
Die Aussichtsplattform des 350 Meter hohen Turms bietet einen wunderbaren Blick auf die Stadt, die Berge und die Wüste. ㉒

Riviera
Die farbige Fassade leuchtet im Neonlicht wie mit Juwelen besetzt und weist auf die Shows und Revuen des Hotels hin. Es ist eines der Wahrzeichen am nördlichen Strip. ⑳

Abenddämmerung am Strip mit dichtem Verkehr

Neonlichter am Riviera

Stadt der Lichter

Auch wenn sich viele der neuen Paläste vornehm zurückhaltend geben – die blinkenden Neonschilder und -lichter bleiben die Symbole von Las Vegas. Neongas wurde 1898 von dem britischen Chemiker Sir William Ramsey entdeckt, seine Anwendung ab 1910 verdankt es jedoch dem französischen Erfinder Georges Claude: Eine mit Neon gefüllte, abgeschlossene Glasröhre, durch die Strom geschickt wird, strahlt in einem starken, schimmernden Licht. Ab den 1940er Jahren wurden Neonlicht-Installationen zur Kunstform.

Im Glanz der Neonlichter: Fassade des Mandalay Bay am Strip

Mandalay Bay ❶

3950 Las Vegas Blvd S. *(877) 632-7777, 1-877 632-7800.* *24 Std.* (siehe S. 239).
www.mandalaybay.com

Das Mandalay Bay am südlichen Ende des Strip hat sich dem Tropenzauber des 19. Jahrhunderts verschrieben. In dem 3300-Zimmer-Palast schaffen tropische Pflanzen sowie weiße Stuckbogen und -simse ein exotisches Kolonialflair. Sogar in seinem riesigen Casino (12 550 m²) fühlt man sich ins Singapur von 1890 zurückversetzt. Top-Attraktion ist der wie eine Lagune angelegte Swimmingpool (45 000 m²) mit Sandstrand, Wellenmaschine und Wasserbahn. Im Vergleich zu anderen Resorts ist das Mandalay Bay zurückhaltend: Über 20 Restaurants, zwei Nachtclubs und ein Theater, in dem oft Broadway-Musicals gastieren, verwöhnen die Gäste. Als einziges Resort am Strip bietet es mit dem Four Seasons in den oberen Etagen ein Hotel ohne Glücksspiel.

Luxor Las Vegas ❷

3900 Las Vegas Blvd S. *(702) 262-4444, 1-877 386-4658.* *24 Std.* (siehe S. 238).
www.luxor.com

Der berühmte 30-stöckige Pyramidenbau des 1999 eröffneten Luxor wurde schnell zu einem neuen Wahrzeichen von Las Vegas. Auch wenn es im realen ägyptischen Luxor keine Pyramiden gibt, so ist die detailverliebte Architektur im Stil des alten Äypten dennoch beeindruckend. Bemalte Tempelsäulen schmücken das Casino, eine Reproduktion von Kleopatras Obelisken mit dem Namen des Hotels ziert den Eingang. Die Besucher betreten die Pyramide und das volle, recht laute Casino durch die Beine einer gigantischen Sphinx. Die Wände in der Spielhalle sind mit kopierten Malereien und Hieroglyphen aus dem Tempel von Karnak dekoriert.

Als Huldigung an altägyptische Religionsvorstellungen wird von der Spitze der Pyramide ein Lichtstrahl in den Himmel projiziert, der so stark ist, dass er aus Flugzeugen, die über dem 400 Kilometer entfernten Los Angeles kreisen, gesehen werden kann.

Zu den beliebtesten der zahlreichen Attraktionen im Luxor zählt nach wie vor eine kostenlose Fahrt in den Gästeliften (den *inclinators*), die an den schrägen Wänden der 110 Meter hohen Pyramide emporsausen.

Bodies, The Exhibition zeigt plastinierte menschliche Körper und Hunderte von Organen. Die Exemplare geben einen einmaligen, dreidimensionalen Einblick in den menschlichen Körper mit all seinen Knochen, Muskeln sowie Blut- und Nervenbahnen. Gezeigt werden auch kranke Organe, etwa aufgrund von Fettsucht.

In **Titanic: The Artifact Exhibition** wird die Geschichte der »Titanic« erzählt, des schwimmenden Palasts, der in einer ruhigen Nacht 1912 im Nordatlantik sank, nachdem er einen Eisberg gerammt

Ein altägyptischer Traum: Lobby des Luxor Las Vegas

hatte. Gezeigt werden Artefakte von der »Titanic«, darunter Gepäckstücke, die Pfeifen des Schiffs und eine ungeöffnete Champagnerflasche aus dem Jahr 1900. Besucher können auch nachgebaute Erste- und Dritte-Klasse-Kajüten besichtigen.

Bodies, The Exhibition
Luxor. täglich 10–22 Uhr.

Titanic: The Artifact Exhibition
Luxor. täglich 10–22 Uhr.

Mittelalter auf Amerikanisch: das türmchenbewehrte Excalibur

Heiraten in Las Vegas

Für die meisten Besucher sind die Spieltische der Casinos wesentlich interessanter – gleichwohl: Mehr als 100 000 Paare geben sich jährlich in Las Vegas das Jawort. Erlaubt ist, was gefällt: So kann man sich in mittelalterlicher Pose, bei einem Elvis-Special oder mit einem spektakulären Bungee Sprung im wahrsten Sinn des Wortes ins neue Leben stürzen. Dabei befindet man sich in illustrer Gesellschaft: Berühmte Las-Vegas-Paare sind etwa Elvis und Priscilla Presley oder Britney Spears und Jason Alexander.

Hochzeitsarrangements kosten ab 100 US-Dollar, zudem ist eine Lizenz (60 $) des Clark County Courthouse erforderlich (201 Clark Ave (702) 671-0600; www.accessclarkcounty.com).

Elvis-Imitator mit Braut, die sich traut

Excalibur 3

3850 Las Vegas Blvd S. *(702) 597-7777, 1-877 750-5464.*
24 Std. (siehe S. 238).
www.excalibur.com

Das Excalibur ist ein familienfreundliches Themenpark-Resort und – selbstverständlich – ein Casino. Hier feiert die mittelalterliche Welt von König Artus ihre Wiederauferstehung: Der Bau gleicht mit seinen Türmen, dem Graben und der Zugbrücke äußerlich einer Burg. Ein von Rüstungen gesäumter Eingang führt in das konsequent durchgestaltete Casino, in dem selbst die einarmigen Banditen »Medieval Slot Fantasy« heißen.

Im kuriosen Medieval Village in der zweiten Etage reihen sich Läden und Restaurants aneinander, etwa das Dick's Last Resort, The Round Table Buffet und The Steak House at Camelot. Die Läden und Kioske des Castle Walk verkaufen Waren und Souvenirs, die mit der mittelalterlichen Thematik des Hotels zu tun haben.

Der Fantasy Faire Midway bietet dreiminütige simulierte Abenteuerfahrten, etwa eine Bobfahrt und eine außer Kontrolle geratene Zugfahrt.

Im Stockwerk darunter gibt es einen großen Bereich für Kinder mit Videospielen und mehr.

New York New York 4

3790 Las Vegas Blvd S. *(702) 740-6969, 1-866 815-4365.*
24 Std. (siehe S. 239).
www.newyorknewyork.com

Die nach der berühmten Skyline Manhattans gestaltete Fassade des New York New York gilt als eine der reizvollsten Sehenswürdigkeiten von Las Vegas. Sie dominiert den Strip an der Ecke zur Tropicana Avenue – keine leichte Aufgabe angesichts der eindrucksvollen Bauten, die sich in dieser Straße aneinanderreihen. Vor dem Hotel, in dessen Vorderfront zwölf von Manhattans Wahrzeichen (z. B. Empire State, Chrysler oder Seagram Building) leicht zu erkennen sind, steht stilecht ein Modell der Freiheitsstatue (46 m). Auch die Innenausstattung ist eine Huldigung an den »Big Apple«. In den Bereichen rund um das Casino finden sich viele New Yorker Highlights, darunter auch der Time Square. Man betritt das Casino über eine Nachbildung der Brooklyn Bridge.

Um den Komplex und auch durch das Casino wirbelt die bis zu 105 Stundenkilometer schnelle Achterbahn im Coney-Island-Stil.

Zudem gibt es zahlreiche populäre Cafés, Restaurants und Bars zwischen den »Brownstones«, die den Häusern im New Yorker Greenwich Village nachempfunden sind. In den Bars gibt es eine große Auswahl an Live-Musik – von Swing und Jazz bis zu Motown und Rock.

Atemberaubende Achterbahnfahrt am New York New York

MGM Grand ❺

3799 Las Vegas Blvd S.
(702) 891-7777, 1-877 880-0880.
24 Std. (siehe S. 239).
www.mgmgrand.com

Vor dem grünen MGM Grand thront die 15 Meter hohe Statue des berühmten Löwen des MGM Filmstudios. Der Originalbau aus den 1970er Jahren hieß nach einem Greta-Garbo-Film aus dem Jahr 1932 »Grand Hotel« und befand sich am Standort des heutigen Bally's am Strip.

1980 zerstörte die schlimmste Brandkatastrophe in der Geschichte von Las Vegas das Hotel, dabei starben 84 Menschen. 1993 entstand das MGM Grand an der Ecke zur Tropicana Avenue als Nachfolger des damals wiedereröffneten Grand. Der Mammutbau (46 ha) bezog sich auf den Film *Der Zauberer von Oz*, ist heute jedoch nach einem Umbau (1999) nach allen MGM-Filmen gestaltet. In das Resort, das sich als »Unterhaltungs-City« von Las Vegas bezeichnet, wurden 500 Millionen US-Dollar investiert.

Figurine, MGM Grand

Neben ca. 5000 Zimmern bietet das Hotel unterschiedliche Restaurants und Unterhaltungsmöglichkeiten sowie ein gigantisches Casino (16 000 m^2). Einer der populärsten Clubs am Strip ist der Nachbau des berühmten New Yorker Studio 54. Eine weitere Attraktion ist das **MGM Grand Lion Habitat** mit seinen Löwen. In der Grand Garden Arena mit 17 000 Sitzplätzen treten Stars auf. Zu den ganz Großen, die hier schon sangen, gehörten etwa Barbra Streisand, die Rolling Stones und Elton John. Die Arena ist auch Austragungsort sportlicher Veranstaltungen, z. B. von Boxkämpfen. Auf der Bühne des kleineren Hollywood Theater (750 Plätze) standen schon Top-Entertainer wie David Copperfield und die Comedians Drew Carey und Lewis Black. Auch Jay Lenos Late-Night-Show wird hier aufgezeichnet.

Das Tropicana im nächtlichen Lichterschmuck

MGM Grand Lion Habitat
MGM Grand. *tägl. 11–19 Uhr.*

Tropicana Resort and Casino ❻

3801 Las Vegas Blvd S. *(702) 739-2222, 1-800 462-8767.*
24 Std. (siehe S. 239).
www.troplv.com

Das Tropicana von 1957 gehört zu den wenigen Hotels aus den 1950er Jahren, die noch am Strip zu finden sind. In den hiesigen *Folies Bergère* traten 1973 erstmals die Illusionisten Siegfried & Roy auf. Das 2009 umgebaute Resort glänzt mit üppigen tropischen Gärten und der Architektur im Stil von Miami South Beach. Zu seinen Attraktionen zählt der Wasserpark (2 ha). Zwischen Wasserfällen und exotischen Pflanzen stolzieren Flamingos, Papageien und schwarze Schwäne. Besucher müssen selbst im Pool mit der Cocnut Grove Bar nicht auf das Glücksspiel verzichten – schwimmende, wasserfeste Blackjack-Tische mit Geldtrockner ermöglichen Casinospaß auch im Nassen.

Gleich daneben liegt der Nikki Beach Club, der die ultimative Pool-Party mit namenhaften DJs bietet. Der Club Nikki hingegen strahlt mit seinem weißen Interieur südamerikanisches Flair aus.

Das Tropicana verfügt über etliche Spas im Freien für die ultimative Entspannung. Besucher kommen hierher, um den grellen Lichtern und der Betriebsamkeit der Stadt zu entfliehen und in tropischem Grün zu relaxen.

Las Vegas Mob Experience ist eine interaktive Show, die das Leben der Gangster beleuchtet, die seinerzeit beim organisierten Verbrechen von Las Vegas mitmischten.

Las Vegas Mob Experience
Tropicana Resort and Casino.
tägl. 10–22 Uhr.

CityCenter ❼

3740 Las Vegas Blvd S. *(702) 590-9230, 1-866 359-7111.*
unterschiedlich.
www.citycenter.com

Das CityCenter, eine Stadt in der Stadt, wurde in dreieinhalb Jahren hochgezogen. Mit 8,6 Milliarden US-Dollar Kosten war es das größte private Bauprojekt in den USA im Jahr 2010.

Das CityCenter liegt gleich nördlich des Monte Carlo und bietet sechs unterschiedliche Bereiche. Im Zentrum befindet sich das Crystals, ein edles Shopping- und Unterhaltunsareal mit Läden wie Tom Ford, Tiffany & Co. und der größten Filiale von Louis Vuitton in Nordamerika.

Imposant ist auch das ARIA Hotel & Casino mit seinen 4004 Hightech-Zimmern, die Fenster bis zum Boden haben und grandiose Blicke auf Las Vegas eröffnen.

Hinzu kommen das Vdara, ein rauchfreies Hotel ohne

Casino, und das Mandarin Oriental Hotel.

Der Komplex hat 16 Restaurants, die von renommierten Köchen geführt werden, darunter Wolfgang Puck, Pierre Gagnaire und Todd English. Hinzu kommt eine Dauerausstellung mit Künstlern wie Maya Lin, Frank Stella, Richard Long u. a.

Das CityCenter ist ökologisch orientiert, es gibt natürliches Licht und wiederaufbereitetes Wasser. Sogar die Automaten sind energiesparend: Ihre Sockel dienen als Klimaanlage, die die Gäste von unten her kühlen.

Eine Magnetschwebebahn verbindet Bellagio, Monte Carlo und CityCenter in drei Minuten.

Cosmopolitan ❽

3708 Las Vegas Blvd S. *(702) 698-7000, 1-877 551-7778.*
www.cosmopolitanlasvegas.com

Das Cosmopolitan liegt in zwei Wolkenkratzern am Strip zwischen Bellagio und CityCenter. Es bietet ein Casino (9300 m²), ein Spa mit dem Ambiente einer Oase und drei Pools. Die 2995 Zimmer mit Marmorbädern haben Glastüren, die sich zu einer großen Terrasse hin öffnen. Einige Suiten besitzen Küchen. Unter den 13 Restaurants finden Gäste fast jede Art von Kulinarik, etwa die chinesisch-mexikanische Fusion-Küche von Chefkoch José Andrés im China Poblana oder italienische Küche im Scarpetta. Das Chandelier, eine der vielen Bars, erstreckt sich über drei Ebenen – jede nach einem anderen Thema dekoriert. Der Marquee Nightclub & Dayclub kombiniert Clubbing und Spaß im Pool – mit Infinity Pools und Cabanas.

Showcase Mall ❾

3785 Las Vegas Blvd S. *(702) 597-3122.* *unterschiedlich.*

In dem in Neonlicht getauchten Komplex mit der unübersehbaren, 33 Meter hohen Coca-Cola-Flasche amüsieren sich Kinder und Erwachsene gleichermaßen. Hauptattraktionen der Mall sind die von Starregisseur Steven Spielberg entworfenen **GameWorks** und die M&M's® World.

Letztere ist zwar vor allem eine Werbeveranstaltung für die Produkte des Unternehmens, jedoch unterhaltsam und lockt mit jeder Menge Schokolade. GameWorks hingegen bietet professionelle Unterhaltung mit simulierten Indy-Car-Rennen, virtuellen Schießereien und einer 26 Meter hohen Kletterwand. Zudem gibt es mehrere preisgünstige Cafés, Restaurants und das Hard Rock Café.

GameWorks
Showcase Mall. *(702) 432-4263.*
So–Do 10–24, Fr, Sa 10–1 Uhr.
Kletterwand.
www.gameworks.com

Planet Hollywood Resort & Casino ❿

3667 Las Vegas Blvd S. *(702) 785-5555, 1-866 517-3263.*
24 Std. (siehe S. 239).
www.planethollywoodresort.com

Das frühere Aladdin, in dem 1967 die Hochzeit von Elvis und Priscilla Presley stattfand, wurde 2007 als Planet Hollywood Resort & Casino wiedereröffnet. Die glamouröse Lobby im Stil der 1930er Jahre erstrahlt im Glanz von acht Kristalllüster-Säulen.

An den beiden Pools im Freien kann man Cocktails trinken. Planet Hollywood konzentriert sich auf Erwachsenenunterhaltung. In *Peepshow* gibt es Striptease und Berühmtheiten, etwa Holly Madison, die Exfreundin von Hugh Hefner, zu sehen. Der Gallery Nightclub hat bis spätnachts geöffnet. Die Miracle Mile des Hotels bietet zudem 170 Läden, 15 Restaurants und drei Nachtclubs.

Die Showcase Mall mit Leuchtreklame und riesiger Coca-Cola-Flasche

Paris 11

3645 Las Vegas Blvd S. *(702) 946-7000, 1-877 796-2096.*
24 Std. (siehe S. 239).
www.parislv.com

Das am Strip neben dem Bally's *(siehe S. 238)* gelegene 760 Millionen US-Dollar teure Resort sieht wie eine Hollywood-Version der französischen Hauptstadt aus – stilecht mit Nachbauten Pariser Wahrzeichen wie Louvre, Hôtel de Ville und Arc de Triomphe. Dominiert wird der Komplex von einer Kopie des Eiffelturms (halbe Größe des Originals), dessen Lift Besucher zur Aussichtsplattform oder in das 100 Meter hoch gelegene Gourmet-Restaurant bringt. Die Casinoarchitektur huldigt mit gusseisernen Straßenlaternen dem Leben an der Seine unter einem fabelhaften gemalten Himmel. Die Kopfsteinpflasterstraßen am Rand des Casinos säumen Läden mit einem kostspieligen französischen Warenangebot, darunter Wein, Käse und Schokolade. Das Paris bietet fünf Bars, ein Wellness-Center, zwei Hochzeitskapellen und neun Restaurants, darunter die Brasserie Mon Ami Gabi *(siehe S. 259)*. An den Tischen vor dem Lokal kann man die Aussicht auf den Strip und exzellente französische Küche genießen.

Cocktail-Kellnerin

Halbe Höhe, aber stilecht: der Eiffelturm des Hotelkomplexes Paris

Bellagio 12

3600 Las Vegas Blvd S. *(702) 693-7111, 1-888 987-6667.*
24 Std. (siehe S. 239).
www.bellagio.com

Wo einst das Hotel Dunes stand, erstreckt sich seit 1998 das für 1,6 Milliarden US-Dollar erbaute Luxusresort Bellagio. Vorbild für seine ocker- und terrakottafarbige mediterrane Architektur ist die gleichnamige norditalienische Stadt, der davor gelegene drei Hektar große See wurde dem Comer See nachgebildet. Zu den Attraktionen des Hotels zählt der in den See integrierte Springbrunnen, der regelmäßig faszinierende Wasserspiele präsentiert. Der zu Musik choreografierte, von visuellen Effekten wie Nebel und beeindruckenden Lichteffekten begleitete Wassertanz lockt begeisterte Zuschauer in Scharen an.

Bei der Innenausstattung wurden keine Kosten gescheut: Edle Teppiche und Marmorböden erstrecken sich zwischen Edel-Boutiquen, unter denen sich auch italienische Marken wie Armani und Prada die Ehre geben. Mosaiken aus Carrara-Marmor schmücken die Böden der Eingangshalle. Die Decke der Hauptlobby zieren farbenprächtige Glasblumen des Glaskünstlers Dale Chihuly. Das Casino wirkt lichtdurchflutet und luftig. Eine leistungsstarke Klimaanlage verhindert »dicke Luft«.

Die erstaunlichste Attraktion des Bellagio ist wohl die **Gallery of Fine Art**. Sie präsentiert international berühmte Sammlungen wie die Fotografien von Ansel Adams bis hin zu den Keramiken von Pablo Picasso. Es empfiehlt sich, im Voraus zu reservieren. Eintrittskarten für die Galerie können Sie 30 Tage vorher bestellen.

Gallery of Fine Art
Bellagio. *(702) 693-7871.*
So–Do 10–18, Fr–Sa 10–19 Uhr.

Die berühmten Wasserspiele des Bellagio

Caesars Palace, vom Eingang am Strip aus gesehen

Caesars Palace ⑬

3570 Las Vegas Blvd S. ☎ *(702) 731-7110, 1-866 227-5938.* ◯ *24 Std.* (siehe S. 239). ♿ **www**.caesarspalace.com

Römische Statuen, griechische Säulen und Cocktail-Kellnerinnen in Togen – das 1966 eröffnete Caesars Palace griff von Anfang an bei der Antike in die Vollen. Dekor und Kellnerinnen gehören noch immer zum Ambiente, das sich seit einer 600 Millionen US-Dollar teuren Renovierung in den 1990er Jahren jedoch weniger kitschig, dafür eleganter präsentiert.

Das klassische Las-Vegas-Casino war das erste Themenhotel am Strip. Es erwarb sich einen Ruf als Bühne für Top-Künstler, angefangen von Andy Williams in den 1960er bis Celine Dion und David Copperfield in den 1990er Jahren. Seit den 1980er Jahren finden im Caesars auch internationale Sportereignisse wie Tennisturniere mit Stars wie John McEnroe und André Agassi oder Boxkämpfe mit Heroen wie Muhammad Ali und Mike Tyson statt.

Zum Hotel gehören drei Casinos, vier Bars, ein Wellness-Center und der 1,8 Hektar große Garden of the Gods mit vier Swimmingpools. Die elegante Vorderfront des Caesars zieren Brunnen und Zypressen. Die komplett renovierten Casinos verströmen mit ihren hohen Decken und dem hellen Dekor ein elegantes Flair.

Am Eingang zu den exklusiven Forum Shops *(siehe S. 124)* setzt sich das Thema »Antike« genauso imposant fort wie im Hotel und Casino. An der Decke des Portikus strahlt ein Himmel in Trompe-l'Œil-Malerei. Der Portikus wird zudem von Statuen und einem Relief geschmückt.

Nachbildungen von Brunnen in Rom (Trevi-Brunnen und Triton-Brunnen) schmücken einen weitläufigen Platz, der von einer Glaskuppel überwölbt wird und in dessen Zentrum sich ein spiegelndes Wasserbecken befindet. Ein majestätisch wirkender spiralförmiger Aufzug führt zur Shopping Mall, in der mehr als 150 Boutiquen und andere Läden sowie 13 unterschiedliche Restaurants, u. a. chinesische, italienische und Seafood-Restaurants, die Besucherscharen anziehen.

Logo von Bugsy's Deli

Flamingo Las Vegas ⑭

3555 Las Vegas Blvd S. ☎ *(702) 733-3111, 1-888 902-9929.* ◯ *24 Std.* (siehe S. 238). ♿ **www**.flamingolv.com

Die rosa und orange leuchtenden Federn an der Fassade des Flamingo sind für viele *das* Wahrzeichen von Las Vegas. Von dem ursprünglichen Casino von 1946 ist jedoch nichts mehr geblieben: Die letzten Reste des Baus, einschließlich der Privatsuite von Bugsy Siegel, fielen 1976 den Bulldozern zum Opfer *(siehe S. 97)*. Eines der wenigen Andenken an den einst am Hotel beteiligten berüchtigten Gangster ist eine Ausstellung von Schwarz-Weiß-Fotos aus den 1940er und 1950er Jahren im Ostflügel. Ein 130 Millionen US-Dollar teurer Umbau schuf in den 1990er Jahren eine der elegantesten Poolanlagen von Las Vegas: einen Park (6 ha) mit zwei olympiareifen Becken, um die Palmen und tropische Pflanzen wachsen. Auf »Inseln« leben u. a. Flamingos, Schildkröten und riesige Koi. Die Anlage bietet zudem ein Kinderbecken, zwei Jacuzzis, eine Wasserrutsche, die zu drei weiteren Pools führt, sowie eine Hochzeitskapelle. Gästen und Besuchern steht der Tennisclub mit vier Flutlichtplätzen, Übungsplatz und Tennisladen zur Verfügung.

Palmen umgeben einen der Pools des Flamingo Las Vegas

Die als Skyline von Manhattan gestaltete Fassade des New York New York *(siehe S. 107)* mit Freiheitsstatue ▷

JULY
IV
MDCCLXXVI

Autosammlung im Imperial Palace ⓯

3535 Las Vegas Blvd S. *(702) 794-3174.* *tägl. 10–18 Uhr.* **www**.autocollections.com

Im Parkhaus des Imperial Palace befindet sich im fünften Stock eine Sammlung von Oldtimern aus aller Welt, die nicht nur die Augen passionierter Bleifußjünger aufleuchten lässt. Ralph Engelstad, der Besitzer des Imperial Palace Hotel, begann 1979 seine mittlerweile millionenschwere, mit wahren »Juwelen« bestückte Kollektion mit einem Ford Modell A von 1929. Zwei Jahre später eröffnete er das Museum, das genügend Raum für 200 Fahrzeuge bietet.

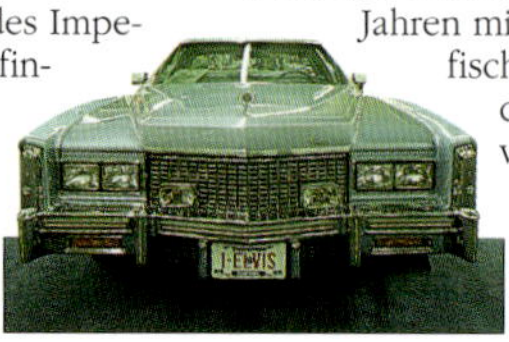

Oldtimer in der Ausstellung im Imperial Palace

Zu den hier ausgestellten Oldtimern zählen Fords, Mercedes, Chevys, Cadillacs sowie verschiedene Militärfahrzeuge. Heute stehen viele der Wagen zum Verkauf – einige für über eine Million US-Dollar.

Die Sammlung wechselt ständig, da verkaufte Exponate durch neue ersetzt werden. Mehrmals gehörte zu den Ausstellungsstücken ein Duesenberg Murphy Roadster aus dem Besitz von Howard Hughes. Moderner, aber ebenso stilvoll sind die Cadillacs, Lincolns und Chevrolets aus den 1950er und 1960er Jahren mit ihren »Haifischflossen«, Ledersitzen und viel Chrom – so der 1961er Lincoln Continental von Jacqueline Kennedy. Früher war hier auch ein 1976er Cadillac zu sehen, den einst Elvis Presley fuhr.

The Venetian ⓰

3355 Las Vegas Blvd S. *(702) 414-1000, 1-866 659-9643.* *24 Std* (siehe S. 240). **www**.venetian.com

Der erstaunliche Nachbau der Lagunenstadt hat derzeit über 4000 Suiten. Die Venetian Wedding Chapel wird von einem Garten umrahmt, der bis zu 150 Hochzeitsgästen Platz bietet. Das luxuriöse Mega-Resort wurde in den 1990er Jahren an der Stelle errichtet, an der früher das legendäre Sands Hotel stand, das für das »Rat Pack« *(siehe S. 97)* und für einen schwimmenden Craps-Tisch bekannt war. An der Seite zum Strip hin blicken Rekonstruktionen des Dogenpalasts, des Campanile und der Ca' d'Oro auf das blaue Wasser des Canal Grande, an dessen Rialto-Brücke Gondeln festmachen. Spezialisten stellten sicher, dass jedes Detail stimmt, sogar der Beton wurde um 400 Jahre »gealtert«.

Von den Kolonnaden des Dogenpalasts eröffnet sich der Blick auf den Strip. Man kann eine Gondel mieten und auf einem gewundenen Kanal durch das Gebäude zu den Gran Canal Shoppes schippern. Zwischen den erstklassigen Läden und Restaurants setzen Kopfsteinpflasterwege und Brücken den venezianischen Traum fort. Das Ganze überspannt ein blauer, gemalter Himmel, der einem Renaissance-Gemälde gleicht. Den Komplex zieren üppige Marmorböden, Statuen und Kopien berühmter venezianischer Gemälde. Die Kuppel der vorderen Lobby ist mit Szenen von venezianischen Meisterwerken ausgemalt. Am Eingang zu den Grand Canal Shoppes prangt eine Kopie von Veroneses *Apotheose Venedigs* von 1538.

Unterhaltung im Venetian

Das elegante Venetian mit dem Nachbau des Campanile

The Mirage ⓱

3400 Las Vegas Blvd S. *(702) 791-7111, 1-800 374-9000.* *24 Std.* (siehe S. 239). **www**.themirage.com

Das Hotelcasino öffnete im Herbst 1989 seine Tore. Zu dieser Zeit war der unglaubliche 620 Millionen US-Dollar teure Bau mit 3044 Zimmern das größte Hotel der USA. Zielgruppe des Riesenkomplexes waren nicht allein die Glücksspieler, sondern auch Urlauber und Teilnehmer von Tagungen.

Hotels und Restaurants in Las Vegas *siehe Seiten 237–240 und 257–261*

Schöner als echt: Kampfszene aus der »Sirens of TI«-Show, Treasure Island

Das Mirage veränderte den Strip grundlegend, da es nicht mehr nur auf die Anziehungskraft der Casinos setzte, sondern eine Art Wunderland für Erwachsene schuf.

Der Komplex umfasst am Strip den Block zwischen dem Caesars Palace und dem Treasure Island. Die Attraktionen des Mirage ziehen Gäste und Las-Vegas-Besucher gleichermaßen an. Bereits an der überwältigenden Vorderfront entführen tropische Gärten, Wasserfälle und eine Lagune auf eine Südseeinsel.

Highlight der Show ist ein Vulkan, der von morgens bis 24 Uhr stündlich explodiert und Feuer und Rauch spuckt.

Im Inneren wird das mit echten und künstlichen exotischen Pflanzen gestaltete Atrium mithilfe von Computertechnik befeuchtet. Hinter der Rezeption tummeln sich in einem riesigen Aquarium (90 000 l) farbenprächtige Fische und kleine Haie. Besucher können im Mirage ihr Spielglück versuchen, durch Designerläden bummeln, in 15 Restaurants und Bars entspannen oder sich seltene Tiere ansehen, etwa gefährdete weiße Tiger und Löwen in Siegfried and Roy's Secret Garden. Dieser wunderschöne Zoo, der auch als Forschungseinrichtung dient, liegt inmitten der üppigen Gärten des Hotels. Neben dem Zoo liegt das Delfinbecken. Dort können die Meeressäuger den ganzen Tag über beim Spielen beobachtet werden.

Das exotische Regenwald-Atrium im Mirage

Treasure Island ⓲

3300 Las Vegas Blvd S. ☎ *(702) 894-7111, 1-800 228-7206.*
🕐 *24 Std* (siehe S. 239). ♿
www.treasureisland.com

Das Hotel-Resort und Casino steht für luxuriöse Unterbringung und ausgezeichneten Service. Gäste können im hoteleigenen Spa entspannen oder im beheizten Außenpool an Cocktails nippen. Es gibt acht Restaurants, darunter auch eine Mexiko-Themen-Filiale der Restaurantkette Señor Frog's, sowie etliche Bars und Lounges. Zu den Nightclubs gehört die Kahunaville Party Bar.

Das Hotel mit dem Piratenthema bietet eine blaue Lagune am Strip, die von hohen Felsklippen, Gebüsch und Palmen umgeben ist. Sie ist die Kulisse für die spektakuläre Show *Sirens of TI*, ein kostenloses, zwölfminütiges Musikspektakel, das im 17. Jahrhundert spielt. Darin locken sinnliche Sirenen mit verführerischem Gesang eine Bande von Piraten an, zaubern einen Sturm herbei und verwandeln die Bucht in eine Partyszene.

Im Hotel gastiert auch der Cirque du Soleil mit *Mystère* in einem eigenen Theater *(siehe S. 127)*.

Die beiden Türme von Wynn Las Vegas & Encore

Wynn Las Vegas & Encore ⓳

3131 Las Vegas Blvd S.
☎ *(702) 770-7000, 1-877 321-9966.* ◯ *24 Std.* (siehe S. 240). ♿
www.wynnlasvegas.com

Das Äußere der Bronze-Glas-Fassaden des Wynn Las Vegas und seines Schwesterhotels Encore ist nicht ganz so schillernd wie das anderer Hotels am Strip, gleichwohl beeindruckend. Die beiden Gebäude stehen vor der Kulisse der Wüste und einer Bergkette und bieten eine herrliche Aussicht.

In den beiden 60 Stockwerke hohen Türmen ist Opulenz und Exklusivität angesagt. Das Resort gilt als einer der teuersten und schicksten Orte der Stadt.

Vom Haupteingang des Wynn gelangen Besucher ins Atrium mit seinen baumbestandenen Wegen. Im Zentrum des Hotels liegt der Lake of Dreams mit einem künstlichen Berg – Kulisse für die Wasserkaskaden eines imposanten Wasserfalls. Das Wynn bietet zudem einen schönen 18-Loch-Golfplatz, auf dem PGA- und LGPA-Turniere ausgetragen werden.

Die Clubs Surrender und XS machen das Encore zu einem heißen Nachtspot. Das exotische Interieur des Surrender setzt sich auch nach außen fort. Das renommierte XS bietet einen drei Meter hohen Dreh-Lüster und einen Innenhof mit Bars am Pool.

Die Casinos des Resorts sind für hohe Spieleinsätze bekannt: Das Sky Casino des Encore akzeptiert nur Einsätze über 300 000 US-Dollar. Für weniger Betuchte: Es gibt auch *slot machines*, Spieltische und Pokerrunden.

Riviera ⓴

2901 Las Vegas Blvd. ☎ *(702) 734-5110, 1-800 634-6753.* ◯ *24 Std.* (siehe S. 238). ♿
www.rivierahotel.com

In Bronze verewigte Showgirls am Riviera

Das Riviera wurde 1955 als typisches Hotel des Baubooms der Nachkriegszeit eröffnet. Der neunstöckige Turm war das erste Hochhaus der Stadt und setzte neue Maßstäbe für Casinos. Seine Geschichte ist eng mit einigen der prägenden Persönlichkeiten von Las Vegas verbunden: Neben der Hollywood-Legende Joan Crawford, die durch die Eröffnung führte, trat hier der Entertainer Liberace auf – für die damalige Rekordsumme von wöchentlich 50 000 US-Dollar. In den folgenden zehn Jahren festigte das Riviera seinen Ruf als erstklassiges Unterhaltungsmekka, in dem sich Hollywood-Stars wie Orson Welles, Ginger Rogers und Marlene Dietrich die Ehre gaben.

Der heutige 300 Meter lange Komplex am nördlichen Strip umfasst 2075 Zimmer. Auch wenn der Glanz von einst verblichen ist, verströmt das Riviera vor allem durch sein großes Casino noch das Flair des »alten Vegas«. Das Hotel gilt aufgrund seines »neutralen« Themas auch als gute Location für Filmaufnahmen, etwa *Ocean's Eleven* (1960), *Casino* (1995), und *The Hangover* (2009).

Das Riviera ist eines der preiswertesten Hotels am Strip und wartet mit vielen

Am Riviera funkeln bunte Neonsterne

Nicht zu übersehen: Clown Lucky weist den Weg ins Circus Circus

Annehmlichkeiten auf: riesiger Pool, Tennisplätze, Spa, Restaurants, Cafés, Bars, Läden und sechs Live-Shows, darunter ein Comedy-Programm und die legendäre Oben-ohne-Show Crazy Girls.

Circus Circus ㉑

2880 Las Vegas Blvd. *(702) 734-0410, 1-800 634-3450.* *24 Std.* (siehe S. 238).
www.circuscircus.com

Das Circus Circus am Nordende des Strip wurde 1968 eröffnet. Es ist auf Familienunterhaltung spezialisiert und lockt u.a. mit preisgünstigen Restaurants und Büfetts sowie einem guten Steakhaus.

Der gigantische Komplex (27,5 ha) beherbergt den größten überdachten Themenpark der USA. Unter einer riesigen rosa Kuppel erstreckt sich im **Adventuredome** ein stets 21 °C warmer Landschaftspark im Stil des Südwestens mit typischen Sandsteinfelsen, Höhlen und Wasserfall. Zu den dortigen Fahrgeschäften zählen eine furchterregende Achterbahn mit Doppellooping und anderen Schikanen, eine rasante Wildwasserbahn und der Fun House Express – ein IMAX™-Simulator.

Über dem Hauptcasino der insgesamt drei Casinos bietet der Big Top einen Rundweg mit traditionellen Spielen, bei denen die Kinder die Gewinner sind. Häufig sieht man dort den Nachwuchs dick bepackt mit Spielzeug umherspazieren. Zudem finden täglich zwischen 11 Uhr und Mitternacht alle 30 Minuten Zirkusvorführungen statt. Dabei fliegen Weltklasse-Akrobaten hoch über den Köpfen der Spieler im Casino, die währenddessen unermüdlich Spielautomaten mit Kleingeld füttern.

Neonschild über dem Stratosphere

The Adventuredome
Circus Circus. *(702) 794-3939.* *tägl., Zeiten variieren.*

Stratosphere ㉒

2000 Las Vegas Blvd S. *(702) 380-7777, 1-800 998-6937.* *24 Std.* (siehe S. 239).
www.stratospherehotel.com

Das Resort am Nordende des Strip liegt etwas abseits von den großen Attraktionen. Sein 350 Meter hoher Stratosphere Tower ist ein Wahrzeichen von Las Vegas und zudem das höchste Gebäude westlich des Mississippi. Von den hoch gelegenen Innen- und Außenplattformen öffnet sich ein unvergleichlicher Blick auf die Stadt, die sie umgebende Wüste und die Berge.

Beliebt ist zudem das Drehrestaurant *(siehe S. 260)*. Ein Lift schießt in nur 30 Sekunden zur Turmspitze, wo sich drei atemberaubende Achterbahnen befinden. Die riesige Wippe **X-Scream** wirbelt Besucher acht Meter über den Turmrand. Mit dem **Big Shot** können sich Mutige 49 Meter hoch in die Luft schleudern lassen. Zum Hotelcasino (9500 m²) gehören u.a. ein Pokerzimmer und ein Keno-Raum. Das Stratosphere bietet zudem zwei Shows sowie diverse Restaurants und Läden.

X-Scream und Big Shot
Stratosphere. *So–Do 10–1, Fr, Sa, Feiertage 10–2 Uhr.* *nur Aussichtsdeck.*

Der Stratosphere Tower überragt den nördlichen Strip

Abendliche Lightshow in der Fremont Street Experience

Fremont Street Experience ㉓

Lightshows: tägl. 18–24 Uhr (stündl.).
www.vegasexperience.com

Seit ihrer Eingemeindung 1905 schlug in der Fremont Street das Herz von Las Vegas. In der *Glitter Gulch* (»Glitzerschlucht«) wurden die ersten Casinos aus dem Boden gestampft. Elegante Neonschilder und Wahrzeichen wie Vegas Vic und Vickie erleuchteten den Nachthimmel. In den 1980er und 1990er Jahren verlor die Fremont Street den Konkurrenzkampf mit dem luxuriösen Strip. Das Stadtzentrum verwahrloste und wurde von Besuchern gemieden, bis die Stadt 1994 70 Millionen US-Dollar in ein ehrgeiziges Sanierungsprojekt investierte.

Ein riesiger Stahlbaldachin (27 m hoch, 457 m lang), Via Vision genannt, überspannt fünf Häuserblocks der Straße. Jeden Abend pünktlich zu jeder Stunde wird die spektakuläre Fremont Street Experience Light and Sound Show auf den Baldachin projiziert. Die Tonanlage besteht aus 208 Lautsprechern, die für einen Ton in Konzertqualität sorgen.

Die Freemont Street wurde zur Fußgängerzone, in der Besucher von Casino zu Casino bummeln, die hier näher zusammenstehen als am Strip. Läden laden zum Einkaufen und Imbissstände zu einer Rast ein. Obwohl bekannte Neonschilder aus den 1950er und 1960er Jahren der Lightshow weichen mussten, haben doch viele der funkelnden Fassaden der ältesten, beliebtesten Casinos überlebt.

Das Binion's Horseshoe, nun das **Binion's**, war viele Jahre lang ein Wahrzeichen von Las Vegas. Der legendäre Vegas-Pionier Benny Binion erschien angeblich 1946 in der Stadt, ausgerüstet mit Cowboyhut und einem Koffer voller Bargeld – sagenhaften zwei Millionen US-Dollar. Die Casinolegende mit Spieltischen, einarmigen Banditen und Kartenspielen wird nun von den Managern des Harrah's Casino weitergeführt. Das Binion's ist bekannt für sein Poker-»Erbe«. Die Binion's Gallery of Champions, die Poker Hall of Fame sowie der Binion's Hall of Fame Poker Room sind mit alten Fotografien dekoriert und dokumentieren die vielen Poker-Meisterschaften, die hier stattgefunden haben.

Das Binion's, eines der Traditionscasinos in der Fremont Street

Die Fremont Street säumen noch weitere historische Casinos. Das **The Plaza** wurde 1971 am Standort des Union Pacific Railroad Depots errichtet und strahlt im Stil der 1970er Jahre. Sehr freundlich und mexikanisch angehaucht ist das **El Cortez**, das vom Las Vegas Boulevard aus auf die Fremont Street blickt. Mit seinen Originalelementen aus den 1950er Jahren ist es eine Rarität unter den Casinobauten. Das nach den vier Töchtern des Besitzers benannte **Four Queens** wurde 1966 errichtet und lockt mit besonderem Lichterglanz. Innen erinnern vergoldete Spiegel und Kronleuchter an das New Orleans des 19. Jahrhunderts. Das Casino wartet zudem mit der angeblich größten *slot machine* (3 m hoch, 6 m breit) auf, an der sechs Personen gleichzeitig spielen können. Das 1976 vollständig renovierte **Golden Nugget** gibt sich hell und sauber. Der namengebende Goldklumpen ist mit unglaublichen 27 Kilogramm der größte der Welt.

Neonschild des Golden Nugget, Fremont Experience

Binion's
128 E. Fremont St. *(702) 382-1600.* *24 Std.*
www.binions.com

The Plaza
1 Main St *(siehe S. 237).*
(702) 386-2110. *24 Std.*
www.plazahotelcasino.com

El Cortez
600 E. Fremont St *(siehe S. 237).*
(702) 385-5200. *24 Std.*
www.elcortezhotelcasino.com

Four Queens
202 E. Fremont St *(siehe S. 237).*
(702) 385-4011. *24 Std.*
www.fourqueens.com

Golden Nugget
129 E. Fremont St *(siehe S. 237).*
(702) 385-7111. *24 Std.*
www.goldennugget.com

Hotels und Restaurants in Las Vegas *siehe Seiten 237–240 und 257–261*

Das ungewöhnliche Gebäude des Lied Discovery Children's Museum

The Lied Discovery Children's Museum ㉔

833 Las Vegas Blvd N. *(702) 382-5437.* *Di–Fr 9–16 Uhr (Juni–Labor Day: 10–17 Uhr), Sa 10–17, So 12–17 Uhr.* *Mo (außer Schulferien), 1. Jan, Thanksgiving, 25. Dez.* **www**.ldcm.org

Ein Indianertipi aus Beton gehört zu dem erstaunlichen Bau, in dem auch eine Filiale der Stadtbibliothek untergebracht ist. Das exzellente, 1990 eröffnete Museum bietet interaktive Ausstellungen, die Kinder und Erwachsene unterhalten. Die erste Etage ist der Kunst gewidmet. Hier finden auch Workshops statt, bei denen etwa Masken oder Musikinstrumente gebastelt werden. Man kann in einer Riesenblase stehen, seinen Schatten an der Wand »einfrieren« und einfache Sätze in Fremdsprachen, z. B. Navajo, übersetzen lassen. In der zweiten Etage lernen Kinder, wie eine Radiostation arbeitet. Wechselausstellungen behandeln Themen von Weltkulturen über Kunst bis zu Wildtieren. Guter Museumsladen.

Las Vegas Natural History Museum ㉕

900 Las Vegas Blvd N. *(702) 384-3466.* *tägl. 9–16 Uhr.* *Thanksgiving, 25. Dez.* **www**.lvnhm.org

Das abwechslungsreiche Museum ist für Familien eine echte Alternative zum üblichen Angebot. Dioramen zeigen die afrikanische Savanne und Wildtiere von Leoparden über Geparden bis zu verschiedenen Antilopenarten. Im Wild Nevada Room sind Flora und Fauna der Mojave-Wüste zu bewundern. Animierte Dinosauriermodelle wie der 10,50 Meter lange Tyrannosaurus Rex faszinieren ebenso wie die lebenden Haie und Aale in der Unterwasserausstellung. In einer Abteilung können Besucher auch nach Fossilien graben.

Old Las Vegas Mormon State Historic Park ㉖

500 East Washington Ave. *(702) 486-3511.* *Mo–Sa 8–16.30 Uhr.* *Nov–Mai: Mo.* **http://**parks.nv.gov/olvmf.htm

Gegenüber dem Kindermuseum steht ein freundliches, kleines rosa Adobe-Gebäude, der einzige Überrest des ehemaligen Mormonenforts. Das älteste Gebäude von Las Vegas wurde 1855 von den ersten Mormonensiedlern gleich nach ihrer Ankunft errichtet. Das einstige Fort mit seinen vier Meter hohen Mauern erstreckte sich um eine rechteckige, 45 Meter lange *placita* (kleine Plaza). Es wurde bereits nach drei Jahren verlassen und gehörte um 1880 zur Ranch der Las-Vegas-Pionierin Helen Stewart *(siehe S. 96)*. 1971 erwarb die Stadt Las Vegas den Bau.

Besucher können die Rekonstruktion des alten Adobe-Hauses besichtigen. Die einfache Einrichtung entspricht weitgehend der Ausstattung, die es wohl zur Zeit der Mormonen besaß. Eine Ausstellung in dem Gebäude ist den Mormonenmissionen und deren Auswirkungen auf Las Vegas gewidmet.

Dieser animierte Tyrannosaurus Rex röhrt im Las Vegas Natural History Museum

Hübsch und ordentlich: Vorstadtsiedlung in Boulder City

Boulder City und Hoover Dam ㉗

Straßenkarte A3. *12 500.* *Hoover Dam Visitor Center.* *Sommer: tägl. 9–17 Uhr; Winter: tägl. 9–16 Uhr.* *(702) 494-2517.*

Boulder City, 13 Kilometer westlich des riesigen Hoover Dam, wurde als Siedlung für die Bauarbeiter errichtet und besitzt hübsche Gärten und Vorstadtstraßen. Die christlichen Stadtgründer verboten seinerzeit Casinos, bis heute gibt es keine. Zu den Originalhäusern aus den 1930er Jahren gehört das Boulder Dam Hotel von 1933, heute Sitz des **Hoover Dam Museum**.

1931–1935 wurde der Hoover Dam 55 Kilometer östlich von Las Vegas im Black Canyon des Colorado River errichtet. Er galt als Triumph der Technik und Garant für die Wasser- und preiswerte Stromversorgung der ariden Region. Heute beliefert er Nevada, Arizona und Kalifornien mit Wasser und Strom. Mit dem Lake Mead wurde ein beliebtes Feriengebiet geschaffen.

Damm-Besucher können an der **Hoover Dam Powerplant Tour** teilnehmen, die auch zum Aussichtsdeck führt, von dem man eine sehr gute Sicht auf acht der 17 riesigen Generatoren hat. Bei der Führung geht es durch alte Konstruktionstunnel, während die Bauweise des Damms erklärt wird.

Hoover Dam Museum
1305 Arizona St, Boulder City. *(702) 294-1988.* *Mo–Sa 10–17, So 12–17 Uhr.* *Feiertage.* **www**.bcmha.org

Hoover Dam Powerplant Tour
(702) 494-2517. *9–15.15 Uhr (Tickets nach Reihenfolge).* **www**.usbr.gov/lc/hooverdam

Lake Mead National Recreation Area ㉘

Straßenkarte A3. *(702) 293-8906, Alan Bible Visitor Center, (702) 293-8990.* *Las Vegas.* *tägl. 8.30–16.30 Uhr.* *1. Jan, Thanksgiving, 25. Dez.* *teilweise.* **www**.nps.gov/lame

Nach Fertigstellung des Hoover Dam füllte der Colorado River die tiefen Canyons auf, deren Wände zuvor hoch über den Fluss geragt hatten. Es entstand ein gigantischer See mit 1130 Kilometer Uferlinie. Er bildet das Zentrum der riesigen Lake Mead National Recreation Area (600 000 ha). Das Wassersportgebiet ist ein Mekka für Segler, Wasserskifans und Angler. Rund um den See befinden sich diverse Campingplätze und Bootshäfen.

Rennboot auf dem Lake Mead

Valley of Fire State Park ㉙

Saßenkarte A3. *(702) 397-2088.* *Las Vegas.* *tägl. 8.30–16.30 Uhr.* *teilweise.* **http://**parks.nv.gov/valley-of-fire-state-park

Der State Park liegt abgeschieden in der Wüste, 97 Kilometer nordöstlich von Las Vegas. Seinen Namen hat er von den roten Sandsteinformationen, die vor 150 Millionen

Außergewöhnliche Felsformationen im Valley of Fire State Park

Jahren riesige Sanddünen waren. Vier gepflegte Wanderwege verlaufen durch die Wildnis. Der leichte Petroglyph Canyon Trail führt in einer Schleife (0,8 km) zu Felsbildern der Pueblo-Indianer. Da es im Sommer oft über 40 °C heiß wird, sollte man das Gebiet im Frühjahr oder Herbst besuchen.

In der Nähe liegt das Städtchen Overton am Muddy River. Ab etwa 300 v. Chr. war hier ein Siedlungsgebiet der Pueblo-Indianer *(siehe S. 26f und S. 160f)*, das jedoch rund 1500 Jahre später verlassen wurde. Seit den ersten Funden in den 1920er Jahren wurden hier Hunderte Artefakte ausgegraben. Am Rand von Overton kann man sie im **Lost City Museum of Archaeology** bewundern: Keramiken, Perlen, Körbe und Türkisschmuck.

Lost City Museum of Archaeology
721 S. Moapa Valley Blvd, Overton. *(702) 397-2193.* *Do–So 8.30–16.30 Uhr.* *1. Jan, Thanksgiving, 25. Dez.*

Mount Charleston 30

Straßenkarte A3. *(702) 872-5486, (702) 515-5400 (Forstservice).* *Las Vegas.*
www.fs.fed.us/htnf

Etwa 70 Kilometer nordwestlich von Las Vegas ragt der Mount Charleston (3632 m) aus dem Toiyabe National Forest. Das auch als Spring Mountain Recreation Area bekannte Gebiet mit Wanderwegen und Picknickplätzen ist ein beliebter Fluchtpunkt vor der Sommerhitze in Las Vegas. Im Winter lockt es Skifahrer und Snowboarder *(siehe S. 279)* an.

Zu den zahlreichen Wanderwegen zählen zwei schwierige Gipfeltouren: der 18 Kilometer lange North Loop Trail und der 14 Kilometer lange South Loop Trail. Sie sind wie die leichteren Wege auf den bewaldeten Hängen markiert. Die einstündige Tour zum Cathedral Rock beginnt bei einem Picknickplatz am Ende des Nevada State Highway 157. Dies ist die südlichere der beiden Straßen, die vom Highway 95 zum Mount Charleston führen. Die andere (Hwy 156) ist die Strecke der Wintersportler zur Lee Canyon Ski Area.

Rainbow Mountain, Red Rock Canyon National Conservation Area

Red Rock Canyon NCA 31

Straßenkarte A3. *(702) 515-5350.* *Las Vegas.* *tägl. 7.30–16.30 Uhr.* *Feiertage.* *teilweise.*
www.nv.blm.gov/redrockcanyon

Von Las Vegas ist es nur eine kurze Fahrt (16 km) nach Westen zu den niedrigen Hügeln und tiefen Wasserläufen der Red Rock Canyon National Conservation Area. Hier erhebt sich in der Wüste ein rauer Steilabbruch. Dessen graues Kalk- und rotes Sandgestein sind die Reste eines vorzeitlichen Ozeans und der ihm folgenden Sanddünen. Der Red Rock Canyon kann auf einer Panoramastraße (21 km) erkundet werden, die vom Highway 159 abzweigt. An der Straße gibt es Picknickplätze. Hier beginnen auch einige kurze Wanderwege in die steilen Canyons. Das Besucherzentrum am Anfang der Straße informiert über Flora und Fauna des Canyons. In dem Gebiet leben 80 bis 100 Dickhornschafe.

Bau des Hoover Dam

Hoover-Dam-Logo

Auf seinem Weg von den Rocky Mountains zum Golf von Kalifornien fließt der über 2250 Kilometer lange Colorado River durch sieben US-Bundesstaaten. Der launische Fluss war eine unzuverlässige Wasserquelle, gebärdete sich im Frühjahr als reißender Strom und wurde im Sommer zum Rinnsal. 1928 unterzeichneten die Anrainerstaaten den Boulder Canyon Project Act, der für jeden Staat die erlaubte Wasserentnahme festlegte. Dies ebnete den Weg für den Bau des Hoover Dam. Ab 1931 arbeiteten 5000 Männer Tag und Nacht an dem Mammutwerk, um den über 200 Meter hohen, damals größten Damm der Welt zu bauen. Der nach dem 31. Präsidenten der USA und tatkräftigen Befürworter des Projekts, Herbert Hoover (1929–33), benannte Damm besitzt 17 hydroelektrische Generatoren.

Blick auf den Hoover Dam

Mehr über Las Vegas? Vis-à-Vis Las Vegas *ISBN 978-3-8310-0850-6*

Praktische Hinweise

Las Vegas ist eines der größten Unterhaltungszentren der Welt. Der Strip und seine Attraktionen verlieren anscheinend niemals ihre Faszination auf Besucher – und Las Vegas weiß deren Bedürfnisse rundum zu befriedigen. Über Hotels, Casinos, Restaurants und Events sind alle erdenklichen Informationen erhältlich. Bei diesem gewaltigen Angebot lohnt eine gewisse Planung. Highlights sind der Strip und Downtown, doch Las Vegas hat noch mehr zu bieten, so den nahen Grand Canyon *(siehe S. 58–63)* und andere faszinierende Sehenswürdigkeiten in der Umgebung.

Taxilimousine des New York New York

Las Vegas Convention Center

Information

Las Vegas ist ganzjährig ein beliebtes Reiseziel, die günstigsten Reisezeiten sind schwer auszumachen. Als Faustregel gilt, dass man große Tagungen und Messen meiden sollte, da die Hotels zu diesen Zeiten oft ausgebucht sind. Absolute Hauptsaison ist um Silvester.

Der Sommer ist sehr heiß – die Durchschnittstemperatur im Juli beträgt 40 °C. Frühjahr und Herbst sind sonnig mit angenehmeren Temperaturen, die Winter warm mit bisweilen kalten Winden.

Die **Las Vegas Convention and Visitors Authority (LVCVA)** versendet hervorragendes Informationsmaterial und informiert rundum auf ihrer Website. In der Stadt sind diverse kostenlose Magazine, etwa *What's On*, sowie die beiden Tageszeitungen *Las Vegas Review Journal* und *Las Vegas Sun* erhältlich. Sie berichten über aktuelle Shows und neue Restaurants.

Las Vegas ist zwar nicht mehr so preiswert wie früher, doch die Hotelpreise unterscheiden sich erheblich *(siehe S. 237–240)*. Im Allgemeinen kosten Unterkünfte an den Wochenenden mehr als unter der Woche. Bei einem mehrtägigen Aufenthalt werden oft auch günstigere Tarife angeboten – fragen Sie einfach danach. Ersparnisse können außerdem Buchungen durch Reisebüros, Informationen über die kostenlosen Telefonauskünfte oder Reservierungen über Online-Agenturen wie **Vacation Management International** oder **TripReservations.com** bringen. In großen Hotels kann man Zimmer über die Website reservieren *(siehe einzelne Hotels S. 237–240)*.

Logo der Regional Transportation Commission (RTC)

Trinkgeld

Trinkgeld ist in Las Vegas ein Muss: ein US-Dollar pro Gepäckstück für Hotelpagen (Minimum 2 $), ein US-Dollar pro Tag für den Zimmerservice und pro Drink für den Barkeeper, 15 Prozent der Rechnungssumme im Restaurant sowie zehn bis 15 Prozent für Taxifahrer. Casinogewinner geben dem Croupier ebenfalls einen *tip*.

In Las Vegas unterwegs

Die Deuce-Busse der **Regional Transportation Commission (RTC)** halten an allen größeren Hotels am Strip. Die Fahrt kostet pauschal fünf US-Dollar (2 Std. gültig) oder sieben US-Dollar (24 Std. gültig). Das Geld muss abgezählt bereitgehalten werden. Die **Monorail** fährt zwischen dem MGM Grand und dem einstigen Sahara (5 $ pro Fahrt, 12 $ pro Tag oder 28 $ für einen Drei-Tage-Pass) und hält am Bally's/Paris, dem Flamingo/Caesars Palace, dem Harrah's/Imperial Palace, dem Las Vegas Convention Center und dem Las Vegas Hilton. Es gibt mehrere Strecken von Magnetschwebebahnen (Tram): Die erste verläuft zwischen Excalibur, Luxor und Mandalay Bay, die zweite zwischen Mirage und Treasure Island. Eine dritte, kostenlose Verbindung gibt es zwischen Bellagio, CityCenter und Monte Carlo. Damit spart man jede Menge Zeit und auch Geld.

Häufige Taxifahrten hingegen gehen in Las Vegas ins Geld. Die Grundgebühr für eine Fahrt beträgt 3,30 US-Dollar, pro Meile fallen weitere 2,60 US-Dollar an. Eine Taxifahrt vom Flughafen zum Südende des Strip (etwa 5 Min. Fahrt) kostet um die 20 US-Dollar, die Fahrt zum Nordende etwa 30 US-Dollar. Taxis kann man übrigens nicht auf der Straße anhalten, sondern nur an Taxiständen (üblicherweise vor Hotels) besteigen.

Eine Magnetschwebebahn verbindet Excalibur, Luxor und Mandalay Bay

Unterschätzen Sie keinesfalls die Entfernungen, die zwischen den Resorts am Strip zurückgelegt werden müssen. Wer nichts verpassen, aber sich weder Blasen laufen noch ein Vermögen für Taxis ausgeben möchte, mietet sich am besten ein Auto (Angebote ab 30 $ pro Tag). In Las Vegas gibt es keine Parkprobleme, da die großen Hotels am Strip kostenlose Parkmöglichkeiten bieten. Alle großen Autovermietungen unterhalten hier Filialen. Autos können am McCarran Airport übernommen und zurückgegeben werden (weitere Infos über die Anreise nach Las Vegas *siehe S. 294f*).

Ein besonderes Fahrerlebnis und -vergnügen bieten Limousinen – vor allem die überlangen *stretch limos*. Sie können in allen Längen und Ausführungen, ausgestattet mit TV, Cocktailbar und sogar Jacuzzi, für 50 bis 90 US-Dollar pro Stunde gemietet werden. Einige Unternehmen wie **Ambassador Limo** und **Las Vegas Limousines** vermieten ihre Fahrzeuge stundenweise, machen aber auch reine Passagierfahrten zum oder vom Flughafen. **On Demand Sedan & Limousine Service** bietet zum Auto gleich den Fahrer mit an.

Ausflüge

Eine Abwechslung zu den Attraktionen am Strip sind Tagesausflüge zu den Sehenswürdigkeiten in der Umgebung von Las Vegas – etwa zum gigantischen Hoover Dam, einer beliebten Touristenattraktion, und zum nahen Lake Mead mit seinen Möglichkeiten für alle Arten von Wassersport *(siehe S. 120)*.

Touren von **Pink Jeep Tours** führen durch die malerische Red Rock Canyon National Conservation Area *(siehe S. 121)*. **Lake Mead Cruises** bietet Fahrten mit der *Desert Princess* auf dem Lake Mead an.

Beliebt sind auch Tagestouren zum Grand Canyon. Verschiedene Unternehmen, etwa **Scenic Airlines**, sind Spezialisten für Helikopter-Rundflüge und andere Flüge.

Angeboten werden zudem Stadtrundfahrten, die u. a. den Stratosphere Tower und die Fremont Street Experience ansteuern.

Beeindruckend sind nächtliche Hubschrauberflüge über Las Vegas. Während der Flüge von **Papillon Helicopter Tours** schweift der Blick aus gut 150 Meter Höhe über den Strip und die fantastischen Resorts mit ihrem neonfunkelnden Dekor.

In den meisten Hotels kann man sich an der Rezeption über alle Ausflugsmöglichkeiten informieren und sie auch gleich buchen.

Hubschrauber von Papillon Helicopter Tours

AUF EINEN BLICK

Nützliche Nummern

Ambassador Limo
1-888 519-5466.
www.ambassadorlasvegas.com

Lake Mead Cruises
(702) 293-6180.
www.lakemeadcruises.com

Las Vegas Convention and Visitors Authority
3150 Paradise Rd.
1-877 847-4858.
www.visitlasvegas.com

Las Vegas Limousines
1-888 696-4400.
www.lasvegaslimo.com

Las Vegas Monorail
(702) 699-8299, 1-866 466-6672.

On Demand Sedan & Limousine Service
1-800 990-0417.
www.odslimo.com

Papillon Helicopter Tours
1-888 635-7272.
www.papillon.com

Pink Jeep Tours
1-888 900-4480.
www.pinkjeep.com

Regional Transportation Commission
(702) CAT RIDE (228-7433).
www.rtcsouthernnevada.com

Scenic Airlines
(702) 638-3300, 1-866 235-9422.

TripReservations.com
1-800 255-0372.

Vacation Management International
1-800 444-ROOM (7666).
www.hotels.com

Shopping

Schon seit einiger Zeit genießt Las Vegas den Ruf eines Shopping-Paradieses. Die kleinen Läden am Strip verkaufen witzige, aber auch kitschige Souvenirs. Designermode und Schmuck sind überall erhältlich, sei es in Hotels oder in Shopping Malls. Letztere sind wegen des heißen Klimas meist überdacht und klimatisiert. Die großen Resorts unterhalten eigene, bisweilen prachtvolle Ladenstraßen – so sind etwa die Forum Shops im Caesars Palace genauso extravagant wie das Hotel selbst. In der Fashion Show Mall und anderen Einkaufszentren residieren hochklassige Warenhäuser wie Saks Fifth Avenue oder Neiman Marcus. Preiswerte Haushaltswaren sowie Kleidung und Schuhe für Erwachsene und Kinder bieten südlich des Strip Las Vegas Outlet und Factory Stores of America. Da die Preise im Zentrum eher hoch sind, sollte man es den Einheimischen gleichtun und Alltägliches wie Shampoo und Zahnbürste in etwas außerhalb gelegenen Malls erwerben.

Souvenir von Circus Circus

Elegantes Marmor- und Glasambiente in der Via Bellagio

Shopping in Hotels

In den Malls der Mega-Resorts gerät das Einkaufen zu einem besonderen Erlebnis. Die Ladenstraßen halten sich streng an die Themen der Hotels und sind im venezianischen, Pariser oder altrömischen Stil gestaltet.

Die **Forum Shops** im Caesars Palace zieren Säulen, Bogen, Statuen und auch ein Trompe-l'Œil-Himmel, der die tageszeitlichen Veränderungen von der Morgen- bis zur Abenddämmerung simuliert. Die Statuen eines Zierbrunnens erwachen alle 90 Minuten zum Leben und bewegen sich zu einer Ton-Licht-Show, Thema ist das sagenhafte Atlantis. Zu den 160 Läden zählen Filialen von Louis Vuitton, DKNY und Emporio Armani. Vor dem Spielwarenladen FAO Schwarz steht ein riesiges Trojanisches Pferd. Kulinarisches bieten Süßwarenläden und mehrere Restaurants, darunter eine Filiale des bekannten Spago aus Los Angeles, die Wirkungsstätte von Promi-Koch Wolfgang Puck.

Im Venetian säumen die schönen **Grand Canal Shoppes** hübsche Gässchen, in der Mitte des Ladenzentrums sind ein Kanal und eine Kopie des Markusplatzes zu bewundern. Neben der üblichen Designermode, etwa Schuhen von Kenneth Cole oder Kleidung von Cache, finden sich hier verschiedenste italienische Importwaren: z. B. Antiquitäten in der Regis Gallery, Muranoglas im Ripa De Monti und schöne venezianische Masken sowie ausgefallene Kostüme im Il Prato.

Andenkenkitsch in einem Hotelladen

Die **Miracle Mile Shops** im Planet Hollywood Resort & Casino umfassen 170 Läden und 15 Restaurants, die um ein riesiges Theater gruppiert sind. Hippe Läden wie H&M verkaufen europäische Mode, während es im sehr trendigen Urban Outfitters sowohl moderne Einrichtungsgegenstände wie auch Retro- und moderne Kleidung gibt. Die Auswahl der Restaurants reicht von normalen Lokalen bis zu erstklassigen Gourmettempeln.

Le Boulevard im Paris lässt die Herzen der Frankophilen höherschlagen. Läden im Pariser Stil bieten französische Waren an, etwa Kinderkleidung, Käse und Wein. In der eleganten **Via Bellagio** säumen erstklassige Boutiquen z. B. von Chanel, Prada und Gucci eine Mar-

Statuen und ein gemalter Himmel in den Forum Shops des Caesars Palace

Am Eingang der Fashion Show Mall am Las Vegas Boulevard

morpassage, auf die durch eine verzierte Glasdecke das Sonnenlicht fällt *(siehe S. 103)*.

Shopping Malls

Gegenüber dem Treasure Island residieren in der **Fashion Show Mall** sieben Warenhäuser, u.a. Neiman Marcus, Dillard's, Macy's und Saks Fifth Avenue, sowie die allgegenwärtigen Filialen der Ladenketten Gap und Abercrombie & Fitch. Alltagswaren und günstigere Angebote findet man abseits vom Strip in Nevadas größtem Einkaufszentrum, der über elf Hektar großen **Boulevard Mall**. Unter den unzähligen Läden stößt man auf US-weite Ketten wie Sears und JC Penney, aber auch auf Buch- und Geschenkeläden sowie Juweliere und Lebensmittelgeschäfte. **Town Square Las Vegas** ist wie ein Dorfplatz angelegt und bietet eine Auswahl an ganz unterschiedlichen Läden, darunter H&M und Sephora.

Echte Schnäppchen winken am Strip in zwei Outlets südlich des Mandalay Bay *(siehe S. 102)*. Sie verkaufen Markenware mit kleineren Fehlern oder aus Lagerbeständen mit bis zu 70 Prozent Preisnachlass.

In der **Las Vegas Outlet Mall** bieten 130 Läden Marken von Levi's über Nike bis hin zu Royal Doulton an. Vor Ort befinden sich auch ein Kinderkarussell und ein Lebensmittelmarkt. Fünf Minuten vom Strip entfernt an der I-15 liegen die **Las Vegas Premium Outlets** mit 150 Designer- und Markenläden, ungewöhnlichen Fachgeschäften sowie einem großen Gastronomiebereich.

Spezialist für Schokolade: Ghirardelli am Strip

Souvenirs

Las Vegas wird seit eh und je mit Kitsch in Verbindung gebracht. Man kann hier jede Menge geschmacklose Souvenirs erstehen. Am ganzen Strip bieten Läden Andenken und Mitbringsel an. Ein Dauerbrenner sind Elvis-Sonnenbrillen, an denen manchmal sogar Koteletten angebracht sind. Das Angebot im größten Laden, dem **Bonanza Gift Shop**, reicht von preiswerten Ohrringen in Form von Spielautomaten bis hin zu Luxus-Pokerchips.

1970er-Jahre-Retro: Elvis-Sonnenbrille

Im Spielladen **JP Slot Emporium** findet sich eine breite Auswahl an unterschiedlichstem Spielzubehör und viele preiswerte einarmige Banditen.

Serge's Wigs ist einer der größten Perücken-Showrooms in den USA und ein großartiger Ort, um unterschiedliche Looks auszuprobieren.

AUF EINEN BLICK

Shopping in Hotels

Forum Shops at Caesars
So–Do 10–23, Fr, Sa 10–24 Uhr.
(702) 893-4800.
www.forumshops.com

Grand Canal Shoppes
So–Do 10–23, Fr, Sa 10–24 Uhr. *(702) 414-4525.*

Le Boulevard
So–Do 10–23, Fr, Sa 10–24 Uhr.
(702) 946-7000.

Miracle Mile Shops
So–Do 10–23, Fr, Sa 10–24 Uhr.
(702) 866-0703.
www.miraclemileshopslv.com

Via Bellagio
tägl. 10–24 Uhr.
(702) 693-7111.

Shopping Malls

Boulevard Mall
3528 S. Maryland Pkwy.
Mo–Sa 10–21, So 11–18 Uhr.
(702) 732-8949.

Fashion Show Mall
3200 Las Vegas Blvd S.
Mo–Fr 10–21, Sa 10–19, So 11–18 Uhr.
(702) 784-7000.

Las Vegas Outlet Mall
7400 Las Vegas Blvd S.
Mo–Sa 10–21, So 10–18 Uhr. *(702) 735-7430.*

Las Vegas Premium Outlets
875 S. Grand Central Parkway.
Mo–Sa 10–19, So 10–20 Uhr. *(702) 474-7500.*

Town Square Las Vegas
6605 Las Vegas Blvd S.
Mo–Do 10–21.30, Fr, Sa 10–22, So 11–20 Uhr.
(702) 897-9090.

Souvenirs

Bonanza Gift Shop
2400 Las Vegas Blvd S.
(702) 385-7359.

JP Slot Emporium
5280 S. Valley View Blvd, Suite C.
(888) 988-SLOT (7568).

Serge's Wigs
4515 W. Sahara Avenue.
(702) 207-7494.

Unterhaltung

Zum Nachtleben der »Welthauptstadt der Unterhaltung« zählen kostenlose Spektakel wie die Show vor dem Treasure Island ebenso wie aufwendig produzierte Shows. In den Fußstapfen von Sinatra und Elvis treten neue Stars regelmäßig in der Stadt auf und bieten dem Publikum die seltene Gelegenheit, sie von Nahem zu bewundern. Wichtige Veranstaltungen finden meist in den Hotels am Strip und in Downtown statt, sei es in Bars oder in Theatern mit 1000 Plätzen. Erstklassige Produktionen mit modernen Licht- und Spezialeffekten sind heute Publikumsmagneten, doch auch leicht kitschige Varieté-Shows wie *Don Arden's Jubilee!* haben zahlreiche Fans. Comedys, Zaubershows und Musik von Jazz bis Salsa sind oft kostenlos oder zum Preis von einem Cocktail zu genießen.

Akrobat vom Cirque du Soleil

Information

Über das Unterhaltungsangebot in Las Vegas sind immer Informationen erhältlich. Verschiedene kostenlose Publikationen listen alle großen Produktionen und neuesten Starauftritte in der Stadt auf. Kostenlose Magazine wie *Las Vegas*, *What's On* und *Las Vegas Weekly* liegen in der Regel in allen größeren Hotels aus. Sogar die Taxis bieten kostenlose Führer über Shows und Attraktionen. Die **Las Vegas Convention and Visitors Authority** listet aktuelle Showdaten und Kritiken auf ihrer Website auf *(siehe S. 123)*.

Die Zeitschrift *Las Vegas*

Tickets

Am einfachsten reservieren Sie Eintrittskarten für Shows oder Gaststars direkt über die kostenlose Telefonnummer des Hotels oder Veranstaltungsorts. Die Preise bewegen sich zwischen etwa 45 und 150 US-Dollar pro Karte, die eventuell Getränke, ein kostenloses Programmheft, Trinkgeld oder sogar ein Abendessen beinhalten kann. Prüfen Sie vorab, ob die Karten für bestimmte Sitze gelten. Falls nicht, kann Ihnen ein entsprechendes Trinkgeld für den Oberkellner zu einem guten Platz verhelfen.

Reservieren Sie die Karten immer vorab – je populärer die Show, desto früher. Für die Vorführung *Mystère* des Cirque du Soleil im Treasure Island sind Wartezeiten von 90 Tagen möglich, für die meisten anderen Shows muss man mit zwei Wochen rechnen. Tickets sind auch am Tag der Aufführung etwa eine Stunde vor Show-Beginn an den Kassen erhältlich, vor allem wenn in der Stadt keine großen Tagungen stattfinden oder an normalen Werktagen. Beachten Sie jedoch, dass die meisten Shows an einem oder zwei Werktagen in der Woche pausieren. Karten für Sportveranstaltungen wie Boxweltmeisterschaftskämpfe oder für große Rock- und Popkonzerte, die häufig im MGM Grand Garden (15 225 Sitze!) stattfinden, sind auch bei **Ticketmaster** und anderen Agenturfilialen erhältlich. Kinder und Senioren bekommen Ermäßigungen. Gewinner in den Hotelcasinos erhalten oft Freikarten.

Showgirls in *Don Arden's Jubilee!* im Bally's Hotel

Stars

Seit den Anfängen des Strip in den 1940er Jahren gastierten in den Resorts von Las Vegas weltberühmte Entertainer, um die dem Glücksspiel frönenden Gäste zu unterhal-

Aufwendige Produktion im Kà (Cirque du Soleil)

Nur wenige Minuten vom Strip entfernt: Entspannung beim Golf

ten. Stars wie Frank Sinatra, Dean Martin, Liza Minnelli und Elvis Presley traten hier regelmäßig auf, häufig in relativ kleinen »Star«-Theatern. Im Bally's Celebrity Room mit seinen 1400 Sitzplätzen gaben sich einige der berühmtesten US-Entertainer von Dean Martin über Liza Minnelli bis zu den Clown-Magiern Penn and Teller die Ehre. Heute treten Las-Vegas-Ikonen wie die Sänger Wayne Newton und Tom Jones auf kleineren Bühnen auf. Die vielseitige Entertainerin Rita Rudner hat mit ihrer Show im Harrah's mittlerweile Superstar-Status erreicht.

Bette-Midler-Show im Caesars Palace

Bar-Musik

Vom Jazz in Bally's Indigo Lounge zu Lounge-Klängen im Tropicana's Celebration: In den Bars am Strip wird ganz unterschiedliche Musik gespielt. Die Mega-Resorts bieten meist mindestens zwei Treffpunkte mit ganztägiger kostenloser Unterhaltung. Zu den quirligsten gehört The Bar at Times Square im New York New York, in der Stücke nach Wunsch gespielt werden und sich das Publikum beteiligt. Die Vorstellungen sind gratis, bezahlt werden nur die Getränke. In der Regel wird jedoch eine Mindestbestellung oder ein Gedeck erwartet. Für die fantastische Aussicht von der Stratosphere Top of the World Lounge muss man zudem die Kosten für den Lift investieren.

Sport

Zu den beliebtesten Outdoor-Aktivitäten zählt Golf. Las Vegas verfügt über Dutzende schöner Golfplätze, die häufig in einer grandiosen Landschaft liegen. Neben den privaten gibt es auch zahlreiche öffentliche Golfplätze – einige davon in geringer Entfernung zum Strip. An den Hotelrezeptionen können Sie sich über die vielen nahen Golfplätze informieren und auch Spielzeiten buchen. Einige Hotels verfügen zudem über exzellente Tennisplätze, etwa das Caesars Palace, das Monte Carlo oder das Riviera.

Luxuriöse Wellness-Einrichtungen gehören zur Standardausstattung der großen Hotels. Sie bieten u. a. Personal Trainer, Masseure, Badelandschaften und Krafträume.

Wandern ist im nahe gelegenen Red Rock Canyon möglich, Reiten am **Mount Charleston** (702 872-5408).

Production Shows

Die erste Production Show am Strip war 1958 das Musical *Lido de Paris* im Stardust. Es lief 33 Jahre lang. Andere Hotels zogen mit eigenen Production Shows nach, die teuer sind und daher sehr lange aufgeführt werden – im Tropicana läuft *Folies Bergère* schon seit 1959. Die häufig in extra gebauten Theatern aufgeführten Shows geben in der Regel jeden Abend zwei Vorstellungen.

AUF EINEN BLICK

Auswahl empfehlenswerter Shows

Blue Man Group
Multimedia-Show mit Kunst, Musik, Text und Ton.
Monte Carlo
(702) 730-7160, 1-888 283-6423 (Bandannsage).
74,90–158,50 $.

David Copperfield
Eine der beliebtesten Magier-Shows in der Stadt.
MGM Grand
(702) 891-1111, 1-800 929-941. Shows: Sa, So 19.30 und 22 Uhr (Sa auch 16.30 Uhr).
69–109 $.

Don Arden's Jubilee!
Seit langer Zeit laufende Showgirl-Revue.
Bally's
(702) 967-4567, 1-800 237-7469. Shows: Sa–Do 19.30 und 22.30 Uhr. 57,50–117,50 $.

Mystère
Moderne Zirkusvorstellung des Cirque du Soleil im eigens dafür errichteten Theater.
Treasure Island
(702) 894-7722, 1-800 392-1999. Shows: Sa–Mi 19 und 21.30 Uhr. 60–109 $.

»O«
Reizvolle Produktion des Cirque du Soleil mit Wasserakrobatik.
Bellagio
(702) 693-7722, 1-888 488-7111. Shows: Mi–So 19.30 und 22 Uhr. 104–155 $.

Rita Rudner
Humorvolle Sicht auf den ganz normalen Alltag.
The Venetian
(702) 414-900.
Shows: tägl. 20.30 Uhr (Mo, Mi, Sa auch 18 Uhr).
53,90 $.

Terry Factor
Sänger und Bauchredner.
Mirage
(702) 791-7777, 1-800 963-9634.
Shows: Di–Sa 19.30 Uhr.
59–129 $.

Ticketmaster
1-800 745-3000.
www.ticketmaster.com

Glücksspiel

Auch wenn sich Las Vegas immer mehr zum Disney-Land für Erwachsene entwickelt: Das Glücksspiel spielt immer noch die Hauptrolle. Die jährlich 30 Millionen Besucher geben im Schnitt 80 US-Dollar am Tag beim Spielen aus. Vor Hoffnungen auf große Gewinne sei jedoch gewarnt: Mit jährlichen Gewinnen von sieben Milliarden US-Dollar machen die Casinos den Reibach.

Blackjack-Karten

Das Spielvergnügen liegt im Reiz der Ungewissheit: Man ist immer auf die nächste Karte neugierig. Die Casinos nutzen dies aus und versuchen, Spieler so lange wie möglich, etwa mit kostenlosen Drinks, bei der Stange zu halten. Behalten Sie einen klaren Kopf. Setzen Sie sich zuvor ein Limit, einen Betrag, den Sie verlieren können – halten Sie sich daran!

Für Neulinge erscheint der Casinobetrieb verwirrend, doch die Spielregeln sind leicht zu erlernen *(siehe S. 129–131)*. Hotels geben Spielunterricht über hauseigene TV-Sender, große Casinos kostenlose Lektionen an den Tischen. Regelwerke bietet auch das Visitor Center an.

Dicht gedrängt stehen die Spielautomaten im Casino des New York New York *(siehe S. 107)*

Information

Wer jung aussieht, sollte im Casino einen Ausweis bei sich tragen – Glücksspiel ist nur für Gäste ab 21 Jahren erlaubt. Kinder sind in Casinos nicht erwünscht, was Familien in einigen Hotels *(siehe S. 237–240)* Probleme bereiten kann.

Wenn man gewinnt, gehört es zum guten Ton, dem Personal Trinkgeld zu geben. Trinkgelder gleich zu Beginn des Spiels zahlen sich insofern aus, als man damit den Croupier freundlich stimmt. Er kann unerfahrene Spieler vor Fehlern warnen und erklärt auf Nachfrage auch gern schwierige Spielregeln. Wählen Sie Tische, an denen die Spieler plaudern und lachen. Gelangweilte Gesichter künden in der Regel von einem langweiligen Spiel oder von Verlusten.

Spielautomaten

Die »einarmigen Banditen«, an denen man früher gewann, wenn gleiche Symbole in der Anzeige erschienen, sind computergesteuerten Automaten gewichen, die eine Vielzahl von Spielen anbieten. Zog man früher an einem seitlichen Hebel, um die Walzen anzutreiben, drückt man heute Knöpfe.

Grundsätzlich gibt es zwei Arten von Spielautomaten. Die einfacheren bieten festgelegte Gewinnauszahlungen, die sich nach der Anordnung der Gewinnsymbole richten. In der Regel können Spieler eine bis drei Münzen setzen. Je niedriger der Einsatz, desto geringer der Gewinn.

An den raffinierteren Automaten können Spieler kleine Gewinne in einen wachsenden Jackpot investieren. Die Gewinnsummen an diesen Maschinen steigen während des Spiels an, der wachsende Jackpot wird über jedem Automaten angezeigt. Die höchsten Gewinnsummen zahlen derzeit die in ganz Nevada installierten Megabucks-Automaten aus. Ein Softwareentwickler gewann 2003 an einem Automaten im Excalibur 39 Millionen US-Dollar, den höchsten Jackpot aller Zeiten.

Automaten-Plastikkarte

Die meisten Automaten akzeptieren mittlerweile keine Münzen mehr, sondern nur noch elektronische Prepaid Cards. In Downtown finden sich noch einige Münz-Automaten. Wer gern hohe Einsätze riskiert, kann an einigen Automaten zwischen zehn und 500 US-Dollar setzen.

Tipps

- Automaten mit wachsendem Jackpot stehen meist zusammen und zahlen bei einem festgelegten Limit aus. Am besten erkundigt man sich bei einem Angestellten nach dem Limit und wann es zuletzt erreicht wurde. Wird der Jackpot z. B. bei 10 000 US-Dollar geknackt und sind gerade 9000 angezeigt, kann es sich lohnen, ins Spiel einzusteigen.
- Spielen Sie mit Höchsteinsatz, erhalten Sie bei Gewinn auch die Höchstsumme.
- An beiden Automatenarten können Sie sich Gewinne auszahlen lassen oder aber als Guthaben für weitere Spiele behalten. Über die Guthabenanzeige wissen Sie immer, wie viel Sie ausgeben. Haben Sie z. B. zehn Quarter eingesetzt und 30 gewonnen, bedeutet die Anzeige 20, dass Sie immer noch zehn Quarter Gewinn haben.
- Spielen Sie in den gut frequentierten Automatenreihen. In den leereren Reihen bieten die Automaten möglicherweise schlechtere Gewinnchancen.
- Schließen Sie sich einem der *slot clubs* der Casinos an, die vielfache Vergünstigungen bieten, etwa Preisnachlässe auf Hotelzimmer. Clubmitglieder erhalten elektronische Karten, die in die Automaten passen. Je mehr ein Spieler ausgibt, desto höher fallen die Vergünstigungen aus.

Blackjack

Blackjack zählt zu den populärsten Kartenspielen beim Glücksspiel. Die Mindesteinsätze liegen hier zwischen zwei und 500 US-Dollar. Ziel des Spiels ist es, Karten zu ziehen, deren Summe gleich oder möglichst gleich 21 ist (nicht darüber), und die Bank zu übertreffen. Bildkarten zählen 10, das Ass zählt 1 oder 11, der Wert der restlichen Karten entspricht ihrem Zahlenwert.

Traditionelle *slot machine*

Die Bank zieht die Karten aus einem Schlitten mit bis zu sechs Kartendecks. Jeder Spieler erhält zwei offene Karten, die zweite Bank-Karte ist umgedreht. Die Spieler berühren die Karten nicht. Wer eine weitere Karte möchte *(hit)*, deutet dies mit dem Zeigefinger auf dem Tisch an. Wer dies nicht will *(stand)*, wedelt mit der Hand über seinen Karten. Sobald man »genug« signalisiert oder 21 erreicht hat, dreht die Bank ihre zweite Karte um. Nur bei 16 oder weniger Punkten zieht sie weitere Karten, ab 17 wird »gehalten«.

Dahinter steht folgende Überlegung: Ein Kartendeck besitzt mehr Karten mit einem Punktewert 10 als andere Karten. (In sechs Kartendecks sind also 96 10er-Karten.) Die Wahrscheinlichkeit, dass die zweite Karte der Bank wie auch die nächste Karte im Schlitten eine 10er-Karte ist, ist folglich erhöht.

Tipps

- Liegt der Wert der offenen Bank-Karte zwischen 2 und 6, sollte ein Spieler ab 12 Punkten »halten«. Da die Bank 17 erreichen und zudem weitere Karten ziehen muss, wird sie wahrscheinlich 21 übertreffen.
- Erzielt ein Spieler unter 17 Punkte, gewinnt die Bank mit 17. Liegen also die Werte der Spieler-Karten zwischen 12 und 16 und weist die erste Bank-Karte gleichzeitig mindestens 7 Punkte auf, sollte der Spieler eine weitere Karte ziehen, denn die Bank wird wohl eine 10er-Karte ziehen.
- Ist die Summe seiner beiden Karten 10 oder 11, kann ein Spieler seinen Einsatz am Tisch verdoppeln *(double down)* und darauf wetten, dass er mit einer 10er-Karte 20 oder 21 erreicht, und somit seinen Gewinn verdoppeln. Dabei darf man nur eine weitere Karte ziehen.
- Besitzen die ersten beiden Karten denselben Wert, kann ein Spieler einen weiteren Einsatz platzieren, die Karten aufteilen und zwei Spiele gleichzeitig spielen. Die Gewinnchancen sind hierbei vor allem bei Achten und Assen hoch.

Gewinnkarten beim Blackjack im Circus Circus *(siehe S. 117)*

Craps

Beim sehr unterhaltsamen Craps wetten Spieler fast kameradschaftlich mit oder gegen den würfelnden *shooter* auf die nächste Zahl. Beim ersten Wurf *(»come-out roll«)* versucht er, in irgendeiner Kombination 7 oder 11 zu würfeln (etwa 3/4, 5/6). Die Würfelsummen 2, 3 oder 12 sind *»craps«*: Jeder verliert, der *shooter* würfelt erneut. Die Summen 4, 5, 6, 8, 9 oder 10 hingegen sind sogenannte *»points«*. Diese muss der *shooter* jeweils erneut würfeln, bevor er mit 7 gewinnen kann. Das Geld legen Sie beim Craps direkt auf den Tisch, Sie geben es also nicht der Bank. Die Jetons können Sie in den hölzernen Haltern am Tisch aufbewahren. Beachten Sie: Würfeln Sie mit einer Hand. Die Würfel müssen die Wand am anderen Tischende berühren. Die Würfel dürfen erst geworfen werden, wenn die Jetons in den Wettfeldern platziert sind.

Craps-Würfel

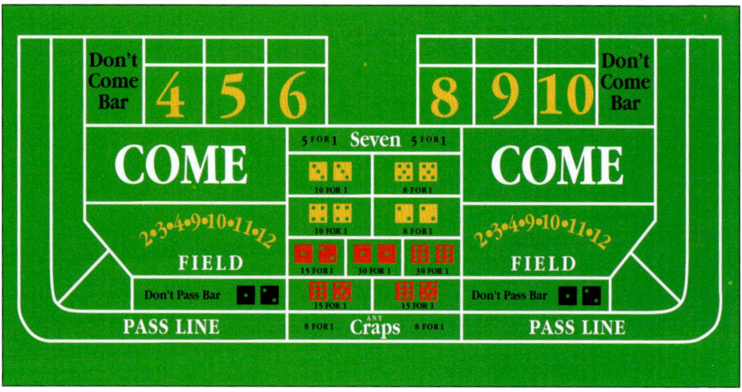

Auf einem Craps-Tisch werden die Einsätze in den verschiedenen Wettfeldern platziert

Wetten

Craps wirkt leicht verwirrend, da so viel gleichzeitig passiert. Dies bewirken die zahlreichen möglichen Wettvarianten. Für Anfänger eignen sich die folgenden Wetten.

Platzieren der Wetten bei einem Craps-Spiel im Caesars Palace

Pass Line

Damit wetten Sie, dass der *shooter* beim ersten Wurf 7 oder 11 erreicht. Da die Chancen 50:50 stehen, gewinnen Sie die Summe Ihres Einsatzes. Erscheint ein *point*, muss der *shooter* die gleiche Summe nochmals würfeln, bevor er 7 erreicht. Da für die 7 mehr Kombi-Möglichkeiten bestehen als für *points*, lohnt sich die ungleiche Wette *(odds)*, sobald der *shooter* einen *point* wirft. Platzieren Sie einen zusätzlichen Jeton hinter Ihrem Einsatz im Feld Pass Line. Wirft der *shooter* den *point*, ist Ihr Gewinn weit höher. Die Chancen sind für verschiedene Zahlen unterschiedlich. Erfragen Sie sie vorab bei der Bank.

Don't Pass

Dies ist das Gegenteil von Pass Line. Damit wetten Sie, dass der *shooter* mit 2 oder 3 beim ersten Wurf verliert oder vor dem erforderlichen *point* eine 7 würfelt.

Come

Die Wette wird während des Spiels getätigt, wenn der *shooter* einen *point* geworfen hat. Setzen Sie auf »Come«, ist der nächste Wurf ein *come out* (Gewinn mit 7/11 etc.). Fällt jetzt z. B. 8, bezieht sich Ihr Einsatz auf diese Zahl und wandert dorthin. Fällt erneut die 8, haben Sie gewonnen. Sie können auch Come-Odds-Einsätze machen.

Place

Dabei wetten Sie auf eine bestimmte Zahl, etwa 8. Fällt diese vor einer 7, haben Sie gewonnen. Vorteil: Sie wählen die Zahl selbst aus und können Ihren Einsatz jederzeit entfernen. Beachten Sie, dass Ihnen das Casino 0,50 bis einen US-Dollar für jeweils fünf US-Dollar Einsatz berechnet.

Croupière beim Roulette in einem privaten Spielzimmer

Poker

In den Casinos werden verschiedene Pokervarianten, darunter Video-Poker, gespielt. Die Hierarchie der Kartenkombinationen ist wie folgt: Am niedrigsten sind Paare, am höchsten ist der Royal Flush (fünf gleichfarbige Karten von 10 bis Ass).

Caribbean Stud Poker

Diese Variante des Stud Poker mit fünf Karten wird an einem Tisch, ähnlich dem beim Blackjack, gespielt. Ziel ist, die Bank zu schlagen. Im wachsenden Jackpot steigen die Gewinne gemäß den Karten eines Spielers. Man gewinnt alles oder einen Teil des Jackpots mit Royal Flush, Straight Flush (gleichfarbige Folge von fünf Karten), Four of a Kind (Viererpasch), Full House (Dreierpasch plus Paar) oder Flush (fünf beliebige gleichfarbige Karten).

Poker-Chips

Pai Gow Poker

Kombination aus dem chinesischen Spiel Pai Gow und Poker. Der Joker im Standarddeck mit 52 Karten dient als Ass oder vervollständigt Straight Flush oder Flush. Jeder Spieler braucht die bestmögliche Zweier- und Fünferkombination, um die beiden Blätter der Bank zu schlagen.

Texas hold 'em

Dies ist die beliebteste Pokervariante in den Casinos und das Spiel der jährlichen World Series of Poker im Binion's *(siehe S. 118)*. Die Spieler erhalten zwei Karten und müssen aus zusätzlichen fünf gemeinsamen, offenen Karten die beste Kombination zusammenstellen.

Roulette

Roulette ist sehr einfach und bietet verschiedenste Wettmöglichkeiten. Beim Spiel rollt eine Kugel in einer Drehscheibe, die in schwarze und rote Zahlenfelder von 1 bis 36 sowie je ein grünes Feld mit 0 und 00 eingeteilt ist. Die Jetons der Spieler sind leicht an ihren Farben zu erkennen. Ziel ist, die Zahl zu erraten, in deren Feld die Kugel fallen wird. Die Einsätze werden auf dem Tisch platziert, auf dem die Zahlen in einem Raster sowie weitere Wetten aufgezeichnet sind. Den höchsten Gewinn von 35:1 bringt ein direkt auf einer Zahl platzierter Einsatz. Einsätze auf der Linie zwischen zwei Zahlen gelten für beide Zahlen und bringen einen Gewinn von 17:1. Die Wetten am Rand des Zahlenrasters (Schwarz/Rot, Gerade/Ungerade, 1–18/19–36) gewinnen die Einsatzsumme. Wetten auf Reihen von je zwölf Zahlen gewinnen im Verhältnis 2:1.

Baccarat/Bakkarat

Diese Variante von *chemin de fer* wird mit acht Kartendecks gespielt, die Bank wandert von Spieler zu Spieler. Ziel des Spiels ist zu erraten, bei wem die Summe der Kartenpunktwerte näher bei 9 liegt oder 9 erreicht (Zehner und Bildkarten zählen 0). Man kann auf den Spieler oder die Bank wetten.

Je zwei Karten für Baccarat-Spieler und Bank

Keno

Keno ist dem Bingo ähnlich. Aus den 80 Zahlen eines Keno-Blatts wählen die Spieler bis zu 20 aus. Man kann verschiedene Wetten abgeben, der Gewinn richtet sich danach, wie viele der gewählten mit den gezogenen Zahlen übereinstimmen.

Bildschirm mit Keno-Spiel im Circus Circus

Sportwetten

Riesige Videowände flimmern in den Casinobereichen, in denen man auf fast jede Sportart wetten kann. Das *race book* dient für Wetten auf Pferderennen, die live von den Rennplätzen der USA übertragen werden. Das *sport book* bezieht sich auf Sportereignisse in den USA sowie in Las Vegas selbst. Den aktuellen Zwischenstand kann man auf Fernsehgeräten verfolgen.

In allen Schattierungen von Rot und Orange: *hoodoos* im Bryce Canyon *(siehe S. 152f)* ▷

Süd-Utah

Überblick: Süd-Utah

Süd-Utah bietet faszinierende Natur und die dichteste Konzentration von Nationalparks in den USA. Die Region nördlich von Grand Canyon und Lake Powell verdankt ihre atemberaubende Schönheit vor allem einer geologischen Besonderheit: der Grand Staircase. Die durch Wind, Wetter und Wasser zu fantastischen Formen erodierten steilen, farbenprächtigen Felsterrassen können in den wunderschönen Nationalparks Bryce, Arches, Capitol Reef, Zion und Canyonlands beim Wandern, Bootfahren und Mountainbiken bewundert werden. Die dazu nötige Ausrüstung ist in Städten wie Moab und St. George erhältlich.

Blick vom Besucherzentrum auf die Gipfel des Zion National Park

Ausritt auf den kurvigen Wegen durch das Hochland im Bryce Canyon National Park

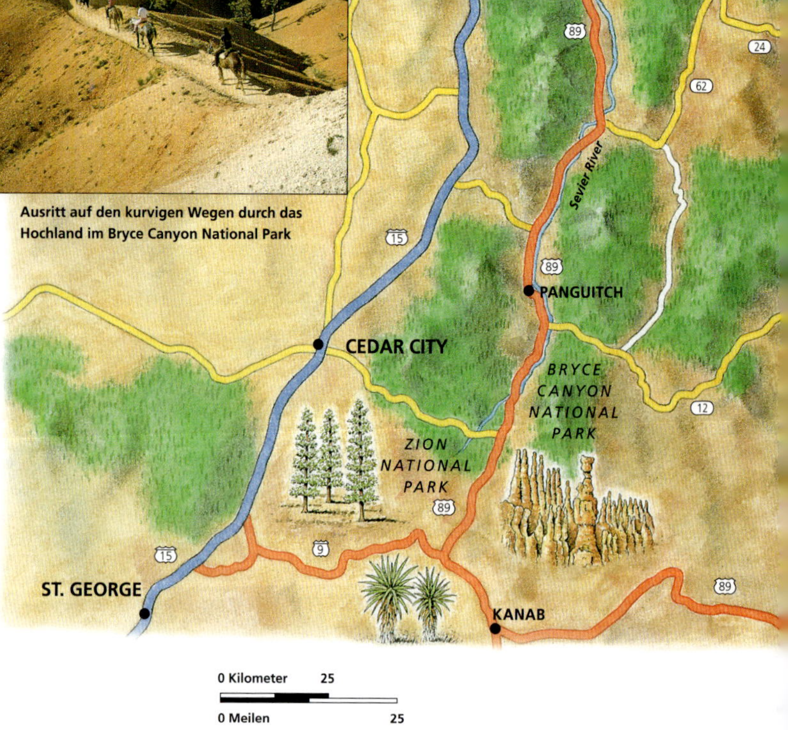

Weitere Zeichenerklärungen *siehe hintere Umschlagklappe*

In Süd-Utah unterwegs

Am besten erkundet man die Region mit dem Auto auf faszinierenden Panoramastraßen. Zu den wenigen öffentlichen Transportmitteln zählen ein Amtrak Superliner, der in Green River, 80 Kilometer nordwestlich von Moab, hält, und Greyhound-Busse, die einige größere Städte ansteuern. Gut voran kommt man auf der I-15 und der I-70 nahe dem Zion bzw. Arches National Park sowie auf Schnellstraßen wie dem durch Moab führenden Highway 191 und dem malerischen Highway 12 entlang dem Grand Staircase – Escalante National Monument. Unbefestigte Straßen erfordern oft einen Geländewagen mit hoher Bodenfreiheit.

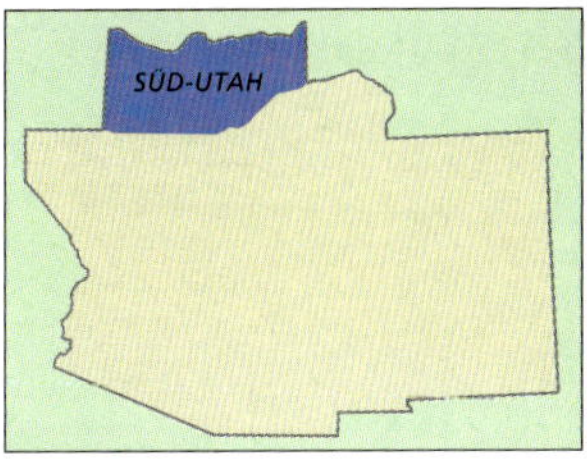

Zur Orientierung

SIEHE AUCH

- ***Hotels*** S. 240–242
- ***Restaurants*** S. 261f

LEGENDE

- Interstate Highway
- US Highway
- State Highway
- Fluss

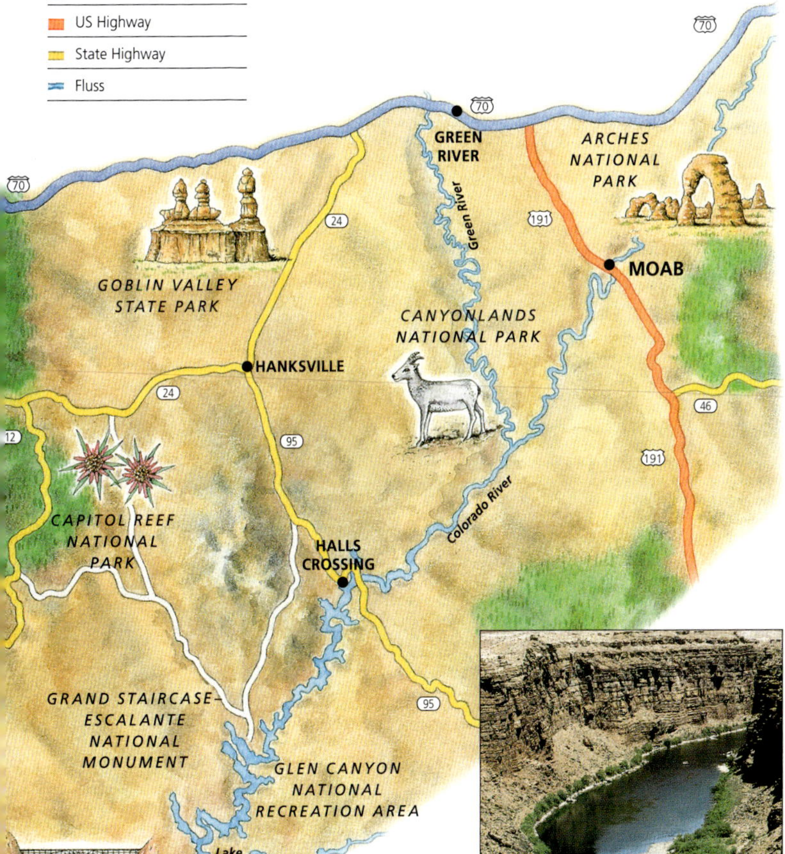

Die Terrasse der Grand Staircase steigt in der Glen Canyon National Recreation Area aus dem Lake Powell auf

Mormonen

Die Kirche Jesu Christi der Heiligen der Letzten Tage wurde im Staat New York von dem Farmarbeiter Joseph Smith (1805–1844) gegründet, dem 1820 der Engel Moroni erschienen sein soll. Der Engel übergab ihm zwei Goldplatten, deren Inschriften Smith übersetzte und als *Book of Mormon* veröffentlichte. Es wurde zum Grundpfeiler der neuen, schnell wachsenden Religionsgemeinschaft, die wegen ihrer wirtschaftlichen und politischen Vorstellungen und der von ihr praktizierten Polygamie angefeindet wurde. Die Mormonen flohen 1839 nach Illinois, wo Smith gelyncht wurde. Sein Nachfolger Brigham Young (1801–1877) führte sie nach Westen, wo Salt Lake City entstand und die Mormonen Farmen errichteten. Heute sind 70 Prozent der Einwohner Utahs Mormonen.

Joseph Smiths *Vision in einer Darstellung aus dem 19. Jahrhundert. Der Engel Moroni zeigt ihm die Tafeln mit den Inschriften.*

Auf dem großen Zug nach Westen (1846/47) legten die Pilger die Strecke von Illinois bis Utah zu Fuß oder hoch zu Ross zurück.

Die mutigen und erfolgreichen Pioniere der Mormonen *ließen sich zuerst im Salt Lake Valley nieder. Danach verteilten sie sich über den Westen und gründeten landwirtschaftliche Kolonien – u. a. in Las Vegas* (siehe S. 119). *Dort errichteten 30 von Brigham Young ausgesandte Mormonen eine Mission und ein kleines Fort.*

Brigham Young mit neun seiner Ehefrauen – *dieses Bild zeigt den Stein des Anstoßes: die Polygamie. Das 1890 von der US-Regierung geforderte Verbot der Vielehe bereitete den Weg für Utahs Aufnahme in die Union 1896.*

Der große Mormonen-Treck nach Westen

1847 führte Brigham Young einen Flüchtlingstreck der Mormonen nach Westen an. Im Salt Lake Valley hofften sie, Sicherheit zu finden. Young wünschte sich einen Ort, »wo niemand sonst leben möchte«. Die Pioniere bewältigten auf diesem ungewöhnlichen Zug mit ihren primitiven Ochsenwagen oder Handkarren, auf denen sie ihre gesamte Habe transportierten, raue Prärien und Berge. Sie überstanden strenge Winter und die Hitze des Sommers.

Salt Lake City *wurde im unwirtlichen und zuvor unbesiedelten Salt Lake Basin nach einem von breiten Straßen durchzogenen, schachbrettartigen Grundriss angelegt. Familien bekamen ausreichend große Häuser und Land zur Selbstversorgung. Bis 1900 wurden zahlreiche Farmen und über 300 Städte im Westen und Südwesten gegründet.*

Brigham Young

Brigham Young im besten Mannesalter

Der Schreiner, Maler und Glaser Brigham Young, 1801 in Vermont als Sohn von Protestanten geboren, trat 1832 in Ohio den Mormonen bei. 1846 bis 1847 führte er deren Treck von Illinois nach Salt Lake City. Das von ihm 1849 gegründete Territorium, das heutige Utah, nannte er »Deseret« – im Buch Mormon ist dies die Bezeichnung für »Biene« und ein Symbol für Fleiß. Youngs Weitsicht und Organisationstalent half den Siedlern, die Wüste in fruchtbares Farmland zu verwandeln. Zeit seines Lebens focht er Kämpfe mit der US-Regierung aus, deren Autorität er nicht immer anerkannte. Trotz seiner politischen Amtsenthebung 1857 blieb Young bis zu seinem Tod 1877 der religiöse Führer der Mormonen.

Missionare *verbreiten die Religion der Mormonen in der ganzen Welt. Sie betonen dabei vor allem ihre sozialen und philosophischen Vorstellungen. Die Mitgliederzahl der Glaubensgemeinschaft wächst derzeit auch durch zahlreiche Konvertiten erheblich an.*

Der St. George Mormon Temple *wurde unter der Ägide von Brigham Young errichtet. Für die weltweit elf Millionen Mormonen ist er ein starkes Symbol ihres Glaubens, dessen Grundpfeiler Arbeit, Mäßigung, Zusammenarbeit und soziale Verantwortung bilden.*

Süd-Utah

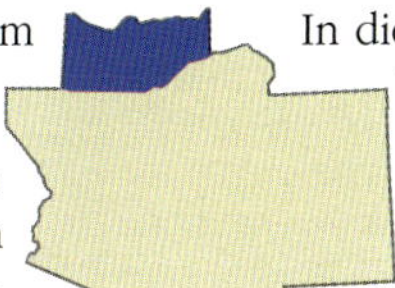

Es gibt in Süd-Utah kaum Straßen, die *nicht* durch grandiose Szenerien führen. Auf kurvigen Highways durchquert man atemberaubende, in Rottönen schimmernde Canyons, trockene Wüstenlandschaften mit vom Wind glatt polierten Felsen oder kühle Bergwälder mit glitzernden Bächen. Die fünf Nationalparks der Region sind Publikumsrenner. Jedes Jahr überschwemmen jeden der Parks bis zu drei Millionen Besucher. Dennoch findet man sogar im Sommer ruhige, einsame Flecken. Utahs Wildnis kann man z. B. hautnah im Grand Staircase – Escalante National Monument bei Touren auf unbefestigten, malerischen Routen wie dem Burr Trail *(siehe S. 147)* erleben.

In dieser Region siedelten bereits vor 12 000 Jahren paläo-indianische Kulturen. Später erlebte hier die Pueblo-Kultur ihre Blüte, von der die *cliff dwellings* entlang dem San Juan River zeugen. Ab 1847 gründeten die Mormonen in dem unwirtlichen Gebiet Siedlungen.

Heute zieht Süd-Utah Besucher an, die beim Wandern, Mountainbiken, auf Pistentrips mit dem Geländewagen, bei Floß- oder abenteuerlichen Wildwasserfahrten die Natur genießen wollen.

In den Zentren St. George und Cedar City, aber auch in kleineren Städten wie Springdale oder Bluff gibt es gute Läden und Restaurants – Moab bietet mittlerweile sogar einiges an Abendunterhaltung.

Sehenswürdigkeiten auf einen Blick

National Parks, State Parks und National Monuments

Arches National Park 1
Bryce Canyon National Park 13
Canyonlands National Park 3
Capitol Reef National Park 7
Dead Horse Point State Park 4
Goblin Valley State Park 6
Grand Staircase – Escalante National Monument 12
Zion National Park 15

Historische Städte und Orte

Boulder 8
Cedar City 14
Green River 5
Kanab 16
Moab 2
St. George 17

Spektakuläre Natur

Burr Trail 9
Hole-in-the-Rock Road 10
Lake Powell und Glen Canyon National Recreation Area 11

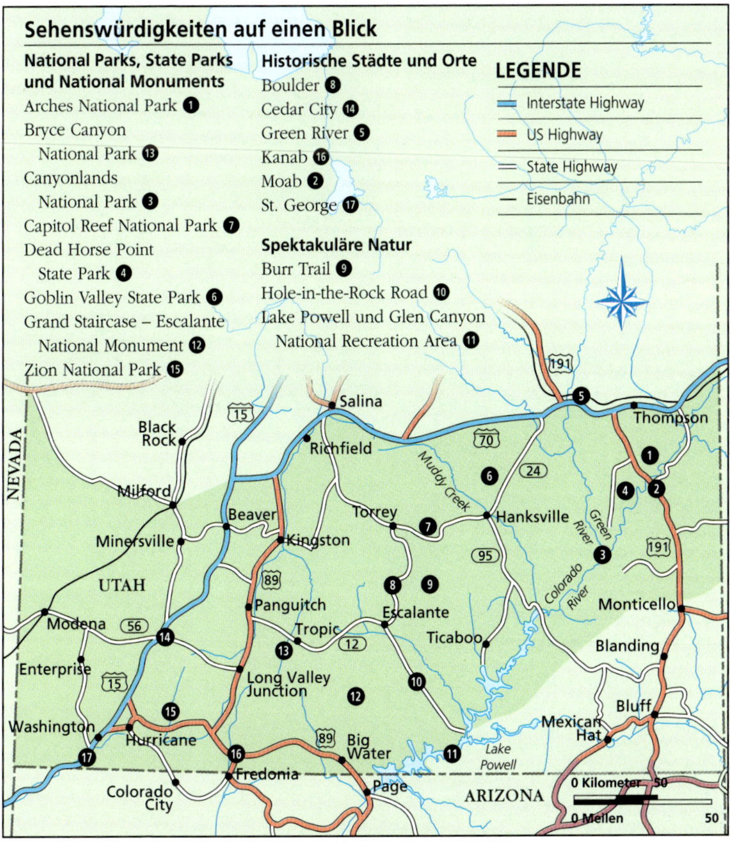

◁ **Erholungspause im engen Antelope Canyon der Glen Canyon NRA** ***(siehe S. 150f)***

Arches National Park ❶

Wildblumen im Park

Der Arches National Park in der Nähe von Moab hat die weltweit größte Ansammlung von natürlichen Felsbogen – über 2000 dieser Naturwunder finden sich hier. Der Park »schwimmt« auf einem Salzlager, das sich unter dem Druck der Felsmassen verflüssigte. Vor 300 Millionen Jahren drückte es nach oben und brach den darüberliegenden Sandstein auf. Die zwischen den weiter erodierten Rissen freiliegenden Felsrippen verwitterten so, dass die harten Oberflächenfelsen als solide Bogen wie beim Turret Arch oder elegant gewölbt wie beim Delicate und Landscape Arch verblieben.

Devil's Garden
In diesem Gebiet wölben sich einige der schönsten Bogen des Parks, so auch der Landscape Arch. Die 91 Meter lange, schlanke Sandsteinbrücke gilt als längster Naturbogen der Welt.

Sonnenuntergang am Delicate Arch
Ein natürliches Amphitheater um den Bogen bietet »Logenplätze« mit Aussicht auf die La Sal Mountains.

Windows Section

In der Windows Section führt ein Rundweg (1,6 km) zum Turret Arch und zu den nebeneinanderstehenden Bogen North und South Window. Beliebtes Fotomotiv ist die von vielen Stellen gut sichtbare Bogengruppe mit dem aus Sandstein geformten Turner Arch im Vordergrund.

Arches National Park

Von den Aussichtspunkten des Panorama-Highways kann man viele Attraktionen sehen. Er beginnt beim Visitor Center am Südende des Parks (Abfahrt vom Highway 191). Von den Parkplätzen der Aussichtspunkte starten leichte Wanderwege. Die Rundwege an Balanced Rock und Windows Section sind für Kinder geeignet, der Delicate Arch Viewpoint Trail auch für Rollstuhlfahrer.

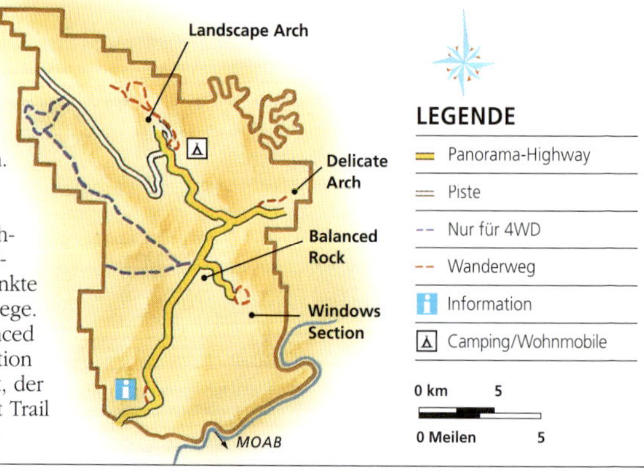

Hotels und Restaurants in Süd-Utah *siehe Seiten 240–242 und 261f*

Delicate Arch
Der berühmteste Bogen des Parks ziert als Utahs Staatssymbol zahlreiche Nummernschilder. Man erreicht ihn auf einer 45-minütigen Wanderung über Sandstein.

INFOBOX

Straßenkarte C2.
Visitor Center, (435) 719-2299. *Apr–Okt: tägl. 7.30–18.30 Uhr; Nov–März: tägl. 8–16.30 Uhr.* *25. Dez.* *Zeltplatz, Park Ave Viewpoint, Delicate Arch Viewpoint Trail, Balanced Rock Trail.*
www.nps.gov/arch

Die Felsbogen, die sich in einem Jahrmillionen dauernden Prozess gebildet haben, verwittern heute weiter und werden irgendwann zusammenbrechen.

Balanced Rock
Der auf einer Sandsteinnadel balancierende Fels zählt zu den Wahrzeichen des Parks. Er ist vom Wanderweg und der Panoramastraße aus gut sichtbar.

Park Avenue und Courthouse Towers
Die riesigen, Courthouse Towers genannten Felsmonolithen erheben sich gleich Wolkenkratzern in Sichtweite eines kurzen, leichten Wanderwegs, der Park Avenue heißt.

Laden im Westernstil in Moab

Moab ❷

Straßenkarte C2. *5000.*
25 E. Center St, (435) 259-8825, 1-800 635-6622.
Sommer: tägl. 8–20 Uhr (So bis 19 Uhr); Winter: tägl. 9–17 Uhr.
www.discovermoab.com

Das Städtchen Moab erlebt derzeit seinen zweiten Boom innerhalb von 60 Jahren. In der Umgebung der Mormonensiedlung wurden 1952 Uranlager entdeckt. Über Nacht wurde Moab eine der reichsten Gemeinden der USA. Seit dem Niedergang des Uranmarkts in den 1970er Jahren lebt die Stadt vom Tourismus und von ihrer Nähe zu den Nationalparks Arches und Canyonlands.

Heute ist Moab ein beliebtes Reiseziel für Outdoor-Fans. Die Mountainbiker locken der berühmte Slick Rock Bike Trail sowie der herausfordernde Weg zum Moab Rim (17 km). Zudem kann man wandern oder die Landschaft mit dem Geländewagen bzw. per Flug erkunden.

Moab ist auch ein Zentrum für Wildwasser-Rafting auf dem Colorado. In der nahen **Matheson Wetlands Preserve** führen Wanderwege durch ein Feuchtgebiet mit über 175 Vogelarten und Wildtieren. Die Stadt bietet gute Unterkünfte, Restaurants und Unterhaltung.

Matheson Wetlands Preserve
934 W. Kane Creek Blvd. *(435) 259-4629.* *tägl. Sonnenaufgang bis -untergang.* *März–Okt.*

Canyonlands National Park ❸

Vor Jahrmillionen frästen sich Colorado und Green River hier tief in den Fels und schufen so ein Labyrinth von Canyons. Im Herzen dieser faszinierenden Szenerie fließen die beiden Flüsse zusammen und teilen den 1365 Quadratkilometer großen Park in vier Bereiche: Needles, Maze, das Grasplateau Island in the Sky und die Flüsse selbst. Den 1964 gegründeten Nationalpark kann man zu Fuß und mit dem Auto erkunden.

INFOBOX

Straßenkarte C2. *Canyonlands National Park, 2282 South West Resource Blvd, Moab, (435) 719-2313. Visitor Center: tägl. 8 bzw. 9–16.30 Uhr (im Sommer länger). 1. Jan, Thanksgiving, 25. Dez.*
www.nps.gov/cany

Mesa Arch
Zum Mesa Arch führt ein schöner, nur 500 Meter langer Fußweg. Durch den »Rahmen« des langen, flachen Bogens sieht man die schneebedeckten Gipfel der La Sal Mountains.

LEGENDE

- Highway
- Nur für 4WD
- Wanderweg
- Camping/Wohnmobile
- Picknick
- Information
- Nationalparkgrenze
- Aussichtspunkt

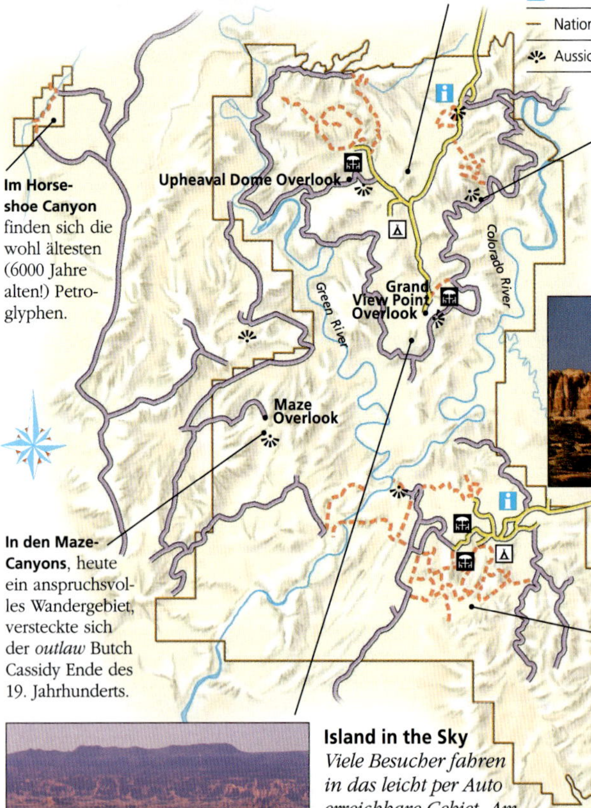

Im Horseshoe Canyon finden sich die wohl ältesten (6000 Jahre alten!) Petroglyphen.

Zur White Rim Road (160 km lang) gelangt man nur mit Allradantrieb über die steile Piste der Shafer Road.

Needles District
Das abgelegene Gebiet wurde nach den Hunderten bizarren roten Felsnadeln benannt.

In den Maze-Canyons, heute ein anspruchsvolles Wandergebiet, versteckte sich der *outlaw* Butch Cassidy Ende des 19. Jahrhunderts.

Island in the Sky
Viele Besucher fahren in das leicht per Auto erreichbare Gebiet. Am Aussichtspunkt Grandview Overlook öffnet sich ein atemberaubender Blick auf die Canyons von Green und Colorado River.

Hotels und Restaurants in Süd-Utah *siehe Seiten 240–242 und 261f*

Das breite Tal des Green River säumen tief ausgewaschene Canyons

Dead Horse Point State Park ❹

Straßenkarte C1. *State Route 313, (435) 259-2614.* *tägl. 6–22 Uhr.* **Visitor Center** *Sommer: tägl. 8–18 Uhr; Winter: tägl. 9–17 Uhr.* **www**.stateparks.utah.gov/parks/dead-horse

Die hohe Mesa des Dead Horse Point liegt beim Eingang zum Island in the Sky (Canyonlands National Park). Kurze Wanderwege führen am Felsrand entlang, mit einmaliger Aussicht auf den Colorado River und das Gewirr der Canyons. Der Überlieferung zufolge wurde der Park so genannt, weil das Gebiet früher als natürliche Koppel für wilde Mustangs diente. Pferde, die nicht gezähmt werden sollten, wurden in der trockenen Wildnis gelassen. Sie verdursteten kläglich, unterhalb die unerreichbaren rettenden Fluten des Flusses. Das Gebiet ist auch als Hollywood-Kulisse berühmt *(siehe S. 30f)*. Hier stürzten sich Thelma und Louise im gleichnamigen Film (1991) in die Tiefe. Für die Anfangssequenz von *Mission Impossible: 2* (2000) erkletterte Tom Cruise die Felsen.

Blick auf die steilen Felsen im Dead Horse Point State Park

Green River ❺

Straßenkarte C1. *1000.* *1675 E. Main St, (435) 564-3427.* *Apr–Okt: tägl. 8–19 Uhr; Nov–März: tägl. 9–17 Uhr.*

Der Ort in einem breiten Talkessel, ein Dienstleistungszentrum, entwickelte sich im 19. und frühen 20. Jahrhundert an einer Furt über dem reißenden Green River. Hier starten die Wildwasserfahrten zu Green und Colorado River.

Im Jahr 1871 begann hier zudem John Wesley Powells *(siehe S. 25)* kühne Expedition zur Erforschung von Colorado River und Grand Canyon. Die interessante Entdeckungsgeschichte des Gebiets dokumentiert das **John Wesley Powell River History Museum**.

John Wesley Powell River History Museum
1675 E. Main St. *(435) 564-3427.* *Sommer: tägl. 8–19 Uhr; Winter: tägl. 9–17 Uhr.* *Feiertage.*

Bizarr verwitterte Felsformationen im Goblin Valley State Park

Goblin Valley State Park ❻

Straßenkarte C1. *(435) 275-4584.* *tägl. 8–17 Uhr.* **www**.stateparks.utah.gov/parks/goblin-valley

Die »Goblins« (Kobolde) des Parks sind zu seltsamen Pilzformen erodierte, bis zu drei Meter hohe Felsen. Man kann zwischen den sogenannten *hoodoos* umhergehen oder auf zwei gepflasterten und einigen ungepflasterten Wegen zum Talgrund wandern.

Rainbow Bridge oberhalb des Lake Powell im milden Licht eines Frühlingsabends *(siehe S. 150f)* ▷

Capitol Reef National Park ❼

Vor rund 100 Jahren endete der Weg der Prospektoren durch die Wüste an einer gigantischen, 160 Kilometer langen Nord-Süd-Blockade: der Waterpocket Fold. Da der riesige Felsriegel einem Riff gleicht und seine weißen Kuppeln an das Capitol in Washington, DC erinnern, wurde der Nationalpark Capitol Reef genannt. Heute quert der Highway 24 das 980 Quadratkilometer große, wunderschöne Areal beim Fremont Canyon. In dem uralten Siedlungsgebiet kann man alte indianische Felsbilder bewundern und ein restauriertes Farmhaus der Mormonen besichtigen.

INFOBOX

Straßenkarte C2. 16 km östlich von Torrey, Hwy. 24. *Visitor Center, (435) 425-3791 (ext. 111).* *8–16.30 Uhr (im Sommer länger).* *25. Dez.* **www**.nps.gov/care

Cathedral Valley
In der Wüste aufragende imposante Monolithen gaben dem imposanten Tal seinen Namen. Das Gebiet durchquert eine ungeteerte Straße.

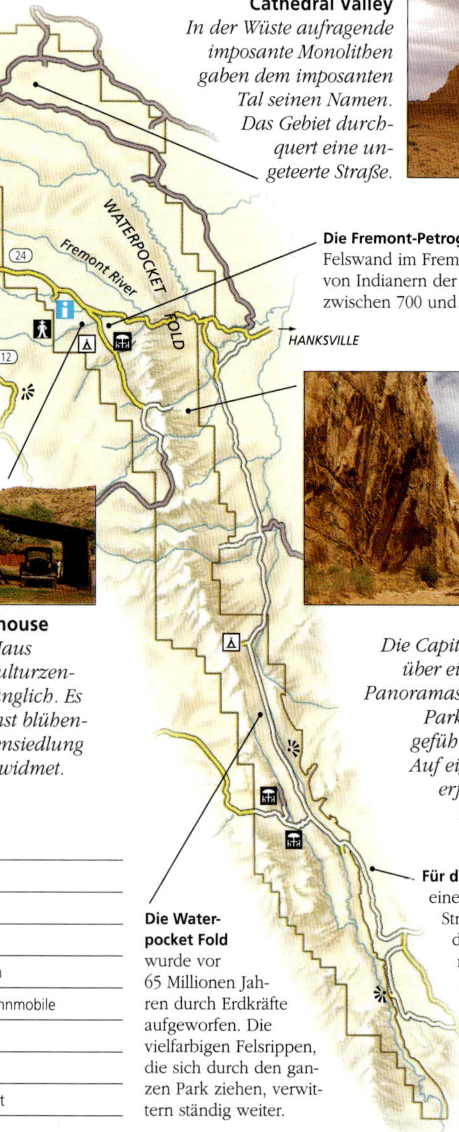

Die Fremont-Petroglyphen an einer Felswand im Fremont Canyon wurden von Indianern der Anasazi-Kultur zwischen 700 und 1250 geschaffen.

Gifford Farmhouse
Das Gifford-Haus (1908), ein Kulturzentrum, ist zugänglich. Es ist der hier einst blühenden Mormonensiedlung (um 1880) gewidmet.

Capitol Gorge
Die Capitol Gorge erreicht man über eine 16 Kilometer lange Panoramastraße im Zentrum des Parks. Im Sommer werden geführte Touren angeboten. Auf eigene Faust sollten nur erfahrene Wanderer das Hinterland erkunden.

Für die Notom-Bullfrog Road, eine teilweise ungeteerte Straße (112 km) südlich des Lake Powell, braucht man trockenes Wetter sowie ausreichende Benzin- und Wasservorräte.

Die Waterpocket Fold wurde vor 65 Millionen Jahren durch Erdkräfte aufgeworfen. Die vielfarbigen Felsrippen, die sich durch den ganzen Park ziehen, verwittern ständig weiter.

LEGENDE

- Highway
- Piste
- Nur für 4WD
- Ranger-Station
- Camping/Wohnmobile
- Picknick
- Information
- Aussichtspunkt

Hotels und Restaurants in Süd-Utah *siehe Seiten 240–242 und 261f*

Boulder 8

Straßenkarte C2. *Anasazi State Park Museum, (435) 335-7308.* *Apr–Okt: tägl. 8–18 Uhr; März–Nov: tägl. Mo–Sa 9–17 Uhr.*

Der malerische Ort duckt sich an die ihn umgebenden Berge. Hier kann man im Anasazi State Park restaurierte alte indianische Ruinen besichtigen. Ein Museum informiert über die von etwa 1050 bis 1200 ansässigen Anasazi. Vor dem Bau des Highway 12 war Boulder von der Außenwelt abgeschlossen und zudem der letzte Ort der USA, dessen Post auf Mulis zugestellt wurde. Heute ist er ein Zwischenstopp am Highway 12, der vom Highway 89 zum Capitol Reef National Park führt. Die Straße zählt zu den landschaftlich schönsten des ganzen Landes.

Zwischen Escalante und Boulder schlängelt sich der Highway 12 vorbei an farbenprächtigen Felsformationen und kurvigen Canyons. Bei einem Halt am Calf Creek Campground führen kurze Wanderwege den Calf Creek Canyon entlang zu einem Juwel des Südwestens: den Lower Calf Creek Falls. Der 38 Meter hohe Wasserfall ergießt sich über hängende Gärten in einen smaragdgrünen Teich. Kurz vor Boulder überwindet man auf dem Highway 12 in einer – angesichts der wenigen Leitplanken und Abgründe – schwindelerregenden Fahrt den steilen Bergkamm Hogsback und die Hell's Backbone Bridge. Nach Boulder führt die Route zum 2820 Meter hohen Boulder Mountain.

Burr Trail 9

Straßenkarte C2. *755 W. Main St, Escalante, (435) 826-5499.*

Der spektakuläre Burr Trail windet sich durch das Grand Staircase – Escalante National Monument. Auf den ersten 64 Kilometern führt er als Asphaltstraße entlang dem Deer Creek und hoch durch das rote Felsenlabyrinth des Long Canyon. An dessen Ausgang öffnet sich der Blick auf die Täler der Circle Cliffs und des Capitol Reef. Die Panoramastraße (nur für Geländewagen!) verläuft als ungeteerte Piste östlich von Boulder durch den Capitol Reef National Park und endet in Bullfrog Marina am Lake Powell *(siehe S. 150f)*.

Hole-in-the-Rock Road 10

Straßenkarte C2. *755 W. Main St, Escalante, (435) 826-5499.*

Im Jahr 1879 verließen 230 Mormonen Panguitch, fest entschlossen, eine neue Siedlung in Südost-Utah zu gründen. Ihr Weg endete abrupt am 600 Meter tiefen Abgrund des Glen Canyon. Die unverdrossenen Gläubigen sprengten kurzerhand ein Loch in eine Felswand und erschlossen einen einfachen Weg, der an den steilen Canyonwänden entlang in die Tiefe führte. Auf diesem brachten sie Wagen und Vieh an Seilen zum Canyongrund hinunter. Die Prozedur wurde anschließend an der anderen Wand in entgegengesetzter Richtung wiederholt. 1880 konnte die mutige Gruppe schließlich den Ort Bluff *(siehe S. 172)* gründen.

Blick auf den Lake Powell am Ende der Hole-in-the-Rock Road

Dem Weg der Pioniere folgt die Hole-in-the-Rock Road, eine faszinierende Route durch die Wildnis des Grand Staircase – Escalante National Monument. Eine rund 29 Kilometer lange anspruchsvolle Wanderung führt von der Straße aus zu den stellenweise kaum 30 Zentimeter breiten Canyons Peekaboo und Spooky. Für die letzten zehn Kilometer zum 15 Meter breiten Felsloch und dem wunderbaren Blick auf den Lake Powell ist ein Wagen mit Allradantrieb erforderlich.

Bei Boulder überwindet die Hell's Backbone Bridge eine steile Gebirgsschlucht

Lake Powell ⓫

Siehe S. 150f.

Grand Staircase – Escalante National Monument ⓬

Straßenkarte C2. *755 W. Main St, Escalante, (435) 826-5499.* *Mitte März–Mitte Nov: tägl. 7.30–17.30 Uhr; Mitte Nov–Mitte März: 8–16.30 Uhr.* **www**.ut.blm.gov/monument

In dem von Bill Clinton 1996 zum National Monument erklärten, 769 000 Hektar großen Gebiet locken Felscanyons, Berge und hohe Wüstenplateaus. Das Grand Staircase – Escalante National Monument grenzt an den Capitol Reef National Park, die Glen Canyon National Recreation Area und den Bryce Canyon National Park. Benannt wurde es nach den vier Felsschichten namens Vermilion, Grey, White und Pink, die sich stufig über das Colorado Plateau ziehen *(siehe S. 18f)*. In geologischer Hinsicht sind sie noch junge Erscheinungen, wurden sie doch erst vor zwölf Millionen Jahren angehoben.

Das Bureau of Land Management legt großen Wert auf den Erhalt dieses Naturgebiets, weshalb hier weder neue Straßen, Einrichtungen noch Zeltplätze neu errichtet oder ausgebaut werden. Die Schönheit der verschiedenen Parkregionen erlebt man am besten auf Autotouren auf den teils geteerten, teils ungeteerten Straßen, die man mit Tageswanderungen verbindet. Der Highway 89 verläuft an der Südgrenze zum Fuß der hochragenden Vermilion-Felsen.

16 Kilometer östlich von Escalante führt eine Straße Richtung Norden in den Johnson Canyon. Dort wurde eine Westernstadt als Filmkulisse nachgebaut *(siehe S. 30)*. Die malerische Cottonwood Canyon Road verbindet Hwy 89 mit Hwy 12.

Informationen zu geführten und eigenständigen Wanderungen bietet das Besucherzentrum in Escalante.

Östlich des Bryce Canyon bzw. 14 Kilometer südlich des Highway 12 befindet sich der **Kodachrome Basin State Park**. Die seltsamen hohlen Felsformationen entstanden vor Jahrmillionen durch Geysire.

Siedlerwagen im Cedar City Museum

Kodachrome Basin State Park
(435) 679-8562.
tägl. 6–22 Uhr.

Bryce Canyon National Park ⓭

Siehe S. 152f.

Bühne des Globe Theatre in Cedar City

Cedar City ⓮

Straßenkarte B2. *29 000.* *581 N. Main St, (435) 586-5124, 1-800 354-4849.* **www**.scenicsouthernutah.com

Das 1851 von Mormonen gegründete Städtchen war Ende des 19. Jahrhunderts ein Zentrum der Eisengewinnung und -verarbeitung. Heute gibt es in dem eine Fahrstunde vom Zion National Park *(siehe S. 154f)* entfernten Ort Hotels und Restaurants. Dem Pioniergeist der Mormonen ist der Iron Mission State Park and Museum gewidmet. Unter den über 300 dort ausgestellten alten Fahrzeugen befindet sich auch eine Reisekutsche von Wells Fargo. Das Shakespeare Festival von Juni bis Oktober ist in einem Nachbau des Londoner neo-elisabethanischen Globe Theatre beheimatet. Es lockt alljährlich zahlreiche Theaterfans aus der Umgebung an.

Im Kodachrome Basin State Park erheben sich versteinerte Sandsäulen aus der Wüste

Auf einem ATV *(all-terrain vehicle)* im Coral Pink Sand Dunes State Park

32 Kilometer östlich der Stadt erhebt sich im **Cedar Breaks National Monument** (am Hwy 14) eine kleine Gruppe kräftig orange und rosa gefärbter Kalksteinfelsen, die von grünem Wald gekrönt werden. Mit den erodierten, farbenprächtigen Felssäulen gleichen die Formationen einer kleinen, weniger überlaufenen Ausgabe des Bryce Canyon *(siehe S. 152f)*. Im Winter ist der Park geschlossen, das Gebiet ist jedoch bei Skilangläufern sehr beliebt.

Cedar Breaks National Monument
(435) 586-9451. Ende Mai–Mitte Okt: tägl. 9–18 Uhr (der Scenic Drive wird ab Schneefall geschlossen). **www**.nps.gov/cebr/

Zion National Park ⓯

Siehe S. 154f.

Kanab ⓰

Straßenkarte B2. *3900.*
78 South 100 St E., (520) 644-5033. Mai–Okt: Mo–Fr 9–19, Sa 9–17 Uhr; Nov–Apr: Mo–Sa 9–17 Uhr. **www**.kaneutah.com

Das Städtchen wurde nach dem 1864 errichteten Fort Kanab benannt, das bereits zwei Jahre nach seinem Bau aufgrund der ständigen Indianerangriffe verlassen wurde. Das heutige Kanab wurde 1874 von Mormonen gegründet. Der Ort lebt vor allem von den Urlaubern, die auf der Strecke zwischen den Nationalparks Grand Canyon, Zion und Bryce Canyon gern die preiswerten Restaurants und Unterkünfte ansteuern. Kanab gilt auch als »Tor zum Lake Powell« und als Utahs »Klein-Hollywood« – immerhin wurden seit 1963 in und um den Ort um die 200 Kino- und TV-Filme gedreht *(siehe S. 30f)*. Interessierte können die Besichtigungszeiten der Drehorte im Besucherzentrum erfragen.

Umgebung: Etwa 16 Kilometer westlich von Kanab erstreckt sich nahe der Ortschaft Mount Carmel Junction die einmalige Wüstenlandschaft des **Coral Pink Sand Dunes State Park**. Hier haben die Kräfte der Erosion ein über 1200 Hektar großes Meer aus sich ständig verändernden rosa schimmernden Sanddünen geschaffen. Der Sand, der sich über einen langen Zeitraum hinweg in dem Tal ablagerte, stammt von den roten Sandsteinfelsen der Umgebung. Über die geologische Geschichte des Parks informieren Schautafeln. Beliebt sind Rutschpartien von den riesigen Dünen, zu denen ein Pfad hinführt. Wer es aufregender mag, düst mit ATV *(all-terrain vehicle)* oder Buggy durch das Sandmeer.

Coral Pink Sand Dunes State Park
(435) 648-2800. tägl. bei Tageslicht. **www**.stateparks.utah.gov/parks/coral-pink

St. George ⓱

Straßenkarte B2. *76 000.* *97 E. St. George Blvd, (435) 628-1658. Mo–Fr 9–17, Sa 9–13 Uhr (Visitor Center).*

Die 1861 von Mormonen *(siehe S. 136f)* gegründete Stadt boomt seit ihrer Entwicklung als Rentneroase. Pensionäre aus den ganzen USA schlagen hier wegen des milden Klimas und dem ruhigen Ambiente ihren Altersruhesitz auf. Im ganzen Ort ist die goldene Spitze des ältesten Mormonentempels Utahs (1877) sichtbar. Der dominante Bau gehörte zu den Lieblingsprojekten des Mormonenführers Brigham Young (1801–1877). Den Tempel selbst dürfen nur Mormonen betreten, das Visitor Center steht allen offen. Youngs Verbindung zu St. George begann 1871 mit dem Bau seines Winterhauses, das heute ein Museum ist. In der großen, eleganten **Brigham Young Winter Home Historic Site** stehen noch viele Originalmöbel des ersten Besitzers.

Acht Kilometer nordwestlich liegt der Snow Canyon State Park am Highway 18. Hier gibt es Wanderpfade zu vulkanischen Höhlen und Millionen Jahre alten Lavaströmen. Ein Radweg führt durch den Park und zurück in den Ort.

Brigham Young Winter Home Historic Site
67 West St N. *(435) 673-2517. Juni–Sep: tägl. 10–19 Uhr; Sep–Mai: tägl. 9–17 Uhr. 1. Jan, 25. Dez.*

Brigham Youngs Winterhaus in St. George

Lake Powell und Glen Canyon National Recreation Area ⓫

Das spektakuläre Canyon- und Wüstenland der 1972 gegründeten Glen Canyon National Recreation Area bedeckt etwas über 4000 Quadratkilometer rund um den 300 Kilometer langen Lake Powell. Der See wird durch den Colorado River und dessen Nebenflüsse gespeist. Das Y-förmige Erholungsgebiet reicht nach Osten entlang dem San Juan River fast bis Mexican Hat und erstreckt sich am Colorado River nach Nordosten in Richtung Canyonlands National Park *(siehe S. 142)*. Den See nutzen heute Wassersportler; nach einer langen Trockenperiode hat sich der Wasserstand auch wieder normalisiert. Im Glen Canyon trifft man auch Wanderer, Mountainbiker und Offroad-Fans.

Rainbow Bridge National Monument
Etwa 94 Meter wölbt sich die Rainbow Bridge über den Lake Powell. Die größte Naturbrücke Nordamerikas ist nur mit dem Boot ab Wahweap oder Bullfrog Marina zu erreichen.

Blick auf den Lake Powell
Das tiefblaue Wasser des Sees umgeben imposante Mesas, eindrucksvolle Felsformationen und farbenprächtige Sandsteinbuchten, einstige Nebencanyons des Glen Canyon.

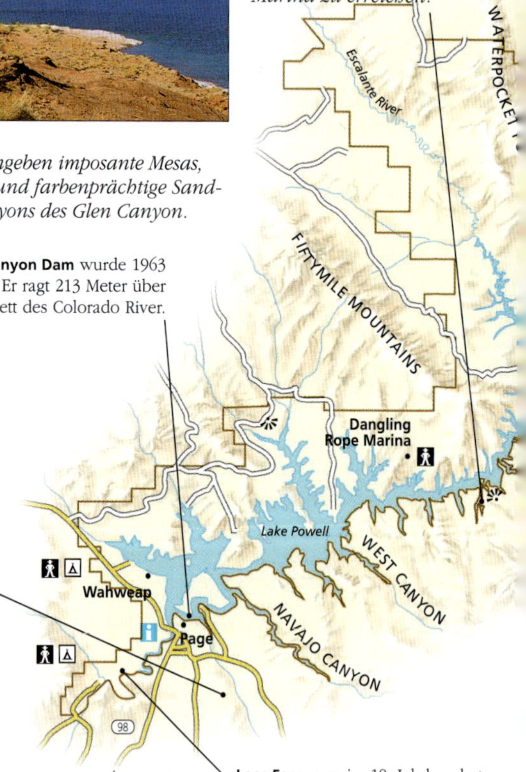

Der Glen Canyon Dam wurde 1963 fertiggestellt. Er ragt 213 Meter über das Bett des Colorado River.

Lees Ferry war im 19. Jahrhundert eine Mormonensiedlung. Heute ist man hier mit Ranger-Station, Campingplatz und anderen Einrichtungen auf Besucher eingestellt.

Antelope Canyon
In dem berühmten Canyon laufen die geschwungenen Sandsteinschichten stellenweise zu »Schlitzen« zusammen.

Hotels und Restaurants in Süd-Utah *siehe Seiten 240–242 und 261f*

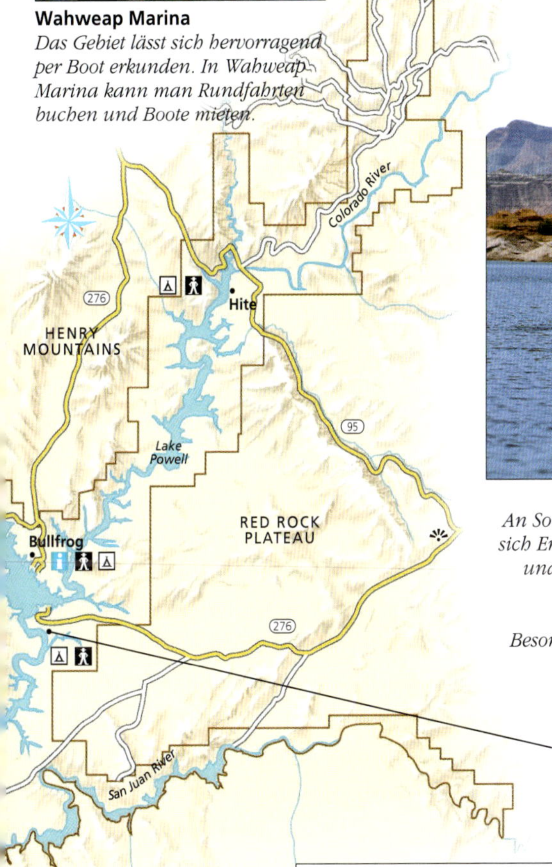

Wahweap Marina
Das Gebiet lässt sich hervorragend per Boot erkunden. In Wahweap Marina kann man Rundfahrten buchen und Boote mieten.

INFOBOX

Straßenkarte C2. 3 km nördlich von Page am Hwy 98, ab Hwy 160. *Carl Hayden Visitor Center, Page, (928) 608-6404.* *nach Page, Bullfrog Marina.* *tägl. 8–18 Uhr (Nov–Feb: 8.30–16.30 Uhr).* *nur Visitor Center.* *Page, Wahweap.* **www**.nps.gov/glca/ **www**.lakepowell.com

Kajakfahren
An Sommerwochenenden tummeln sich Erholungsuchende mit Schnell- und Hausbooten, Katamaranen, Wasserski und Jetski in den unzähligen Seitencanyons. Besonders beliebt sind Floßfahrten auf dem Colorado River ab dem Glen Canyon Dam.

In Halls Crossing mit seiner Marina legt regelmäßig die Fähre nach Bullfrog Bay ab.

0 Kilometer 20

0 Meilen 20

LEGENDE

- Highway
- Piste
- Ranger-Station
- Camping/Wohnmobile
- Information
- Aussichtspunkt

Ewiger Zankapfel

Durch den Glen Canyon Dam wurde 1963 ein Gebiet überflutet, das John Wesley Powell *(siehe S. 25)* als »ungewöhnliche Ansammlung wunderbarer Elemente« beschrieb. Gegen die Pläne des von Anfang an umstrittenen Projekts wehrten sich die Naturschützer des Sierra Club, die noch heute für die Wiederherstellung des Glen Canyon und seines ursprünglichen Ökosystems kämpfen. Befürworter betonen, dass durch den Damm die Wasser- und Stromversorgung gesichert und ein Erholungsgebiet entstanden sei.

Lake Powell am gigantischen Glen Canyon Dam

Bryce Canyon National Park ⓭

Wahrzeichen des Bryce Canyon National Park sind tiefe Amphitheater, in denen flammend bunte Felsen *(hoodoos)* ihren Auftritt haben. Durch den bis 2700 Meter hoch gelegenen Park führt am Rand des Paunsaugunt Plateau eine 30 Kilometer lange Panoramastraße entlang. Von dort sieht man auf ein Gewirr von zahllosen rosa, orange und rot leuchtenden Felsnadeln. Die Paiute, die früher hier jagten, beschrieben sie als »rote Felsen, die wie Menschen in einer schüsselförmigen Nische stehen«. Der Felsenirrgarten ist am besten zu Fuß zu erkunden.

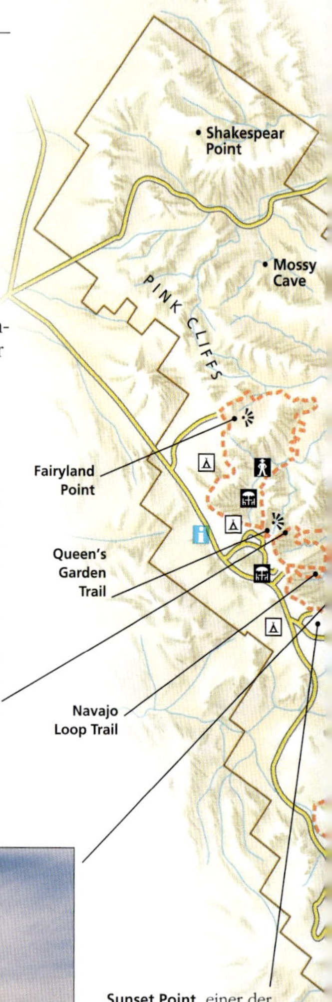

Sunrise Point
»Ein verdammt schlechter Ort, eine Kuh zu verlieren.« An diesem Aussichtspunkt wird einem der nüchterne Ausspruch des Mormonen Ebenezer Bryce völlig klar.

Thor's Hammer
Auf der obersten rosa »Stufe« der Grand Staircase (siehe S. 148) *haben die Kräfte der Erosion bizarre Formen aus dem Sandstein »geschnitzt«.* Hoodoos *wie Thor's Hammer entstanden, indem Wind und Regen aus dem Sandstein die härteren Felsen herausfrästen, die in der Folge zu skurrilen Formen verwitterten. Der Prozess ist noch lange nicht abgeschlossen.*

Sunset Point, einer der schönsten Aussichtspunkte, trägt einen irreführenden Namen. Da man von hier nach Osten blickt, bieten sich zwar grandiose Sonnenaufgänge, aber eher unspektakuläre Sonnenuntergänge.

LEGENDE

- Highway
- Wanderroute
- Ranger-Station
- Camping/Wohnmobile
- Picknick
- Information
- Aussichtspunkt

Navajo Loop
Der zwei Kilometer lange Rundweg führt im scharfen Zickzack die 150 Meter hohe Felswand hinab und windet sich dann sanft zwischen den engen Canyons und Felsen. Der Rückweg ist anstrengend.

Hotels und Restaurants in Süd-Utah *siehe Seiten 240–242 und 261f*

Bryce Amphitheater
Die schneebedeckten Felsnadeln gehören zu den bekanntesten Ansichten des Parks. Das Amphitheater ist im Winter und Sommer vom Inspiration Point aus am besten zu sehen.

INFOBOX

Straßenkarte B2. Hwy 63 ab Hwy 12. *Bryce Canyon National Park, P.O. Box 640201, UT 84764-0201, (435) 834-5322.* *Bryce Canyon Airport.* *von Memorial Day bis Labor Day verkehren Busse vom Parkeingang zum Bryce Point mit vielen Stopps.* *Park tägl.; Apr, Okt: 8–18 Uhr; Mai–Sep: 8–20 Uhr; Nov–März: 8–16.30 Uhr (Visitor Center).* *1. Jan, Thanksgiving, 25. Dez.* *nicht an Feiertagen.* **www**.nps.gov/brca/

Natural Bridge
Die elegante Natural Bridge an der Panoramastraße bildet den perfekten »Rahmen« für die Aussicht auf das sehr viel tiefer liegende Tal. Streng genommen ist sie ein Naturbogen und keine Brücke, da sie nicht vom Fluss ausgewaschen, sondern wie die hoodoos *durch Wind, Regen und Eis geformt wurde.*

Agua Canyon
Von hier öffnet sich der Blick auf einige der schönsten und bizarrsten Formationen des Parks sowie auf die für das Paunsaugunt Plateau typischen rosa Sandsteinschichten.

Utah-Präriehund
Der vom Aussterben bedrohte Präriehund lebt nur in Süd-Utah. Die Tiere dieses Parks bilden heute die größte verbliebene Population.

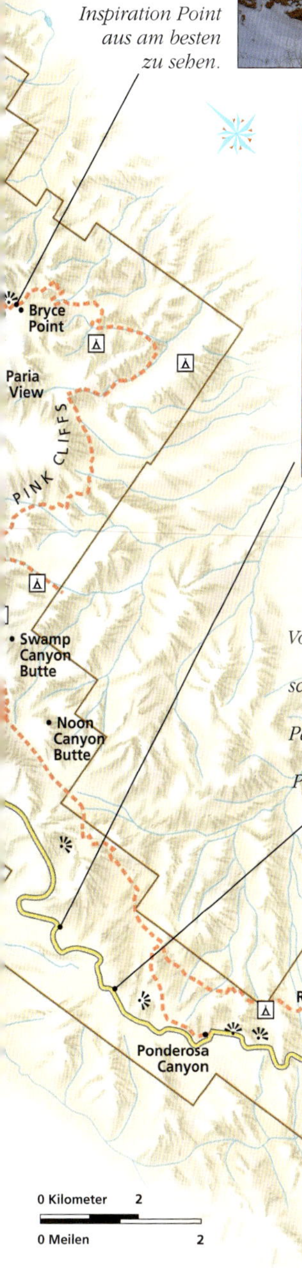

Zion National Park ⓯

Wild-
blumen

Das Herz dieses Nationalparks bildet der Zion Canyon. Das berühmteste Naturwunder Utahs wurde durch den mächtigen Virgin River ausgefräst, durch Wind, Regen und Eis verbreitert und ständig neu geformt. Die an beiden Seiten bis zu 600 Meter hohen Canyonwände sind wild zerklüftet und in Rot- und Weißschattierungen getönt.

Von April bis November gelangt man nur mit den parkeigenen Shuttle-Bussen in den Canyon. Sie fahren im Takt von wenigen Minuten und halten an zahlreichen Stellen. Von diesen führen markierte kurze Wanderwege zur anstrengenden, 26 Kilometer langen Tour durch den Canyon, bei der man auch durch den Virgin River waten muss.

Mit Pferd und Maultier

Auf (Halb-)Tagestouren kann man durch den Park reiten, z. B. auf dem Sand Bench Trail zu einem Hochplateau mit schöner Aussicht.

River Walk

Am Ende des Zion Canyon Scenic Drive beginnt die bekannteste Wanderung des Parks. Der zwei Kilometer lange, ebene River Walk führt entlang dem Virgin River zu den 600 Meter hohen Canyonwänden. Unterwegs eröffnen sich schöne Ausblicke auf den Fluss, der sich zwischen den roten Sandsteinwänden schlängelt.

Zion Canyon

Parallel zur zehn Kilometer langen Panoramastraße folgt ein Wanderweg dem Virgin River auf seinem Weg in den immer enger werdenden Canyon. Im Sommer verkehren Shuttle-Busse auf der Panoramastraße sowie vom Visitor Center nach Springdale.

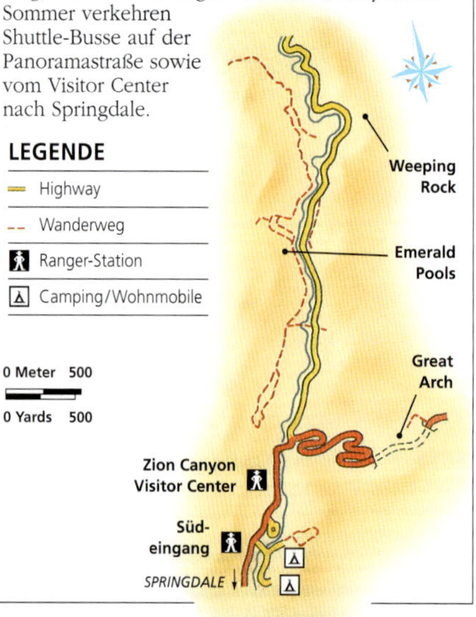

Zion Canyon

Die mäandernden unteren Abschnitte des Virgin River säumen Pappeln, Eichen und Weiden, die am Anfang des Canyons allmählich aufsteigende Felswände überragen. Auf den Uferwiesen blühen im Frühjahr unzählige Wildblumen. Wenn im Sommer plötzliche Unwetter Fluten verursachen, werden die flussnahen Gebiete des Parks unzugänglich. Besucher sollten sich immer über die aktuellen Bedingungen informieren.

Wandern
Am Besucherzentrum starten täglich zahlreiche unterschiedlich lange geologische und historische Führungen. Beliebte Wanderwege sind der Emerald Pools Trail und der Canyon Overlook Trail zum Great Arch.

INFOBOX

Straßenkarte B2. Hwy 9, nahe Springdale. *Zion Canyon Visitor Center, (435) 772-3256.* *tägl. 8–17 Uhr (Juni–Aug bis 19.30 Uhr).* *teilweise.*
www.nps.gov/zion/

Verwitterte Felsmonolithen überragen den Virgin River auf seinem Weg durch den Canyon.

Weeping Rock
Ein leichter Weg führt zum Felsen und den im Frühjahr mit Wildblumen übersäten hängenden Gärten. Die Stelle ist wegen des am Felsen ablaufenden Quell- und Sickerwassers sehr fruchtbar.

Das dichte Laub der Bäume am Ufer des Virgin River bietet Schatten für die vielen Wildtiere des Gebiets, darunter Vögel, Maultierhirsche und Rotluchse.

Der Virgin River scheint harmlos, doch die Kraft seiner Strömung schnitt den Canyon aus dem Fels.

Zion – Mt. Carmel Highway
Zu den reizvollsten Routen des Parks zählt der Zion – Mt. Carmel Highway, der mit Haarnadelkurven in die Höhe führt. Unterwegs eröffnet sich ein fantastischer Blick auf den Canyon und die umliegenden pastellfarbenen Sandsteingipfel.

Four Corners

Überblick: Four Corners

Die Four Corners bilden ein in den USA einmaliges »Vierländereck«: Hier treffen Utah, Colorado, Arizona und New Mexico aufeinander. Das Gebiet ist voller National Monuments und National Parks, alter Ruinen und grandioser Canyons. Viele Attraktionen liegen in Indianerreservaten. Weltberühmt sind die markanten Felsen im Monument Valley und der San Juan Skyway in Colorado. Dort verbinden Highways und die Durango and Silverton Narrow Gauge Railroad Bergdörfer und Wildwest-Städte.

Die Keet-Seel-Ruinen im Navajo National Monument in Arizona

Western-Fans und älteren Rauchern ein bekannter Anblick: Left Mitten im Monument Valley

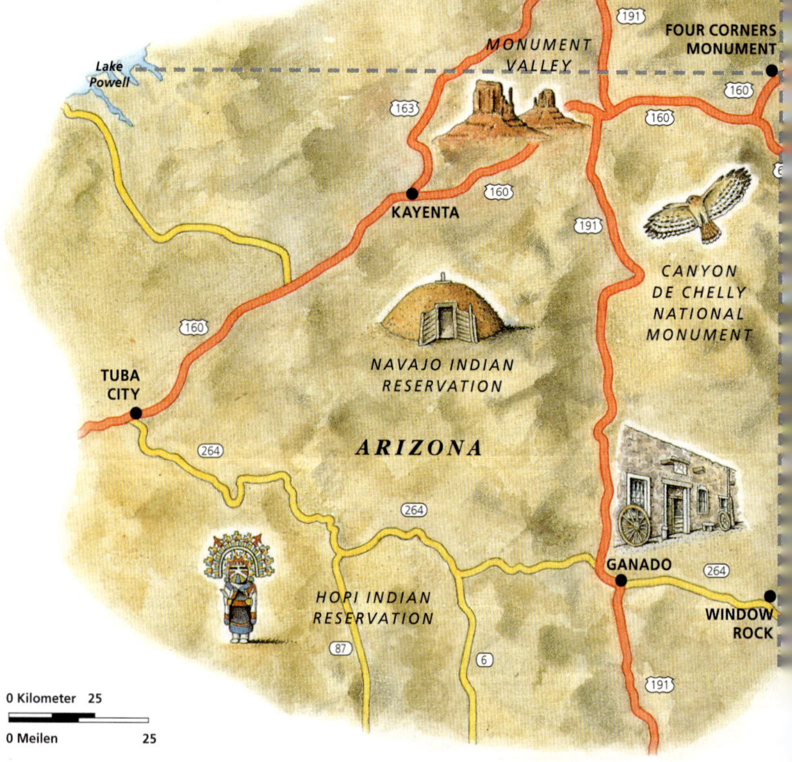

◁ Alte *cliff dwellings* der Pueblo-Indianer, Mesa Verde National Park *(siehe S. 180f)*

In den Four Corners unterwegs

In dieser Region ist ein Auto unerlässlich. Wer sie auf den vielen ungeteerten Landstraßen erkunden möchte, sollte einen Wagen mit Allradantrieb und hoher Bodenfreiheit mieten. Asphaltstraßen sind im Allgemeinen in gutem Zustand, bei ungeteerten Straßen muss man unterscheiden: Die guten eignen sich für alle Autos, andere erfordern einen Geländewagen. Diese Pisten sollten nur Fahrer mit Routine erobern. Erkundigen Sie sich vor einer Tour nach Straßenzustand und Wetteraussichten.

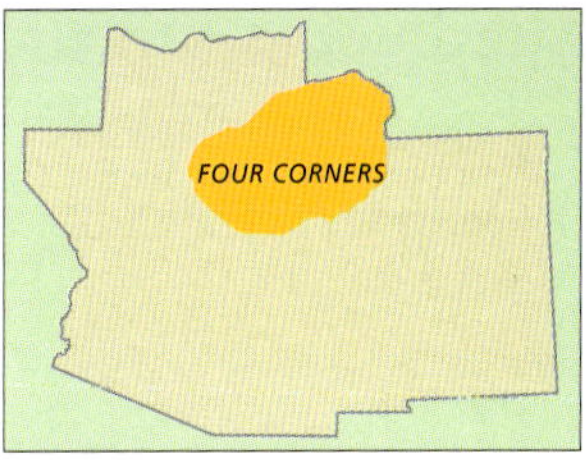

Zur Orientierung

LEGENDE

- US Highway
- State Highway
- Fluss
- Bundesstaatsgrenze

SIEHE AUCH

• ***Hotels*** S. 242f

• ***Restaurants*** S. 263f

Berglandschaft am San Juan Skyway, zwischen Durango und Silverton

Alte Pueblo-Kultur

Die traumhaft schönen Ruinen der komplexen Gebäudeanlagen der Pueblo-Kultur haben unsere Vorstellung über diese altindianische Zivilisation erheblich beeinflusst. Die ältere Bezeichnung »Anasazi« für die Pueblo-Indianer stammt von den Navajo und bedeutet »Alter-Feind-Vorfahr«. Als ihre Nachfahren werden die heutigen Pueblo-Indianer angesehen. Die ersten Angehörigen dieser Kultur *(siehe S. 38)* lebten wohl von der Zeitenwende bis 550 n. Chr. in Grubenhäusern auf der Mesa Verde. Um 800 begannen sie mit Bauten aus Sandstein. Wunderbare Webarbeiten, Keramiken, Schmuckstücke und Werkzeuge zeugen von ihrer ausgefeilten Handwerkskunst, die zwischen 1100 und 1300 zu höchster Blüte fand.

Keramiken *zählen zu den vielen Exponaten in den Museen des Südwestens. Die Pueblo-Töpferarbeiten zeugen von höchster Kunstfertigkeit.*

Jackson Stairway *im Chaco Canyon belegt wie die Straßennetze zwischen den Gemeinden und die ausgedehnten Bewässerungssysteme die technischen Fertigkeiten der Pueblo-Kultur.*

Kivas, runde, unterirdische Räume, besaßen Dächer aus Balken und Erde.

Knochenahle

Nadel

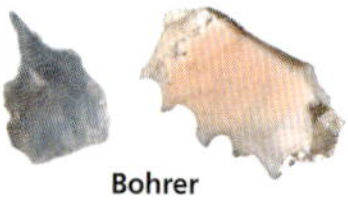

Bohrer

Verschiedenste Werkzeuge *wurden sorgfältig aus Steinen, Holz oder Knochen gefertigt. Flechtarbeiten, Keramik und Schmuck weisen ein hohes Niveau auf. Metall wurde allerdings nicht verarbeitet.*

Der blaue Mais, *den die Anasazi einst anbauten, unterschied sich nicht sonderlich von dem, den die Hopi heute in diesem Reservat in Arizona anpflanzen. Bekannt war zudem der medizinische Nutzen von Pflanzen, etwa die schmerzlindernde Wirkung von Pappelrinde.*

Kivas *dienten – und dienen noch heute – als religiöse und Zeremonialzentren. In der Regel besaßen sie keine Fenster und konnten nur durch eine Luke im Dach betreten werden. Kleine* kivas *wurden von einzelnen Familien genutzt, große* kivas *konnten die ganze Gemeinde aufnehmen.*

Anasazi-Ruinen

Canyon de Chelly National Monument *(siehe S. 168f)*, Chaco Culture National Historical Park *(siehe S. 174f)*, Mesa Verde National Park *(siehe S. 180f)*, Navajo National Monument *(siehe S. 166)*, Hovenweep National Monument *(siehe S. 172)* und Aztec Ruins National Monument *(siehe S. 173)*.

Pueblo Bonito ist ein hervorragendes Beispiel für altindianische Steinbaukunst.

Petroglyphen *dienten häufig als astronomische Kennzeichnungen für die verschiedenen Jahreszeiten. Diese Einritzung stammt aus dem Petrified Forest National Park in Arizona* (siehe S. 73).

Pueblo Bonito im Chaco Canyon

Pueblo Bonito war mit über 600 Räumen und 40 *kivas* die größte Anlage im Chaco Canyon *(siehe S. 174f)*. Neueren Theorien zufolge war dies keine Wohnsiedlung, sondern ein Komplex aus öffentlichen Bauten für den Handel und religiöse Zusammenkünfte. Das kurze, im Schnitt knapp 35-jährige Leben der Anasazi war so hart wie ihre Lebensumwelt, die ihnen keine reichhaltige Ernährung bot. Häufig litten sie unter Arthritis und Zahnerkrankungen, bereits bei erstgebärenden Frauen traten Osteoporose oder brüchige Knochen auf.

Pueblo-Indianer

Um 1300 hatten die Anasazi viele Pueblos verlassen und waren in andere Gebiete gewandert, wo neue Zentren entstanden. Über die Ursachen für diesen Exodus weiß man nichts. Eine langjährige Dürre, Überbevölkerung in dem ressourcenarmen Gebiet und soziale Unruhen, die eventuell durch den Handel mit Stämmen in Zentralmexiko ausgelöst wurden, gelten als mögliche Gründe. Die meisten Forscher sind sich jedoch einig, dass die heutigen Pueblo-Indianer Nachkommen von Anasazi aus Mesa Verde, Chaco und anderen heiligen altindianischen Stätten sind.

Sorgfältige Ausgrabungsarbeiten an einer *kiva* im Chaco Canyon

Four Corners

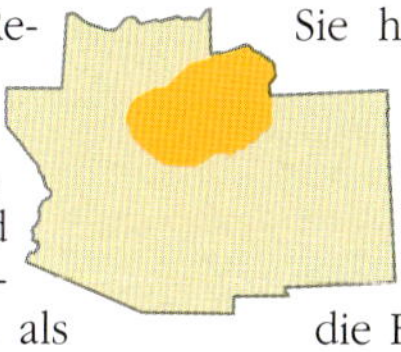

Mit einem Navajo-Reservat, das etwa so groß wie Schleswig-Holstein ist, mit hohen Mesas, tiefen Canyons und riesigen Wüsten präsentieren sich die Four Corners als ideales Reiseziel für alle, die sich für indianische Kultur und den »echten Westen« interessieren. Obwohl hier jährlich weniger als 25 Zentimeter Regen fallen, siedeln in diesem ariden Landstrich seit Urzeiten Menschen. Den Anfang machten vor rund 12000 Jahren die Paläo-Indianer. Die Anasazi (Alte Pueblo-Kultur) lebten vom 6. bis zum 13. Jahrhundert hier. Sie hinterließen imposante Ruinen, u.a. im Chaco Canyon, in Mesa Verde und im Hovenweep National Monument. Zu ihren Nachfahren zählen auch die Hopi, deren Pueblos als die ältesten ständig bewohnten Siedlungen Nordamerikas gelten. Spirituelles Zentrum der im 15. Jahrhundert eingewanderten Navajo ist der Canyon de Chelly mit seinen 330 Meter hohen Felswänden. Das Monument Valley erlangte als Filmkulisse Weltruhm – die Region ist zudem ein ideales Revier für Wanderer, Angler und Fans von Wildwasser-Rafting.

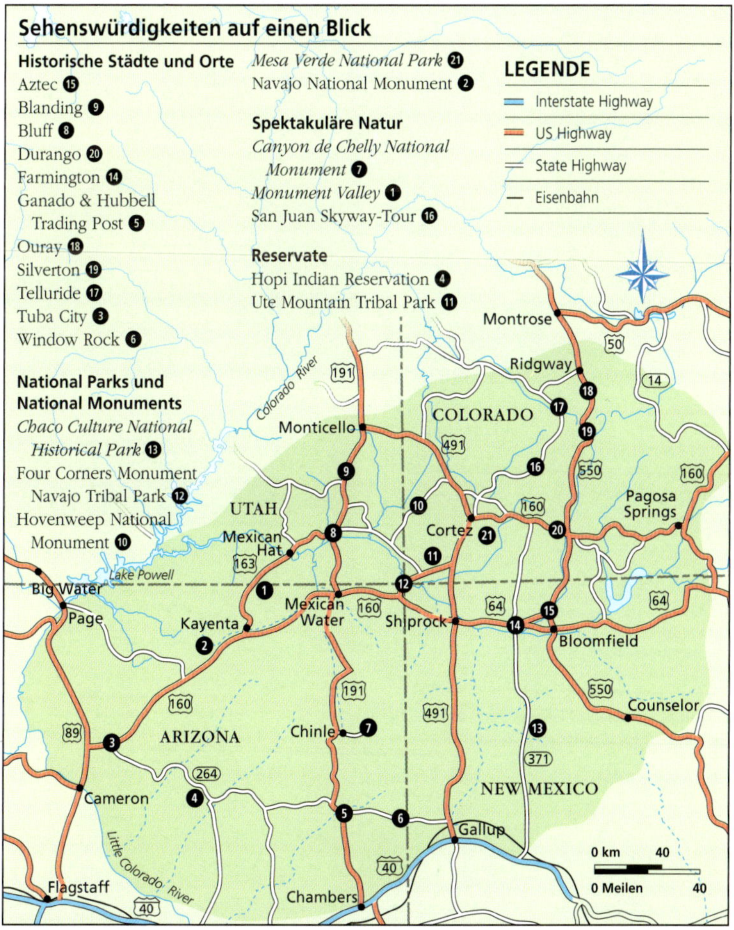

◁ **Weltberühmt – die roten Felsen von »The Mittens« im Monument Valley, Navajo Nation** ***(siehe S. 164f)***

[...]ent Valley ❶

V[...]akulären Highway 163, der von Utah nach Arizona verläuft, eröffnet sich eine unvergessliche Aussicht auf die berühmten markanten Sandsteinfelsen des Monument Valley. Die uralten Giganten sind ein Symbol des amerikanischen Westens – nicht zuletzt weil diese »Hollywood-Stars« seit den 1930er Jahren in Hunderten von Kino-, TV- und Werbefilmen als Kulisse dienten *(siehe S. 30)*. Das Visitor Center befindet sich innerhalb des Monument Valley Tribal Park, doch viele spektakuläre Felsformationen und andere Sehenswürdigkeiten liegen außerhalb dessen Grenzen.

Touren durch das Tal
Am Visitor Center bieten Kioske von Navajos geführte Geländewagentouren an. Lassen Sie sich nicht von der aufdringlichen Werbung abschrecken: Die exzellenten Touren führen in ansonsten unzugängliche Parkgebiete.

Three Sisters
Die Three Sisters zählen zu den prägnanten Felsnadeln im Monument Valley. Gleichfalls von auffälliger Form sind der Totem Pole und die »Finger« der »Mittens«. Den besten Blick auf die »Schwestern«, ein beliebtes Fotomotiv, bietet der John Ford's Point.

Kunst und Ruinen
Die von Navajos geleiteten Touren führen auch zu den Felsbildern rund um die altindianischen Ruinen des Tals.

Monument Valley

Bereits bei der Anreise auf dem Highway 163 öffnet sich ein atemberaubender Blick auf die Formationen. Auf einer ungeteerten, gut markierten Mautstraße (27 km) lässt sich das Tal erkunden – die Gebühr ist am Visitor Center zu entrichten. Navajo-Führer bieten zudem Wander-, Reit- oder Geländewagentouren in die faszinierenden, abgelegeneren Regionen des Tals an.

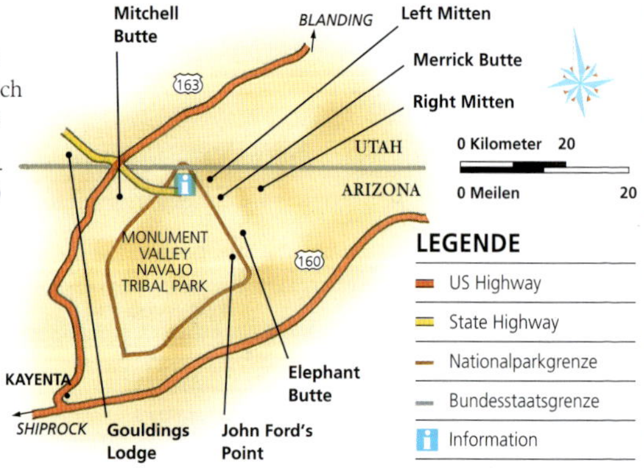

John Ford's Point
Der populärste Halt an der Talstraße ist der John Ford's Point. Der dortige Blick soll die Lieblingsaussicht des Regisseurs auf das Tal gewesen sein. An Ständen wird Navajo-Handwerk angeboten, in einem hogan *(einem traditionellen Navajo-Haus) zeigen Navajo-Weber ihre Kunst.*

INFOBOX

Straßenkarte C2. *P.O. Box 360289, Monument Valley, UT 84536, (435) 727-5870.* *tägl. von Sonnenaufgang bis -untergang.* *Thanksgiving, 25. Dez.* *nur Visitor Center.*
www.navajonationparks.org

Navajo-Weberin
Navajo-Frauen gelten als die besten Weberinnen im Südwesten. Die bis zu Tausende Dollar teuren, mit Naturfarben gefärbten Decken werden in monatelanger Arbeit gefertigt. Die Weberinnen arbeiten oft eine »spirit line« (einen Geisterfaden) ein, damit ihr Geist nicht in der Decke »eingefangen« wird.

Monument Valley

Das Monument Valley ist eigentlich kein Tal. Auf der Höhe der Felskuppen erstreckte sich einst eine Ebene, die vor Jahrmillionen durch Erderhebungen aufbrach. Die Risse verbreiterten sich und erodierten so weit, bis nur noch die aus der Wüste ragenden Felsen übrig blieben.

Gouldings Lodge
Die Lodge bietet Unterkünfte, ein Restaurant und Bustouren durch das Tal. Der ehemalige Trading Post beherbergt ein Museum über die Geschichte des Tals im Film.

Die Anasazi-Ruinen Keet Seel im Navajo National Monument

Navajo National Monument ❷

Straßenkarte C3. *(928) 672-2700.* *tägl. 9–17 Uhr (Ende Mai–Mitte Sep: 8–17.30 Uhr).* *1. Jan, Thanksgiving, 25. Dez.*
www.nps.gov/nava

In dem nach seinem Standort in der Navajo Reservation benannten Park liegen berühmte Ruinen der Pueblo-Kultur. Am leichtesten zugänglich ist der schöne, 135 Räume umfassende Pueblo Betatakin in einer riesigen Felsnische im Tsegi Canyon. Ein leichter Weg (1,6 km) führt vom Visitor Center durch Kiefern und Wacholder zu einem Aussichtspunkt, von dem aus das gegenüberliegende Betatakin nahe dem Canyongrund gut zu sehen ist. Auch unterwegs genießt man schöne Ausblicke. Von Ende Mai bis Anfang September gibt es täglich fünfstündige geführte Wanderungen für die nähere Erkundung der Ruinen.

Ein sehr viel anstrengenderer Rundweg (27 km) führt zu den imposanteren Ruinen von Keet Seel, die täglich nur von einer begrenzten Anzahl Personen besichtigt werden dürfen. Bei dieser zweitägigen Wanderung übernachtet man auf einem sehr einfachen Campingplatz. Das ab etwa 1250 erbaute Keet Seel war eine größere und erfolgreichere Gemeinschaft als Betatakin, wurde aber wohl ab 1300 wieder verlassen. Beide Pueblos markieren den Höhepunkt der Entwicklung der Anasazi-Kultur.

Tuba City ❸

Straßenkarte C3. *9000.*
Tuba City Trading Post, 10 N. Main St, (928) 283-5441.

Die nach dem zur Religion der Mormonen konvertierten Hopi Tuuvi benannte Tuba City ist vor allem wegen der 65 Millionen Jahre alten Dinosaurierspuren bekannt, die südwestlich der Stadt (8 km) nahe dem Highway entdeckt wurden. Darüber hinaus ist die größte Gemeinde im Westen der Navajo Reservation ein guter Ausgangspunkt für Fahrten zum Navajo National Monument und zur Hopi Reservation.

Hopi Indian Reservation ❹

Straßenkarte C3. *10 000.*
Highway 264, Second Mesa, (928) 734-2401. *Mai–Sep: tägl. 6–21 Uhr; Okt–Apr: tägl. 7–20 Uhr.* *1. Jan, Thanksgiving, 25. Dez.*

Die Hopi sind die einzigen in Arizona ansässigen Pueblo-Indianer *(siehe S. 26f)*. Sie gelten als die direkten Nachfahren der Pueblo- bzw. Anasazi-Kultur. Die Hopi Indian Reservation liegt mitten im Navajo-Land in einer rauen und trockenen Landschaft, deren Böden von den Hopi seit 1000 Jahren bewirtschaftet werden. Ihrem Glauben zufolge verbringen die *kachinas*, die Geister der Pflanzen und Tiere, alljährlich die fruchtbare Jahreszeit mit dem Stamm *(siehe S. 27)*. Die meisten Hopi-Dörfer liegen auf oder an einem von drei Tafelbergen, die First, Second und Third Mesa heißen. Die Künstler jeder Mesa haben sich auf bestimmte Techniken spezialisiert: Auf der First Mesa schnitzen sie Figuren, die *Kachina*-Geister verkörpern, und fertigen bemalte Keramiken, auf der Second Mesa werden Silberschmuck sowie Körbe in Wickeltechnik, auf der Third Mesa Weidenkörbe und Webteppiche hergestellt.

Kachina-Figur

Das alte Pueblo **Walpi** auf der First Mesa ist seit dem 12. Jahrhundert bewohnt und schwer zu erreichen. Von Pollaca führt eine Straße die Mesa hinauf zum Örtchen Sichomovi. Am nahen Ponsi

Das historische Pueblo Walpi auf der First Mesa in der Hopi Indian Reservation

Hotels und Restaurants in den Four Corners *siehe Seiten 242f und 263f*

Bunt gemischtes Warenangebot im Hubbell Trading Post

Visitor Center beginnen die einstündigen Touren nach Walpi. Das Pueblo wurde aus Gründen der Verteidigung auf einem Felszacken erbaut, der auf der Kuppe der First Mesa aufragt. Neben dem stellenweise nur 30 Meter breiten Dorf fallen auf beiden Seiten steile Felswände ab. Bei der Tour durch Walpi haben Besucher reichlich Gelegenheit, *Kachina*-Figuren und typische handgefertigte Keramiken zu kaufen oder das *Piki*-Brot der Hopi zu kosten.

Wer seine Einkaufstour fortsetzen möchte, findet auf der Second Mesa in Galerien und Läden vielfältiges Kunsthandwerk der Hopi. Das Hopi Cultural Center lockt mit einem Restaurant *(siehe S. 264)*, dem einzigen Hotel *(siehe S. 243)* im Umkreis und einem Museum, das eine Sammlung mit Hopi-Fotografien zeigt.

Auf der Third Mesa ist das im 12. Jahrhundert gegründete Pueblo Old Oraibi interessant, weil es möglicherweise die älteste ständig bewohnte Siedlung Nordamerikas ist.

Walpi
(928) 737-2670. Wandertouren: Apr–Sep: tägl. 8–16.30 Uhr; Okt–März: tägl. 9.30–15.30 Uhr.

Ganado & Hubbell Trading Post 5

Straßenkarte D3. *4500.*
Hubbell Trading Post, Hwy 264, (928) 755-3254.

Größte Attraktion des Städtchens im Herzen der Navajo Reservation ist die **Hubbell Trading Post National Historic Site**. Das älteste ständig betriebene Handelszentrum der Navajo Nation wurde um 1870 von John Lorenzo Hubbell gegründet. Trading Posts waren früher die Wirtschafts- und Sozialzentren der Reservate. Die Navajo tauschten u. a. Schafe, Decken, Wolle und Türkise gegen Werkzeuge, Haushaltswaren und Lebensmittel. Trading Posts spielten auch eine wichtige Rolle in Notzeiten. John Lorenzo Hubbells Haus etwa wurde 1886 während einer Pockenepidemie zum Krankenhaus umfunktioniert.

Navajo-Armband, Hubbell Trading Post

Das Geschäft läuft immer noch gut. Ein Raum ist als normaler Gemischtwarenladen eingerichtet, in dem Pfannen, Eisenwaren, Stoffe, Medikamente und Lebensmittel verkauft werden. In einem weiteren Raum findet man handgewebte Decken, einige der berühmten *Kachina*-Figuren und Navajo-Körbe. In einem dritten Raum begeistert wunderschöner, in Glasvitrinen ausgestellter Silber- und Türkisschmuck. Besucher können John Lorenzo Hubbells restauriertes Wohnhaus und eine bedeutende Sammlung von Kunst des Südwestens besichtigen. Im Visitor Center demonstrieren Navajo-Frauen an Webstühlen ihr Handwerk.

Hubbell Trading Post National Historic Site
A2264, nahe Ganado. *(928) 755-3475. Mai–8. Sep: tägl. 8–18 Uhr; 9. Sep–Ende Apr: tägl. 8–17 Uhr. 1. Jan, Thanksgiving, 25. Dez.* **www**.nps.gov/hutr/

Window Rock 6

Straßenkarte D3. *4500.*
Highway 264, (928) 871-6436.

Die Hauptstadt der Navajo Nation ist nach einem Naturbogen benannt, der sich etwa 1,6 Kilometer nördlich in den Sandsteinfelsen erhebt. Das **Navajo Nation Museum** (1997) zählt zu den größten Indianermuseen der USA. Die Ausstellungen in dem in Form eines *hogan* gehaltenen Gebäudes widmen sich der Geschichte der Pueblo-Kultur und der Navajo.

Navajo Nation Museum
Hwy 264/Post Office Loop Rd.
(928) 871-7941. Mo 8–17, Di–Fr 8–18, Sa 9–18 Uhr.

Fenster zum Himmel: der Window Rock beim Highway 12

Canyon de Chelly National Monument ❼

Blühender Kaktus

Der Canyon de Chelly, einer der ältesten Siedlungsplätze Nordamerikas, erzählt von einer wechselvollen Geschichte. Archäologen konnten belegen, dass hier Vertreter vier verschiedener Kulturen lebten. Den Beginn machten Menschen der Basketmaker-Kultur um 300 n. Chr. Ihnen folgten die Anasazi, die im 12. Jahrhundert die Klippenhäuser errichteten. Danach bewirtschafteten die Hopi 300 Jahre lang die fruchtbaren Böden. Sie zogen im 18. Jahrhundert auf die Mesas, kamen jedoch jeden Sommer zurück, um Felder zu bestellen. Heute ist der Canyon das kulturelle und geografische Zentrum der Navajo Nation. Der Name de Chelly wird »d'schäi« ausgesprochen und ist eine spanische Verballhornung des indianischen Worts *tsegi*, »Felsschlucht«.

Yucca House Ruin
Auf der Kuppe einer Mesa schwebt diese in eine Felshöhle geduckte Anasazi-Ruine über einer steilen Felswand.

Mummy Cave Ruin
Die zwei durch einen zentralen Turm getrennten Pueblos wurden um 1280 von den Anasazi gebaut. Sie lebten rund 1000 Jahre hier. Ein Aussichtspunkt bietet einen guten Blick auf die beeindruckenden Ruinen.

In *cliff dwellings* aus Stein und Adobe lebten vom 12. bis 14. Jahrhundert Vertreter der Alten Pueblo-Kultur. Die Fassaden blickten Richtung Süden, die Häuser selbst waren in der kühlen Höhle geschützt.

Navajo Fortress
Der imposante Felsturm war 1863 Schauplatz der dreimonatigen Belagerung einer Navajo-Gruppe. Sie war mit Leitern vor Kit Carson (siehe S. 171) *und der Armee auf die Kuppe geflohen. Später zwang der drohende Hungertod die Navajo zur Aufgabe – sie wurden in ein Lager in New Mexico deportiert.*

Hotels und Restaurants in den Four Corners *siehe Seiten 242f und 263f*

Landschaft des Canyons
Die bis zu 300 Meter hohen Sandsteinwände des Canyon de Chelly überragen die nahen Wiesen und weiter entfernt liegenden Wüstengebiete. Am Canyongrund gedeihen vom Chinle Wash bewässerte Büsche und Bäume.

INFOBOX

Straßenkarte D3. 3,5 km östlich von Chinle und I-191. *P.O. Box 588, Chinle, (928) 674-5500.* *tägl. 8–17 Uhr.* *25. Dez.* *teilweise.* *im ganzen Canyon, außer für White House.* *Touren.* **www**.nps.gov/cach/

Die hellen Wände der White House genannten Klippe sind 160 Meter hoch.

Im *hogan*
Der hogan *ist das Zentrum der Navajo-Familie. Das Rauchloch im flachen Balkendach ist die Verbindung zum Himmel, der Lehmboden zur Erde. Durch die Tür in der Ostwand wird die aufgehende Sonne begrüßt.*

White House Ruins

An den in eine kleine Höhle geduckten Räumen scheint die Zeit fast spurlos vorbeigegangen zu sein. Ursprünglich befanden sie sich oberhalb eines größeren Pueblos, das heute fast ganz verschwunden ist. Zu der einzigen Stätte im Canyon, die ohne Navajo-Führer zugänglich ist, windet sich vom Canyongrund ein steiler, fünf Kilometer langer Rundweg mit Panoramablick.

Massacre Cave – Massakerhöhle

1805 drangen spanische Soldaten unter dem Kommando von Antonio Narbona in das Gebiet ein. Sie wollten die Navajo, die angeblich ihre Siedlungen überfallen hatten, unterwerfen. Einige Navajo konnten auf den Rand des Canyons klettern, andere flohen in eine Höhle, in die die Spanier gnadenlos feuerten. Narbona gab später an, 115 Navajo, darunter 90 Krieger, getötet zu haben. Die Navajo berichten jedoch anderes: Ihnen zufolge waren die meisten Krieger abwesend (wahrscheinlich auf der Jagd), zu den Todesopfern zählten vor allem Frauen, Kinder und Alte. Bei dem Massaker kam nur ein Spanier um. Als er versuchte, in die Höhle zu klettern, wurde er von einer Navajo-Frau angegriffen, beide fielen in die Tiefe. Bei den Navajo heißt die Höhle deshalb »Zwei fielen hinunter«.

Die Zeichnung an der Felswand zeigt eindringende spanische Soldaten

Überblick: Canyon de Chelly

Navajo-Ranger

Der Canyon de Chelly ist eine Oase inmitten der Wüste, die sich an seinen Rändern erstreckt. Die am Schluchteingang neun Meter hohen roten Felswände ragen in ihrem weiteren Verlauf über 300 Meter über eine geschützte Welt am Canyongrund auf. Dort stehen *hogans (siehe S. 169)*, Frauen hüten Schafe und fertigen an Webstühlen im Freien Decken. Zum Reiz des Canyons tragen die Anasazi-Ruinen bei. Die Aussicht auf die malerische Idylle kann man am Nord- und Südrand bei Navajo-Jeeptouren genießen.

Antelope House Ruin
Die ältesten Ruinen des Antelope House (um 700), das nach einer von Navajo-Künstlern um 1830 gefertigten Felszeichnung so benannt wurde, sind vom Antelope House Overlook aus zu sehen.

Vegetation im Canyon
Im Canyon säumen Pappeln und Eichen die seichten Wasser. Hier gedeihen Wiesen, Alfalfa- und Maisfelder. Obstgärten bringen reiche Ernte.

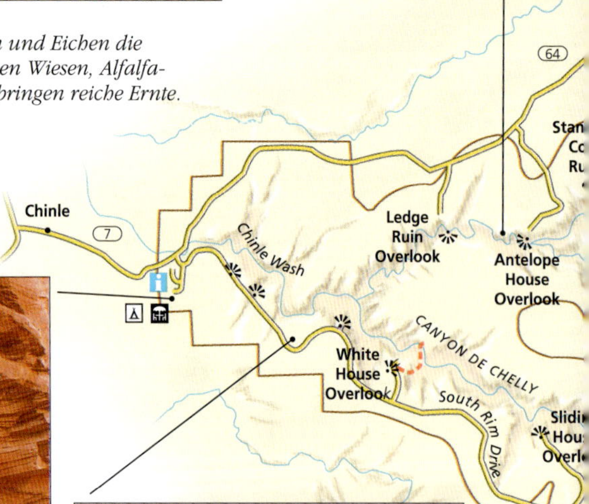

Canyontouren
Auf unterschiedlich langen und schwierigen, halb- und ganztägigen Touren bringen z. B. große dreiachsige Armeelaster Besucher von der Thunderbird Lodge nahe an die Ruinen heran.

Tsegi Overlook
Von dieser hoch gelegenen Biegung am South Rim öffnet sich ein weiter Blick auf die Farmen im Canyon und die Umgebung.

Wandern im Canyon
In dem bei Wanderern beliebten Canyon de Chelly ist nur der White House Ruins Trail ohne Führer zugänglich. Das Besucherzentrum (siehe S. 169) *bietet unterschiedlich lange, von Navajo-Führern geleitete Touren an.*

Spider Rock
Den Navajo-Legenden zufolge lebte auf dem Felsen (245 m) die Spider Woman (Spinnen-Frau), die ihnen die Weberei lehrte.

Kit Carson und der »Lange Marsch«

Ab 1863 »löste« Kit Carson auf Befehl der US-Regierung unter dem Kommando von General James A. Carlton das Problem der Navajo-Angriffe: Mit seinen Soldaten verwüstete er die von den fliehenden Indianern verlassenen Dörfer und tötete ihr Vieh. Im Januar 1864 nahm Carson im Canyon de Chelly sich dort versteckende Navajo gefangen. Sie sollten zu den 9000 Navajo gehören, die 1864 auf dem »Langen Marsch« (595 km) von Fort Defiance in ein erbärmliches Reservat in Bosque Redondo (New Mexico) deportiert wurden. Dort starben über 3000 von ihnen, bevor die US-Regierung die Umsiedlung als Fehler anerkannte und den Indianern erlaubte, in die Four Corners zurückzukehren.

Pelzjäger und Soldat: Kit Carson (1809–1868)

Felsformationen im Valley of the Gods bei Bluff

Bluff ❽

Straßenkarte D2. 👥 *300.*
ℹ *Blanding Visitor Center, 12 N. Hwy 191, (435) 678-3662.* ⛺
www.bluffutah.org

Der Ort wurde 1880 von den Mormonen besiedelt, die durch das berühmte »Hole in the Rock« *(siehe S. 147)* gekommen waren. Bluff ist zentral gelegen und eine hervorragende Ausgangsbasis zur Erkundung von Utahs äußerstem Südosten. Die Bootstouren auf dem San Juan River halten bei Ruinen der Pueblo-Kultur, die nur vom Wasser aus erreichbar sind.

Umgebung: Etwa 20 Kilometer südlich des Orts führt eine ausgeschilderte ungeteerte Straße 27 Kilometer ins Valley of the Gods hinab, das mit seinen markanten Felsformationen einer kleineren, weniger besuchten Ausgabe des Monument Valley *(siehe S. 164f)* gleicht. An einem ruhigen Tag kann man nachempfinden, wie das Gebiet auf die Pioniere gewirkt hat.

Blanding ❾

Straßenkarte D2. ℹ *Edge of the Cedars, State Park Museum, 660 W. 400 N. Blanding, (435) 678-2238.* ⛺ ◯ *Mo–Sa 9–17 Uhr.* ● *1. Jan, Thanksgiving, 25. Dez.* ♿
www.stateparks.utah.gov

In dem Mormonenort am Fuß der Abajo Mountains liegt der Edge of the Cedars State Park. Dort können Ruinen der Pueblo-Kultur und eine kleine *kiva*, eine Kultkammer, besichtigt werden. Attraktion des Parks ist das Museum mit einer interessanten Ausstellung über die altindianischen Kulturen.

Hovenweep National Monument ❿

Straßenkarte D2. Östlich des Hwy 191. ☎ *(970) 562-4282.* ◯ *tägl. 8–16.30 Uhr (Mai–Sep bis 18 Uhr).* ● *1. Jan, Thanksgiving, 25. Dez.* ♿ 🚶 ⛺ **www**.nps.gov/hove/

Die Ruinen in Hovenweep liegen am Rand eines niedrigen Canyons auf einem abgelegenen Hochplateau im äußersten Südwesten von Colorado. Sie zählen zu den rätselhaftesten Stätten der Pueblo-Kultur. Die gut erhaltenen Ruinen, zu denen einzigartige runde, viereckige und D-förmige Türme gehören, wurden niemals restauriert oder neu aufgebaut. Dennoch sehen sie heute noch fast genauso aus wie 1854, als sie von W. D. Huntington, dem Anführer einer Mormonenexpedition, gesichtet wurden. Die Stätte wurde 1874 nach einem Wort aus der Sprache der Ute-Indianer benannt, das »wüstes Tal« bedeutet. Die hiesige Kultur erlebte zwischen 1200 und 1275 ihren Höhepunkt. Bislang ist nur wenig über sie bekannt, Rückschlüsse erlauben Keramiken und Werkzeuge. Die Türme geben Anlass zu Spekulationen: Dienten sie der Verteidigung, als astronomische Observatorien, Lagerspeicher oder Sakralbauten?

Besucher können die sechs verstreut liegenden Ruinenkomplexe auf zwei Wanderwegen erkunden.

Ute Mountain Tribal Park ⓫

Straßenkarte D2. ℹ *Kreuzung von Highway 160 und Highway 491, (970) 565-3751, 1-800 847-5485.* ◯ *Touren tel. erfragen.* ♿ 🚶 *obligatorisch.*

Die Ruinen des Ute Mountain Tribal Park sind ein Geheimtipp. Die Region wurde ab etwa 400 n. Chr. von Menschen der Pueblo-Kul-

Altindianischer Ziegelturm im Hovenweep National Monument

tur besiedelt, deren Zivilisation der von Mesa Verde *(siehe S. 180f)* glich. Sie hinterließen viele *cliff dwellings*, darunter das 80 Räume umfassende Lion House. In den schwer erreichbaren Ruinen gibt es nur wenige Besucher. Man kann mit dem Auto an der von Ute geleiteten Halb- oder Ganztagestour teilnehmen oder sich fahren lassen.

Four Corners Monument Navajo Tribal Park ⓬

Straßenkarte D2. Kreuzung Hwy 160 und 41. *(928) 871-6647.* *Mai–Sep: tägl. 7–20 Uhr; Okt–Apr: 8–17 Uhr.* *1. Jan, Thanksgiving, 25. Dez.* **www**.navajonationparks.org

Am einzigen »Vierländereck« der USA vergnügen sich Besucher meist damit, gleichzeitig je eine Hand und einen Fuß in einen anderen Staat zu platzieren – und anderen bei ihren Verrenkungen zuzuschauen.

Chaco Culture National Historical Park ⓭

Siehe S. 174f.

Farmington ⓮

Straßenkarte D2. *43 000.* *3041 E. Main St, (505) 326-7602.* **www**.farmingtonnm.org

Die staubige Rancherstadt ist ein guter Ausgangsort für Ausflüge zu den Sehenswürdigkeiten der Umgebung. In Farmington befindet sich zudem eines der ungewöhnlichsten Museen des Südwestens: Das riesige **Bolack Museum of Fish and Wildlife** beherbergt die weltgrößte Sammlung von ausgestopften Wildtieren. Sie wurde in 70 Jahren vom Ölbaron und Rancher Tom Bolack zusammengetragen. In neun Abteilungen werden u.a. afrikanische, asiatische, europäische und russische Tiere gezeigt.

Das **Farmington Museum** widmet sich der lokalen Geschichte und Geografie. In der Kindergalerie gibt es interaktive Exponate.

Umgebung: Etwa 40 Kilometer westlich von Farmington liegt Shiprock. Der Ort ist nach einem 457 Meter hohen Felsen benannt, der acht Kilometer westlich aufragt. Der für die Navajo heilige Felsen diente frühen angloamerikanischen Siedlern als Orientierungspunkt, dessen Form sie an einen Schiffsbug erinnerte. Heute können Besucher den Felsen nur von den Highways 64 oder 33 aus betrachten.

Zwölf Kilometer südlich liegen die **Salmon Ruins**. Die Ruinen einer Chaco-Siedlung (11./12. Jh.) wurden von der Familie Salmon, die sich hier nach 1870 niederließ, vor Grabräubern beschützt. Deshalb konnten Archäologen 100 Jahre später über eine Million Artefakte finden, die heute zum Teil in dem hervorragenden Museum gezeigt werden. Vom Museum aus führen Wege zum Haus der Salmons und zu den Ruinen der Gebäude, die einst von indianischen Baumeistern mit außergewöhnlicher Kunstfertigkeit errichtet wurden.

Bolack Museum of Fish and Wildlife
3901 Bloomfield Hwy. *(505) 325-4275.* *Mo–Sa 9–15 Uhr (nur nach Voranmeldung).* *obligatorisch.*

Farmington Museum
3041 E. Main St. *(505) 599-1174.* *Mo–Sa 9–17 Uhr.* **www**.farmingtonmuseum.org

Salmon Ruins
6131 Hwy 64. *(505) 632-2013.* *tägl. 8–17 Uhr (Nov–Apr: ab 12 Uhr).* *1. Jan, Thanksgiving, 25. Dez.*

Innenraum der Great Kiva, Ancestral Puebloan Salmon Ruins

Aztec ⓯

Straßenkarte D2. *6000.* *110 Ash St, (505) 334-9551.*

Das Städtchen ist nach den zum National Monument erklärten Ruinen einer Ende des 13. Jahrhunderts blühenden Anasazi-Siedlung benannt, die frühe Siedler irrtümlich für aztekische Bauten hielten. Zu den 500 Räumen des Pueblos gehört eine große, wiedererrichtete *kiva*.

Aztec Ruins National Monument
Nördlich des Hwy 516 an der Ruins Rd. *(505) 334-6174.* *tägl. 8–17 Uhr (Sommer: bis 18 Uhr).* *1. Jan, Thanksgiving, 25. Dez.* **www**.nps.gov/azru

Der Shiprock, eine markante rote Felsspitze bei Farmington

Chaco Culture National Historical Park ⓭

Pfeilspitze, Chaco Museum

Chaco Canyon zählt zu den imposantesten Hinterlassenschaften der komplexen Pueblo-Kultur und sicher zu den beeindruckendsten Sehenswürdigkeiten im Südwesten. Der Canyon mit den sechs »Großen Häusern« (Pueblos mit Hunderten Räumen) und vielen kleineren Anlagen war einst das politische, religiöse und kulturelle Zentrum der Siedlungen in den Four Corners. Zu seiner Blütezeit im 11. Jahrhundert gehörte Chaco zu den eindrucksvollsten präkolumbischen Städten Nordamerikas. Den großen Komplex bewohnten jedoch wahrscheinlich nur wenige Menschen, da das Land nur eine geringe Bevölkerung ernähren konnte. Archäologen nehmen an, dass er wohl als Zeremonialzentrum diente, in dem weniger als 3000 Personen ständig lebten. Diese soziale Elite betrieb vor allem Handel.

Architekturdetail
Den Baumeistern standen für ihre schön gearbeiteten Mauern nur Steinwerkzeuge zur Verfügung.

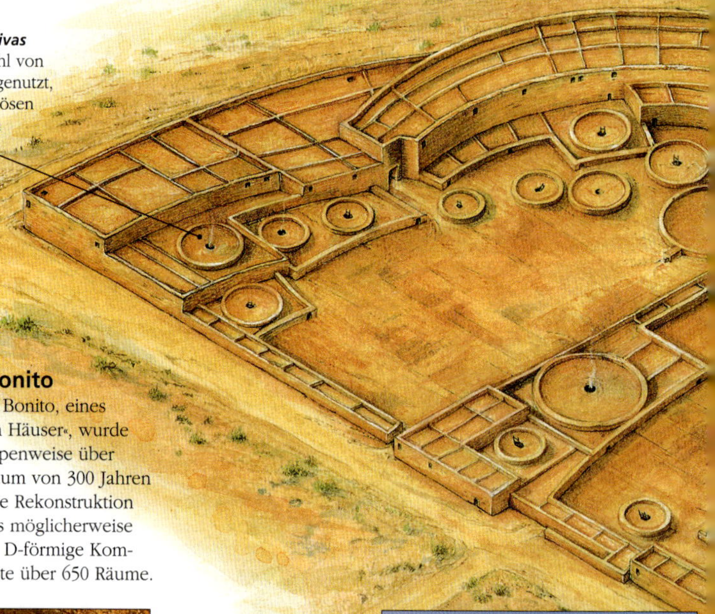

Die vielen *kivas* wurden wohl von Besuchern genutzt, die zu religiösen Zeremonien herkamen.

Pueblo Bonito
Das Pueblo Bonito, eines der »Großen Häuser«, wurde ab 850 etappenweise über einen Zeitraum von 300 Jahren errichtet. Die Rekonstruktion zeigt, wie es möglicherweise aussah. Der D-förmige Komplex umfasste über 650 Räume.

Chetro Ketl
Vom Pueblo Bonito führt ein Weg zum Chetro Ketl. Dieses »Große Haus« ist mit zwei Hektar Fläche und 500 Räumen fast so riesig wie Pueblo Bonito. Die Maurerarbeiten an den jüngeren Abschnitten zählen zu den besten, die je an Stätten der Alten Pueblo-Kultur gefunden wurden.

Casa Rinconada
Die auch »große kiva« *genannte Casa Rinconada ist die größte Kultkammer in Chaco (Durchmesser 19 m). Sie wurde für religiöse Versammlungen genutzt.*

Hotels und Restaurants in den Four Corners *siehe Seiten 242f und 263f*

Pueblo Alto
Am Kreuzungspunkt einiger Straßen wurde Pueblo Alto auf der Kuppe einer Mesa errichtet. Zur Stätte führt nur eine zweistündige Wanderung – doch der Blick lohnt die Mühe.

INFOBOX

Straßenkarte D3. 40 km südöstlich an der US 550.
Chaco Culture Visitor Center, (505) 786-7014.
tägl. 8–17 Uhr. *1. Jan, Thanksgiving, 25. Dez.*
www.nps.gov/chcu/

Dieses »Große Haus« hatte vier Stockwerke.

Hunderte Räume im Pueblo Bonito weisen fast keine Spuren der Benutzung auf. Sie dienten möglicherweise als Vorratskammern oder für Gäste, die zu wichtigen Zeremonien herkamen.

Frühe Astronomen am Fajada Butte
Zeitmessung war (überlebens-)wichtig. Durch sie wurde der richtige Zeitpunkt für die Aussaat und für Zeremonien bestimmt. Die Schatten einer spiraligen Felszeichnung am Fajada Butte zeigten die Jahreszeiten genau an.

Chaco

Zur Stätte führt eine ungeteerte Straße (21 km), auf der bei Regen Sturzfluten drohen. Eine Asphaltstraße verläuft um die Stätte und an einigen der wichtigsten Attraktionen vorbei. Vom Visitor Center führt ein Wanderweg zu Una Vida und zu den Petroglyphen.

LEGENDE

- Straße
- Piste
- Wanderweg
- Camping/Wohnmobile
- Picknick
- Information

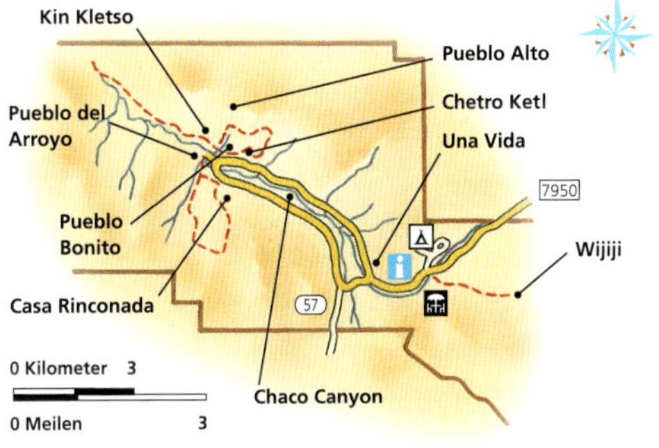

Von Kiefernwäldern umgeben: das Seengebiet von Alta Lakes bei Telluride ***(siehe S. 178f)*** ▷

San Juan Skyway-Tour ⓰

Der San Juan Skyway verläuft 380 Kilometer in einer Schleife durch eine der schönsten Landschaften Amerikas. Die Route führt auf drei Highways (550, 145 und 160) über die San Juan Mountains vorbei an Bergbauorten aus dem 19. Jahrhundert, an 14 über 4200 Meter hohen Gipfeln, durch Wälder und Canyons. Zwischen Silverton und Ouray heißt die Straße Million Dollar Highway – Gerüchten zufolge entweder weil für sie goldhaltiger Kies verwendet wurde oder weil ihr Bau so teuer war.

ROUTENINFOS

Route: *Highway 550 von Durango, dann Highway 145 und 160.*
Länge: *380 km.*
Rasten: *Ridgway State Park am Hwy 550 bietet einen schönen Blick auf die San Juan Mountains.*

Telluride ④
Kleiner als die Skizentren Aspen und Vail, aber fein: Tellurides Western-Charme lockt Jetsetter und ernsthafte Skifahrer gleichermaßen an.

Ouray ③
Ouray hat eine ähnliche Bergbaugeschichte wie Silverton, kann aber zudem mit den heißen Quellen Ouray Hot Springs locken.

Alta Lakes ⑤
Am San Juan Skyway gibt es viele Bergseen. Dieses Seengebiet liegt südlich von Telluride und nördlich des hochalpinen Lizard Head Pass.

Dolores ⑥
Im Anasazi Heritage Center gibt es zwei Anasazi-Pueblos aus dem 12. Jahrhundert und ein Museum über die Pueblo-Kultur.

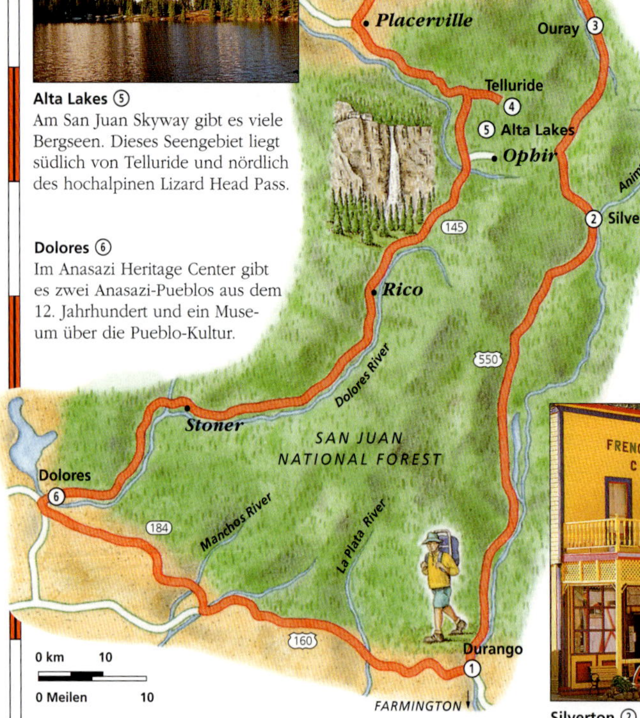

LEGENDE

- Routenempfehlung
- Andere Straße

Durango ①
Durango bietet reizende viktorianische Häuser, heiße Quellen und ist Startpunkt der Durango-and-Silverton-Dampfeisenbahn.

Silverton ②
Hier wurde 1874 Silber gefunden. Heute werden in der Blair Street der Westernstadt täglich »Schießereien« veranstaltet.

Tellurides Hauptstraße vor den Bergriesen der Rocky Mountains

Telluride 17

Straßenkarte D2. *1550.*
700 W. Colorado Ave, (970) 728-3041, 1-888 605-2578. Sommer: tägl. 9–19 Uhr (Winter: bis 17 Uhr).
www.visittelluride.com

Die einstige Bergbaustadt ist heute ein Skizentrum, in dem sich – wie im berühmten Aspen in Nord-Colorado – Hollywood-Stars tummeln. Trotz der zahllosen Skiläden, Boutiquen und Restaurants im spätviktorianischen Zentrum hat sich Telluride ein gewisses Flair bewahrt. Man kann sich immer noch ganz gut vorstellen, wie hier einst der berüchtigte Bankräuber Butch Cassidy lebte.

Das exklusive Mountain Village liegt hinter einem Bergkamm und ist mit einer kostenlosen Seilbahnfahrt (12 Min.) leicht zu erreichen. In das Wintersportgebiet strömen im Sommer Wanderer, Reiter und Angler. In der Stadt findet zudem jährlich ein internationales Filmfestival statt.

Ouray 18

Straßenkarte D2. *800. 1230 Main St, (970) 325-4746, 1-800 228-1876. tägl.*
www.ouraycolorado.com

Der wunderbar erhaltene alte Bergbauort liegt zwischen Berggipfeln am Highway 550, etwa 37 Kilometer nördlich von Silverton. Er ist eine ideale Basis für Wanderer und Offroad-Fans. Nördlich des Orts liegen die Ouray Hot Springs. Im Süden führt eine Rundstraße zum Box Canyon Falls Park, wo man über einen kurzen Weg – mit Hängebrücke – zu schönen Wasserfällen gelangt.

Silverton 19

Straßenkarte D2. *505.*
414 Greene St, (970) 387-5654, 1-800 752-4494.
www.silvertoncolorado.com

Zwischen schneebedeckten Gipfeln liegt einer der besterhaltenen Bergbauorte des Südwestens: Ganz Silverton ist National Historic Landmark. Die Fassaden in der Blair Street haben sich seit dem Silberboom Ende des 19. Jahrhunderts kaum verändert. Die meisten Gebäude der Greene Street stammen aus dem späten 19. oder frühen 20. Jahrhundert, z. B. das 1902 erbaute County Jail, in dem sich das **San Juan County Historical Museum** der Bergbaugeschichte widmet. Nördlich führt die Greene Street East zur Geisterstadt Animas Forks (21 km entfernt), die nach dem Ende des Silberabbaus verlassen wurde.

Schild des Silverton County Jail

San Juan County Historical Museum
1512 Greene St. *(970) 387-5838.*
Ende Mai–Mitte Okt: tägl. 9–17 Uhr.

Durango 20

Straßenkarte D2. *14 700.*
111 S. Camino del Rio, (970) 247-3500, 1-800 525-8855. Mai–Sep: Mo–Fr 8–18, , Sa 9–17, So 10–16 Uhr; Okt–Apr: Mo–Fr 8–17 Uhr.
www.durango.org

Durango am Animas River ist ein hübsches Städtchen mit Alleen und viktorianischer Architektur. Hierher ziehen viele, mittlerweile ist Durango die größte Gemeinde in diesem Teil Colorados.

Die Stadt ist zudem für die **Durango and Silverton Narrow Gauge Railroad** bekannt, mit der man die wohl malerischste Bahnreise in den USA machen kann. Die Dampfeisenbahn aus den 1920er Jahren bringt über 200 000 Passagiere jährlich durch das Tal des Animas River und über steile Steigungen sowie Canyon- und Berglandschaften nach Silverton. Die dreieinhalbstündige Reise kann in viktorianischen Passagierwaggons oder im offenen »Gondelwagen« unternommen werden. Von den zahlreichen Haltestellen aus ziehen Wanderer und Angler ins Hinterland des San Juan National Forest. Besonders schön ist es im September, wenn sich die Bergwälder verfärben (unbedingt reservieren).

Durango and Silverton Narrow Gauge Railroad
479 Main Ave. *(970) 247-2733, 1-888 872-4607 (Reservierung).*
ganzjährig fast tägl., Zeiten tel. erfragen. **www**.durangotrain.com

Dampflok der Durango and Silverton Narrow Gauge Railroad

Hotels und Restaurants in den Four Corners *siehe Seiten 242f und 263f*

Mesa Verde National Park ㉑

Die bewaldete Mesa über dem Montezuma Valley war über 700 Jahre Siedlungsgebiet der Anasazi *(siehe S. 38)*. In den Canyons, die die Mesa durchschneiden, thronen einige der am besten erhaltenen und schönsten *cliff dwellings*. Der Name Mesa Verde, »Grüner Tisch«, wurde dem Gebiet bereits im 18. Jahrhundert von den Spaniern verliehen – die Ruinen wurden jedoch erst Ende des 19. Jahrhunderts allgemein bekannt. Mesa Verde ist ein faszinierendes Zeugnis der altindianischen Kultur von der Basketmaker-Periode (ab 550) bis zu der komplexen Gesellschaft, die die vielräumigen *cliff dwellings* zwischen 1000 und 1250 errichtete. Im Far View Visitor Center und im Chapin Mesa Museum gibt es hierzu informative Ausstellungen.

Spruce Tree House
In den dreistöckigen Bauten in einer breiten Felsnische lebten wahrscheinlich bis zu 100 Menschen.

Führungen
Bei den Führungen der Ranger können Besucher die Ruinen betreten und einen Eindruck vom Leben der einstigen Bewohner gewinnen.

Cliff Palace
Mit 150 Räumen ist dies das größte bekannte *cliff dwelling* der Pueblo-Kultur und der Besuchermagnet von Mesa Verde. Lage und Symmetrie des etwa ab 1200 errichteten, um 1275 verlassenen Baus zeigen die Bedeutung, die die Architektur für die alten Baumeister besaß.

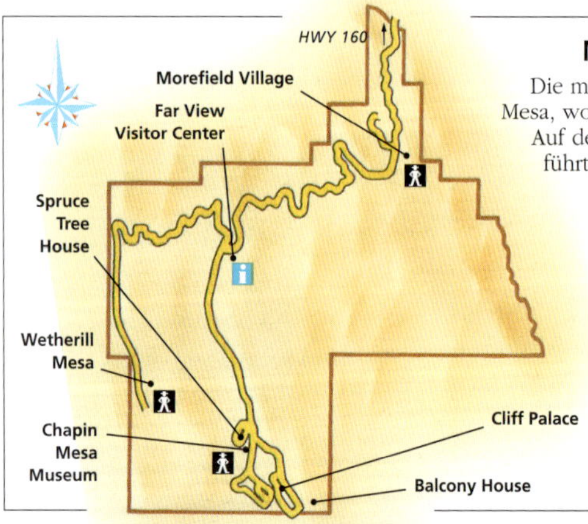

Mesa Verde National Park
Die meisten Besucher starten in Chapin Mesa, wo die Stätten am dichtesten liegen. Auf der Asphaltstraße, die um die Mesa führt, hat man eine herrliche Aussicht.

LEGENDE
- Panoramastraße
- Information
- Ranger-Station
- Parkgrenze

0 Kilometer 5
0 Meilen 5

Hotels und Restaurants in den Four Corners *siehe Seiten 242f und 263f*

Balcony House
Der heute noch schwer zugängliche, von unten nicht sichtbare Bau diente wohl zur Verteidigung. Er ist über drei in luftiger Höhe schwebende Leitern und einen Tunnel, durch den man krabbeln muss, erreichbar.

INFOBOX

Straßenkarte D2. *P.O. Box 8, Mesa Verde, CO 81330, (970) 529-4465.* *Cortez.* *Far View Visitor Center: Mitte Apr–Mitte Okt: tägl. 8–17 Uhr (Juni–Aug: bis 19 Uhr).* *Chapin Mesa Archaeological Museum: tägl. 8–17 Uhr (Apr–Sep: bis 18.30 Uhr).* **www**.nps.gov/meve/

Die Türme dienten wahrscheinlich als Signalstationen oder als Wachtürme.

Square Tower House
Der ungewöhnliche vierstöckige Turm war einst Teil einer Anlage mit 80 Räumen. Frühe Cowboys gaben dieser Ruine ihren Namen – wohl wegen ihrer auffallenden Höhe. Ob hier Wohn- oder Ritualräume übereinanderlagen, ist ungeklärt.

Die 23 *kivas* (Kulträume) lassen vermuten, dass hier einst mindestens 23 Familien oder Clans lebten.

Wetherill Mesa Long House
Eine 17 Kilometer lange, kurvige Bergstraße führt zur Wetherill Mesa. Sie ist nach dem einheimischen Rancher Richard Wetherill benannt, der Cliff Palace um 1880 entdeckte. Zwei cliff dwellings, *Step und Long House, können besichtigt werden.*

New Mexico

Überblick: New Mexico

Beeindruckende Landschaften, ein reiches kulturelles Erbe, eine einmalige multikulturelle, indianisch, hispanisch und angloamerikanisch beeinflusste Gesellschaft – New Mexico ist eine Reise wert. Die bewaldeten Rocky Mountains im Norden bieten Skigebiete im Winter und kühle Rückzugsorte in der heißen Jahreszeit. Das Licht im Nördlichen New Mexico mit seinen starken Schatten und weichen Farben zieht seit Generationen Künstler an, vor allem in die kreativen Zentren Santa Fe und Taos. Besucher genießen die lebhafte, zentral gelegene Großstadt Albuquerque. Sie erkunden im Süden altindianische Ruinen im Gila Cliff Dwellings National Monument oder Naturwunder wie die Dünen im White Sands National Monument und das Höhlensystem der Carlsbad Caverns.

Adobe-Bau in Albuquerques Old Town ***(siehe S. 210f)***

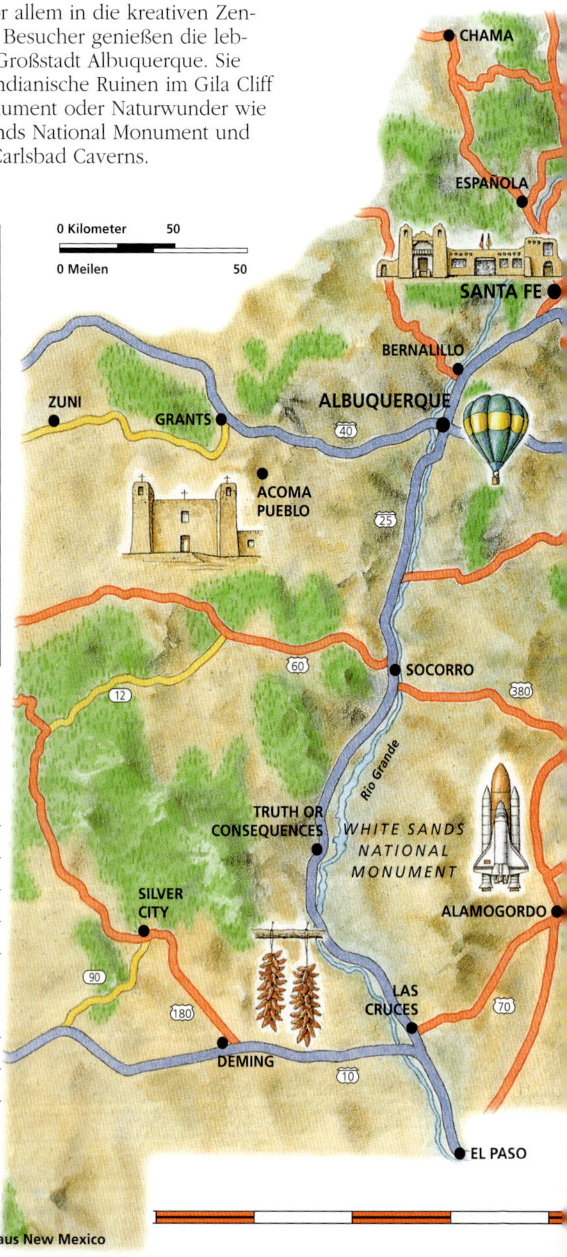

LEGENDE

- Interstate Highway
- US Highway
- State Highway
- Fluss

SIEHE AUCH

- ***Hotels*** S. 243–247
- ***Restaurants*** S. 265–269

◁ **Getrocknete Chilis und Keramik aus New Mexico**

In New Mexico unterwegs

Zwei große Interstate Highways, I-25 und I-40, kreuzen sich in Albuquerque. Die Interstate 25 führt Richtung Norden nach Colorado und Richtung Süden nach Mexiko. Die Interstate 40 kommt von Osten aus Texas und führt westwärts nach Arizona. Im Süden verbindet die Interstate 10 die Stadt Las Cruces mit Arizona. Albuquerque Airport ist New Mexicos Hauptflughafen für internationale und Inlandsflüge. Greyhound-Busse verkehren zwischen Albuquerque und größeren Orten.

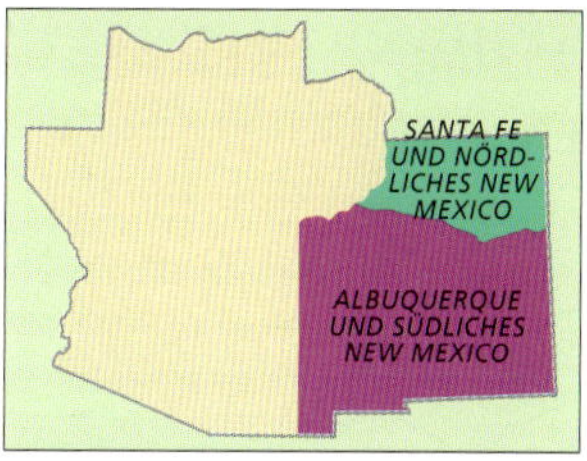

Zur Orientierung

Cliff dwellings der Anasazi im Bandelier National Monument *(siehe S. 200f)*

Yuccapflanzen in den gleißend weißen Dünen des White Sands National Monument *(siehe S. 223)*

Atomzeitalter

Die USA befürchteten im Zweiten Weltkrieg, dass Deutschland eine Atombombe entwickeln würde, und starteten deshalb ein eigenes Nuklearwaffenprogramm. 1942 entschieden Großbritannien und die USA, die Forschungen gemeinsam zu betreiben. Los Alamos, ein entlegenes Gebiet in New Mexico, wurde aufgrund seiner klaren Luft, ebenen Fläche und geringen Bevölkerung zum idealen Testgebiet für das Manhattan-Projekt erkoren. In dessen Verlauf wurde im Juli 1945 die erste Atombombe der Welt gezündet.

Heute sind das Los Alamos National Laboratory und das Sandia National Laboratory in Albuquerque die größten US-Kernforschungseinrichtungen, New Mexicos größte Arbeitgeber und neben der White Sands Missile Range wichtige Militärforschungszentren. Der regionalen »Atomgeschichte« sind Museen in Los Alamos *(siehe S. 200)* und White Sands *(siehe S. 223)* gewidmet.

Die Atombomben Fat Man und Little Boy *fielen im August 1945 auf die japanischen Städte Hiroshima und Nagasaki. Modelle sind im Bradbury Science Museum in Los Alamos* (siehe S. 200) *ausgestellt.*

Die Nike Ajax Missile *in der International Space Hall of Fame in Alamogordo* (siehe S. 224) *war einer der ersten Lenkflugkörper. Die Rakete wurde 1951 auf der White Sands Missile Range getestet. Auf dem Museumsgelände sind weitere Raketen aus dieser Zeit ausgestellt.*

Robert Goddard erlebte das Weltraumzeitalter nicht mehr. Als er 1945 starb, besaß er 214 Raketenpatente.

Geheimsache Manhattan-Projekt

1943 wurde die harmlose ehemalige Knabenschule Los Alamos Ranch School auf dem einsamen Pajarito Plateau zur Forschungsstätte für das streng geheime Manhattan-Projekt. Die von dem Physiker J. Robert Oppenheimer und General Leslie R. Groves geleiteten Arbeiten begannen unverzüglich. Innerhalb von zwei Jahren wurde die erste Atombombe entwickelt und am 16. Juli 1945 auf der abgesperrten Trinity Test Site (heute White Sands Missile Range) 370 Kilometer südlich von Los Alamos gezündet. Der Kriegseinsatz der Bombe war heftig umstritten, einige an ihrer Entwicklung beteiligte Wissenschaftler unterschrieben eine Petition gegen ihren Abwurf. Ausstellungen zum Projekt beherbergen das Bradbury Science Museum und das Los Alamos Historical Museum.

J. R. Oppenheimer und L. R. Groves 1944 in Los Alamos

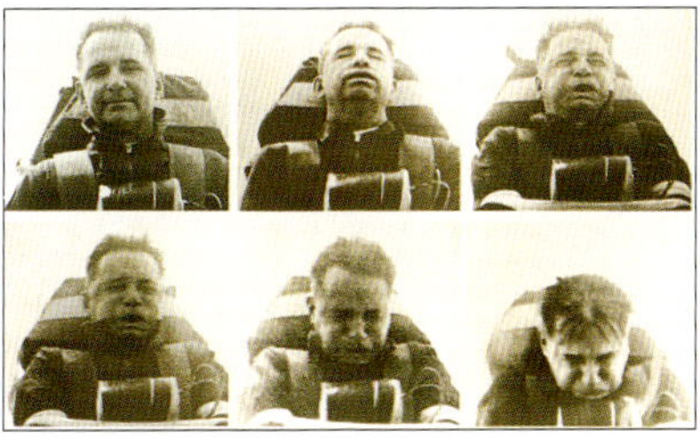

Dr. John P. Stapp *1954 bei einem Beschleunigungstest im raketengetriebenen Schlitten Sonic Wind I auf der Holloman Air Force Base. Seine Forschungen verbesserten die Technik der Gurte und Schleudersitze.*

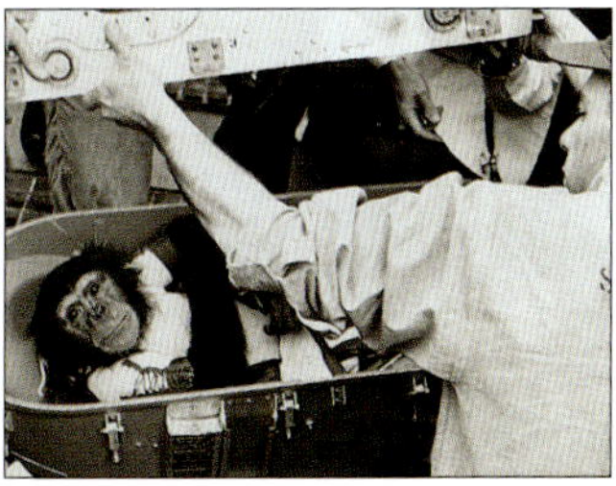

Der Schimpanse Ham *war 1961 der erste Primat im All. Hier wird ihm nach diesem Flug aus seiner Kapsel geholfen.*

Goddards Werkstattassistenten waren (von links nach rechts) N. T. Ljungquist, A. W. Kisk und C. W. Mansur.

Eine Goddard-Rakete ohne Mantel wird auf dem »Montagerahmen« untersucht.

Raketenforschung

Robert Goddard (1882–1945) wird oft als »Vater der modernen Raketentechnik« bezeichnet. In seinem Labor in Roswell *(siehe S. 227)* leistete er entscheidende Pionierarbeit. 1926 startete seine erste Flüssigkeitsrakete in Massachusetts, in den 1930er Jahren fanden in Roswell weitere Testflüge statt. 1935 trugen von ihm entwickelte Raketen Kameras und zeichneten Daten auf. 1937 erzielte eine Goddard-Rakete einen Höhenrekord: Sie flog drei Kilometer hoch.

Ein Spaceshuttle *landet am 30. März 1982 auf dem Northrup-Flugfeld der White Sands Missile Site – eine Premiere für New Mexico. Heute ist White Sands ein Testgebiet für Raketen- und Drohnen-Technologie.*

New Mexico *ist ein wichtiges Zentrum der Astronautenausbildung und -auswahl. Hier trainiert der Astronaut Steven Robinson für das Leben im All als Vorbereitung für seinen Flug in der Raumfähre* Discovery *1998.*

Hispanische Kultur

Das Herz der hispanischen Kultur schlägt im Südwesten in New Mexico. Hier leben mehr Hispanier, Nachkommen spanischer Kolonisatoren aus dem 16. Jahrhundert, als Angloamerikaner. Die Spanier brachten Schafe und Pferde in die Region sowie den Katholizismus, Feiertage und prächtige Kirchen. Indianer und Angloamerikaner haben über Jahrhunderte die Kultur der Hispanier stark beeinflusst. Diese Einwirkungen spiegeln sich in der modernen hispanischen Gesellschaft etwa in Sprache, Küche, Festen oder Kunst wider. Viele Einwohner haben spanische Nachnamen und sprechen englisch mit spanischem Akzent. Im Gegenzug verwenden Amerikaner spanische Ausdrücke.

Die Tradition der Pueblo-Töpferei *wird noch heute aufrechterhalten. Hier ein Krug von Jacobo de la Serna (1997) aus dem glimmerigen Ton New Mexicos.*

Das Design von Navajo-Decken *weist Anklänge an maurische Muster auf. Diese wurden wie auch die Schafe von spanischen Kolonisatoren in die Neue Welt gebracht.*

Bulto *(Holzfigur) des hl. Josef vom Altar Morada auf El Rancho de las Golondrinas* (siehe S. 198f). Bultos *sind ein künstlerischer Ausdruck religiösen Glaubens und ein typisches Beispiel für hispanische Volkskunst.*

Der Brunnen stand leicht erreichbar in der Mitte des Haupthofs.

Die Hacienda Martínez *südlich von Taos wurde 1804 von Bürgermeister Don Antonio Martínez erbaut. Sie zählt zu den wenigen fast original erhaltenen spanischen Landgütern. Besucher können bei Besichtigungen lokale Künstler und deren Volkskunst bewundern.*

Blechfiguren *stammen ursprünglich aus Mexiko, wo das Metall als billiger Silberersatz diente. Die ausgeschnittenen Formen wurden bunt bemalt.*

Hahn

Vogel

Stier

Fiestas *spielen in der hispanischen Kultur eine wichtige Rolle und werden inbrünstig und häufig gefeiert – vor allem an den Namenstagen von Heiligen* (siehe S. 32–35). *Häufig verbinden sie indianische und spanische Einflüsse. Mit Begeisterung werden aber auch andere Feiertage zelebriert: Hier führen Mädchen traditionelle Tänze zu den Feierlichkeiten am 4. Juli auf.*

Die Adobe-Öfen *(hornos)* wurden von den Spaniern zum Brotbacken eingeführt. Eigentlich sind sie maurischen Ursprungs.

Spanischer Einfluss

Das Museum El Rancho de las Golondrinas *(siehe S. 198f)* zeigt anschaulich das Leben, das die frühen spanischen Kolonisten im Südwesten führten. Auf einer typischen *hacienda* waren um einen oder zwei Innenhöfe etwa 20 Räume angeordnet. Sie konnten die gesamte Großfamilie, die bevorzugte Lebensform der spanischen Siedler, aufnehmen. Viele Städte sind im spanischen Kolonialstil angelegt. Ein gutes Beispiel ist die Innenstadt von Santa Fe *(siehe S. 192f)*.

Ristras *heißen die Girlanden aus getrockneten roten Chilis. Sie werden als Souvenirs verkauft. Chilis, ein indianisches Nahrungsmittel, waren in Europa vor der Entdeckung Amerikas 1492 unbekannt, wurden von den Spaniern aber begeistert in ihre Küche übernommen.*

Eine Lichterkette *erleuchtet den Vorplatz von San Felipe de Neri in Albuquerques Old Town. Die mexikanischen Papierlaternen* (farolitos) *werden bei religiösen Festen verwendet. Innen brennt eine in Sand gesteckte Kerze.*

Santa Fe und Nördliches New Mexico

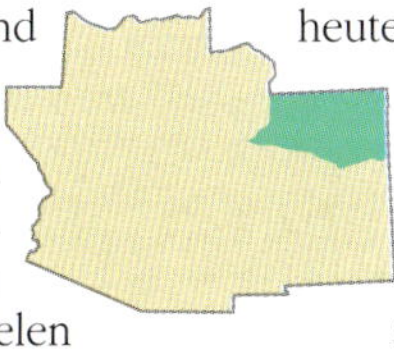

Schöne Landschaften und ganz unterschiedliche kulturelle Sehenswürdigkeiten prägen das Nördliche New Mexico. Die Gegend zählt nicht umsonst zu den beliebtesten Reisezielen im Südwesten. Besucher erkunden die Wälder der San Juan Mountains und die Gipfel der Sangre de Cristo Range, die zu den Rocky Mountains gehören. Attraktionen sind die malerischen Dörfer und das Tal des Rio Grande. Dieser fruchtbare Landstrich lockte schon im 12. Jahrhundert die Menschen der Pueblo-Kultur an. Ihre Nachkommen fertigen exzellentes Kunsthandwerk und leben noch heute in den Pueblos. Taos Pueblo, das größte, ist für seine schöne Adobe-Architektur und die Zeremonialtänze bekannt. Weiter südlich liegt die 1610 von spanischen Kolonisten gegründete Stadt Santa Fe. Das historische Handelszentrum mit seiner charmanten Mischung aus hispanischer, indianischer und angloamerikanischer Kultur, seinen Kunstgalerien und Adobe-Bauten zählt zu den meistbesuchten Städten der USA.

Die Region ist ideal für Outdoor-Fans. Sie können u. a. auf archäologische Spurensuche gehen, Ski fahren oder Wildwasser-Rafting betreiben.

Sehenswürdigkeiten auf einen Blick

Historische Städte und Orte
- Jemez Springs 3
- Las Vegas 6
- Los Alamos 2
- Santa Fe 1
- Taos 11

Historische Dörfer und Pueblos
- Abiquiu 9
- Chama 10
- Chimayó 8
- Rancho de Taos 12
- Taos Pueblo 13

Parks und National Monuments
- Bandelier National Monument 4
- Pecos National Historical Park 5

Spektakuläre Natur
- Nördliche Pueblos-Tour 7
- Tour durch die Berge 15

Skigebiet
- Taos Ski Valley 14

LEGENDE
- Internationaler Flughafen
- Interstate Highway
- US Highway
- State Highway
- Eisenbahn

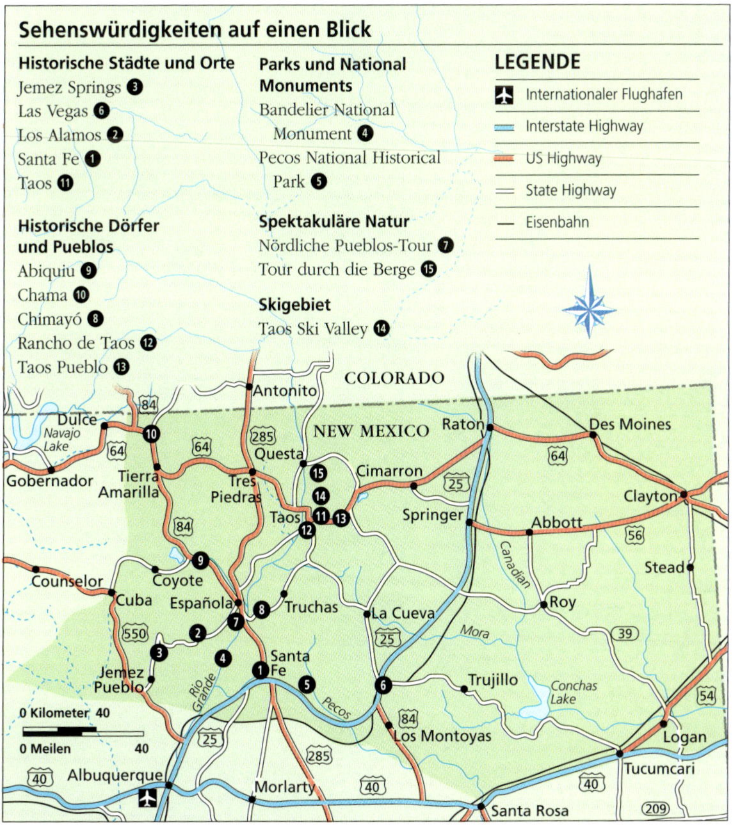

◁ **Fassade der Kirche im Taos Pueblo mit gestuftem Dach und weißen Adobe-Mauern** ***(siehe S. 206)***

Im Detail: Santa Fe Plaza ❶

Die älteste Hauptstadt Nordamerikas wurde vom spanischen Konquistadoren Don Pedro de Peralta gegründet, der hier 1610 eine Siedlung errichtete *(siehe S. 39)*. Diese Kolonie wurde nach der Pueblo-Revolte 1680 verlassen, doch bereits 1692 zurückerobert *(siehe S. 40)*. Als Mexiko 1821 seine Unabhängigkeit erlangte, fand Santa Fe Anschluss an die Welt. Nun kamen auch Händler und Siedler aus den USA über den Santa Fe Trail hierher *(siehe S. 25)*. Die zentrale Plaza, das alte Herz von Santa Fe, ist der ideale Ausgangspunkt für eine Stadterkundung. Hier findet man Läden, Cafés und Galerien sowie einen indianischen Markt unter dem Portal des Palace of the Governors.

★ New Mexico Museum of Art
Das Museum in einem Adobe-Bau von 1917 präsentiert Gemälde und Skulpturen aus dem Südwesten.

Plaza
Der Obelisk in der Mitte des Hauptplatzes gedenkt der Veteranen von Santa Fe. Die vom Palace of the Governors geprägte Plaza säumen alte Kolonialgebäude.

0 Meter 100

0 Yards 100

LEGENDE

– – – – Routenempfehlung

NICHT VERSÄUMEN

- ★ New Mexico Museum of Art
- ★ Palace of the Governors

Original Trading Post
Eine alte Handelsstation verkauft hispanische und indianische Kunst sowie Antiquitäten.

★ **Palace of the Governors**
Das einstöckige Adobe-Gebäude aus dem frühen 17. Jahrhundert ist heute Teil des New Mexico Museum of Art. Es zeigt Exponate zur Stadtgeschichte.

INFOBOX

Straßenkarte E3. 75 000.
Santa Fe Municipal Airport, 16 km südwestlich von Santa Fe.
Lamy, 29 km südlich der Stadt.
858 St. Michael's Dr.
201 W. Marcy St, (505) 955-6200, 1-800 777-2489. Spanish Market (Juli), Santa Fe Opera Season (Juli, Aug), Indian Market (Aug), Fiestas de Santa Fe (Sep).
www.santafe.org

Loretto Chapel
Die Kirche wurde um 1870 nach dem Vorbild der Pariser Sainte-Chapelle von französischen Architekten im gotischen Stil entworfen. Der Bau mit der eleganten Wendeltreppe ist den Schwestern von Loretto geweiht.

Saint Francis Cathedral
Die prächtige Holzmadonna steht in einer Kapelle, die zu der ursprünglichen Kirche (17. Jh.) gehörte, auf der 1869 die Kathedrale errichtet wurde.

Überblick: Santa Fe

Madonna im Palace of the Governors

Historisches Flair und reizvolle Architektur – Santa Fe zählt zu den beliebtesten Reisezielen der USA. Umgeben von den imposanten Sangre de Cristo Mountains schwelgt die auf einem Hochplateau (2100 m) gelegene Schönheit in klarem Licht und Sonnenschein und bietet einen lebhaften Mix aus hispanischem, indianischem und angloamerikanischem Lebensgefühl. In der Stadt ist jeder sechste Einwohner mit Kunst beschäftigt. Die Ergebnisse finden sich in den unzähligen Privatgalerien an der Canyon Road, aber auch im New Mexico Museum of Art. Santa Fes wunderbare Lage bietet Outdoor-Enthusiasten reichlich Gelegenheit, in herrlicher Natur u.a. zu wandern oder Ski zu fahren.

Überblick: Santa Fe
Viele wichtige Sehenswürdigkeiten liegen nur einen Katzensprung von der Plaza *(siehe S. 192)* entfernt. Sie bietet die besten Einkaufsmöglichkeiten für Kunst, Kunsthandwerk und Souvenirs sowie zahlreiche Cafés und Restaurants in den nahen Straßen. Für die vier Filialen des New Mexico Museum of Art empfiehlt sich ein für alle geltender Viertagepass.

Santuario de Guadalupe

100 S. Guadalupe St.
(505) 983-8868. *tägl.*
Die Adobe-Kirche von 1795 ist der Jungfrau von Guadalupe geweiht, der Patronin der Mexikaner und Pueblos. Das Santuario war Endpunkt des alten Camino Real (»Königsweg«), der Haupthandelsroute nach Mexiko. Ein mit der Jungfrau bemaltes Altarstück (1783) ziert den ruhigen Innenraum, in dem auch klassische Konzerte stattfinden.

Georgia O'Keeffe Museum

217 Johnson St. *(505) 946-1000.*
tägl. 10–17 Uhr (Fr bis 19 Uhr).
1. Jan, Ostern, Thanksgiving, 25. Dez.
www.okeeffemuseum.org
Das Museum ist New Mexicos berühmtester Künstlerin gewidmet: Georgia O'Keeffe (1887–1986; *siehe S. 203*). In der Sammlung befinden sich einige der Lieblingsarbeiten der Künstlerin, etwa *Jimson Weed* (1932), *Purple Hills II* und *Ghost Ranch, New Mexico* (1934). Zu sehen sind außerdem Skulpturen und weniger bekannte Arbeiten, etwa die Bilder von New York.

Jimson Weed **(1932), Gemälde im Georgia O'Keeffe Museum**

New Mexico Museum of Art

107 W. Palace Ave. *(505) 476-5072.* *Di–So 10–17 (Juni–Aug: auch Mo), Fr 10–20 Uhr.* *1. Jan, Ostern, Thanksgiving, 25. Dez.*
www.nmartmuseum.org
Der 1917 als Schaukasten für die Werke der wachsenden Kunstszene New Mexicos errichtete Bau gehört zu den ältesten Beispielen des Pueblo-Revival-Stils *(siehe S. 23)*. Die Architektur lehnt sich an die der Pueblo-Missionskirchen an. Die Ausstellungsflächen haben viereckige Balken sowie handgeschnitzte und bemalte Dekorationen. Die Sammlung umfasst mehr als 20000 Exponate der Kunst des Südwestens (ab 19. Jh.).

Palace of the Governors and New Mexico History Museum

105 E. Palace Ave. *(505) 476-5100.* *Di–So 10–17 Uhr (Sommer auch Mo; Fr bis 20 Uhr).* *Feiertage.*
Der Palace of the Governors an der Nordseite der Plaza ist das älteste ständig genutzte öffentliche Gebäude Amerikas. Der Bau von 1610 war 300 Jahre lang Sitz der Regionalregierung. Die Ausstellungen beschäftigen sich mit der Geschichte und Kultur New Mexicos von 1540 bis 1912.

Im benachbarten New Mexico History Museum wird die Geschichte des amerikanischen Westens anhand von historischen Artefakten, Dokumenten und interaktiven Exponaten vermittelt.

Institute of American Indian Arts

108 Cathedral Pl. *(505) 983-1777.* *Mo–Sa 10–17, So 12–17 Uhr.* *Di (Nov–Mai), Feiertage.*
Das engagierte Museum zeigt in seinem auffälligen Pueblo-Revival-Bau die National Collection of Contemporary Indian Art. Neben modernen Werken indianischer Künstler sind auch traditionelle Keramiken, Textilien und Perlenarbeiten ausgestellt. Sehenswert: der Skulpturengarten.

Skulptur im Innenhof des New Mexico Museum of Art

Dekorativ: Fassade der St. Francis Cathedral

St. Francis Cathedral

131 Cathedral Pl. *(505) 982-5619.* *tägl.*

Obwohl der französisch-romanische Stil ihrer Fassade im Herzen der Adobe-Stadt leicht deplatziert wirkt, ist die honigfarbene, im Nachmittagslicht glänzende Kathedrale ein schönes Wahrzeichen. Der 1869 unter Santa Fes erstem Erzbischof Jean Baptiste Lamy fertiggestellte Bau ersetzte die ältere Adobe-Kirche La Parroquia. Von ihr blieb nur die Seitenkapelle Our Lady of the Rosary übrig. In dieser steht *La Conquistadora*, die älteste Marienstatue Nordamerikas. Sie wurde 1625 in Mexiko geschnitzt und in Santa Fe als Wunderstatue verehrt, nachdem vor der Pueblo-Revolte von 1680 *(siehe S. 40)* fliehende Siedler beschworen, von Maria gerettet worden zu sein.

Loretto Chapel

277 Old Santa Fe Trail. *(505) 982-0092.* *März–Okt: Mo–Sa 9–18, So 10.30–17 Uhr; Nov–Feb: Mo–Sa 9–17, So 10.30–17 Uhr.* **www**.lorettochapel.com

Berühmtestes Detail der Loretto Chapel ist die Wendeltreppe, die in einer fantastischen Spirale über 33 Stufen und zwei ganze Umdrehungen in sechs Meter Höhe führt. Die weder durch Nägel noch eine Mittelsäule gestützte Treppe ist ein faszinierendes Beispiel vollendeter Handwerkskunst. Angeblich wurde sie von einem geheimnisvollen Meister gebaut, der verschwand, ohne bezahlt werden zu wollen.

Elegant gewundene Wendeltreppe in der Loretto Chapel

Zentrum von Santa Fe

Canyon Road ⑧
Georgia O'Keeffe Museum ②
Institute of American Indian Arts ⑤
Loretto Chapel ⑦
New Mexico Museum of Art ③
New Mexico State Capitol ⑩
Palace of the Governors ④
St. Francis Cathedral ⑥
San Miguel Mission ⑨
Santa Fe Southern Railway Depot ⑪
Santuario de Guadalupe ①

LEGENDE

Detailkarte Santa Fe *S. 192f*

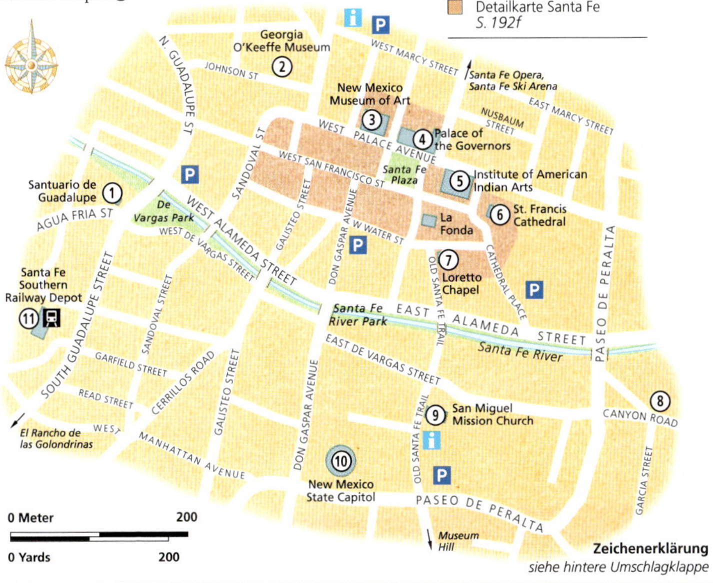

Zeichenerklärung *siehe hintere Umschlagklappe*

Santa Fe: Museum of International Folk Art

Mexikanische Jaguarmaske

Die breite Palette des Museums für internationale Volkskunst auf dem Museum Hill reicht von Spielzeug, Miniaturtheatern, Puppen und Gemälden bis hin zu traditioneller und Sakralkunst. Im Ostflügel beherbergt der Girard Wing die größte Sammlung. Hier sind Tausende Objekte aus über 100 Ländern ausgestellt, u.a. Figuren und Gemälde. Highlights der Sammlung sind die in Krippen- (aus Polen) oder Taufszenen (aus Mexiko) aufgestellten Tonfiguren. Der Hispanic Heritage Wing zeigt Kunst aus der spanischen Kolonialzeit, darunter seltene Ledermalereien. Im Neutrogena Wing sind Textilien aus Afrika, Asien und Südamerika zu sehen.

★ Girard Collections
Zu dieser Taufszene aus dem mexikanischen Oaxaca (1960) gehören über 50 Tonfiguren.

Neutrogena Wing
Die Exponate der auf Teppiche, Textilien, Decken und Trachten spezialisierten Abteilung überzeugen wie diese japanische Hochzeitsdecke durch handwerkliche Meisterschaft bis ins kleinste Detail.

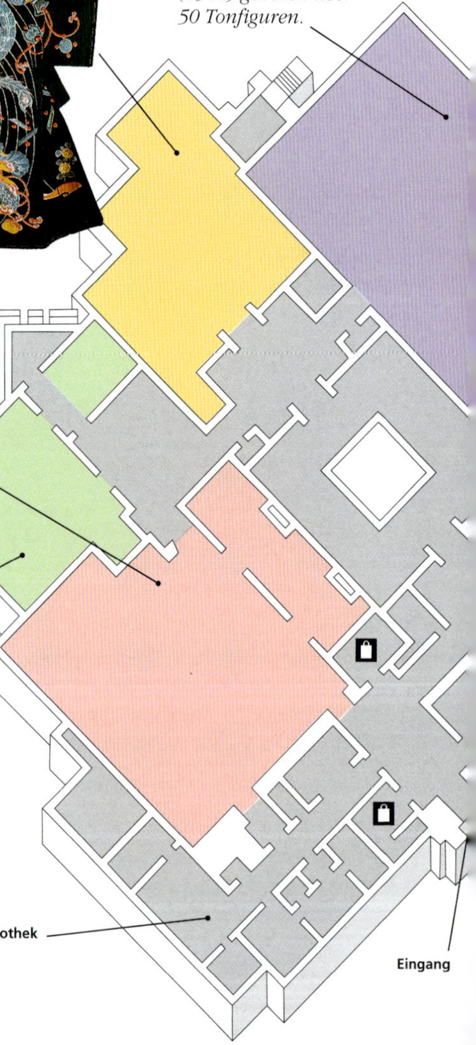

Die Bartlett Library im Bartlett Wing dient mit Artikeln, Fotografien und audiovisuellem Material über die Kulturen der Welt als Forschungsstätte.

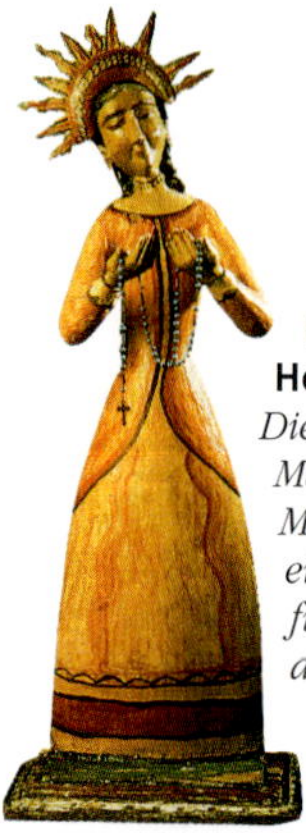

Hispanic Heritage Wing
Die handgeschnitzte Marienfigur aus New Mexico (1830–50) ist ein typisches Beispiel für die in diesem Flügel ausgestellte spanische Kolonial- und hispanische Volkskunst.

NICHT VERSÄUMEN

★ Girard Collections

INFOBOX

706 Camino Lejo. *(505) 476-1200.* *Di–So 10–17 Uhr.* *Feiertage.*

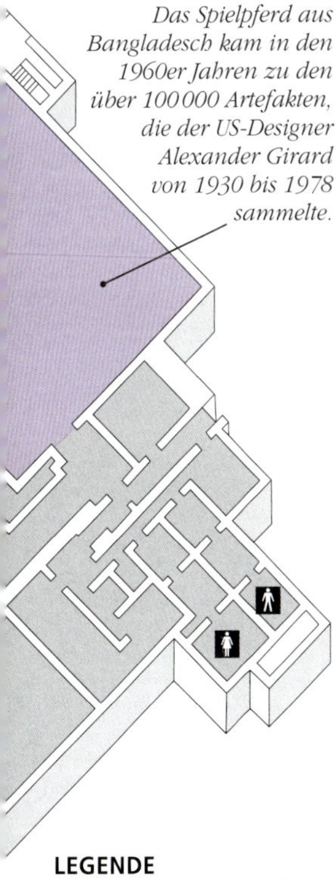

★ Girard Collections

Das Spielpferd aus Bangladesch kam in den 1960er Jahren zu den über 100 000 Artefakten, die der US-Designer Alexander Girard von 1930 bis 1978 sammelte.

LEGENDE

- Girard Wing
- Neutrogena Wing
- Hispanic Heritage Wing
- Bartlett Wing
- Keine Ausstellungsfläche

Canyon Road

Auf dem alten Indianerweg zwischen dem Rio Grande und den Pecos-Pueblos wurde mit Eseln Feuerholz aus den Bergen transportiert. Die nun recht edle Canyon Road säumen über 100 private Galerien, Restaurants und Läden in historischen Adobe-Häusern. Die Canyon Road verläuft parallel zum Fluss und dem ehemaligen Graben Acequia Madre. Den ersten Bewässerungskanal der Stadt säumen heute Adobe-Bauten.

San Miguel Mission

401 Old Santa Fe Trail. *(505) 983-3974.* *tägl.*

Die Kapelle von San Miguel wurde wohl um 1610 erbaut und zählt zu den ältesten Kirchen der USA. Der ursprüngliche Lehmboden und die Adobe-Stufen sind noch heute vor dem Altar zu sehen. Sie wurden von Tlaxcala-Indianern geschaffen, die mit den frühen spanischen Siedlern aus Mexiko kamen. Die dicken Dachbalken der einfachen Kirche wurden 1692 erneuert, nachdem sie bei der Pueblo-Revolte 1680 in Brand gesetzt worden waren. Ein hölzerner *reredo* (Altarschrein) umrahmt die zentrale Statue von San Miguel, die Seitenwände zieren auf Wild- und Bisonleder gemalte religiöse Szenen.

Museum Hill

Auf dem Museum Hill gibt es neben dem Museum of International Folk Art noch drei bedeutende Museen. Das **Museum of Indian Arts and Culture** ist der traditionellen indianischen Kunst und Kultur gewidmet. Seine Hauptausstellung *Here, Now & Always* erzählt die Geschichte der ältesten Gesellschaften des Südwestens mit den Worten der Pueblo-Indianer, Navajo und Apachen.

Antike Männerfigur

Das 1937 von der vermögenden Bostoner Philanthropin Mary Cabot Wheelwright gegründete **Wheelwright Museum of the American Indian** ist in Form eines Navajo-*hogan* *(siehe S. 169)* gebaut. Das Museum konzentriert sich auf Wechselausstellungen von Werken zeitgenössischer indianischer Künstler. Im Untergeschoss verkauft der exzellente, den ersten Handelszentren der Navajo Reservation nachempfundene Case Trading Post traditionelles Kunsthandwerk und Schmuck.

Das **Museum of Spanish Colonial Art** hat eine der größten Sammlungen spanischer Kolonialkunst mit über 3000 Objekten, darunter Textilien, Möbel und Keramikwaren.

Museum of Indian Arts and Culture

710 Camino Lejo. *(505) 476-1250.* *Di–So 10–17 Uhr.*

Wheelwright Museum of the American Indian

704 Camino Lejo. *(505) 982-4636.* *tägl.* *Feiertage.*

www.wheelwright.org

Museum of Spanish Colonial Art

750 Camino Lejo. *(505) 982-2226.* *Di–So 10–17 Uhr (im Sommer auch Mo).*

Detail des holzgeschnitzten *reredo* (Schrein) in der San Miguel Mission

El Rancho de las Golondrinas

El Rancho de las Golondrinas (Schwalben-Ranch) ist eine historische Raststelle am Camino Real, der königlichen Handelsstraße von Mexiko nach Santa Fe. Auf der Anfang des 18. Jahrhunderts in einem fruchtbaren Tal südlich von Santa Fe erbauten 89-Hektar-Ranch lebte 200 Jahre lang die Familie Baca. Hier rasteten Siedler und Pioniere und tränkten ihre Tiere, bevor sie in die Stadt aufbrachen. In den restaurierten Gebäuden der Museums-Ranch wird in authentischem historischem Ambiente das Alltagsleben auf einer spanischen Hazienda des 18. Jahrhunderts gezeigt. Es gibt Mais- und Kürbisanbau, das Land wird mit Pferden und Eseln bewirtschaftet.

Webstube
Am Wochenende zeigen Arbeiter in historischer Kleidung alte Fertigkeiten wie Weben.

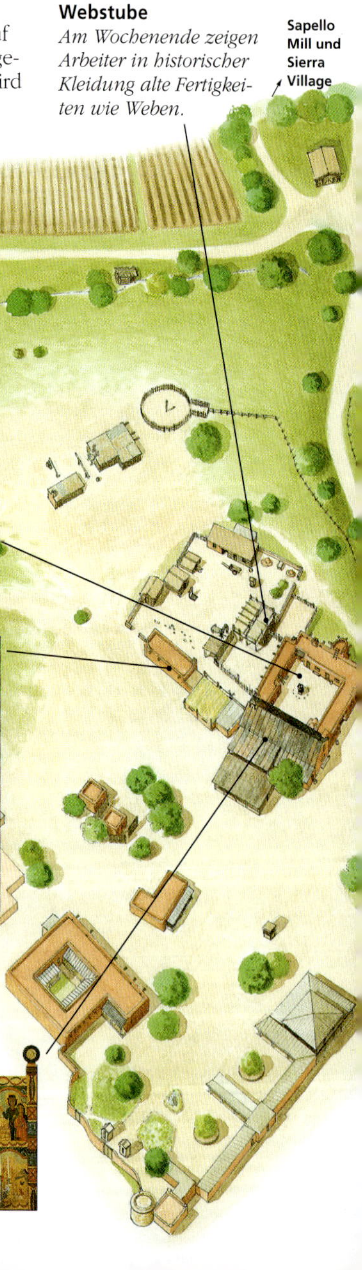

★ La Placita
Auf dem kleinen Mittelhof stehen die bienenkorbförmigen hornos, *in denen Brot und Kuchen gebacken wurden.*

★ Küche im Baca-Haus
Die Küche stammt wie das ganze Haus aus dem frühen 19. Jahrhundert. In einem Wandschrank (alacena) *wurden Lebensmittel kühl gelagert.*

★ Kapelle
Die mit diesem schönen hölzernen reredo *(Schrein) geschmückte Ranch-Kapelle war für die frommen katholischen Siedler sehr wichtig.*

INFOBOX

334 Los Pinos Rd, 24 km südlich von Santa Fe an der I-25.
(505) 471-2261. Juni–Sep: Mi–So 10–16 Uhr; Apr, Mai, Okt: Mo–Fr (Führungen obligatorisch; tel. reservieren).
www.golondrinas.org

Sapello Mill
Die Wassermühle (um 1870) wurde 1972 von einem Dorf in New Mexico hierher versetzt. Bei Festivals mahlt sie Weizen.

Auf der Entertainment Platform werden bei Festivals und speziellen Veranstaltungen traditionelle Tänze und Musik aufgeführt.

NICHT VERSÄUMEN

★ Kapelle

★ Küche im Baca-Haus

★ La Placita

Santa Fe Opera

8 km nördlich von Santa Fe am Hwy 84/285. *(505) 986-5900, 1-800 280-4654. Juli–Aug.*
www.santafeopera.org

Nördlich von Santa Fe, nahe den Pueblo-Dörfern Tesuque und Pojoaque, findet auf der Open-Air-Bühne der Stadt eines der schönsten Sommer-Opernfestivals der Welt statt. In den innovativen Produktionen treten viele internationale Stars auf. Ein modernes elektronisches System ermöglicht dem Publikum, die Übersetzung der Libretti auf den Vordersitzen mitzulesen. Besucher sollten sich auf das launische Wetter in Santa Fe einstellen und warme Kleidung, Schirme und Regenmäntel mitbringen. Bühnenführungen werden im Juli und August angeboten.

Bisonskulptur am State Capitol

Santa Fe Ski Area

Highway 475. *(505) 982-4429. Nov–Anfang Apr: tägl. 9–16 Uhr, je nach Witterung.*
www.skisantafe.com

Das nur 30 Fahrminuten von Santa Fes Innenstadt entfernte Skigebiet liegt auf 3600 Meter Höhe in den Sangre de Cristo Mountains. Auf 43 Pisten können sich hier Skifahrer aller Leistungsklassen austoben, auch für Snowboarder ist gesorgt. Zu den örtlichen Service-Einrichtungen zählen eine Lodge, Skiverleih, Skischule und Babysitter. Von Ende September bis in den Oktober kann man vom Sessellift die fantastische Aussicht auf die herbstlich bunte Bergwelt genießen. Da die Pisten im Winter nur bei absolut sicheren Bedingungen geöffnet sind, sollten Sie sich vorab telefonisch erkundigen.

Fassade des New Mexico State Capitol mit Zia-Pueblo-Sonnenmotiv

New Mexico State Capitol

Old Santa Fe Trail und Paseo de Peralta. *(505) 986-4589. Juni–Aug: Mo–Fr 7–19, Sa 8–17 Uhr; Sep–Mai: Mo–Fr 7–18 Uhr.*
www.nmlegis.gov

Der runde, dem Sonnensymbol der Zia-Pueblo-Indianer nachempfundene Bau des State Capitol beherbergt Werke von Künstlern New Mexicos aus der Capitol Art Collection. Gemälde, Skulpturen, Fotografien, Möbel und Webarbeiten sind auf vier Etagen ausgestellt. Zu den besten Exponaten zählt die Skulptur *The Buffalo* (1992) von Holly Hughes.

Santa Fe Southern Railway Depot

410 S. Guadalupe St. *(505) 989-8600, 1-888 989-8600.*
www.sfsr.com

Vom Bahnhof (Ecke Guadalupe St/Montezuma Ave) aus kann man mit dem Güterzug in alten Passagierwaggons eine etwa dreistündige Rundfahrt durch die Wüste unternehmen. Das Mittagessen mit Stopp im Dörfchen Lamy ist im Preis inbegriffen. Da spezielle Abend- und Feiertagstouren angeboten werden und der Fahrplan saisonabhängig ist, sollten Sie die Zeiten telefonisch erfragen.

Diesellokomotive der Santa Fe Southern

Los Alamos ❷

Straßenkarte E3. *19000.*
109 Central Park Square, (505) 662-8105.
www.visit.losalamos.com

Los Alamos war im Zweiten Weltkrieg Standort des geheimen Manhattan-Projekts *(siehe S. 186)* der US-Regierung zur Entwicklung der Atombombe. 1943 zogen von der Regierung beauftragte Wissenschaftler ein. 1945 wurde auf dem Trinity-Testgelände in der Wüste bei Alamogordo die erste Atombombe gezündet *(siehe S. 224)*.

Heute arbeiten Forscher in der führenden Militäreinrichtung des Los Alamos National Laboratory. Das **Bradbury Science Museum** zeigt Ausstellungen über Sicherheit und Technik sowie Modelle von Little Boy und Fat Man, den Atombomben, die 1945 auf Hiroshima und Nagasaki abgeworfen wurden. Der lokalen Geologie und Geschichte widmet sich das **Los Alamos Historical Museum**.

Bradbury Science Museum
15th/Central Ave. *(505) 667-4444.* *Di–Sa 10–17, So, Mo 13–17 Uhr.* *Feiertage.*

Das Bradbury Science Museum in Los Alamos

Los Alamos Historical Museum
1050 Bathtub Row. *(505) 662-4493.* *Sommer: Mo–Fr 9.30–16.30, Sa 11–16, So 13–16 Uhr; Winter: Mo–Fr 10–16, Sa 11–16, So 13–16 Uhr.* *Feiertage.*
www.losalamoshistory.org

Jemez Springs ❸

Straßenkarte E3. *450.*
Highway 4, (575) 829-3540.

Hier, im San Diego Canyon des Jemez River, stand einst das Giusewa Pueblo. Die Ruinen, auch die einer Missionskirche (17. Jh.), gehören nun zum **Jemez State Monument**. Reste der Missionsmauern und Nachbauten der Haupttore sind zu sehen. Das etwas südlich am Highway 4 gelegene Jemez Pueblo ist nur an Feiertagen und bei Festivals geöffnet (Infos beim Jemez Springs Visitor Center). Zu den berühmten heißen Quellen der Region zählen die Spence Hot Springs (11 km nördlich) mit Open-Air-Pools und Wasserfällen.

Jemez State Monument
Nahe Hwy 4. *(575) 829-3530.* *Mi–So 8.30–17 Uhr.* *Feiertage.* *teilweise.*

Die Missionskirche San Jose im Jemez State Monument

Rio Grande

Mit dem Rio Grande, der in Mexiko Río Bravo del Norte heißt, verbinden sich romantische Vorstellungen von Wildwest-Legenden – von Billy the Kid bis zu Filmstars wie John Wayne. Den Mythos Rio Grande schuf vor allem die Filmindustrie, die tatsächliche historisch-geografische Bedeutung des Flusses ist jedoch nicht minder faszinierend. Von seiner Quelle in Colorado fließt der fünftlängste Strom der USA (3000 km) nach Südosten zum Golf von Mexiko. Er quert New Mexico und bildet die Grenze zwischen Texas und Mexiko. An dem bereits von der altindianischen Pueblo-Kultur zur Bewässerung genutzten Strom entstanden im 16. Jahrhundert spanische Siedlungen.

Die beeindruckende Schlucht des Rio Grande südlich von Taos

Bandelier National Monument ❹

Straßenkarte E3. Ab Hwy 4.
(505) 672-3861. *tägl. bei Tageslicht; Visitor Center: tägl. 9–16.30 Uhr (im Sommer: bis 17.30 Uhr).* *1. Jan, 25. Dez.* *teilweise; keine Haustiere.*
www.nps.gov/band/

Zwischen den zerklüfteten Felswänden und Canyons des Pajarito Plateaus schützt das Bandelier National Monument über 3000 archäologische Stätten, Überreste einer alten Pueblo-Kultur. Der Siedlungsplatz wurde wahrscheinlich von Vorfahren der Pueblo-Indianer vom 12. bis zum 16. Jahrhundert bewohnt. In dieser Zeit lebten hier verschiedene Gemeinschaften, die Mais und Kürbis anbauten, auf die Jagd gingen und Lederkleidung anfertigten. Während die ersten Ankömmlinge ihre Höhlenbehausungen wohl aus dem weichen Tuffstein der hohen Felsklippen schufen, errichteten spätere Gruppen Häuser und Dörfer aus Steinschutt.

Äußerst faszinierend ist die Ruine des 400 Räume umfassenden Dorfs Tyuonyi. Die Siedlung ist in halbkreisförmigen Häuserzeilen am Grund des Frijoles Canyon angelegt.

Vom Visitor Center im Canyon führt der Main Loop Trail nach Tyuonyi, zu einigen Höhlenhäusern und zum Long House, einem mehrstöckigen Bau auf einem 240 Meter langen Felsabschnitt. Dort kann man durch die Löcher, in denen einst die Dachbalken steckten, Petroglyphen sehen.

Ein kurzer Weg führt über Leitern zum 45 Meter hoch gelegenen Alcove House.

Pecos National Historical Park ❺

Straßenkarte E3. Hwy 63.
☎ (505) 757-7241. ◯ *Sommer: tägl. 8–18 Uhr; Winter: tägl. 8–17 Uhr.* ● *25. Dez.* ♿
www.nps.gov/peco/

Nahe dem Highway 63 stehen im Pecos National Historical Park (40 Kilometer südöstlich von Santa Fe) die Ruinen des einst einflussreichen Pecos Pueblo. Die Siedlung auf einem Pass in den Sangre de Cristo Mountains beherrschte zwischen 1450 und 1550 die Handelsrouten zwischen den Plains- und Pueblo-Indianern. Die Bewohner von Pecos handelten mit Bisonhäuten und -fleisch sowie mit Keramik, Textilien und Türkisen. Pecos zählte zu den größten Pueblos im Südwesten. In seinen fast 700 Räume umfassenden, bis zu fünf Stockwerke hohen Bauten lebten über 2000 Menschen, ein Viertel davon Krieger. Bei Ankunft der Spanier (Ende 16. Jh.) war Pecos eine starke Regionalmacht. Ab 1821 forderten jedoch Übergriffe der Comanche, Krankheiten und Abwanderung ihren Tribut: Die letzten Bewohner der fast ganz verlassenen Siedlung zogen ins Jemez Pueblo.

Zum Pueblo, den zwei wiederaufgebauten *kivas* und den Ruinen von spanischen Missionskirchen führt ein zwei Kilometer langer Weg. Im Visitor Center informieren historische Artefakte und ein exzellentes Video über die 1000-jährige Geschichte der Pueblo-Indianer in diesem Gebiet.

Das Plaza Hotel am Hauptplatz von Las Vegas, New Mexico

Las Vegas ❻

Straßenkarte E3. *17 000.*
503 6th St, (505) 425-8631, 1-800 832-5947.
www.lasvegasnewmexico.com

Auch wenn Las Vegas, New Mexico, nicht mit seiner Namensschwester in Nevada *(siehe S. 94–131)* zu vergleichen ist, blickt die Stadt doch auf eine bewegte Vergangenheit zurück. *Vegas* ist das spanische Wort für Wiesen – auf solchen legten spanische Siedler 1835 am Flussufer die alte Plaza an. Als lukrativer Handelsplatz am Santa Fe Trail wurde Las Vegas zu einer Wildwest-Stadt. Hier lebten Berühmtheiten wie Doc Holliday *(siehe S. 55)*, der zeitweise einen Saloon betrieb. Mit der Ankunft der Eisenbahn 1879 entstanden um den Bahnhof neue Gebäude.

Die schöne viktorianische Architektur der Stadt kann man bei Spaziergängen erkunden. Routen empfiehlt das Visitor Center. Für sportliche Besucher gibt es Golfplätze und den nahen Storrie Lake.

Ruine einer der spanischen Missionskirchen im Pecos National Historical Park

Nördliche Pueblos-Tour ❼

Rote Keramik

Zwischen Santa Fe und Taos liegen im fruchtbaren Tal des Rio Grande acht der 19 indianischen Pueblos New Mexicos. Trotz ihrer geografischen Nähe besitzen alle Pueblos eine eigene Verwaltung und individuelle Traditionen. Viele Dörfer sind für Besucher äußerst sehenswert: Nambe lockt mit einem fantastischen Blick auf Berge, Mesas und Wüste, San Ildefonso ist für seine schönen Keramiken bekannt, andere Pueblos für ihre Schmuck- und Webarbeiten.

ROUTENINFOS

Start: *Tesuque Pueblo, nördlich von Santa Fe am Hwy 84.*
Länge: *70 km. Zu den Pueblos führen oft nur ungeteerte Pisten.*
Hinweis: *Besucher der Pueblos sollten bestimmte Verhaltensregeln befolgen (siehe S. 286f).*
Indian Pueblo Cultural Center, (505) 843-7270, 1-866 855-7902.
www.indianpueblo.org

Santa Clara Pueblo ⑤
In diesem kleinen Pueblo leben viele Künstler, deren Arbeiten wie in vielen anderen Pueblos direkt in selbst verwalteten Werkstätten und Ateliers verkauft werden.

Puye Cliff Dwellings ⑥
Die bis etwa 1500 bewohnte Siedlung umfasst mehr als 700 Räume und Wohnhöhlen.

San Juan Pueblo ⑦
Das 1598 zur ersten Hauptstadt New Mexicos erklärte Dorf ist heute ein Kunstzentrum und unterhält eine Künstlerkooperative.

San Ildefonso Pueblo ④
Die berühmten schwarzen Keramiken des seit 1300 bewohnten Pueblos halfen den Bewohnern durch die Wirtschaftskrise der 1930er Jahre.

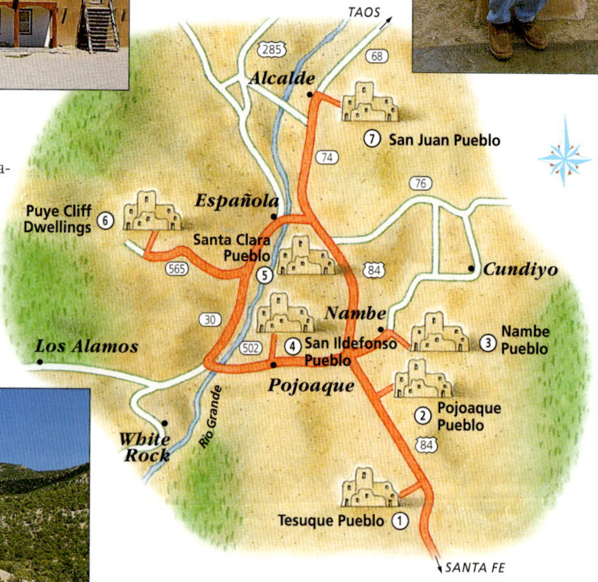

0 Kilometer 10

0 Meilen 10

LEGENDE

Routenempfehlung

Andere Straße

Nambe Pueblo ③
Von dem Dorf in einem schönen grünen Tal führt ein Weg am Seeufer entlang zu einem Wasserfall und einer Bisonranch.

Pojoaque Pueblo ②
Das Peoh Cultural Center and Museum vermittelt einen sehr guten Einblick in das Leben der Pueblo-Gemeinden.

Tesuque Pueblo ①
Die hier ansässigen Tewa betreiben seit Jahrhunderten Landwirtschaft und Töpferei.

Steinfassade des Santuario de Chimayó im Tal des Rio Grande

Georgia O'Keeffe

Seien es Studien von einzelnen Blüten oder Darstellungen der sonnigen Landschaften des Südwestens – in seltener Einigkeit lieben Kritiker und Laien gleichermaßen die Gemälde Georgia O'Keeffes. Die herausragende Künstlerin wuchs in Wisconsin auf und studierte Kunst in Chicago und New York. Als sie ihre Freundin und Mäzenin Mabel Dodge Luhan in ihr Haus in New Mexico einlud, verliebte sich die Malerin in das Licht des Südwestens und erwarb in Abiquiu ein altes Adobe-Haus. Dort schuf sie die Gemälde, die die Schönheit New Mexicos überall in den USA bekannt machten.

Georgia O'Keeffe (1887–1986)

Chimayó ❽

Straßenkarte E3. *2800.*
(505) 351-4889. *Kirche: tägl. 9–17 Uhr.*

Der Ort liegt 40 Kilometer nördlich von Santa Fe im Tal des Rio Grande. Im 18. Jahrhundert ließen sich hier spanische Siedler nahe einem indianischen Pueblo mit einer natürlichen Heilquelle nieder. Am Ort der Quelle erhebt sich heute das Santuario de Chimayó. Es wurde 1813–16 von einem Landbesitzer errichtet, nachdem er eine Vision hatte, die ihn anwies, das Fundament in mit Heilkräften gesegnete Erde zu setzen. Beim Graben fand er ein Kreuz, das einst zwei Priestermärtyrern gehört hatte. So wurde die Kirche zum Wallfahrtsort. In der Kapelle umrahmt ein schöner *reredo* (Schrein) das Kruzifix. In einem kleinen Seitenraum dürfen Besucher heilige Erde aus einer Grube mitnehmen.

Chimayó ist zudem für die von der Familie Ortega seit Generationen gewebten Decken und Teppiche bekannt. Ihre Werkstatt liegt an der Abzweigung zum Highway 76. Schön sind auch die Handwerkserzeugnisse der Dörfer Cordova und Truchas.

Abiquiu ❾

Straßenkarte E3. *500.*
Hwy 84, (505) 753-2831.

In dem kleinen Adobe-Dorf mit seinen sonnigen, staubigen Straßen lebte von 1946 bis zu ihrem Tod 1986 die berühmteste Künstlerin des Südwestens, Georgia O'Keeffe. Wer ihr Haus und Atelier besichtigen will, muss sich telefonisch anmelden: (505) 685-4539. Die Umgebung von Abiquiu, heute das »O'Keeffe Country«, inspirierte mit den roten Felsen und Mesas die Künstlerin zu vielen Landschaftsporträts.

Wenige Kilometer nördlich gibt es bei der **Ghost Ranch**, einem Wohnheim der Presbyterianer, zwei kleine Museen, die über die lokale Geologie und Naturgeschichte informieren. Von der Ranch gehen mehrere Wanderwege ab.

Ghost Ranch
HC77, Box 11, Abiquiu.
(575) 685-4333. **Museum**
Di–Sa 9–17, So 13–17 Uhr.
Spende.

Markant verwitterte Felsen bei Abiquiu

Chama ❿

Straßenkarte E2. *1000.*
2372 Hwy 17, (505) 756-2306, 1-800 477-0149.
www.chamavalley.com

Hauptattraktion des während des Silberbooms gegründeten Orts ist die **Cumbres and Toltec Scenic Railroad**. Die dampfbetriebene Schmalspureisenbahn bricht täglich zu einer 102 Kilometer langen Panoramafahrt mit Aussicht auf die San Juan und Sangre de Cristo Mountains über den Cumbres Pass und durch die Toltec Gorge nach Colorado auf.

Cumbres and Toltec Scenic Railroad
Hwy 17. *1-888 286-2737.*
Ende Mai–Mitte Okt: tägl.
www.cumbrestoltec.com

Taos ⓫

Pistole, Kit Carson Museum

Taos liegt zwischen den imposanten Gipfeln der Sangre de Cristo Mountains und dem Rio Grande. Das Städtchen ist wie Santa Fe ein Kunstzentrum, jedoch legerer und mit einem »Schuss Boheme«. Die vielen Handwerksläden, Cafés und Galerien rund um die Plaza liegen meist in Adobe-Häusern. Etwa 1000 Jahre lang lebten in diesem Gebiet die Taos-Indianer. Den ersten spanischen Missionaren, die 1598 eintrafen, folgten zwar einige Siedler, der heutige Ort entstand jedoch erst mit der Neubesiedelung unter Don Diego de Vargas nach der Pueblo-Revolte von 1680 *(siehe S. 40)*. 1898 hielten die Künstler Ernest Blumenschein und Bert Phillips in Taos, um ein Wagenrad zu reparieren – und blieben für immer. Die von ihnen 1915 gegründete Taos Society of Artists unterstützt lokale Künstler.

Überblick: Taos

Zu Taos gehören die zentrale Altstadt, Taos Pueblo im Norden und Rancho de Taos *(siehe S. 206)* im Süden. Die Hauptstraße Paseo del Pueblo Norte verläuft erst nach Norden, dann nach Westen und wird zum Highway 64. Dieser führt zum Taos Ski Valley, Millicent Rogers Museum und zur Rio Grande Gorge Bridge.

Harwood Museum of Art

238 Ledoux St. ☎ *(575) 758-9826.* ◯ *Di–Sa 10–17, So 12–17 Uhr.* ● *Feiertage.* ♿ www.harwoodmuseum.org

New Mexicos zweitältestes Museum ist in einem zur University of New Mexico gehörigen, ruhigen Adobe-Anwesen aus dem 19. Jahrhundert untergebracht. Hier werden Gemälde, Drucke, Skulpturen, Zeichnungen, Werke von Mitgliedern der ursprünglichen Taos Society of Artists und von zeitgenössischen lokalen Künstlern gezeigt sowie auch hispanische Arbeiten.

Blumenschein Home and Museum

222 Ledoux St. ☎ *(575) 758-0505.* ◯ *Mo, Mi–Sa 10–17, So 12–17 Uhr.* ♿ *teilweise.* www.taoshistoricmuseums.com

Ernest Blumenschein (1874–1960), Bert Phillips und Joseph Henry Sharp waren 1915 federführend bei der Gründung der Taos Society of Artists zur Unterstützung der Arbeit ihrer Mitglieder und anderer Künstler aus Taos. Sie verhalf der Stadt zu ihrem Ruf als Kunstzentrum. Das Museum in Blumenscheins ehemaligem Haus (um 1790) zeigt Gemälde von Blumenschein, seiner Familie und Arbeiten der Taos Society of Artists. Die Räume sind mit spanischen Kolonialmöbeln und europäischen Antiquitäten ausgestattet.

Geschnitztes Möbelstück, Blumenschein Museum

Taos Plaza

Die von den Spaniern gebaute und nach der Pueblo-Revolte von 1680 befestigte Plaza von Taos wurde mehrfach verändert, ist mit ihren Bänken und Bäumen jedoch bis heute der Mittelpunkt der Stadt. Der Musikpavillon wurde von Mabel Dodge Luhan gestiftet, New Mexicos wichtigster Kunstmäzenin der 1920er Jahre. Hier hissten Kit Carson und andere im Bürgerkrieg die Fahne der Union, um Taos gegen die Anhänger der Konföderierten zu schützen – seitdem hängt sie dort.

Läden und Cafés säumen die Sträßchen um die Taos Plaza

Kit Carson Home and Museum

113 Kit Carson Rd. ☎ *(575) 758-4945.* ◯ *tägl. 10–17 Uhr (im Winter tel. erfragen).* ♿ *teilweise.* www.kitcarsonhomeandmuseum.com

Nachdem er sich als 17-jähriger Ausreißer einem Wagentreck angeschlossen hatte, wurde Christopher »Kit« Carson (1809–1868) eine der berühmtesten Personen im Westen. Während seines bemerkenswerten Lebens arbeitete er als Koch, Dolmetscher und Trapper, als Scout für kartografische Expeditionen, Indianeragent und Offizier *(siehe S. 171)*. 1843 kaufte er in Taos ein Haus für seine 14-jährige Braut Josefa Jaramillo und lebte hier bis zu seinem Tod. Das Museum befasst sich mit Carsons Geschichte und dem rauen Leben im »Wilden Westen«. Zu den Exponaten zählen alte Feuerwaffen, Fallen, Fotografien und Möbel.

Buch über Kit Carson

Taos Art Museum

227 Paseo del Pueblo Norte. ☎ *(575) 758-2690.* ◯ *Di–So 10–17 Uhr (im Winter tel. erfragen).* ♿ www.taosartmuseum.org

Der 1881 in Russland geborene Nicolai Fechin schuf Gemälde, Zeichnungen und Skulpturen. Das Holzschnitzen hatte er von seinem Vater gelernt. Fechin zog 1927 mit seiner Familie nach Taos, wo er sein Adobe-Haus mit russisch inspirierten Holzarbeiten wie handgefertigten Türen, Fenstern und Möbeln renovierte. Sein Haus ist

Handgeschnitzte hölzerne Schwingtüren im Taos Art Museum

INFOBOX

Straßenkarte E3. *6000.*
1139 Paseo del Pueblo Sur, (575) 758-3873, 1-800 732-8267.
Taos Spring Arts Celebration (Mai), Yuletide in Taos (Ende Nov–Neujahr).
www.taos.org

heute ein Museum, in dem einige seiner Werke sowie die anderer Künstler ausgestellt werden.

Millicent Rogers Museum

Millicent Rogers Rd. *(575) 758-2462.* *Apr–Okt: tägl. 10–17 Uhr; Nov–März: Di–So 10–17 Uhr.* *Feiertage.* *So frei.*
www.millicentrogers.org

Die schöne, reiche Erbin und Mäzenin Millicent Rogers (1902–1953) zog 1947 nach Taos und schuf dort eines der besten Museen für die Kunst des Südwestens, das 1956 eröffnet wurde. Das Herzstück der Ausstellung bilden indianischer Silber- und Türkisschmuck sowie Webarbeiten der Navajo. Zu den Exponaten zählen auch die Schwarz-auf-Schwarz-Keramiken der berühmten Pueblo-Künstlerin Maria Martínez (1887–1980).

Governor Bent House and Museum

117a Bent St. *(575) 758-2376.* *tägl. 9–17 Uhr (Winter: bis 16 Uhr).*

Charles Bent wurde 1846 erster angloamerikanischer Gouverneur von New Mexico. Hispanier und Indianer, die sich gegen die amerikanische Herrschaft auflehnten, töteten ihn 1847. Das Loch in der Adobe-Mauer, durch das Bent fliehen wollte, ist noch heute zu sehen. Zu den Exponaten zählen Waffen, indianische Artefakte und Tierhäute.

Rio Grande Gorge Bridge

(575) 758-9593.

Die 1965 erbaute Rio Grande Gorge Bridge ist die zweithöchste Hängebrücke der USA. Schwindelerregende 195 Meter über dem Rio Grande bietet sie eine überwältigende Aussicht auf die Schlucht und das umliegende Plateau.

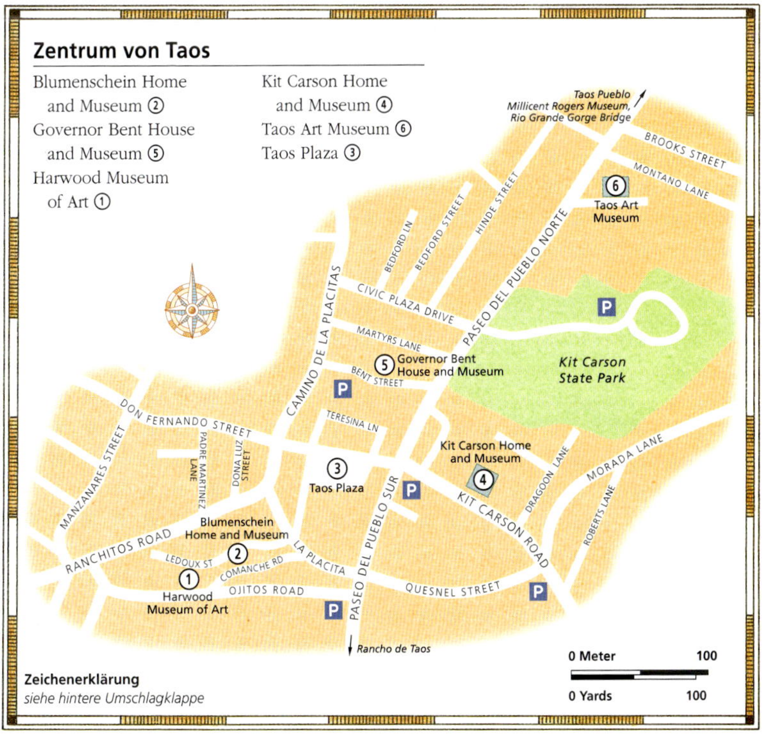

Restaurierte Küche aus dem frühen 19. Jahrhundert, Hacienda Martínez

Rancho de Taos ⓬

Straßenkarte E3. *Taos Visitor Center, 1139 Paseo de Pueblo Sur, Taos, (575) 758-3873.*
http://taos.org

Fünf Kilometer südwestlich von Taos ragt an einer ruhigen Plaza die imposante Adobe-Kirche **San Francisco de Asis** auf. Sie wurde zwischen 1710 und 1755 erbaut und zählt zu den schönsten Beispielen der Missionsarchitektur im Südwesten. Der Bau inspirierte zahlreiche Künstler – u. a. hat Georgia O'Keeffe ihn oft gemalt.

Die 1804 erbaute **Hacienda Martínez** *(siehe auch S. 188)* zählt zu den wenigen verbliebenen spanischen Kolonialhäusern. Schwere Tore *(zaguan)* in den 60 Zentimeter dicken Adobe-Mauern führen zu zwei Innenhöfen und 21 rustikal eingerichteten Räumen. Antonio Severino Martínez, der erste Besitzer und Bürgermeister von Taos, war durch den Handel mit Mexiko reich geworden. Einige Waren, die er vertrieb, sind ausgestellt.

San Francisco de Asis
60 St. Francis Plaza, Rancho de Taos. *(575) 758-2754. Mo–Sa 9–17 Uhr. erste 2 Wochen im Juni.*

Hacienda Martínez
708 Hacienda Road, Rancho de Taos. *(505) 758-1000. Mai–Okt: tägl. 9–17 Uhr (im Winter tel. erfragen). Feiertage.*

Taos Pueblo ⓭

Straßenkarte E3. Hwy 150.
Taos Pueblo Tourism Office, P.O. Box 1846, Taos, (575) 758-1028.
www.taospueblo.com

Das seit etwa 1000 Jahren durchgehend bewohnte Pueblo zählt zu den ältesten der USA. An einer zentralen Plaza stehen sich North und South House gegenüber, zwei vielstöckige, abgerundete Adobe-Gemeinschaftshäuser. Diese größten Pueblo-Bauten der USA stammen wohl aus dem frühen 18. Jahrhundert. Hier leben ganzjährig über 100 Menschen – traditionell wie ihre Vorfahren ohne Strom und mit Wasser aus dem Bach. Sehenswert sind die St. Jerome Chapel (1850), die Ruinen der San Geronimo Church (1619) und die zentrale Plaza. Dort stehen Gestelle zum Trocknen von Mais und Chilis sowie Adobe-Öfen *(hornos)*. Einige ebenerdige Häuser sind Kunsthandwerksläden. Es gibt Führungen. Wer fotografieren möchte, muss pro Kamera eine Gebühr von sechs US-Dollar zahlen und beim Fotografieren von Personen diese zuvor um Erlaubnis bitten. Bei Zeremonialtänzen herrscht Fotografierverbot, wiewohl Besucher bei einigen Festen willkommen sind.

Adobe-Häuser im bis heute bewohnten Taos Pueblo

Taos lockt mit seinen Abfahrten viele Skifahrer an

Taos Ski Valley ⓮

Straßenkarte E2. *(575) 776-1413. nur im Dorf.*
www.taosskivalley.com

Vor 100 Jahren war Taos Ski Valley ein Bergarbeitercamp. 1955 begann der in der Schweiz geborene Skifahrer Ernie Blake mit der Erschließung des Skigebiets an den nördlichen Hängen des Wheeler Peak, des höchsten Bergs New Mexicos (4011 m). In dem Areal 24 Kilometer nördlich von Taos bringen zwölf Lifte Skifahrer zu 72 Abfahrten aller Schwierigkeitsgrade. Die anspruchsvolleren Strecken sind legendär. Die Saison dauert je nach Wetter von Thanksgiving bis Anfang April. Auch im Sommer ist das Tal beliebt: In den niedrigeren Lagen findet man Erholung von der Hitze. Im Dorf leben ganzjährig etwa 100 Menschen.

Hotels und Restaurants im Nördlichen New Mexico *siehe Seiten 243–245 und 265–267*

Tour durch die Berge ⓯

Die Landschaft um Taos zieht sich von der mit Beifuß und Yuccas bewachsenen Wüste des Hochplateaus zu den bewaldeten Sangre de Cristo Mountains. Die Route folgt einem National Forest Scenic Byway und verläuft durch einige der schönsten Landstriche des Gebiets. Sie führt um den Wheeler Peak (4011 m), den höchsten Berg New Mexicos, und durch den zerklüfteten Carson National Forest. Man kommt vorbei an Seen und Wanderwegen, kleinen Dörfern und dem Haus des englischen Schriftstellers D.H. Lawrence.

ROUTENINFOS

Start: *Nördlich von Taos am Hwy 522, Weiterfahrt nach Osten und Süden auf den Hwys 38 und 64.*
Länge: *134 km.*
Unterwegs: *Die Hauptstraßen erlauben ruhiges und schnelles Fahren, viele Sehenswürdigkeiten liegen jedoch an ungeteerten oder kleinen Landstraßen.*

D. H. Lawrence Memorial ①
Der innovative Schriftsteller fand neben dem Farmhaus, das er in den 1920er Jahren bewohnte, seine letzte Ruhe.

Questa ②
Der Weiler ist das Tor zum Carson National Forest mit seinen Bächen, Bergen, Seen und Felsen.

Red River ③
Der einstige Goldgräberort mit seinen Häusern im Stil des Alten Westens ist ein idealer Ausgangspunkt für Wanderer und Skifahrer.

DAV Vietnam Veterans Memorial State Park ⑥
Die beeindruckende Kapelle im Nordosten von Angel Fire gedenkt der im Vietnamkrieg gefallenen US-Soldaten.

Angel Fire ⑤
In dem Wintersportort werden Fahrten mit Pferdeschlitten und Schneemobilen und Ausritte durch die verschneite Landschaft angeboten.

Eagle Nest ④
Der Ort wird aufgrund seiner Nähe zu Bergen und Seen bei Sporturlaubern immer beliebter. Skier und Boote können ausgeliehen werden.

LEGENDE

- Routenempfehlung
- Andere Straße
- Aussichtspunkt

Albuquerque und Südliches New Mexico

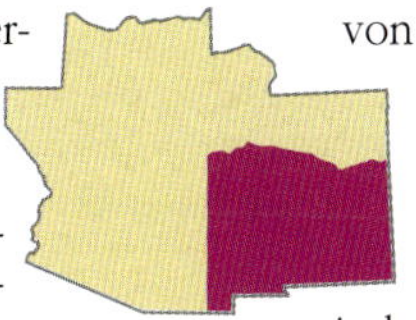

Naturwunder und moderne Städte, Carlsbad Caverns und Hightech-Industrie – das Südliche New Mexico bietet faszinierende Gegensätze. New Mexicos größte Stadt Albuquerque wartet mit der Old Town Plaza und schönen Museen auf. Westlich davon liegt Acoma Pueblo, die älteste ständig bewohnte Siedlung des Landes. Das südliche Drittel des Staats wird von der Chihuahua-Wüste dominiert. Menschen der Hohokam-Kultur bewirtschafteten das aride Gebiet jahrhundertelang. Die Gila Cliff Dwellings sind Hinterlassenschaft der Mogollon-Kultur. Im 17. Jahrhundert siedelten Apachen in der Region, deren Ruf als »Wilder Westen« im 19. Jahrhundert berüchtigte *outlaws* wie Billy the Kid begründeten.

Sehenswürdigkeiten auf einen Blick

Historische Städte und Orte

Alamogordo 18
Albuquerque 1
Bernalillo 3
Carlsbad 23
Cloudcroft 19
Deming 12
El Paso 16
Grants 6
Las Cruces 14
Lincoln 21
Mesilla 15
Roswell 24
Ruidoso 20
Silver City 11
Socorro 8
Truth or Consequences 9

Spektakuläre Natur

Acoma Pueblo 5
Sandia Peak Tramway 2
Turquoise Trail 4

National Parks und Monuments

Carlsbad Caverns National Park 22
El Morro National Monument 7
Fort Selden State Monument 13
Gila Cliff Dwellings National Monument 10
White Sands National Monument 17

LEGENDE

Internationaler Flughafen
Interstate Highway
US Highway
State Highway
Eisenbahn

Blühende Kakteen an der Mauer einer Pueblo-Ruine im Coronado State Monument, Bernalillo *(siehe S. 216)*

Im Detail: Albuquerque Old Town ❶

Schild eines Chili-Ladens

Wo von 1100 bis 1300 indianische Stämme gelebt hatten, siedelten Ende des 16. Jahrhunderts einige Kolonisten, die im Kielwasser der spanischen Eroberer an den Rio Grande gekommen waren. 1706 erkannte die spanische Krone offiziell die von 18 Familien bewohnte Siedlung an. Sie wurde nach dem spanischen Herzog von Alburquerque benannt (das erste »R« im Namen wurde später weggelassen). Heute stehen in der Old Town noch viele Adobe-Gebäude aus dem späten 18. Jahrhundert – etwa die 1793 vollendete imposante Kirche San Felipe de Neri. Trotz zahlreicher Renovierungen sind ihre ursprünglichen Adobe-Wände erhalten geblieben. Die nahe gelegene Plaza ist das schöne Zentrum der Old Town, ein Ort zum Entspannen und Verweilen. In den umliegenden Adobe-Häusern ziehen Souvenirläden, Restaurants und Museen Besucher an.

Agape Pueblo Pottery
Der Laden bietet vielfältige Pueblo-Keramiken wie dieses handgetöpferte Gefäß (Santa Clara Pueblo).

Church Street Café
Das Café in diesem angeblich ältesten Haus der Stadt serviert exzellente New-Mexico-Küche und ein berühmtes, scharfes Chili.

★ Old Town Plaza
Die Plaza war über 200 Jahre lang das Zentrum von Albuquerque. Der charmante Platz lädt bei einem Bummel durch die nahen Straßen, Museen und bunten Läden zum Rasten ein.

Museum of Natural History
Die Kuppel des LodeStar Astronomy Center beherbergt ein Planetarium und Observatorium (siehe S. 212f).

INFOBOX

Straßenkarte E3. 545 000. Albuquerque International Sunport, 8 km südlich der Innenstadt. Amtrak, 320 1st St SW. Greyhound, 300 2nd St SW. Albuquerque Convention & Visitor Bureau, Plaza Don Luis, (505) 842-9918, 1-800 284-2282. Gathering of Nations Pow Wow (Apr), New Mexico Arts and Crafts Fair (Ende Juni), New Mexico State Fair (Sep), Albuquerque International Balloon Fiesta (Okt). **www**.itsatrip.org

0 Meter 50
0 Yards 50

LEGENDE

Routenempfehlung

★ Albuquerque Museum of Art and History
Das lebensgroße Modell eines Konquistadoren zu Pferd ist ein typisches Beispiel für spanische Kolonialkunst und die Artefakte der exzellenten Ausstellungen des Museums. Sehr schön ist die Skulpturengalerie im Freien.

American International Rattlesnake Museum
Die Östliche Diamantklapperschlange (rechts) *zählt zu den vielen Bewohnern des Museums, das sich mit der Rolle dieser Tiere in Medizin, Geschichte und indianischen Kulturen beschäftigt.*

NICHT VERSÄUMEN

★ Albuquerque Museum of Art and History

★ Old Town Plaza

Überblick: Albuquerque

Moderne Skulptur

Die größte Stadt New Mexicos liegt im Tal des Rio Grande und erstreckt sich nach Westen zum Fuß der Manzano und Sandia Mountains. Die Ankunft der Eisenbahn um 1880 brachte Albuquerque eine steigende Zahl von Siedlern und Wohlstand. Das Stadtzentrum verlegte man von der Old Town Plaza um drei Kilometer nach Osten in die heutige Downtown. Albuquerque präsentiert sich als moderne Großstadt, deren Läden, Museen und Hightech-Betriebe vor allem in und um Downtown liegen. Im Osten dieses Areals liegt die University of New Mexico mit ihren zahlreichen Museen und Galerien.

Die Kirche San Felipe de Neri am Nordende der Old Town Plaza

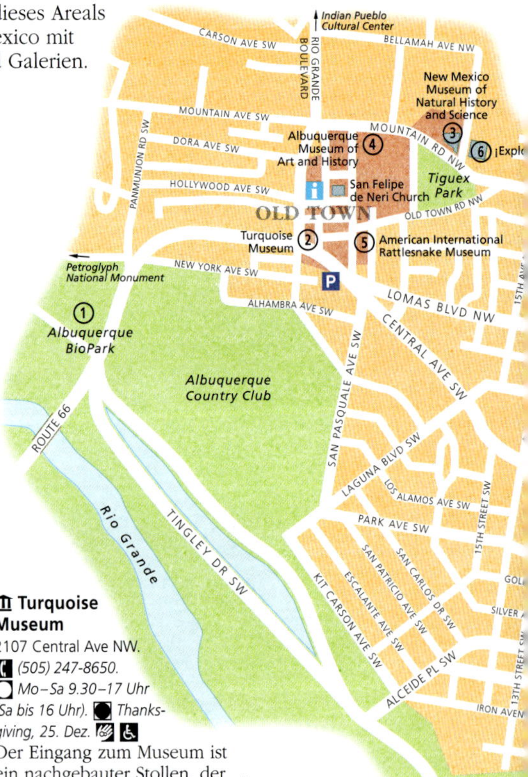

Überblick: Albuquerque

Am besten lässt sich die Stadt mit dem Auto erkunden. Die wichtigen Sehenswürdigkeiten liegen alle bei Ausfahrten der Highways, die nahe den historisch und architektonisch interessanten Gebieten wie der Old Town verlaufen. Das Zentrum kreuzen zwei Interstate Highways: Die I-25 verläuft in Nord-Süd-Richtung, die I-40 nördlich von Downtown nahe dem Universitätscampus in Ost-West-Richtung.

Albuquerque BioPark

2601 Central Ave NW. *(505) 764-6200.* *tägl. 9–17 Uhr.* *1. Jan, Thanksgiving, 25. Dez.* www.cabq.gov/biopark

Zum Park gehören das Albuquerque Aquarium, der Rio Grande Botanic Garden und der nahe Rio Grande Zoological Park. Der botanische Garten liegt in einem vier Hektar großen Waldgebiet am Rio Grande. Das Aquarium zeigt die Fauna des Rio Grande *(siehe S. 200)*. Faszinierend ist der Blick auf das Leben der Aale (inklusive Muränen) in einer Höhle. Es gibt zudem ein Hai-Aquarium, wo die Tiere in einem riesigen, 627 000 Liter fassenden Becken schwimmen.

Glashaus im Rio Grande Botanic Garden, Albuquerque BioPark

Turquoise Museum

2107 Central Ave NW. *(505) 247-8650.* *Mo–Sa 9.30–17 Uhr (Sa bis 16 Uhr).* *Thanksgiving, 25. Dez.*

Der Eingang zum Museum ist ein nachgebauter Stollen, der zu einem »Gewölbe« führt. Dort findet sich eine unübertroffene Sammlung seltener Türkise aus über 50 Minen in der ganzen Welt.

New Mexico Museum of Natural History and Science

1801 Mountain Rd NW. *(505) 841-2800.* *tägl. 9–17 Uhr.* *1. Jan, Thanksgiving, 25. Dez.* www.nmnaturalhistory.org

Das unterhaltsame Museum veranschaulicht mit interaktiven Ausstellungen die Naturgeschichte New Mexicos. Besucher können das Innere eines Vulkans oder eine Eishöhle erkunden oder mit dem »Evolator«, einem »Evolutionsaufzug«, 38 Millionen Jahre

Hotels und Restaurants im Südlichen New Mexico *siehe Seiten 245–247 und 267–269*

Geschichte durchfahren. Die Dinosauriermodelle, das Planetarium und das Kino sind bei Kindern beliebt.

Albuquerque Museum of Art and History

2000 Mountain Rd NW. *(505) 243-7255.* *Di–So 9–17 Uhr.* *Feiertage.*
www.cabq.gov/museum
Die Sammlung des exzellenten Museums im Rio Grande Valley vermittelt 400 Jahre Geschichte auf eindringliche Weise. Zu den Exponaten, die sich auf die spanische Kolonialzeit *(siehe S. 39)* beziehen, zählen ein nachgebautes Haus aus dem 18. Jahrhundert und eine Kapelle. Von März bis Dezember beginnen hier Führungen durch Old Town.

American International Rattlesnake Museum

202 San Felipe Ave NW. *(505) 242-6569.* *Sommer: Mo–Sa 10–18, So 13–17 Uhr; Winter: Mo–Fr 11.30–17.30, Sa 10–18, So 13–17 Uhr.* *Feiertage.*
www.rattlesnakes.com
Die Einrichtung begreift sich eher als Naturschutzmuseum. Hier werden Leben und ökologische Bedeutung von einigen der am meisten missverstandenen Lebewesen unserer Erde erklärt. Das Museum unterhält die weltweit größte Sammlung lebender Klapperschlangen aus ganz Amerika. Die Tiere leben in ihrer natürlichen Umwelt möglichst genau entsprechenden Terrarien. Das Museum zeigt außerdem giftige Tiere wie die Gila-Krustenechse (die einzige giftige Echse) sowie Taranteln und Skorpione.

Farbenfrohe Fliesen an der Art-déco-Fassade des KiMo Theatre

KiMo Theatre

423 Central Ave SW. *(505) 768-3544.* *Programm tel. oder online.* **www**.cabq.gov/kimo
Das KiMo Theatre von 1927 zählt zu den vielen Unterhaltungsbauten, die in den 1920er und 1930er Jahren in der Stadt errichtet wurden. Der auffällige, von der Architektur der nahen indianischen Pueblos beeinflusste Bau präsentiert eine Stilmischung aus Pueblo Revival und Art déco. Im KiMo Theatre werden Konzerte, Tanz- und Theaterstücke aufgeführt.

Rio Grande Zoological Park

903 10th St SW. *(505) 764-6200.* *tägl. 9–17 Uhr (im Sommer Sa, So bis 18 Uhr).* *1. Jan, Thanksgiving, 25. Dez.*
Der Rio Grande Zoo ist Teil des Albuquerque BioPark. Seine Gehege wurden entsprechend den natürlichen Habitaten der Tiere, etwa der afrikanischen Savanne, angelegt. Publikumslieblinge sind die Tieflandgorillas und die weißen Bengalischen Tiger.

¡Explora!

1701 Mountain Rd NW. *(505) 224-8300.* *Mo–Sa 10–18, So 12–18 Uhr.* *Feiertage.*
www.explora.mus.nm.us
Das ¡Explora! ist ein Wissenschaftsmuseum für Kinder mit vielen interaktiven Ausstellungen. Es richtet sich zwar an Kinder, gefällt aber auch Erwachsenen. Man kann z. B. in eine Seifenblase treten. In den Mitmach-Bereichen können Kinder durch Kaleidoskope blicken, weben lernen oder ein Windauto bauen.

LEGENDE

Detailkarte Albuquerque Old Town *S. 210f*

0 Meter 500

0 Yards 500

Zeichenerklärung
siehe hintere Umschlagklappe

Zentrum von Albuquerque

Albuquerque BioPark ①
Albuquerque Museum of Art and History ④
American International Rattlesnake Museum ⑤
¡Explora! ⑥
KiMo Theatre ⑦
New Mexico Museum of Natural History and Science ③
Rio Grande Zoological Park ⑧
Turquoise Museum ②

Albuquerque: Indian Pueblo Cultural Center

Das beeindruckende Kulturzentrum wird von den 19 Pueblos geführt, die bei Albuquerque und Santa Fe am Rio Grande liegen. Die Geschichte und vielfältige Kultur der Pueblo-Indianer wird durch mündliche Überlieferungen und aus ihrer eigenen Sicht präsentiert. Das einem Pueblo gleichende Gebäude verläuft um einen großen zentralen Innenhof. Zum Zentrum gehören auch ein indianisches Restaurant und exzellente Souvenirläden, die erstklassige Keramik, Schmuck und andere kunsthandwerkliche Erzeugnisse aus allen Pueblos anbieten.

Zwei Pueblo-Tänzerinnen vor einem Wandbild im zentralen Innenhof

Puebloan Central Courtyard
Wie in einem echten Pueblo mit roten Adobe-Mauern, Wandmalereien und Chilischoten: Auf dem zentralen Hof finden jedes Wochenende Tanzaufführungen statt.

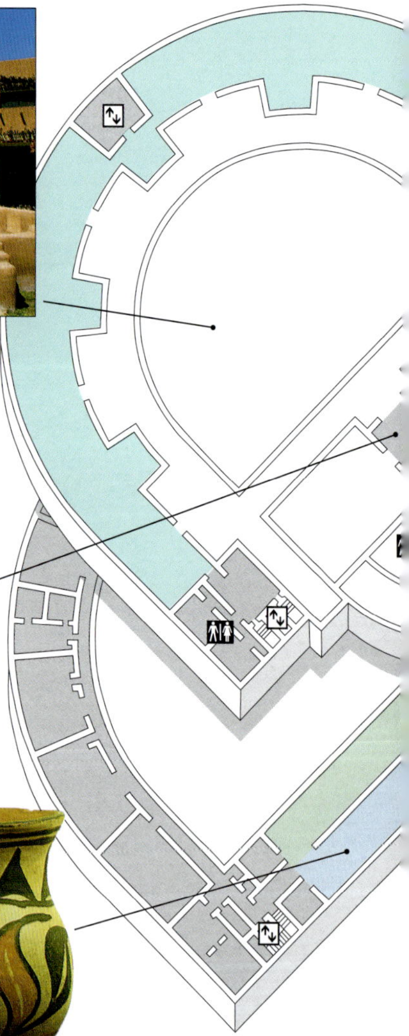

Haupteingang

LEGENDE

- Museum (Geschichte der Pueblo-Indianer)
- Arts and Crafts Exhibition
- Theater
- Pueblo Kitchen Restaurant
- Souvenirläden
- Keine Ausstellungsfläche

Arts and Crafts Exhibition
Typisch für moderne Keramiken aus einigen Dörfern: mit dicken schwarzen und orangefarbenen Strichen auf gelbem Untergrund aufgetragene florale Motive.

NICHT VERSÄUMEN

★ Museum

INFOBOX

2401 12th St NW. *(505) 843-7270.* *tägl. 9–17 Uhr.* *Feiertage.*
www.indianpueblo.org

Wandgemälde im Hof
Das 1979 von José Rey Toledo (Jemez Pueblo) gemalte Wandbild zeigt den Schildkröten-Regentanz.

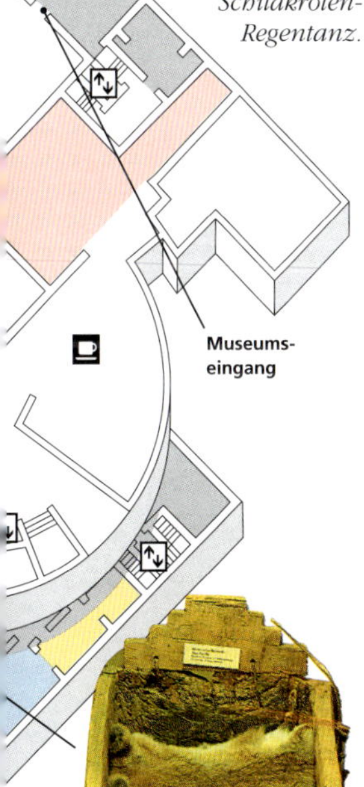

★ Museum
Die Kultur der Pueblo-Indianer vermitteln alte und moderne Exponate wie diese hölzerne Babytrage vom Taos Pueblo.

University of New Mexico

Welcome Center, Central/Cornell. *(505) 277-1989.* *tägl. 8–17 Uhr.* **www**.unm.edu

New Mexicos größte Universität hat durch ihre Pueblo-Revival-Architektur *(siehe S. 23)* und die Museen Berühmtheit erlangt. Im **University Art Museum** findet sich die größte Kunstsammlung des Staats, darunter Alte Meister, Skulpturen und andere Werke aus dem 17. bis 20. Jahrhundert.

Das **Maxwell Museum of Anthropology** behandelt die Kultur des Südwestens. In der Abteilung »Ancestors« kann man Spuren der Menschheitsgeschichte verfolgen. Außerdem finden zu verschiedenen Themen Wechselausstellungen statt.

University Art Museum
(505) 277-4001. *Di–Fr 10–16 Uhr (Do bis 20 Uhr), Sa, So 13–16 Uhr.* *Semesterferien.*

Maxwell Museum of Anthropology
(505) 277-4405. *Di–Sa 10–16 Uhr.*

Anderson-Abruzzo International Balloon Museum

9201 Balloon Museum Dr NE. *(505) 768-6020.* *Di–Sa 9–17 Uhr.* **www**.cabq.gov/balloon

Das Museum, das nach zwei berühmten Ballonfahrern aus Albuquerque benannt ist, verfügt über die umfangreichste Sammlung von modernen und historischen Ballonen sowie Ballon-Memorabilien der Welt. Anhand von Exponaten wird erklärt, wie die Ballone auf abenteuerlichen Entdeckungsfahrten, im Krieg und zur Weltraumforschung eingesetzt wurden. Die ältesten stammen aus den frühesten Tagen der Ballonfahrt.

National Museum of Nuclear Science & History

601 Eubank at Southern Blvd SE. *(505) 245-2137.* *tägl. 9–17 Uhr.* *1. Jan, Ostern, Thanksgiving, 25. Dez.* **www**.nuclearmuseum.org

Das Museum präsentiert die Geschichte von Pionieren auf dem Gebiet der Nuklearforschung und die Entwicklung dieses Forschungszweigs *(siehe S. 186)*. Exponate zeigen die vielen Anwendungsgebiete von Nuklearenergie. Auch wird gezeigt, wie viel Wind-, Solar- und Hydrokraft es bräuchte, um die Energieerzeugung eines Atomreaktors zu erreichen.

In »Little Albert's Lab« lernen Kinder physikalische Grundsätze kennen. Im Heritage Park sind verschiedene Missile-Systeme, Raketen und alte Flugzeuge zu sehen.

Petroglyph National Monument

4735 Unser Blvd NW. *(505) 899-0205.* *tägl. 8–17 Uhr.* *1. Jan, Thanksgiving, 25. Dez.* *teilweise.* **www**.nps.gov/petr/

Der Park am Westrand von Albuquerque wurde 1990 zur Erhaltung von fast 20 000 Felsbildern gegründet, die auf 27 Kilometer Länge in den Steilabbruch der West Mesa geritzt wurden. Die ältesten Petroglyphen entstanden um 1000 v. Chr., die meisten zwischen 1300 und 1680. Die Bilder aus dieser Periode zeigen Menschen, etwa Musiker und Tänzer, oder Tiere wie Vögel, Schlangen und Insekten. Weitverbreitet sind Spiralen und andere geometrische Symbole, aber auch Hände, Füße und Tierspuren. Obwohl viele Petroglyphen nicht mehr gedeutet werden können, besitzen doch einige große kulturelle Bedeutung für die heutigen Pueblo-Indianer.

Drei Kilometer nördlich des Visitor Center führen im Boca Negra Canyon drei gewundene Wege (Gehdauer zwischen fünf und 35 Minuten) zu Hunderten Petroglyphen. Die hochempfindlichen Felsbilder dürfen nicht berührt werden.

Felsritzungen mit Tiermotiven

Bei Albuquerque schweben die Gondeln der Sandia Peak Tramway über Bergklippen

Sandia Peak Tramway ❷

10 Tramway Loop NE. *(505) 856-7325.* *tägl. 9–21 Uhr (im Winter kürzer).* *2 Wochen im Frühling und Herbst.*
www.sandiapeak.com

Die Sandia Peak Tramway bietet am nordöstlichen Rand von Albuquerque eine atemberaubende Seilbahnfahrt zum Sandia Peak (3113 m). Die Mitte der 1960er Jahre errichtete Seilbahn bringt die Passagiere in 15 Minuten zur Aussichtsplattform. Unterwegs reicht der Blick über imposante Landschaften, von der Wüste im Tal bis zu den Gelbkiefernwäldern und zerklüfteten Felsen in der Höhe. Vom Gipfel hat man einen Panoramablick auf Albuquerque und Umgebung.

Bernalillo ❸

8000. *(505) 867-8687.*
www.sandovalcounty.org

Das bäuerliche Bernalillo wurde 1698 von spanischen Kolonisten besiedelt. Hier befindet sich am Ufer des Rio Grande das **Coronado State Monument** mit den teilweise restaurierten Ruinen des Kuaua Pueblo. Man nimmt an, dass sich der spanische Konquistador Francisco Vasquez de Coronado im Jahr 1540 auf der Suche nach den legendären sieben Städten des Goldlandes Cibola *(siehe S. 39)* in diesem Gebiet aufhielt. Die etwa 300 Bewohner des nahen Sandia Pueblo zelebrieren den San Antonio Feast Day im Juni mit traditionellen Tänzen *(siehe S. 33)*.

Umgebung: Im 26 Kilometer nordwestlich von Bernalillo gelegenen kleinen Zia Pueblo werden die bekannten, dort gefertigten roten Keramiken und Wasserfarben verkauft. Besucher sind immer willkommen.

Coronado State Monument
State Highway 550, 1,6 km westlich der I-25. *(505) 867-5351.* *Mi–Mo 8.30–17 Uhr.* *1. Jan, Ostern, Thanksgiving, 25. Dez.*

Turquoise Trail ❹

P.O. Box 303, Sandia Park 87847, (505) 438-8711.
www.turquoisetrail.org

Der Turquoise Trail genannte Highway 14 führt 84 Kilometer von Albuquerque nach Santa Fe. Auf der Fahrt durch die grandiosen Landschaften der Sandia Mountains und des Cibola National Forest passiert man die alten Bergbaustädtchen Golden, Madrid und Cerillos.

Richtung Norden taucht zuerst die kleine Geisterstadt Golden auf. Hier findet sich zwischen verfallenen Häusern eine malerische Adobe-Missionskirche von 1830.

Anfang des 20. Jahrhunderts wurde in Madrid Kohle abgebaut. Heute leben hier Künst-

Laden des Trading Post in Cerillos

ler und New-Age-Anhänger, die über 20 Galerien, Handwerks- und Antiquitätenläden betreiben. Im **Old Coal Mine Museum** sind alte Lokomotiven, Fahrzeuge, Gebäude und Bergbaugeräte zu sehen. Das Museum organisiert zudem die Aufführungen von viktorianischen Melodramen im nahen Engine House Theater.

Im kleinen Cerillos wurden 2000 Jahre lang Türkise, Gold, Kupfer und Kohle abgebaut. Heute bummeln Besucher durch die verschlafenen Straßen. Hauptattraktion ist der schöne **Casa Grande Trading Post** mit einem Museum zum Türkisbergbau, Souvenirladen und Streichelzoo.

Old Coal Mine Museum
2846 Hwy 14, Madrid. *(505) 438-3780.* *tägl. 9.30–17.30 Uhr (im Winter nur Fr–So).*

Casa Grande Trading Post
Cerillos. *(505) 438-3008.*

Relikt aus der Bergbauzeit: altes Haus in Madrid am Turquoise Trail

Acoma Pueblo ❺

Route 23, ab I-40. *ganzjährig.* *einige Pueblo-Feste, Feiertage.* *teilweise.* *obligatorisch.* *Sky City Cultural Center, (505) 552-7861, 1-800 747-0181.* *tägl. 9–17 Uhr.*
http://sccc.acomaskycity.org

Acoma Pueblo verdankt seiner Lage auf einer 107 Meter hohen Mesa den Beinamen »Sky City«. An diesem Standort mit Panoramablick auf Berge, Mesas und Ebenen konnte das Pueblo gut gegen Feinde verteidigt werden, weshalb es sich erst spät den spanischen Eroberern beugen musste. Acoma entstand bereits vor dem 12. Jahrhundert und ist eine

Jahrhundertealte Häuser im Acoma Pueblo

der ältesten ständig bewohnten Siedlungen der USA *(siehe S. 39)*. Heute leben auf der 40 Hektar großen Mesa das ganze Jahr über 30 Menschen, 6000 weitere kommen zu Festlichkeiten und Feiern von den umliegenden Städten ins Dorf ihrer Ahnen zurück.

Das Pueblo mit seinen alten Häusern, sieben *kivas (siehe S. 161)* und der Missionskirche San Esteben del Rey von 1629 ist nur im Rahmen von Führungen zu besichtigen. Die historisch geschulten Führer erläutern anschaulich seine wechselvolle Geschichte.

Grants ❻

8900. *100 N. Iron St, 1-800 748-2142.* **www**.grants.org

Von den 1950er bis zu den 1980er Jahren war Grants ein Zentrum des Uranabbaus. Entdeckt wurde das Metall 1951 von dem Navajo-Farmer Paddy Martínez auf dem 16 Kilometer entfernten Haystack Mountain. Der Uranbergbau lohnt sich heute nicht mehr, doch Besucher können die damals blühende Industrie im **New Mexico Mining Museum** u.a. in einem nachgebauten Stollen kennenlernen.

Zuni-Krug

Ausflüge in die Umgebung des an Hwy 40/Route 66 gelegenen Grants führen etwa in das ungewöhnliche vulkanische Ödland des El Malpais National Monument.

New Mexico Mining Museum
100 N. Iron Street. *(505) 287-4802.* *Mo–Sa 9–16 Uhr.* *Feiertage.*

El Morro National Monument ❼

(505) 783-4226. *Visitor Center: Ende Mai–Anfang Sep: 9–19 Uhr; Anfang Sep–Ende Mai: 9–18 Uhr. Hiking Trail: Mai–Sep: 9–18 Uhr; Okt–Apr: 9–17 Uhr.* *1. Jan, 25. Dez.*
www.nps.gov/elmo/

El Morro heißt eine lange Sandstein-Mesa, die erst sanft, dann als steile, plötzlich abfallende Klippe über die Ebene aufragt. Ihr Herzstück ist der 60 Meter hohe Inscription Rock, den über 300 altindianische Petroglyphen sowie ewa 2000 von spanischen und angloamerikanischen Reisenden hinterlassene Inschriften zieren. Jahrhundertelang zog eine von Regen und Schmelzwasser gespeiste Wasserstelle unter der Klippe Menschen an, die ihre Namen an dem Felsen verewigten.

Unter den Inschriften findet sich die des spanischen Kolonisators Don Juan de Oñate *(siehe S. 39)*, der wie viele Reisende nach ihm »Pasó por aquí« (»Kam vorbei«) in den Fels ritzte. Ein leichter Weg führt einen Kilometer zur Wasserstelle und zu den Inschriften am Fuß des Felsens.

Umgebung: Die Bewohner des 50 Kilometer westlich von El Morro gelegenen Zuni Pueblo sind Nachkommen früher indianischer Siedler auf den Mesas der Region. Sie fertigen Keramik und Einlegeschmuck. Außergewöhnliche Wandmalereien über die Geschichte der Zuni befinden sich in der aus dem 17. Jahrhundert stammenden Missionskirche des Pueblos.

San Miguel Mission in Socorro

Socorro 8

Straßenkarte E4. *10 000.* *101 Plaza, (575) 835-0424.* **www**.socorro-nm.com

Socorro (»Hilfe«) – so nannte der spanische Entdecker Juan de Oñate 1598 den Ort, als ihm und seinen Männern die Bewohner des einst hier bestehenden Pilabo Pueblo zu Hilfe kamen. Das Gebiet wurde im frühen 19. Jahrhundert neu besiedelt. Während des Silberbooms um 1880 wurden in der Stadt viele viktorianische Häuser erbaut, etwa die Gebäude rund um die Plaza. Nördlich des Platzes steht die 1821 errichtete San Miguel Mission mit ihren massiven Adobe-Mauern.

Umgebung: Das bekannte Vogelgebiet **Bosque del Apache National Wildlife Refuge**, 29 Kilometer südlich von Soccoro, zieht im Winter Tausende Schneegänse und Kanadakraniche an.

Bosque del Apache National Wildlife Refuge
Hwy 1. *(575) 835-1828.* *tägl.* *1. Jan, Thanksgiving, 25. Dez.*

Truth or Consequences 9

Straßenkarte E4. *6500.* *207 S. Foch St, (555) 894-3536.*

Die Einheimischen nennen es »T-or-C«. Früher hieß das Städtchen Hot Springs, bevor es sich in den 1950er Jahren nach der Gameshow »Truth or Consequences« (»Sag die Wahrheit«) umbenannte. Die Thermalquellen bestehen noch immer – heute in Form von Badehäusern am Stadtrand. Jahrhundertelang lockten sie Indianer hierher – auch Geronimo *(siehe S. 42)*. Eine lebensgroße Statue des berühmten Apachen-Kriegers steht im **Geronimo Springs Museum**. Heißes Mineralwasser von einer unterirdischen Quelle fließt die skulptierten Berge des Brunnens herab, der auf der Plaza beim Museum steht.

Truth or Consequences ist heute ein Mekka für Künstler und andere Freigeister sowie ein beliebter Sommerferienort. In der Nähe liegen der **Elephant Butte Lake** und die Caballo Lake State Parks. Sie bieten fantastische Natur sowie Möglichkeiten zum Angeln, Bootfahren, Jetski und Windsurfen.

Geronimo Springs Museum
211 Main St. *(575) 894-6600.* *Mo–Sa 9–17, So 12–16 Uhr.*

Elephant Butte Lake State Park
Nahe I-25. *(505) 744-5421.* *24 Std.* **Visitor Center** *tägl. 7.30–16 Uhr.*

Gila Cliff Dwellings National Monument 10

Straßenkarte D4. *(575) 536-9461.* *Mitte Mai–Mitte Sep: tägl. 8–17 Uhr; Mitte Sep–Mitte Mai: tägl. 8–16.30 Uhr.* *1. Jan, 25. Dez.* **www**.nps.gov/gicl/

Die im Gila National Forest zwischen Kiefern und Wacholder gelegenen Gila Cliff Dwellings (gesprochen »hie-la«) zählen zu den abgelegensten archäologischen Stätten im Südwesten. Sie finden sich in fünf natürlichen Felshöhlen in einer Sandsteinklippe, die hoch über dem Gila River aufragt.

Die 40 Räume umfassende Siedlung wurde im 13. Jahrhundert von den Tularosa Mogollon errichtet. Sie waren Jäger, Sammler und Bauern.

Scharf wie Feuer – Hot Chilis

Kranz aus roten getrockneten Chilis

Chilis sind das Wahrzeichen New Mexicos. Sie wurden 1598 von spanischen Kolonisten in der Region eingeführt, die sich mit ihrem warmen Klima als ideales Anbaugebiet erwies. Heute gedeihen hier auf 12 000 Hektar diverse Chilisorten, so Chipotle, Poblano, New Mexican (NuMex) oder Jalapeño. In der regionalen Küche spielen frische (grüne) oder getrocknete (rote) Chilis eine wichtige Rolle. Zentrum der Chili-Industrie ist die Stadt Hatch. Dort findet jedes Jahr im September am Labor Day Weekend ein Chili-Fest statt *(siehe S. 34)*. Chilis genießen nicht nur wegen ihres hohen Vitamin-C-Gehalts (große grüne Schoten enthalten so viel wie eine Orange) den Ruf als Heilmittel. Im 18. Jahrhundert wurden sie gegen Zahnschmerzen verwendet. Heute setzt man den für die Schärfe der Schoten verantwortlichen Inhaltsstoff Capsaicin Medikamenten gegen Muskel- und Gelenkschmerzen zu.

An einem Eingang zu den Gila Cliff Dwellings hoch über dem Gila River

Ebenfalls in diesem Gebiet siedelten die für ihre abstrakten schwarz-weißen Keramikdekors berühmten Mimbres Mogollon *(siehe S. 38)*. Zu den Ruinen führt ein 1,6 Kilometer langer Rundweg von der Brücke über die Abzweigung des Gila River aus. Die 64 Kilometer lange Fahrt auf der kurvigen Straße von Silver City zum Monument dauert etwa zwei Stunden.

Silver City ⓫

Straßenkarte D5. *12 000.* *3 Rio de Arenas, Arenas Valley, 1-800 548-9378.*
www.silvercity.org

Die viktorianischen Gebäude der Stadt am Fuß der Pinos Altos Mountains stammen aus der Zeit des Bergbaubooms nach 1870. 1895 spülte eine Flut die Hauptstraße weg. Heute verläuft hier der Big Ditch Park, ein 15 Meter tiefer *arroyo* (Wasserweg). Ganz in der Nähe stand die Blockhütte, in der Billy the Kid *(siehe S. 225)* einen Großteil seiner Jugend verbrachte.

Vor der Kulisse von Bergen und Wäldern wartet Silver City mit drei historischen Vierteln auf: Chihuahua Hill, Gospel Hill und dem alten Geschäftsviertel. Die Häuser rufen Erinnerungen an die Wildwest-Zeiten der einst blühenden Bergbaustadt wach.

Im **Silver City Museum** im schönen H. B. Ailman House von 1881 finden sich Exponate aus dieser Ära. Das **Western New Mexico University Museum** besitzt die größte Sammlung von Mimbres-Keramiken im Südwesten.

Von Silver City aus lässt sich die Region auf zahlreichen Wanderwegen gut erkunden. In den nahen Wäldern leben Elche, Rotwild und Bären. Es gibt auch Picknickplätze.

Silver City Museum
312 W. Broadway. *(575) 538-5921.* *Di–Fr 9–16.30, Sa, So 10–16 Uhr.* *Feiertage.*
www.silvercitymuseum.org

Western New Mexico University Museum
1000 W. College Ave, Highway 143. *(575) 538-6386.* *Mo–Fr 9–16.30, Sa, So 10–16 Uhr.* *Feiertage.* *Spende.*

Deming ⓬

Straßenkarte D5. *14 500.* *800 E. Pine St, (575) 546-2674, 1-800 848-4955.*
www.demingchamber.com

Deming liegt 96 Kilometer westlich von Las Cruces. Das Deming Luna Mimbres Museum besitzt eine Sammlung von Mimbres-Keramiken, *Frontier*-Artefakten, Edelsteinen und Mineralien. Ein Mekka für Hobbygeologen ist der nahe **Rockhound State Park**, wo u. a. nach Jaspis, Achaten, Opalen und Bergkristall geklopft wird. Die Stadt ist zudem für das Great American Duck Race im August bekannt *(siehe S. 33)*.

Rockhound State Park
Highway 143. *(575) 546-6182.* *tägl. bei Tageslicht.*

Das H. B. Ailman House ist Sitz des Silver City Museum

Schneeweiße Gipssand-Dünen im White Sands National Monument *(siehe S. 223)* ▷

Überreste des 1865 errichteten Fort Selden im Mesilla Valley

Fort Selden State Monument ⓭

Straßenkarte E5. *(575) 526-8911. Mi–Mo 8.30–17 Uhr.*

Das 1865 erbaute Adobe-Fort diente zum Schutz der Siedler und Eisenbahnbauarbeiter gegen die Überfälle von Apachen und Banditen. Seine verfallenen Gebäude beherbergten vier Kompanien des 125. Infanterieregiments sowie Einheiten von afroamerikanischen Soldaten, den »Buffalo Soldiers«. Um 1880 verbrachte hier Douglas MacArthur, der Oberbefehlshaber der alliierten Streitkräfte im Pazifik, zwei Jahre seiner Kindheit als Sohn des Fort-Kommandeurs. Das Fort wurde 1891 aufgegeben. Heute stellen Ranger in historischen Uniformen an manchen Wochenenden im Visitor Center das Soldatenleben an der *frontier* im 19. Jahrhundert nach.

Soldatenstatue in Fort Selden

Las Cruces ⓮

Straßenkarte E5. *95 000.* *211 N. Water St, (575) 541-2444.* **www**.lascrucescvb.org

Las Cruces (»Die Kreuze«) erhielt seinen Namen aufgrund der Gräber der frühen Siedler, die am Fuß der Organ Mountains in den Jahren 1787 und 1830 von Apachen überfallen wurden. Las Cruces war immer ein Grenzort und Knotenpunkt von Eisenbahnlinien. Auch die beiden Interstate Highways 10 und 25 treffen sich hier. Las Cruces ist New Mexicos zweitgrößte Stadt, Sitz der New Mexico State University und ein Zentrum des verarbeitenden Gewerbes der Agrar- und Hightech-Industrie.

Von der Stadt aus lässt sich die Region gut erkunden. Sie bietet zudem einige interessante Museen, darunter den **Branigan Cultural Complex** mit einem Cultural Center, das historische Fotografien und Arbeiten von Künstlern aus der Gegend ausstellt. Das Center organisiert auch Ausflüge zur Bicentennial Log Cabin, einem Blockhaus aus dem 19. Jahrhundert.

Branigan Cultural Complex
501 N. Main St. *(575) 541-2154. Cultural Center und Fine Arts Museum: Di–Sa 9–16.30 Uhr. Feiertage.*

Mesilla ⓯

Straßenkarte E5. *2000.* *2231 Avenida de Mesilla, (575) 524-3262.* **www**.oldmesilla.org

Das gut erhaltene historische Städtchen entstand 1850, als der Großteil New Mexicos unter US-Herrschaft geriet. Doch Mesillas Gründerväter wollten lieber unter der Herrschaft Mexikos leben. Mit dem Gadsden Purchase von 1853 *(siehe S. 41)* fiel der Ort schließlich an die USA.

Mesilla verströmt vor allem rund um die Plaza mit ihren Adobe-Bauten das Flair einer Westernstadt im späten 19. Jahrhundert. Hier wurde Billy the Kid *(siehe S. 225)* 1881 zum Tod durch den Strang verurteilt. Das **Gadsden Museum** widmet sich der Lokalgeschichte.

Gadsden Museum
Hwy 28/Boutz Rd. *(575) 526-6293. Mi–Sa (nur nach Voranmeldung). Feiertage.* **www**.gadsdenmuseum.org

Nach Billy the Kid benennen sich in Mesilla sogar Andenkenläden

El Paso ⓰

Straßenkarte E5. *650 000.* *1 Civic Center Plaza, (915) 534-0600, 1-800 351-6024.* **www**.visitelpaso.com

Das texanische El Paso ist ein Haupttor nach New Mexico und in den Südwesten. Seine mexikanische Schwesterstadt Ciudad Juárez ist von El Paso nur durch den Rio Grande getrennt. Die Grenze zwischen den Städten wurde 1963 gezogen, nachdem durch den Flusslauf bedingte Streitigkeiten beigelegt waren. Von El Paso führt die I-10 nördlich nach Las Cruces und westlich durch Süd-Arizona. Der Amtrak-Zug *Sunset Limited (siehe S. 296)* hält dreimal die Woche.

Die spanische Siedlung El Paso del Norte (»Nördlicher Pass«) aus dem späten

Die 1692 erbaute Socorro Mission am Mission Trail in El Paso

16. Jahrhundert war eine Station am Camino Real *(siehe S. 25)*. Der königliche Handelsweg verband Mexiko mit den nördlichen spanischen Territorien. Die Bedeutung der Stadt als Drehscheibe zeigt sich bis heute an dem kulturellen Mix aus indianischer, hispanischer und europäischer Kultur.

In El Paso stehen außergewöhnliche Missionskirchen, etwa die 1692 erbauten von Ysleta und Socorro oder die reizende Chapel San Elizario von 1789. Die **Socorro Mission** verbindet mit schönen *vigas* (Deckenbalken) indianische und spanische Stile.

El Pasos Western-Tradition zeigt sich auch in seiner Verbindung zu Billy the Kid *(siehe S. 225)*, der 1876 in die Stadt kam, um seinen inhaftierten Partner Melquiades Segura zu befreien. El Paso ist zudem ein Zentrum für Western-Kleidung, die in zahlreichen Läden verkauft wird.

Mission Socorro
328 S. Nevarz Rd. *(915) 859-7718.* *Mo–Sa 10.30–15 Uhr.* *obligatorisch.*

White Sands National Monument ⑰

Straßenkarte E4. *(575) 479-6124.* *Visitor Center: tägl. 8–19 Uhr (Winter: bis 17 Uhr); Dunes Drive: tägl. bei Tageslicht.* *25. Dez.* **www**.nps.gov/whsa/

Die gleißenden Dünen des White Sands National Monument erstrecken sich im Tularosa Basin am Nordrand der Chihuahua-Wüste. Sie bilden das größte Gipssand-Dünenfeld der Welt. Wasserlöslicher Gips ist nur selten in Sandform zu finden. Da das Gebiet jedoch ohne Abfluss ist, werden die hier vom Regen abgelagerten Sedimente nicht abtransportiert. Wenn das Regenwasser verdunstet ist, formt der Wind die Ablagerungen zu einem riesigen geriffelten Dünenfeld.

Mit dem Auto lassen sich die White Sands auf dem 26 Kilometer langen Dunes Drive erkunden. Von ihm zweigen vier markierte Wege ab, auch der für Rollstühle geeignete Interdune Boardwalk. Ranger informieren auf Führungen über Flora und Fauna. Nur Pflanzen, die so schnell wachsen, dass sie nicht vom Sand begraben werden, können hier gedeihen, etwa widerstandsfähige Yuccas. Die meisten Tiere sind nachtaktiv.

Den Park umgibt das militärische Testgebiet White Sands Missile Range. Während der Tests werden der Park und die Zubringerstraße (Hwy 70) aus Sicherheitsgründen stundenweise geschlossen. Das **White Sands Missile Range Museum** stellt Raketen aus.

White Sands Missile Range Museum
US 70, 40 km östlich von Las Cruces. *(505) 647-1116.* *Mo–Fr 8–16, Sa 10–15 Uhr.* *So, Feiertage.* **www**.wsmr-history.org

Seifen-Palmlilien *(Yucca elata)* im White Sands National Monument

Bunte Ladenfassaden in der Hauptstraße von Ruidoso

Alamogordo ⓲

Straßenkarte E4. *36 000.* *1301 N. White Sands Blvd, (575) 437-6120, 1-800 826-0294.* **www**.alamogordo.com

Alamogordo wurde 1898 von den New Yorker Unternehmern Charles und John Eddy als Eisenbahnstation gegründet. Die breiten Straßen säumen Pappeln, die der Stadt auch ihren spanischen Namen verliehen: Alamogordo (»dicke Pappel«). Die Stadt erwachte im Zweiten Weltkrieg durch die in der Nähe errichtete Holloman Air Force Base aus ihrem Dornröschenschlaf. Die Basis entwickelte sich zu einem wichtigen Zentrum der Militärforschung.

Alamogordo liegt nur 21 Kilometer vom White Sands National Monument *(siehe S. 223)* entfernt und bietet zahlreiche Sportmöglichkeiten (u. a. Wandern, Radfahren, Golf), vor allem im Lincoln National Forest am Ostrand der Stadt.

In Alamogordo befindet sich der goldene Glaskubus des **New Mexico Museum of Space History**. Das 1976 eröffnete, faszinierende Museum dokumentiert die Lebensbedingungen in einer Raumstation und bietet ein lebensgroßes Modell des ersten Satelliten Sputnik. Bei einem simulierten Ausflug ins All können die Besucher das Hubble Space Telescope reparieren, in einer anderen Simulation mit Anweisungen aus dem Kontrollraum ein Spaceshuttle landen. Zum Museum gehört auch das Kino IMAX™ Dome.

New Mexico Museum of Space History
Scenic Drive. *(575) 437-2840, (877) 33-6589.* *tägl. 9–17 Uhr.* *Thanksgiving, 25. Dez.*

Trägerrakete im Museum of Space History

Cloudcroft ⓳

Straßenkarte E4. *750.* *Cloudcroft Chamber of Commerce, 1001 James Canyon Hwy, (575) 682-2733.* **www**.cloudcroft.net

Das Bergdorf in den Sacramento Mountains wurde 1898 als Zentrum des Holzhandels gegründet. Die 2600 Meter hoch gelegene Siedlung entwickelte sich bald zum Erholungsort für alle, die der Hitze im Tal entkommen wollten. Heute leben hier im Sommer mehr als doppelt so viele Menschen wie in den restlichen Monaten. Die parallel zur Hauptverkehrsstraße verlaufende Burro Avenue sieht noch fast genauso aus wie um 1900. In den rustikalen Holzhäusern haben sich zahlreiche Souvenirläden etabliert.

Der Lincoln National Forest, der sich um den Ort erstreckt, bietet Möglichkeiten zum Wandern, Mountainbiken, Jagen, Angeln, Skifahren und Golfen.

Ruidoso ⓴

Straßenkarte E4. *8000.* *720 Sudderth Dr, (575) 257-7395.* **www**.ruidoso.net

Das hoch in den kühlen Wäldern der Sacramento Mountains gelegene Städtchen zählt zu den am schnellsten wachsenden Ferienorten New Mexicos. Die lange Hauptstraße Sudderth Drive säumen Läden, Kunstgalerien, Cafés und Restaurants. Die Palette der Souvenirs reicht von Kerzen bis zu Cowboystiefeln.

Ruidosos Umgebung bietet hervorragende Möglichkeiten zum Wandern, Reiten, Angeln oder Golfspielen – etwa auf dem **Links at Sierra Blanca**, einem erstklassigen 18-Loch-Platz. Das nordwestlich gelegene Skigebiet der Mescalero Apachen, **Ski Apache**, ist berühmt für seinen auch bei warmem Wetter pulvrigen Schnee. Bekannt sind zudem die Pferderennen auf dem **Ruidoso Downs Racetrack**. Dort findet am Labor Day (erster Montag im September) das All American Futurity statt. Über zwei Millionen Dollar Preisgeld werden bei dem am höchsten dotierten Quarter-Horse-Rennen (Viertelmeilenrennen) der Welt ausgelobt. Die Ruidoso Downs Racehorse Hall of Fame zeigt Memorabilien der Rennen. Das **Hubbard Museum of the American West** widmet sich Western-Memorabilien. Sein Herzstück ist die über 10 000 Exponate (von Kunstwerken bis zu Kutschen) zählende Sammlung der Pferdeliebhaberin Anne Stradling

Billy the Kid

Der *outlaw* wurde 1859 als Henry McCarty geboren. Wahrscheinlich nannte er sich ab 1877 William Bonney, nachdem er in Arizona erstmals einen Menschen getötet hatte. Billy the Kid floh nach Lincoln, wo ihn John Tunstall und Alexander McSween anwarben. Die beiden Kaufmänner standen in harter Konkurrenz zu Lawrence Murphy und James Dolan. Als Dolans Männer 1878 Tunstall erschossen, zählte Billy zu den Rächern des Mords. Der folgende Lincoln County War eskalierte zur grausamen Schlacht. Billy konnte fliehen, wurde aber von Sheriff Pat Garrett zwei Jahre später gefangen genommen. Garrett brachte ihn nach Lincoln, wo Billy hingerichtet werden sollte. Doch er konnte fliehen. Am 14. Juli 1881 wurde Billy von Pat Garrett in Fort Sumner erschossen. In Lincoln wird der Desperado trotz seiner Gewalttätigkeit bis heute als Held verehrt.

Western-Legende: Billy the Kid

(1913–1992) aus New Jersey. Auf dem Gelände steht die Skulpturengruppe *Free Spirits at Noisy Water* (1995). Die sieben überlebensgroßen Pferdefiguren schuf der einheimische Künstler Dave McGary (geb. 1958). Im Oktober feiert die Stadt beim Lincoln County Cowboy Symposium mit Country Music, Tanz, Lassowerfen (von Promis) und Speisen vom Proviantwagen das Leben im »Wilden Westen«.

Einige Kilometer nördlich finden in Alto im **Spencer Theater for the Performing Arts** Theater-, Musik- und Tanzevents statt. Der von dem aus Albuquerque stammenden Architekten Antoine Predock entworfene weiße Sandsteinbau (1997) thront auf einer hohen Mesa.

Links at Sierra Blanca
105 Sierra Blanca Dr.
(575) 258-5330.

Ski Apache
www.skiapache.com

Ruidoso Downs Racetrack
Hwy 70. *(575) 378-4431.*
Mai–Anfang Sep.

Hubbard Museum of the American West
26301 Hwy 70 W. *(575) 378-4142.* *tägl. 9–16.30 Uhr.*
Thanksgiving, 25. Dez.
www.hubbardmuseum.org

Spencer Theater for the Performing Arts
Airport Rd. *(575) 336-4800, 1-888 818-7872.*

Eines der elf historischen Häuser an der Hauptstraße von Lincoln

Lincoln ㉑

Straßenkarte E4. *100.*
(575) 653-4372. *tägl. 8.30–16.30 Uhr.* *1. Jan, Thanksgiving, 25. Dez.*
www.ruidosonow.com

Der Ort bei den Capitan Mountains blickt auf eine gewalttätige Vergangenheit zurück. 1878 tobte hier der Lincoln County War, ein Krieg zwischen rivalisierenden Ranchern und Geschäftsleuten. Einer der Protagonisten war Billy the Kid. Damals umfasste das Lincoln County mit dem Zentrum Lincoln ein Viertel der Staatsfläche.

Lincoln ist heute State Monument mit elf Häusern im Originalzustand vom Ende des 19. Jahrhunderts. Im Lincoln County Courthouse findet sich immer noch das Loch, das Billy the Kid auf seiner Flucht in die Wand schoss. Der Tunstall Store bietet Waren der damaligen Zeit. Das Historic Lincoln Visitor Center & Museum informiert über die Apachen, die frühen hispanischen Siedler, die afroamerikanischen Buffalo Soldiers von Fort Stanton und den Lincoln County War.

Monumentale Pferde in Bronze: *Free Spirits at Noisy Water* (1995), Hubbard Museum of the American West

Carlsbad Caverns National Park ㉒

Der Carlsbad Caverns National Park in der Südostecke von New Mexico schützt eines der größten Höhlensysteme der Welt. Die Formationen in den durch geologische Prozesse geschaffenen Kammern wachsen seit rund 500 000 Jahren durch die Kalkablagerungen des Sickerwassers. Felsbilder beim Natural Entrance zeigen, dass die Höhlen schon den Indianern bekannt waren. Nationale Berühmtheit erlangten sie durch den Cowboy Jim White, der die unterirdische Welt 1901 erkundete. Die Höhlen wurden 1930 zum Nationalpark erklärt, seit 1995 gehören sie zu den Arealen, die UNESCO-Welterbe sind.

Underground Lunchroom
In dem asphaltierten Höhlenabschnitt befinden sich ein beliebtes Lokal, ein Souvenirladen und Toiletten.

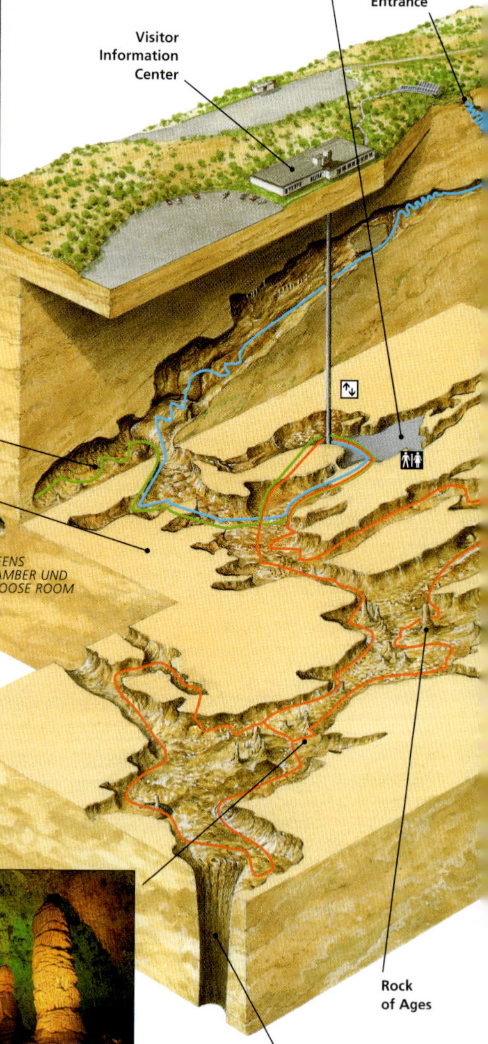

King's Palace Tour
Die Route führt in die tiefste öffentlich zugängliche Höhle (250 m unter der Erdoberfläche).

Boneyard ist ein Labyrinth aus ausgewaschenen Kalkfelsen.

Doll's Theater
Das kleine »Puppentheater« gleicht mit seinen schönen, glänzenden, feinen Formationen einer Feengrotte.

Big Room
Der Weg zum 5,6 Hektar großen Big Room führt auch am »bodenlosen« Bottomless Pit vorbei.

INFOBOX

Straßenkarte F5. 3225 National Parks Hwy, Carlsbad. *(575) 785-2232.* *nach Carlsbad.* *nach White's City.* *25. Mai–3. Sep: tägl. 8–19 Uhr; 6. Sep–24. Mai: 8–17 Uhr (Natural Entrance: letzter Einlass 15.30 bzw. 14 Uhr).* *25. Dez.* teilweise. **www**.nps.gov/cave/

LEGENDE

- Big Room Route
- Natural Entrance Route
- King's Palace Tour (Führung durch Ranger)

Ein Schmetterling nascht an Lobelien, Living Desert State Park

Carlsbad ㉓

Straßenkarte F5. *26000.* *302 S. Canal St, (575) 887-6516.* **www**.carlsbadchamber.com

Die 32 Kilometer nordöstlich der Carlsbad Caverns gelegene Stadt bietet zahlreiche Hotels und Möglichkeiten für Outdoor-Aktivitäten (Unterkünfte sind auch in White's City vorhanden; *siehe S. 247*).

Durch die Stadt windet sich der Pecos River. Angeln, Bootfahren und Wasserskifahren sind beliebte Freizeitbeschäftigungen an drei nahen Seen.

Am Nordrand der Stadt beschäftigt sich der Living Desert State Park mit der Ökologie der Chihuahua-Wüste *(siehe S. 20)*.

Roswell ㉔

Straßenkarte F4. *50000.* *912 N. Main St, 1-888 ROSWELL.* *Mo–Fr 8.30–17, Sa 8.30–16, So 9–15 Uhr.* **www**.roswellmysteries.com

Die kleine Rancher-Stadt wurde durch den Roswell-Zwischenfall zum Synonym für Aliens und UFOs. Das **International UFO Museum and Research Center** widmet sich der ernsthaften Forschung über Außerirdische. Hier kann man eine riesige Sammlung von Zeitungsausschnitten, Fotografien und Karten von der Absturzstelle sehen sowie in einem 70-minütigen Film Interviews von über 400 Menschen verfolgen, die mit dem Vorfall in Verbindung standen.

Symbol der Roswell's Alien Zone

2000 Exponate zur Geschichte des Westens finden sich im **Museum and Art Center**. Die Robert H. Goddard Collection widmet sich den Experimenten des Raketenforschers *(siehe S. 187)*.

International UFO Museum and Research Center
114 N. Main St. *1-800 822-3545.* *tägl. 9–17 Uhr.*
www.iufomrc.org

Roswell Museum and Art Center
100 W. 11th St. *(575) 624-6744.* *tägl. 9–17 Uhr (So ab 13 Uhr).* *Feiertage.*
www.roswellmuseum.org

Roswell-Zwischenfall

Am 4. Juli 1947 kurz vor Mitternacht stürzte ein Flugobjekt während eines Sturms 120 Kilometer nordwestlich der Stadt in den Capitan Mountains ab. Jim Ragsdale, der dort zeltete, gab an, einen Blitz und ein Fluggerät mit sechs Meter Durchmesser gesehen zu haben, das durch die Bäume wirbelte – und die Körper von vier »kleinen Menschen« mit einer schlangenähnlichen Haut. Das erzählte er jedoch erst 1995.

Die US Air Force gab den Fund eines »unbekannten Flugobjekts« bekannt – die Geschichte raste um die Welt. Am 9. Juli war aus dem UFO jedoch ein Wetterballon geworden. Da Zeugen zur Geheimhaltung verpflichtet wurden, halten sich Gerüchte über den Absturz von Aliens hartnäckig.

Offiziere untersuchen das »Alien«-Material

Zu Gast im Südwesten

Hotels

Gastfreundschaft hat im amerikanischen Südwesten Tradition. Urlauber können je nach Vorliebe und Budget zwischen vielfältigen Übernachtungsmöglichkeiten wählen – von luxuriösen Fünf-Sterne-Ferienanlagen (Resorts) bis zu einfachen Gästehäusern, von modernen Hotels, historischen und gemütlichen Bed and Breakfasts bis zu bequemen Motels oder vollständig ausgestatteten Apartments. Einige originale Ferien-Ranches bieten Wildwest-Flair. Die Zimmer in Unterkünften aller Preisklassen sind fast immer sauber, komfortabel und mit einem Bad ausgestattet. In den legendären glitzernden Themen-Hotels in Las Vegas variieren die Preise ganz erheblich, je nach Auslastung und Zeit der Buchung (Werktag oder Wochenende). Für alle Unterkünfte gilt: Entscheidend ist die Reisezeit, ob Haupt- oder Nebensaison. Auf den Seiten 232–247 finden Sie über 200 Unterkünfte, die jeweils besten in ihrer Preisklasse.

Schild des Weatherford Hotel, Flagstaff

Traditionelle Adobe-Architektur: Fassade des Hotels Santa Fe *(siehe S. 244)*

Hotelkategorien

Die Hotels im Südwesten sind für exzellente Qualität bekannt. Die Bewertung der Häuser erfolgt durch das Sternesystem der **American** und **Canadian Automobile Association** (AAA und CAA). Jedes Quartier, vom Ein-Stern-Motel bis zum Fünf-Sterne-Palast, wird nach Service, Sauberkeit und Ausstattung beurteilt. AAA-Mitgliedern werden bei Vorabbuchungen Preisnachlässe gewährt (dies gilt teilweise auch für Mitglieder des ADAC und ÖAMTC).

Steuern

Lokale Steuern variieren, da sie vom Staat, der Stadt bzw. der County-Administration erhoben werden. Rechnen Sie mit zehn bis 14 Prozent Aufschlag auf den Zimmerpreis. Im Folgenden werden Inklusivpreise genannt.

Luxushotels

Vielfalt ist im Südwesten Trumpf. Es gibt Hotels in allen Varianten: Historische Häuser wie das **El Tovar** am Grand Canyon *(siehe S. 233)* sollten ursprünglich Investoren von der Ostküste vom touristischen Potenzial des Südwestens überzeugen. Heute stehen hier die luxuriösesten Hotels der USA, von den extravaganten Themen-Resorts in Las Vegas *(siehe S. 237–240)* bis zum Wigwam Resort in Phoenix *(siehe S. 235)* mit drei turnierfähigen 18-Loch-Golfplätzen, Tennisplätzen und Gourmetküche. Die Gebiete um Phoenix und in Süd-Arizona beherbergen berühmte Luxus-, Wellness- und Golf-Resorts. Besonderes, gemütliches Flair und Service der Extraklasse bieten hingegen kleine, luxuriöse Hotels im Privatbesitz.

Viele Hotels werben vor allem um Geschäftsreisende, bieten Wochenpreise sowie Computer, Internet-Zugang und Faxgerät auf den Zimmern. Diese Ausstattung wird mehr und mehr zum allgemeinen Hotelstandard.

Hotel- und Motelketten

Häuser von Hotelketten wie **Holiday Inn**, **Comfort Inn**, **Best Western**, **Ramada Inns**, **Econolodge** und **Super 8** bieten guten Service, vernünftige Preise und eine komfortable (wenn auch standardisierte) Ausstattung. Ein besonders gutes Preis-Leistungs-Verhältnis haben Apartmenthotels wie **Embassy Suites** und **Country Inn and Suites**. Sie sind mit Wohnzimmer und Küchenzeile ausgestattet, kosten aber nur wenig mehr als Hotelzimmer. Über zentrale Reservierungssysteme können Sie auch in Spitzenzeiten Zimmer in Häusern der Hotelketten finden.

Hotel der Best-Western-Gruppe

Motels mit Parkplätzen, die direkt vor den Zimmern liegen, sind oft die einzige Wahl auf dem Land. Die Palette reicht von nostalgischen Häusern an der Route 66 *(siehe S. 50f)* bis zu Discount-Motels wie Motel 6.

◁ **Wanderung mit Kind in der grandiosen Szenerie des Südwestens**

Starlight Pines Bed and Breakfast in Flagstaff *(siehe S. 232)*

Historische Inns und Bed and Breakfasts

Es gibt zahlreiche exzellente Inns (Gästehäuser) sowie Bed and Breakfasts im Südwesten. Inns sind meist größer und verfügen über größere Aufenthaltsräume und Speisesaal. Bed and Breakfasts überzeugen durch ihre häusliche Atmosphäre.

Inns und B&Bs liegen oft in restaurierten historischen Gebäuden, viele davon in reizenden viktorianischen Stadtvillen. Beide Unterkunftsarten glänzen durch Gastfreundschaft und herzlichen Service, bieten oft Antiquitäten, Kunst und Gartenanlagen. Die Verbände in den jeweiligen Bundesstaaten bieten Auswahl und Buchungsmöglichkeiten *(siehe Kasten rechts)*.

Western Hotels und Dude Ranches

Wer seinen Träumen vom »Wilden Westen« frönen möchte, der sollte sich in einem der vielen historischen Hotels einmieten. Zwischen 1880 und 1920 genossen die eleganten Hotels im Westen aufgrund ihrer Qualität einen exzellenten Ruf, beeindruckten mit üppigem, extravagantem Dekor. Heute kann man in restaurierten Häusern in großartigem Ambiente residieren – etwa im **Strater Hotel** *(siehe S. 242)* in Durango. Mit den vielen Antiquitäten ist es Hotel und Museum zugleich. Auf den *Dude Ranches* (*dude* bedeutet »Neuling«, »Anfänger«) kann man Cowboy-Luft schnuppern. Diese Art der Ferien-Ranches gibt es bereits seit den 1920er Jahren. Die Angebotspalette reicht von Genussferien inklusive schöner Ausritte bis zur tatkräftigen Mitarbeit, etwa beim Bau von Zäunen oder beim Einfangen von Rindern und Kälbern. Kost, Logis und Ausritte sind in der Regel im Preis inbegriffen. In Arizona und Colorado helfen die **Dude Ranch Associations** gern bei der Suche nach den perfekten Western-Ferien.

Gebühren für Nationalparks

Fast alle National und State Parks verlangen Eintritt. Die Gebühr wird meist pro Fahrzeug erhoben und muss auch bezahlt werden, um zu Hotels und Restaurants, die im Parkgebiet liegen, zu gelangen. Falls Sie mehrere Nationalparks besuchen wollen, sollten Sie eventuell einen Jahrespass kaufen (80 $). Informieren Sie sich auf der Website des National Park Service (www.nps.gov).

Campingplätze und Wohnmobil-Parks

Campingplätze für Zelte und Wohnmobile (RV, *recreational vehicle*) gibt es im ganzen Südwesten, vor allem in den Nationalparks. Über Campingplätze in Wäldern, die sehr einfach, aber auch mit fließendem Wasser und RV-Stellplätzen ausgestattet sein können, informiert der **National Forest Service**.

AUF EINEN BLICK

Hotel- und Motelketten

Best Western
1-800 528-1234.

Comfort Inn
1-800 221-2222.

Country Inn and Suites
1-800 456-4000.

Econolodge
1-800 424-4777.

Embassy Suites
1-800 362-2779.

Holiday Inn
1-800 465-4329.

Ramada Inns
1-800 272-6232.

Super 8
1-800 800-8000.

Historische Inns, Bed and Breakfasts

Arizona Association of Bed and Breakfast Inns
c/o AABBI President, 11770 E. Rambling Trail, Tucson, AZ 85747.
1-800 752-1921. **www.**arizona-bed-breakfast.com

Bed and Breakfasts Inns of New Mexico
www.bbonline.com/nm

New Mexico Bed and Breakfast Association
1-800 661-6649.
www.nmbba.org

Dude Ranches

Arizona Dude Ranch Association
P.O. Box 603, Cortaro, AZ 85652.
(520) 823-4277.
www.azdra.com

Colorado Dude and Guest Ranch Association
P.O. Box D Shawnee, CO 80475.
1-866 942 3472.
www.coloradoranch.com

Campingplätze und Wohnmobil-Parks

National Forest Service
Southwest Regional Office, 333 Broadway SE, Albuquerque, NM 87102.
1-877 444-6777, (518) 885-3639 (international).
www.recreation.gov

Hotelauswahl

Die folgenden Hotels wurden aufgrund von Ausstattung, Lage und Service ausgewählt. Hotels derselben Preiskategorie sind in alphabetischer Reihenfolge aufgeführt. Die angegebenen Standardpreise beziehen sich auf die Hochsaison. Es gibt allerdings viele Ermäßigungen. Zur Restaurantauswahl siehe die Seiten 252–269.

PREISKATEGORIEN

Die Preise gelten für ein Doppelzimmer pro Nacht inkl. Steuern und Service:

- $ unter 100 US-Dollar
- $$ 100–150 US-Dollar
- $$$ 150–300 US-Dollar
- $$$$ 300–500 US-Dollar
- $$$$$ über 500 US-Dollar

Grand Canyon und Nord-Arizona

CAMP VERDE Camp Verde Comfort Inn $

340 N. Goswick Way, AZ, 86322 Tel. *(928) 567-9000* Fax *(928) 567-1828* **Zimmer** 85 — **Straßenkarte** B4

Das saubere Motel der Comfort-Inn-Kette liegt an der I-17 im Verde River Valley, nur fünf Kilometer von Montezuma Castle und anderen lokalen Sehenswürdigkeiten entfernt. Das Haus mit beheiztem Außenpool ist eine kostengünstige Alternative zu den Hotels in Sedona und Jerome. Frühstück ist im Preis inbegriffen. **www.choicehotels.com**

COTTONWOOD Best Western Cottonwood Inn $$

993 S. Main St, AZ, 86326 Tel. *(928) 634-5575* Fax *(928) 634-5576* **Zimmer** 78 — **Straßenkarte** B3

Am Fuß von Mingus Mountain im Herzen des Verde River Valley finden Sie dieses Best-Western-Haus. Zum Tuzigoot National Monument und dem Dead Horse Ranch State Park sind es nur wenige Kilometer. Die Zimmer sind komfortabel, der Pool ist meist beheizt. Kontinentales Frühstück inklusive. **www.bestwesterncottonwoodinn.com**

FLAGSTAFF Hotel Weatherford $

23 North Leroux St, AZ, 86001 Tel. *(928) 779-1919* Fax *(928) 773-8951* **Zimmer** 10 — **Straßenkarte** C3

In dem nur einen Block von der Santa-Fe-Bahnstation entfernten Sandsteingebäude (1897) mit seiner eleganten Veranda machten früher Politiker, Schriftsteller und Revolvermänner Station. Die Preise sind vernünftig, die renovierten, mit Antikmöbeln ausgestatteten Zimmer haben weder Telefon noch TV. **www.weatherfordhotel.com**

FLAGSTAFF Hilton Garden Inn $$

350 W. Forest Meadows St, AZ, 86001 Tel. *(928) 226-8888* Fax *(928) 556-9059* **Zimmer** 90 — **Straßenkarte** C3

Wanderer und Radfahrer genießen hier Schwimmbad, Sauna und Whirlpool-Spa. Das Garden Inn liegt nahe dem Zentrum und der Northern Arizona University. Mikrowelle, Kühlschrank, zwei Telefone und kostenloses Internet gehören zur Ausstattung. Fitness-Freaks freuen sich über ein »Stay-Fit Kit« im Zimmer. **www.hiltongardeninn.com**

FLAGSTAFF Hotel Monte Vista $$

100 N. San Francisco St, AZ, 86001 Tel. *(928) 779-6971* Fax *(928) 779-2904* **Zimmer** 50 — **Straßenkarte** C3

Das vierstöckige Ziegelhotel von 1926 ist auf seine Vergangenheit stolz. Die Zimmer sind nach den Prominenten benannt, die hier gewohnt haben – von Bob Hope über John Wayne bis hin zu Rockstar Jon Bon Jovi. Das Monte Vista liegt nahe der Bahnlinie, Ohrstöpsel könnten also von Nutzen sein. **www.hotelmontevista.com**

FLAGSTAFF Little America Hotel $$$

2515 E. Butler Ave, AZ, 86004 Tel. *(928) 779-7900* Fax *(928) 779-7983* **Zimmer** 247 — **Straßenkarte** C3

Der von Ponderosa-Kiefern umgebene Pool ist ein Highlight dieses Hotels, das nur wenige Minuten vom Zentrum entfernt liegt. Nehmen Sie sich Zeit für einen Spaziergang auf dem Coconino Forest Trail. Sie können Hufeisen werfen oder Krocket spielen. Auf den Zimmern gibt es provenzalische Möbel. **www.littleamerica.com/flagstaff**

FLAGSTAFF Radisson Woodlands Hotel Flagstaff $$$

1175 W. Route 66, AZ, 86001 Tel. *(928) 773-8888* Fax *(928) 773-0597* **Zimmer** 183 — **Straßenkarte** C3

Gästen des edleren Hotels stehen Laufbänder und andere Fitnessgeräte zur Verfügung. Die Lage zur City ist ebenso gut wie zum Sunset Crater und den indianischen Ruinen bei Wupatki. Angenehm: die etwas teureren Zimmer mit Sleep Number Bed – die Matratzen lassen sich per Knopfdruck verstellen. **www.flagstaffwoodlandshotel.com**

FLAGSTAFF Starlight Pines Bed & Breakfast $$$

3380 E. Lockett Rd, AZ, 86001 Tel. *(928) 527-1912 oder 1-800 752-1912* **Zimmer** 4 — **Straßenkarte** C3

Das Starlight Pines im viktorianischen Stil wird von einer Veranda umschlossen, auf der Korbmöbel stehen. Im Haus lodert Feuer im Kamin. Die Zimmer schmücken frische Blumen, Antiquitäten und Tiffany-Leuchten. Piniengerüche und das Aroma von Toast Grand Marnier versüßen den Morgen. **www.starlightpinesbb.com**

GRAND CANYON Phantom Ranch $

Grand Canyon, AZ, 86023 Tel. *(928) 638-2631* **Zimmer** 40 — **Straßenkarte** B3

Nur wenige Grand-Canyon-Besucher kommen in den Genuss, auf der hübschen Phantom Ranch zu übernachten. Die rustikale Lodge mit ihren Blockhütten erreicht man via Floß, zu Fuß oder auf dem Rücken von Mulis. Geschlafen wird nach Geschlechtern getrennt in Stockbetten. Bitte lange im Voraus reservieren. **www.grandcanyonlodges.com**

Zeichenerklärung *siehe hintere Umschlagklappe*

GRAND CANYON (NORTH RIM) Grand Canyon Lodge $$

Grand Canyon, AZ, 86052 *1-887 386-4383* FAX *(303) 297-3175* ***Zimmer*** *205* ***Straßenkarte*** *B3*

Die lange Fahrt zum North Rim macht man besser von Utah aus – sogar dann ist es noch weit zum Rand der Schlucht, wo diese Kalkstein-Lodge mit ihren Motelzimmern das Kaibab Plateau überblickt. Die Holzhütten sind beliebt, aber nur saisonal geöffnet. Reservierung unabdingbar. **www.grandcanyonlodgenorth.com**

GRAND CANYON (SOUTH RIM) Bright Angel Lodge $

Grand Canyon Village, AZ, 86023 *(928) 638-2631* FAX *(928) 638-9810* ***Zimmer*** *89* ***Straßenkarte*** *B3*

Buchen Sie rechtzeitig, wenn Sie in einer dieser renovierten, im Vergleich zu ähnlichen Unterkünften – etwa dem El Tovar *(siehe unten)* – preiswerten Hütten übernachten wollen. Die Holz-Stein-Gebäude wurden 1935 von Mary Elizabeth Colter entworfen. Die Motelzimmer wurden modernisiert. **www.grandcanyonlodges.com**

GRAND CANYON (SOUTH RIM) Maswik Lodge $

Grand Canyon Village, AZ, 86023 *(928) 638-2631* FAX *(928) 638-9810* ***Zimmer*** *278* ***Straßenkarte*** *B3*

Die familienfreundliche Lodge besteht aus zwei Gebäuden, die inmitten von Ponderosa-Kiefern einen halben Kilometer vom Südrand des Canyons entfernt stehen. Die Zimmer nach Süden (ohne Klimaanlage) sind nur einfach ausgestattet, die größeren nach Norden entsprechen modernsten Standards. **www.grandcanyonlodges.com**

GRAND CANYON (SOUTH RIM) Thunderbird and Kachina Lodges $$

Grand Canyon Village, AZ, 86023 *(928) 638-2631* FAX *(928) 638-9810* ***Zimmer*** *140* ***Straßenkarte*** *B3*

Direkt am Canyonrand stehen diese zwei bequemen Familien-Lodges mit großen Panoramafenstern nebst Annehmlichkeiten wie Kühlschrank, Safe und komplett ausgestattetem Bad. Wer eine der Unterkünfte mit (Teil-)Blick auf den Canyon haben möchte, zahlt einen Aufpreis. Restaurants gibt es in Gehweite. **www.grandcanyonlodges.com**

GRAND CANYON (SOUTH RIM) Yavapai Lodge $$

Grand Canyon Village, AZ, 86023 *(928) 638-2631* FAX *(928) 638-9810* ***Zimmer*** *358* ***Straßenkarte*** *B3*

Reisende, die sich mit dem Reservieren Zeit gelassen haben, finden am ehesten Zimmer im Yavapai, einen knappen Kilometer vom Canyonrand und Besucherzentrum entfernt. Ein Laden, eine Bank und die Post finden sich um die Ecke. Die Zimmer im Osten haben Klimaanlage, die im Westen Ventilatoren. **www.grandcanyonlodges.com**

GRAND CANYON (SOUTH RIM) El Tovar Hotel $$$

Grand Canyon Village, AZ, 86023 *(928) 638-2631* FAX *(928) 638-9810* ***Zimmer*** *78* ***Straßenkarte*** *B3*

Die historische Lodge am South Rim war zu ihren Glanzzeiten für ihren Luxus bekannt. Prominente wie Albert Einstein und Elizabeth Taylor sind hier einst abgestiegen. Das El Tovar ist immer noch ein besonderer Ort mit erlesenem Naturstein-Fichte-Design. **www.grandcanyonlodges.com**

JEROME Ghost City Inn Bed & Breakfast $$

541 N. Main St, AZ, 86331 *(928) 634-4678 oder 1-888 634-4678* ***Zimmer*** *6* ***Straßenkarte*** *B4*

Aus der Unterkunft für Kupferbergarbeiter (1890er Jahre) in Jerome wurde ein geschmackvolles B&B. Es steht auf dem Cleopatra Hill mit Blick auf das Verde River Valley. Die Zimmer sind individuell gestaltet. Frühstück wird im Salon oder auf der hinteren Veranda neben einem Wasserfall serviert. **www.ghostcityinn.com**

KINGMAN Best Western A Wayfarer's Inn & Suites $$

2815 E. Andy Devine Ave/Route 66, AZ, 86401 *(928) 753-6271* ***Zimmer*** *101* ***Straßenkarte*** *B3*

Das komfortable Haus der Best-Western-Kette besitzt einen saisonal betriebenen Außenpool und ein Spa. Das Wayfarer's Inn liegt wenige Autominuten vom Powerhouse Museum, das Route-66-Memorabilien ausstellt, und vom Kingman Army Airfield Museum entfernt. **www.bestwesternarizona.com**

LAKE HAVASU CITY Hampton Inn $$

245 London Bridge Rd, AZ, 86403 *(928) 855-4071* FAX *(928) 855-2379* ***Zimmer*** *162* ***Straßenkarte*** *A4*

Das Hampton Inn ist eines der populärsten Hotels der Stadt. Es liegt nur rund einen halben Kilometer vom See entfernt. Auf den See gehen viele der Zimmer mit Balkon. Jedes Zimmer hat Kühlschrank und Mikrowelle. Zur Entspannung kann man Hufeisen werfen oder zum Seeufer spazieren. **www.hamptoninn.com**

LAKE HAVASU CITY Heat $$$

1420 McCulloch Blvd, AZ, 86403 *(888) 898-4328* FAX *(928) 854-1130* ***Zimmer*** *17* ***Straßenkarte*** *A4*

Das trendy Boutique-Hotel in zeitgenössischem Design mit europäischer Anmutung steht einen Steinwurf von der London Bridge entfernt und ist definitiv eine Bereicherung für die Stadt. Man blickt auf die Brücke und den Bridgewater Channel. Brad Pitt und Angelina Jolie wohnten schon hier. Guter Service. **www.heathotel.com**

PAGE Best Western at Lake Powell $$

208 N. Lake Powell Blvd, AZ, 86040 *(928) 645-5988* FAX *(928) 645-2578* ***Zimmer*** *132* ***Straßenkarte*** *C2*

Mitten in Page, mit Blick auf den Glen-Canyon-Damm und die Vermillion-Klippen, steht dieses in Wüstenfarben gehaltene Best-Western-Haus. Läden, Restaurants und Tourveranstalter liegen ebenso in Gehweite wie das John Wesley Powell Museum. Großer Außenpool, reichlich Parkmöglichkeiten. **www.bestwesternarizona.com**

PAGE Courtyard by Marriott $$$

600 Clubhouse Dr, AZ, 86040 *(928) 645-5000* FAX *(928) 645-5004* ***Zimmer*** *150* ***Straßenkarte*** *C2*

Die grünen Fairways des 18-Loch Lake Powell National Championship Golf Course umgeben das Courtyard. Die First-Class-Zimmer des Hauses sind im Stil der Region gehalten. Beim Pool gibt es eine Lounge. Buchen Sie das Golfpaket, besuchen Sie den Glen-Canyon-Damm, oder verbringen Sie den Tag am Lake Powell. **www.courtyard.com**

Straßenkarte *siehe hintere Umschlaginnenseiten*

SEDONA Star Motel $

295 Jordan Rd, AZ, 86336 ☎ *(928) 282-3641* ***Zimmer*** *11* ***Straßenkarte*** *C3*

Das kleine unscheinbare Motel im Herzen von Sedona ist für preisbewusste Familien maßgeschneidert. Den Zimmern fehlt zwar die Atmosphäre, dafür sind sie makellos sauber. Größter Pluspunkt des Star Motel ist die ideale Lage. Man hat sogar Aussicht auf die roten Felsen von Sedona.

SEDONA Amara Resort and Spa $$$

310 N. Hwy 89A, AZ, 86336 ☎ *(928) 282-4828* FAX *(928) 282-4825* ***Zimmer*** *100* ***Straßenkarte*** *C3*

Das farbenfrohe und modern eingerichtete Boutique-Resort liegt nur wenige Meter von der Innenstadt entfernt. Hier legt man Wert auf Komfort und Service. Entspannen kann man im Salzwasserpool oder Amara Spa. Abends trinkt man am Kamin ein Glas Wein und bewundert dabei den Sternenhimmel. **www.amararesort.com**

SEDONA Cozy Cactus B & B $$$

80 Canyon Circle Dr, AZ, 86351 ☎ *(928) 284-0082* FAX *(928) 284-4210* ***Zimmer*** *5* ***Straßenkarte*** *C3*

Das familienfreundliche Cozy Cactus ist schön eingerichtet und bietet Aussicht auf Bell Rock, Courthouse Butte und Castle Rock. Auf der Terrasse kann man relaxen und dabei dem Kojotengeheul lauschen. Schnüren Sie nach dem Frühstück die Wanderstiefel, und gehen Sie auf Erkundungstour. **www.cozycactus.com**

SEDONA Enchantment Resort $$$$$

525 Boynton Canyon Rd, AZ, 86336 ☎ *(928) 282-2900* FAX *(928) 282-9249* ***Zimmer*** *236* ***Straßenkarte*** *C3*

Inmitten der roten Felsen des Boynton Canyon versteckt sich das Enchantment. Die Adobe-*casitas* bieten jeden nur erdenklichen Luxus und sind im typischen Stil der Region gehalten. Zum Freizeitangebot gehören Wandern, Radfahren, Krocket, Tennis und ein Spitzen-Spa. Kinderprogramme. **www.enchantmentresort.com**

WAHWEAP Lake Powell Resort $$

100 Lakeshore Dr, AZ, 86040 ☎ *(928) 645-2433* FAX *(928) 645-1031* ***Zimmer*** *348* ***Straßenkarte*** *C2*

Das Resort steht direkt am Ufer des Lake Powell mit Blick über die Wahweap Marina. Die hochwertigen Zimmer verfügen alle über Balkon oder Terrasse und liegen in acht zweistöckigen Gebäuden. Das Hotel sowie die Glen Canyon National Recreation Area bieten vielseitige Freizeitmöglichkeiten. Bootsverleih. **www.lakepowell.com**

WILLIAMS Mountain Side Inn Grand Canyon $

642 E. Route 66, AZ, 86046 ☎ *(928) 635-4431* FAX *(928) 635-2292* ***Zimmer*** *96* ***Straßenkarte*** *B3*

Der schlichte Gasthof liegt versteckt zwischen den Pinien des Kaibab National Forest – ein idealer Ausgangsort für Reisende auf dem Weg zum Grand Canyon oder als Basis für lange Wanderungen. Wer andere Unterhaltung im Sinn hat, kann es mit Karaoke in der Route 66 Lounge probieren. **www.grandcanyonmountainsideinn.com**

WILLIAMS Grand Canyon Railway Hotel $$$

235 North Grand Canyon Blvd, AZ, 86046 ☎ *(928) 635-4010* FAX *(928) 635-2180* ***Zimmer*** *297* ***Straßenkarte*** *B3*

Das elegante Hotel gleich neben dem Bahnhof ist über 100 Jahre alt. Davon zeugt auch die geräumige, altehrwürdige Lobby, in der an Wintertagen im Kamin ein wärmendes Feuer prasselt. In der Nähe gibt es ein Resort für Tiere mit Zimmern für Hunde und Apartments für Katzen – kein Scherz! **www.thetrain.com**

Phoenix und Süd-Arizona

APACHE JUNCTION Best Western Apache Junction Express Inn $$

1101 W. Apache Trail, AZ, 85220 ☎ *(480) 982-9200* FAX *(480) 671-6183* ***Zimmer*** *40* ***Straßenkarte*** *C4*

Das Best-Western-Haus liegt östlich von Phoenix – ideal für den Apache Trail. Man blickt auf den Superstition Mountain, der früher wegen der Lost Dutchman Goldmine bekannt war. Die kleine Herberge ist im regionalen Stil gehalten, die Zimmer sind sauber. Außenpool. Frühstück inklusive. **www.bestwestern.com**

BISBEE Shady Dell $

1 Old Douglas Rd, AZ, 85603 ☎ *(520) 432-3567* ***Zimmer*** *11* ***Straßenkarte*** *C5*

Das Shady Dell liegt hoch in den Mule Mountains, nahe der mexikanischen Grenze. Hier kann man sich auf eine Zeitreise in die 1950er Jahre begeben und in klassischen Wohnwagen, etwa im 1949er Airstream oder in einer 1950er Spartanette, übernachten und dabei Rhythm 'n' Blues-Klängen lauschen. **www.theshadydell.com**

BISBEE Copper Queen Hotel $$$

11 Howell Ave, AZ, 85603 ☎ *(520) 432-2216* FAX *(520) 432-3819* ***Zimmer*** *53* ***Straßenkarte*** *C5*

In der Rezeption steht ein alter Rollschrank, die Zimmer sind mit Antikmöbeln eingerichtet, die Tapeten stammen aus längst vergangenen Zeiten. Das Copper Queen gibt es seit rund 100 Jahren. In Boomtown-Tagen stieg hier Prominenz ab. Heute können sich Gäste in altmodischen Badewannen oder im Pool abkühlen. **www.copperqueen.com**

DOUGLAS The Gadsden Hotel $

1046 G Ave, AZ, 85607 ☎ *(520) 364-4481* FAX *(520) 364-4005* ***Zimmer*** *160* ***Straßenkarte*** *C5*

Die Lobby des historischen Gadsden ist eine der üppigsten im Südwesten. Eleanor Roosevelt, Lee Marvin und Shelley Winters machten hier einst Station. Die Preise des Hauses sind vernünftig. Die Marmortreppe, die Marmorsäulen und die 13 Meter lange Wandmalerei mit Tiffany-Bleiglas-Einschlüssen sind sehenswert. **www.hotelgadsden.com**

Preiskategorien *siehe S. 232* **Zeichenerklärung** *siehe hintere Umschlagklappe*

DRAGOON Triangle T Guest Ranch $$$

I-10, Exit 318, 4190 Dragoon Rd, AZ, 85609 ☎ *(520) 586-7533* FAX *(520) 586-4476* **Zimmer** *10* **Straßenkarte** *C5*

Das Triangle T liegt in den kühlen Dragoon Mountains des Texas Canyon, nahe bei den Kartchner Caverns, Tombstone und der Amerind Foundation. Die rustikalen Hütten stehen auf einem Feld mit riesigen Felsbrocken, die bei Vogelbeobachtern, Bikern und Künstlern sehr beliebt sind. Reitmöglichkeiten. **www.triangletguestranch.com**

GREEN VALLEY Best Western Green Valley $$

111 S. La Cañada Drive, AZ, 85614 ☎ *(520) 625-2250* FAX *(520) 625-0215* **Zimmer** *108* **Straßenkarte** *C5*

Das schön gelegene Best-Western-Haus mit komfortablen Zimmern finden Sie nach kurzem Fußweg von der »weißen Taube der Wüste«, der Kirche San Xavier del Bac. Relaxen Sie im Pool, nachdem Sie im Madera Canyon Vögel – es gibt hier über 300 Spezies – beobachtet haben. **www.bestwesterngreenvalley.com**

PHOENIX Best Western Central Phoenix Inn & Suites $$

1100 N. Central Ave, AZ, 85004 ☎ *(602) 252-2100* FAX *(602) 252-2731* **Zimmer** *107* **Straßenkarte** *B4*

Wie der Name schon verrät, ist dieses Hotel zentral gelegen. Zum berühmten Copper Square sowie zu diversen Museen sind es nur wenige Schritte. Von den Zimmern im oberen Stock hat man einen herrlichen Blick auf die Innenstadt. Außenpool und Spa, Sauna und Fitness-Center. **www.bestwesterncentralphoenix.com**

PHOENIX Quality Inn & Suites $$

202 E. McDowell Rd, AZ, 85004 ☎ *(602) 528-9100* FAX *(602) 258-7259* **Zimmer** *48* **Straßenkarte** *B4*

Das Hotel ist eine gute (Innenstadt-)Basis, wenn man das Phoenix Art Museum besuchen will. Das Haus der Quality-Inn-Kette wurde jüngst renoviert und liegt nur wenige Blocks vom Heard Museum entfernt. Wochentags gibt es einen kostenlosen Shuttle zum Copper Square und zum Convention Center. Außenpool. **www.choicehotels.com**

PHOENIX Clarendon Hotel and Suites $$$

401 W. Clarendon Ave, AZ, 85013 ☎ *(602) 252-7363* FAX *(602) 274-9009* **Zimmer** *105* **Straßenkarte** *B4*

Die Innenausstattung des trendigen Clarendon zeigt Art-déco-Dekor. Die Beleuchtung ist raffiniert, die kobaltblauen und lachsfarbenen Leuchten des französischen Fusion-Restaurants Camus brennen bis spät in die Nacht. Das Hotel steht im Geschäftsviertel. Nationale Telefongespräche und Parken sind kostenlos. **www.theclarendon.net**

PHOENIX Hotel San Carlos $$$

202 N. Central Ave, AZ, 85004 ☎ *(602) 253-4121* FAX *(602) 253-6668* **Zimmer** *128* **Straßenkarte** *B4*

Das charmante historische Hotel besitzt Charakter. Einige der Zimmer sind zwar klein, dafür aber preiswert und nostalgisch eingerichtet. Zur Prominenz, die hier schon logierte, zählen – neben dem Hausgeist – Mae West, Clark Gable und Marilyn Monroe. Auf dem Dach gibt es einen Pool, auf dem Gehsteig ein Café. **www.hotelsancarlos.com**

PHOENIX Radisson Hotel Phoenix City Center $$$

3600 N. 2nd Ave, AZ, 85031 ☎ *(602) 604-4900* FAX *(602) 604-4901* **Zimmer** *274* **Straßenkarte** *B4*

Wer in der City frische Luft will, muss im noblen Radisson absteigen. Man ist stolz auf den schönen Garten mit Pavillon, die zwei Außenpools mit Wasserfall und den Dachpool. Extras: Tennisplätze, Übungsplatz zum Putten und Kinderspielplatz. Hotelgäste dürfen kostenlos parken. **www.radisson.com/phoenixaz_citycenter**

PHOENIX Arizona Grand Resort $$$$

7777 S. Pointe Parkway, AZ, 85044 ☎ *(602) 438-9000* FAX *(602) 431-6535* **Zimmer** *640* **Straßenkarte** *B4*

Das familienfreundliche Resort garantiert mit Golf, Tennis, Reiten und einem Spa ein abwechslungsreiches Freizeitprogramm. Glanzstück des Hauses ist The Oasis, der Aquapark mit Rutsche, Wellenbecken und dem Zuni River. Jede Balkonsuite hat Wohnzimmer und Wet Bar. Nahe vom South Mountain Preserve. **www.arizonagrandresort.com**

PHOENIX Embassy Suites Phoenix-Biltmore $$$$

2630 E. Camelback Rd, AZ, 85016 ☎ *(602) 955-3992* FAX *(602) 955-6479* **Zimmer** *232* **Straßenkarte** *B4*

Das Palmen-Atrium und das Koi-Karpfen-Becken stechen hier zunächst ins Auge, während das Plätschern eines Wasserfalls dem Ohr schmeichelt. Es gibt nur Suiten. Gäste werden morgens mit einem hausgemachten kostenlosen Frühstück begrüßt. Der Biltmore Fashion Park liegt nebenan. **www.phoenixbiltmore.embassysuites.com**

PHOENIX Ritz-Carlton Hotel $$$$

2401 E. Camelback Rd, AZ, 85016 ☎ *(602) 468-0700* FAX *(602) 468-0793* **Zimmer** *281* **Straßenkarte** *B4*

Elf Stockwerke hoch ragt das edle, elegant dekorierte Ritz-Carlton auf und garantiert so herrliche Ausblicke auf die Innenstadt von Phoenix, den Camelback Mountain und den Squaw Peak. Wenn Sie hier mit Golftasche anreisen, putzt man Ihre grasigen Sportschuhe umsonst. Der Parkservice kostet extra. **www.ritzcarlton.com**

PHOENIX The Wigwam Resort $$$$

300 E. Wigwam Blvd, Litchfield Pk, AZ, 85251 ☎ *(623) 935-3811* **Zimmer** *331* **Straßenkarte** *B4*

Das ausladende Resort westlich der Innenstadt war einst eine Baumwollplantage mitten in der Sonora-Wüste. Heute machen drei spektakuläre Golfplätze einen Großteil der ehemaligen Kulturlandschaft aus. Es gibt übergroße elegante Zimmer im *Casita*-Stil. Entspannung bietet das nagelneue Elizabeth Arden Red Door Spa. **www.wigwamresort.com**

PHOENIX Arizona Biltmore Resort & Spa $$$$$

2400 E. Missouri Ave, AZ, 85016 ☎ *(602) 955-6600* FAX *(602) 381-7600* **Zimmer** *738* **Straßenkarte** *B4*

Das Resort aus den 1930er Jahren ist für die von Frank Lloyd Wright inspirierte Architektur bekannt. Genießen Sie, wie viele Prominente, die hier abgestiegen sind, den Nachmittagstee. Irving Berlin schrieb im Biltmore »White Christmas«. Rasenschach und Golf. Der Zimmerservice besorgt auch Futter fürs Haustier. **www.arizonabiltmore.com**

Straßenkarte *siehe hintere Umschlaginnenseiten*

SCOTTSDALE Hotel Valley Ho $$$$

6850 E. Main St, AZ, 85251 ☎ *(480) 248-2000 oder (866) 882-4484* ***Zimmer*** *194* ***Straßenkarte*** *Ausschnitt*

Stars wie Bogart und die Monroe amüsierten sich einst im Valley Ho, das nach Renovierungsmaßnahmen wieder »in« ist. Die Zimmer sind retro-chic gehalten, verfügen über Glaswände und Balkone mit Blick auf den Camelback Mountain. Yoga-Pilates-Studio, 24-Stunden-Zimmerservice und Doppelbadewannen. **www.HotelValleyHo.com**

SCOTTSDALE Fairmont Scottsdale Princess $$$$$

7575 E. Princess Dr, AZ, 85255 ☎ *(480) 585-4848* FAX *(480) 585-0091* ***Zimmer*** *651* ***Straßenkarte*** *Ausschnitt*

Das zwanglose Resort besitzt spanische Kolonialarchitektur: gefliestes Dach, rosa Stuck, Springbrunnen und Bogengewölbe. Die Zimmer sind geräumig, edel und mit einer Vielzahl von Annehmlichkeiten ausgestattet. Das Princess verfügt über zwei Turniergolfplätze, das Willow-Stream-Spa sowie einen Kids-Club. **www.fairmont.com/scottsdale**

SCOTTSDALE Hyatt Regency Scottsdale Resort & Spa at Gainey Ranch $$$$$

7500 E. Doubletree Ranch Rd, AZ, 85258 ☎ *(480) 444-1234* ***Zimmer*** *490* ***Straßenkarte*** *Ausschnitt*

Das elegant-modern gestaltete Resort liegt nahe der Altstadt. Wasserfreunde wählen zwischen zehn Pools und dem Sandstrand und erfreuen sich an hohen Palmen. Die Zimmer fallen groß aus, bieten schönen Ausblick und De-Luxe-Ausstattung. Golfplatz, Spa und ein spannendes Native American Learning Center. **www.scottsdale.hyatt.com**

SCOTTSDALE The Phoenician $$$$$

6000 E. Camelback Rd, AZ, 85251 ☎ *(480) 941-8200* ***Zimmer*** *647* ***Straßenkarte*** *Ausschnitt*

Eine sehenswerte Kunstsammlung, ein herrlicher Kakteengarten, ein Meditations-Atrium im Spa und vieles mehr – im Phoenician harmonieren Luxus und Natur perfekt. Die ansprechenden Zimmer sind in gedeckten Tönen gehalten und haben Marmorbäder. Der Golfplatz ist vom Feinsten – genauso wie der Service. **www.thephoenician.com**

TOMBSTONE Silver Nugget Bed & Breakfast $

520 E. Allen St, AZ, 85638 ☎ *(520) 457-9223* FAX *(520) 457-3471* ***Zimmer*** *4* ***Straßenkarte*** *C5*

Nehmen Sie auf dem Balkon über der Allen Street Platz, und imaginieren Sie das Jahr 1881, als Wyatt Earp und Doc Holliday hier (wie in *Zwei rechnen ab* gezeigt) mit der Clanton-Bande aufräumten. Tombstone war einst Hauptstadt der Revolvermänner – ob einer wohl in Ihrem Bett geschlafen hat? **www.tombstone1880.com/silvernugget**

TOMBSTONE Best Western Lookout Lodge $$

781 N. Hwy 80 W., AZ, 85638 ☎ *(520) 457-2223* FAX *(520) 457-3870* ***Zimmer*** *40* ***Straßenkarte*** *C5*

In Gehweite zum Boothill-Friedhof, wo die Beteiligten der Schießerei im OK Corral ihre letzte Ruhe fanden, liegt die Lookout Lodge. Sie ist eine ideale Sightseeing-Basis und hat den Vorteil, dass man nicht den Lärm der Allen Street hört. Alle Zimmer blicken auf die Dragoon Mountains. Sehr tierfreundlich. **www.bestwesternarizona.com**

TUCSON El Presidio Bed & Breakfast Inn $$

297 N. Main Ave, AZ, 85701 ☎ *(520) 623-6151* FAX *(520) 623-3860* ***Zimmer*** *4* ***Straßenkarte*** *C5*

Nahe den Old Town Artisans und dem Tucson Museum of Art finden Sie dieses im viktorianischen Stil gehaltene, mit Antikmöbeln eingerichtete B&B. Das Adobe-Gebäude von 1886 steht in Nachbarschaft nobler Herrenhäuser, die hier Snob Hollow heißen. Schöner schattiger Innenhof. Gourmet-Frühstück. **www.bbonline.com/az/elpresidio**

TUCSON Hacienda del Sol Guest Ranch Resort $$$

5601 N. Hacienda del Sol Rd, AZ, 85718 ☎ *(520) 299-1501* FAX *(520) 299-5554* ***Zimmer*** *30* ***Straßenkarte*** *C5*

Am Fuß der Santa Catalina Mountains steht die Hacienda del Sol, einst Schule für die Kinder der Reichen und Berühmten. Heute ist sie ein Luxusresort. Die Zimmer sind erlesen dekoriert, in warmen Tönen und im spanischen Kolonialstil. Reitmöglichkeiten. Im Spa wird Massage angeboten. **www.haciendadelsol.com**

TUCSON Royal Elizabeth Bed & Breakfast Inn $$$

204 S. Scott Ave, AZ, 85701 ☎ *(520) 670-9022* FAX *(928) 833-9974* ***Zimmer*** *6* ***Straßenkarte*** *C5*

Das B&B liegt in einem sorgfältig restaurierten Adobe-Bau von 1878. Die viktorianische Villa befindet sich mitten in der historischen Altstadt und wird liebevoll »The Liz« genannt. Sie besitzt zahlreiche Antiquitäten sowie Holzarbeiten. Beheiztes Schwimmbecken, Whirlpool, Garten und leckeres Gourmet-Frühstück. **www.royalelizabeth.com**

TUCSON Windmill Suites at St Philip's Plaza $$$

4250 N. Campbell Ave, AZ, 85718 ☎ *(520) 577-0007* FAX *(520) 577-0045* ***Zimmer*** *122* ***Straßenkarte*** *C5*

Am Nordrand von Tucson, am Fuß der Santa Catalina Mountains, bietet das Windmill mit geräumigen Zwei-Zimmer-Suiten Unterkunft. Es steht an einem beschaulichen Platz, umgeben von Läden, Galerien und Restaurants. Radverleih, Bibliothek, kostenloses Frühstück. Gutes Preis-Leistungs-Verhältnis. **www.windmillinns.com**

TUCSON Arizona Inn $$$$

2200 E. Elm St, AZ, 85719 ☎ *(520) 325-1541* FAX *(520) 881-5830* ***Zimmer*** *95* ***Straßenkarte*** *C5*

Die historische Boutique-Herberge liegt im Herzen Tucsons. Die Zimmer in den rosafarbenen *casitas*, die in Gärten stehen, sind individuell gestaltet. Kostenloser Nachmittagstee. Im Winter nimmt man seinen Drink am offenen Kamin in der Bibliothek, im Sommer genießt man Eis am Pool. Sandplätze für Tennisfans. **www.arizonainn.com**

TUCSON Lodge on the Desert $$$$

306 N. Alvernon Way, AZ, 85711 ☎ *(520) 325-3366* FAX *(520) 327-5834* ***Zimmer*** *103* ***Straßenkarte*** *C5*

1936 öffnete die urbane Oase nahe der University of Arizona mit Blick auf die Santa Catalina Mountains ihre Pforten. Gäste kommen in haziendaartigen Zimmern unter. Viele haben Decken mit Holzbalken, einen offenen Kamin und geflieste Terrassen. Den palmengesäumten Pool umgibt ein üppiger Wüstengarten. **www.lodgeonthedesert.com**

Preiskategorien *siehe S. 232* **Zeichenerklärung** *siehe hintere Umschlagklappe*

TUCSON White Stallion Ranch $$$$

9251 W. Twin Peaks Rd, AZ, 85743 (520) 297-0252 FAX (520) 744-2786 **Zimmer** 45 **Straßenkarte** C5

Auf dieser Ranch in der Sonora-Wüste bekommen Städter Langhornrinder und wöchentliche Rodeos zu sehen. Gäste können nach Westernart zwischen Saguaro-Kakteen reiten und werden im Heuwagen zum Grillen gefahren. Die Zimmer im Landesstil sind bestens ausgestattet. Sehr familienfreundlich. Streichelzoo. Pool. **www.wsranch.com**

TUCSON Tanque Verde Guest Ranch $$$$$

14301 E. Speedway Blvd, AZ, 85748 (520) 296-6275 FAX (520) 721-9426 **Zimmer** 74 **Straßenkarte** C5

Die Ranch von 1868 liegt am Fuß der Rincon Mountains neben dem Saguaro National Park. Vor allem Familien kommen beim wöchentlichen Grillen, den Western-Singalongs, dem Cowboy-Frühstück und den Reitausflügen auf ihre Kosten. Geräumige Zimmer im typischen Stil des Südwestens. Ideal für Naturliebhaber. **www.tvgr.com**

Las Vegas

BOULDER CITY El Rancho Boulder Motel $

725 Nevada Hwy, NV, 89005 (702) 293-1085 FAX (702) 293-3021 **Zimmer** 38

Eine schöne Neonreklame aus den 1950er Jahren schmückt den Familienbetrieb (20-minütige Fahrt vom Strip entfernt). Für Besuche des Hoover Dam und des Lake Mead liegt das Motel zentral. Hier legt man Wert auf guten Service, komfortable saubere Zimmer und vernünftige Preise. BBQ abends am Pool. **www.elranchoboulder.com**

DOWNTOWN Four Queens Hotel & Casino $

202 E. Fremont St, NV, 89101 (702) 385-4011 oder 1-800 634-6045 FAX (702) 385-4011 **Zimmer** 690

Dies ist eines der auffälligsten Hotels der Fremont Street. Das Four Queens erstreckt sich über einen kompletten Block. Die Zimmer besitzen 32-Zoll-Flachbildfernseher und kabellosen Internet-Zugang. Sehr viele Einheimische sowie preisbewusste Urlauber verkehren hier. Hugo's Cellar Restaurant *(siehe S. 257)*. **www.fourqueens.com**

DOWNTOWN Main Street Station Casino Brewery & Hotel $

200 N. Main St, NV, 89101 (702) 387-1896 oder 1-800 713-8933 FAX (702) 386-4421 **Zimmer** 406

Gaslaternen und Schmiedeeisen an der Fassade verraten, wie es im Hotel aussieht. Das Casino mit den Bleiglasfenstern und Blechdecken mutet wie ein Relikt vergangener Wildwest-Tage an. Tolle Antiquitäten, darunter Bill Codys private Zuggarnitur und Kronleuchter des Figaro Opera House. Exzellentes Büfett. **www.mainstreetcasino.com**

DOWNTOWN Plaza Hotel & Casino $

1 Main St, NV, 89101 (702) 386-2110 oder 1-800 634-6575 FAX (702) 382-8281 **Zimmer** 1037

Die Casinolegende Jackie Gaughan war einst Besitzer des Plaza oberhalb der Fremont Street Experience und des alten Union-Eisenbahndepots. Die komfortablen Zimmer füllen sich, wenn in der Stadt NASCAR-Rennen abgehalten werden. Joggingbahn um den Dachpool, Fitness-Center und vier Tennisplätze. **www.plazahotelcasino.com**

DOWNTOWN El Cortez Hotel & Casino $$

600 E. Fremont St, NV, 89101 (702) 385-5200 oder 1-800 634-6703 FAX (702) 474-3626 **Zimmer** 300

Das El Cortez wurde renoviert, die Zimmer aufgemöbelt und das Casino modernisiert – das coole, traditionelle Gefühl ist aber noch vorhanden. Die Zimmer sind preiswert, d. h., Sie können mehr für Shows, Essen und beim Glücksspiel ausgeben. Casinolegende Jackie Gaughan spielt hier gern Poker. **www.elcortezhotelcasino.com**

DOWNTOWN Fitzgeralds Casino Hotel $$$

301 E. Fremont St, NV, 89101 (702) 388-2400 oder 1-800 274-5825 FAX (702) 388-2183 **Zimmer** 638

Das 34-stöckige Fitzgeralds sticht in der Innenstadt von Vegas ins Auge. Die höher gelegenen Zimmer, vor allem die Richtung Strip, bieten tolle Ausblicke. Es gibt einen Pool, eher selten in dieser Lage, und einen Balkon zur Fremont Street Experience. Als Show läuft *Fitz of Laughter* mit Kevin Burke. **www.fitzgeraldslasvegas.com**

DOWNTOWN Golden Nugget Hotel & Casino $$$

129 E. Fremont St, NV, 89101 (702) 385-7111 oder 1-800 896-5336 FAX (702) 386-8362 **Zimmer** 1907

Das Golden Nugget ist das luxuriöseste Innenstadthotel und bei Geschäftsleuten wie Familien beliebt. Hier ist der weltgrößte Goldklumpen, der »Hand of Faith« (30 kg), ausgestellt. Die großen Zimmer haben geräumige Marmorbäder. Besondere Attraktion ist The Tank, das 7 600 000-Liter-Hai-Aquarium im Pool. **www.goldennugget.com**

HENDERSON Green Valley Ranch Resort, Spa and Casino $$$

2300 Paseo Verde Parkway, NV, 89052 (702) 617-7777 oder 1-866 782-9487 FAX (702) 617-7778 **Zimmer** 490

Die Green Valley Ranch ist luxuriös ausgestattet und »in«. Sie bedient die rasch wachsende östliche Nachbarschaft des Las Vegas Valley. Berühmtheiten verkehren hier. Der weitläufige Pool und die bequeme Polster-Lounge sind anziehend. Im The District geht man shoppen. Kostenloser Shuttle zum Strip. **www.greenvalleyranchresort.com**

ABSEITS DES STRIP Palms Casino Resort $$$

4321 W. Flamingo Rd, NV, 89103 (702) 942-7777 oder 1-866 942-7777 FAX (702) 942-7001 **Zimmer** 703

Das Palms Casino Resort ist mega-»in«, dank seines Nachtclubs (Rain), dem Superblick von der Ghostbar, dem Kinokomplex mit den 14 Leinwänden und dem Tattoo-Studio. Im Fantasy Tower gibt es einen Playboy Club, die Kingpin-Suite mit Bowlingbahn (15 000 $ pro Nacht) und die Hugh-Hefner-Suite (40 000 $). **www.palms.com**

ABSEITS DES STRIP Hard Rock Hotel & Casino $$$$

4455 Paradise Rd, NV, 89109 *(702) 693-5000 oder 1-800 473-7625* ***Zimmer*** *645*

Sonntags erholt sich die Prominenz am Pool des Hard Rock Hotel – kein Wunder, das »Rehabilitationsprogramm« wird mit eigener Website (www.rehablv.com) beworben. Das Interieur protzt mit Musik-Memorabilien und Kellercasino. The Joint bietet angesagte Live-Acts. Bose-Hi-Fi-Anlagen auf allen Zimmern. **www.hardrockhotel.com**

THE STRIP Riviera Hotel & Casino $$

2901 Las Vegas Blvd S., NV, 89109 *(702) 734-5110 oder 1-800 634-6753* FAX *(702) 794-9663* ***Zimmer*** *2100*

Dies ist eines der ältesten Hotels am Strip. Das Riviera von 1955 besitzt ein riesiges, stets gut besuchtes Casino. Jede Nacht gibt es eine Show – von *Ice* mit Akrobaten vom Moskauer Eiszirkus bis zu Comedy und *Crazy Girls*. Die Zimmer sind kostengünstig, aber etwas renovierungsbedürftig. **www.rivierahotel.com**

THE STRIP ARIA Hotel & Casino $$$

3730 Las Vegas Blvd S., NV, 89109 *(702) 590-9710 oder 1-866 359-7111* FAX *(702) 580-9724* ***Zimmer*** *4004*

Das Hotel bietet Hightech in Zimmern und Suiten. Die Panoramafenster erlauben einen grandiosen Blick auf die Skyline von Las Vegas. Innerhalb der Anlage gibt es 16 Restaurants, zehn Bars, vier Poolbereiche, ein Spa und ein Theater (1800 Plätze). Der Shopping- und Unterhaltungskomplex Crystals liegt in der Nähe. **www.arialasvegas.com**

THE STRIP Bally's Las Vegas $$$

3645 Las Vegas Blvd S., NV, 89109 *(702) 967-4111 oder 1-800 634-3434* FAX *(702) 967-4405* ***Zimmer*** *2814*

Farbenfrohes Neon ist das Markenzeichen des Bally's. Die renovierten, geräumigen Zimmer sind angesichts der Lage preiswert. Eine praktische Shopping-Passage führt zum Paris Las Vegas *(siehe S. 239)*. Testen Sie sonntags das Luxus-Büfett oder besuchen Sie die Dauerbrenner-Revue *Jubilee!* Tennisplätze und Olympiapool. **www.ballyslv.com**

THE STRIP Bill's Gamblin' Hall & Saloon $$$

3595 Las Vegas Blvd S., NV, 89109 *(702) 737-2100 oder 1-866 245-5745* FAX *(702) 894-9954* ***Zimmer*** *200*

Das frühere Barbary Coast liegt an einer geschäftigen (und lauten) Ecke des Strip. Das kleine Hotel vermittelt mit seinen Bleiglasfenstern, dem Eichenholz und den Messingbeschlägen einen altehrwürdigen Eindruck. Die Zimmer sind bezahlbar. Rechtzeitig buchen! **www.billslasvegas.com**

THE STRIP Circus Circus $$$

2880 Las Vegas Blvd S., NV, 89109 *(702) 734-0410 oder 1-800 343-9182* FAX *(702) 734-5897* ***Zimmer*** *3773*

Mit seiner neonfarbenen Clown-Markise und der riesigen knallrosa Glaskuppel ist das familienfreundliche Circus Circus nicht zu übersehen. Im Haus gibt es den Adventure Dome mit tollen Fahrgeschäften. Zweimal pro Stunde finden im Zwischengeschoss Zirkusvorstellungen statt. Drei Casinos. Videospielhalle. **www.circuscircus.com**

THE STRIP Cosmopolitan of Las Vegas $$$

3708 Las Vegas Blvd S., NV, 89109 *(702) 698-700* FAX *(702) 698-7007* ***Zimmer*** *2995*

Das zwischen Bellagio und CityCenter liegende Hotel bietet Casino, Nachtclub, diverse Bars, drei Pools und ein preisgekröntes Spa. Die meisten Zimmer öffnen sich zum riesigen Innenhofbereich. Die Suiten haben Terrassen und Jacuzzis. Gäste können sich durch die Köstlichkeiten von 13 Restaurants probieren. **www.cosmopolitanlasvegas.com**

THE STRIP Excalibur $$$

3850 Las Vegas Blvd S., NV, 89109 *(702) 597-7777 oder 1-877 750-5464* FAX *(702) 597-7009* ***Zimmer*** *3991*

Hellblaue und rote Türmchen krönen das familienfreundliche Resort im Mittelalter-Look. Dazu passt das abendlich abgehaltene Ritterturnier »Tournament of Kings«. Die Preise für die Zimmer sind vernünftig. Großes Casino. Die Magnetschwebebahn bringt Sie zum Luxor *(siehe unten)* und zum Mandalay Bay *(siehe S. 239)*. **www.excalibur.com**

THE STRIP Flamingo Las Vegas Hotel & Casino $$$

3555 Las Vegas Blvd S., NV, 89109 *(702) 733-3111 oder 1-888 902-9929* FAX *(702) 733-3328* ***Zimmer*** *3642*

Das Flamingo hat Gangsterboss Bugsy Siegel zwar das Leben gekostet, dafür erwies er sich als Visionär. Sein Haus stand Pate für die glitzernden Mega-Komplexe von heute. Besonders schön ist es hier am Garten-Pool mit seinen donnernden Wasserfällen. Im hauseigenen Zoo leben Flamingos. **www.flamingolv.com**

THE STRIP Harrah's Las Vegas Casino & Hotel $$$

3475 Las Vegas Blvd S., NV, 89109 *(702) 369-5000 oder 1-800 214-9110* FAX *(702) 369-6014* ***Zimmer*** *2820*

Das Harrah's ist eines der älteren preisgünstigeren Hotels mitten am Strip. Die Zimmer sind in Erdtönen gehalten und haben viel Marmor. Das Spa des Hauses ist eines der besten der Stadt. Sammy Davis Jr. lebte einst hier, was vielleicht die gute Abendunterhaltung erklärt. Wenige Schritte zur Monorail. **www.harrahs.com**

THE STRIP Imperial Palace Hotel & Casino $$$

3535 Las Vegas Blvd S., NV, 89109 *(702) 731-3311 oder 1-800 351-7400* FAX *(702) 735-8328* ***Zimmer*** *2700*

Die kleine Pagode mit dem blauen Dach ist nur ein minimales Element der riesigen Anlage. Die asiatisch angehauchten Zimmer sind bei Gruppen sehr beliebt. Highlight ist das Automobilmuseum, in dem viele klassische Wagen und Sammlerstücke ausgestellt sind, die alle zum Verkauf stehen. **www.imperialpalace.com**

THE STRIP Luxor Las Vegas $$$

3900 Las Vegas Blvd S., NV, 89119 *(702) 262-4444 oder 1-877 386-4658* FAX *(702) 262-4423* ***Zimmer*** *4408*

Das Luxor ist eine 30-stöckige Pyramide aus schwarzem Glas mit einem Nachbau der Sphinx sowie einer Kopie von Kleopatras Obelisken. Zwei riesige Ramses-Statuen bilden den Eingang zum Mega-Casino. Erdtöne und Art-déco-Elemente beherrschen die Zimmer. Besuchen Sie die Ausstellungen *Bodies* und *Titanic*. **www.luxor.com**

THE STRIP MGM Grand Hotel & Casino $$$

3799 Las Vegas Blvd S., NV, 89109 ☎ *(702) 891-7777 oder 1-877 880-0880* FAX *(702) 891-3036* **Zimmer** *5044*

Ein riesiger Bronze-Löwe wacht über das MGM Grand, im Innenbereich leben Löwen. Die Zimmer im Grand Tower sind solide ausgestattet, die des West Wing gehoben-chic. Das Casino besitzt wahrhaft gigantische Ausmaße. In der hauseigenen Arena finden Konzerte und Sportereignisse statt. **www.mgmgrand.com**

THE STRIP Monte Carlo Resort & Casino $$$

3770 Las Vegas Blvd S., NV, 89109 ☎ *(702) 730-7777 oder 1-888 529-4828* FAX *(702) 730-7214* **Zimmer** *3002*

Im Monte Carlo gibt man sich mondän und mediterran. Der Brunnen des Hauses sowie die Fassade sind elegant, die in hohen Türmen gelegenen Zimmer komfortabel. Das berühmte französische Restaurant Andre's lädt zum Schlemmen ein. Meisterzauberer Lance Burton verblüfft im viktorianischen Theater. **www.montecarlo.com**

THE STRIP New York New York Hotel & Casino $$$

3790 Las Vegas Blvd S., NV, 89109 ☎ *(702) 740-6969 oder 1-866 815-4365* FAX *(702) 740-6700* **Zimmer** *2023*

Dies ist die Vegas-Version vom Big Apple. Die berühmte Skyline von New York nebst der 46 Meter hohen Freiheitsstatue umkreist in hohem Tempo eine gelbe Achterbahn. Es gibt Nachbauten von Greenwich Village – Parkuhren inklusive – und Coney Island, wo vor allem Kinder auf ihre (süßen) Kosten kommen. **www.nynyhotelcasino.com**

THE STRIP Paris Las Vegas $$$

3655 Las Vegas Blvd S., NV, 89109 ☎ *(702) 946-7000 oder 1-877 796-2096* FAX *(702) 946-4405* **Zimmer** *2916*

Der Eiffelturm, halb so hoch wie das Original, beherrscht dieses Hotel. Eines seiner Beine steht mitten im schönen Casino des Hauses. Die Fassade schmücken Wiedergaben des Triumphbogens und der Pariser Oper. Von den Tischen des Boulevard-Bistros kann man flanierende Menschen beobachten. **www.parislv.com**

THE STRIP Planet Hollywood Resort & Casino $$$

3667 Las Vegas Blvd S., NV, 89109 ☎ *(702) 785-5555 oder 1-866 919-7472* FAX *(702) 785-5511* **Zimmer** *2567*

Das Resort mitten am Strip bietet Spielmöglichkeiten, feine Restaurants und ein prämiertes Büfett. Lassen Sie sich im Spa verwöhnen, oder spazieren Sie in der Miracle Mile Mall mit 170 Läden und Restaurants umher. Im Planet Hollywood findet auch die Show *Peepshow* statt. **www.planethollywood.com**

THE STRIP Stratosphere $$$

2000 Las Vegas Blvd S., NV, 89104 ☎ *(702) 380-7777 oder 1-800 998-6937* FAX *(702) 380 7732* **Zimmer** *2400*

113 Stockwerke ragt das am Las Vegas Boulevard gelegene Stratosphere in den Himmel. Wagemutige können hier Fahrgeschäfte wie Insanity, X-Scream und den Big Shot besteigen, der einen in zweieinhalb Sekunden in 48 Meter Höhe katapultiert. Komfortable Zimmer. Vom Pool aus blickt man auf den Strip. **www.stratospherehotel.com**

THE STRIP Treasure Island $$$

3300 Las Vegas Blvd S., NV, 89109 ☎ *(702) 894-7111 oder 1-800 288-7206* FAX *(702) 894-7623* **Zimmer** *2885*

Hotel und Casino wurden renoviert, die Zimmer wurden besser ausgestattet, und es gibt jetzt auch einen Poker-Raum. Das Dekor ist modern. Das Hotel ist bei Geschäftsreisenden wie Besuchern beliebt. Sehen Sie sich die Cirque-du-Soleil-Show *Mystère* oder die hoteleigene Piraten-Show *Sirens of TI* an. **www.treasureisland.com**

THE STRIP Bellagio $$$$

3600 Las Vegas Blvd S., NV, 89109 ☎ *(702) 693-7111 oder 1-888 987-6667* FAX *(702) 693-8585* **Zimmer** *3933*

Die Zimmer nach Osten und einige Restaurants des Bellagio blicken auf die berühmte Musik-Wasser-Show. Das Hotel im oberitalienischen Stil mit viel Marmor und Seide hat Mosaikböden sowie Glaskunst an der Decke der Hauptlobby. In der Gallery of Fine Art gibt es erlesene Kunstwerke, darunter Picasso-Keramiken. **www.bellagio.com**

THE STRIP Caesars Palace $$$$

3570 Las Vegas Blvd S., NV, 89109 ☎ *(702) 731-7110 oder 1-866 227-5938* FAX *(702) 866-1700* **Zimmer** *3340*

Caesars ist in Vegas längst eine Institution. Man gibt sich hier römisch, hat ein Forum mit Läden und die Coliseum-Arena, wo Stars wie Celine Dion, Elton John und Rod Stewart auftreten. Die protzigen Zimmer verfügen über Marmorbäder und verteilen sich auf fünf Wohntürme. Gute Restaurants und toller Pool. **www.caesarspalace.com**

THE STRIP Mandalay Bay $$$$

3950 Las Vegas Blvd S., NV, 89119 ☎ *(702) 632-7777 oder 1-877 632-7800* FAX *(702) 632-7108* **Zimmer** *3215*

Das goldschimmernde Mandalay Bay liegt am südlichen Strip. Seine Luxuszimmer verfügen über viele Annehmlichkeiten und eine tolle Aussicht. In der eleganten Lobby steht ein Aquarium – Hinweis auf das spektakuläre Haibecken des Hauses. Alle lieben den Poolbereich mit Sandstrand, Wellenpool sowie Joggingbahn. **www.mandalaybay.com**

THE STRIP The Mirage $$$$

3400 Las Vegas Blvd S., NV, 89109 ☎ *(702) 791-7111 oder 1-800 374-9000* FAX *(702) 791-7414* **Zimmer** *3044*

Vor dem Mirage explodiert ein Vulkan über Wasserfällen. Die Lobby beherrscht ein langes Aquarium mit tropischen Fischen. Auf dem Weg zum Casino spaziert man durch üppige Gärten. Hinter dem Haus liegt der berühmte Secret Garden mit seinen exotischen Tieren, darunter Löwen und Tiger. Gemütliche Zimmer. **www.mirage.com**

THE STRIP Tropicana Resort and Casino $$$$

3801 Las Vegas Blvd S., NV, 89109 ☎ *(702) 739-2222 oder 1-800 462-8767* FAX *(702) 739-3648* **Zimmer** *1874*

Seit 1957 gibt es das Tropicana in bester Lage am südlichen Strip. Die Zimmer bieten alle eine herrliche Aussicht. Das Haus ist bekannt für seine üppigen Gärten und die Poollandschaften mit Wasserfällen. Bemerkenswert gestaltet ist die Casinodecke. Versäumen Sie nicht die *Folies Bergère*-Revue. **www.tropicanalv.com**

THE STRIP The Venetian Resort Hotel Casino $$$$

3355 Las Vegas Blvd S., NV, 89109 (702) 414-1000 oder 1-866 6659-9643 FAX (702) 414-1100 **Zimmer** 4027

Auf einer Gondelfahrt kann man die Nachbauten berühmter venezianischer Bauwerke bewundern. Leider verschwinden sie oft hinter Werbebannern, die Attraktionen des Hauses, etwa die *Phantom of the Opera*-Show, anpreisen. In den schönen Zimmern gibt es abgesenkte Sitzbereiche. Cafés umgeben den »Markusplatz«. **www.venetian.com**

THE STRIP Wynn Las Vegas & Encore $$$$

3131 Las Vegas Blvd S., NV, 89109 (702) 770-7000 oder 1-877 321-9966 FAX (702) 770-1500 **Zimmer** 2716

Ein Projekt des Hoteliers Steve Wynn: Das exklusive Casinoresort lässt keine Wünsche offen, Ausstattung, Service und Zimmer setzen neue Maßstäbe. Man kann auf einem Meisterschaftsplatz Golf spielen, beim Maserati-Händler ein Auto kaufen oder die Show *Le Rêve* von Franco Dragone besuchen. **www.wynnlasvegas.com**

SUMMERLIN Red Rock Casino, Resort and Spa $$$

11011 W. Charleston Blvd, Las Vegas, NV, 89135 (702) 797-7777 FAX (702) 797-7053 **Zimmer** 816

Nahe dem Red Rock Canyon steht dieses bei Prominenten beliebte Hotel. Riesige Kristalllüster, viel Granit und jede Menge Kunst stechen ins Auge. Die schicken Zimmer haben riesige Plasma-Fernseher und einen tollen Ausblick. Bowling, ein Kinokomplex und ein Weltklasse-Golfplatz runden das Angebot ab. **www.redrocklasvegas.com**

Süd-Utah

BOULDER Boulder Mountain Lodge $$

20 N. Hwy 12, UT, 84716 (435) 335-7460 FAX (435) 335-7461 **Zimmer** 20 **Straßenkarte** C2

Dies ist eine im Westernstil gehaltene Öko-Lodge. Nach einer Wanderung durch Sandsteincanyons entspannt man sich im Whirlpool, besucht das Vogelschutzgebiet oder röstet Marshmallows über offenem Feuer. Der nebenan gelegene Hell's Backbone Grill *(siehe S. 261)* gilt als eines der besten Restaurants von Utah. **www.boulder-utah.com**

BRYCE CANYON Best Western Ruby's Inn $$$

1000 S. Hwy 63, Bryce, UT, 84764 (435) 834-5341 FAX (435) 834-5265 **Zimmer** 368 **Straßenkarte** B2

Im Best Western Ruby's Inn gibt es kaum etwas, was es nicht gibt: eine große Lobby, Zimmer im Hotel- und Motelstil, Restaurants, ein Laden, eine Tankstelle, ein Postamt und eine Kunstgalerie. Natürlich können Sie auch verschiedenste Touren buchen. **www.rubysinn.com**

BRYCE CANYON The Lodge at Bryce Canyon $$$

Bryce Canyon National Park, UT, 84717 (435) 834-8700 **Zimmer** 115 **Straßenkarte** B2

Die rustikal-gemütliche Bryce Canyon Lodge wurde 1920 aus Sandstein und Pinienholz gebaut. Die Einrichtung besteht aus Hickoryholzmöbeln. In den Blockhütten gibt es (Gas-)Kamine – Fernseher gibt es hingegen nicht. Dafür kann man hier wunderbar wandern. *Geschlossen Apr–Okt.* **www.brycecanyonforever.com**

CEDAR BREAKS NATIONAL MONUMENT Cedar Breaks Lodge & Spa $$

223 Hunter Ridge Rd, Brian Head, UT, 84719 (435) 677-3000 **Zimmer** 118 **Straßenkarte** B2

Skifahrer steigen gern hier ab. Nach einem Tag auf den Hängen kann man sich im Jacuzzi neben dem Kamin entspannen oder sich einer Hot-Stone-Massage im Spa unterziehen. Das elegant-moderne Cedar Breaks verfügt über große Zimmer. Ski- und Radaufbewahrung. Im Sommer kann man schön Rad fahren. **www.cedarbreakslodge.com**

CEDAR CITY Crystal Inn Cedar City $$

1575 W. 200 North St, UT, 84720 (435) 586-8888 FAX (435) 586-1010 **Zimmer** 100 **Straßenkarte** B2

Das Crystal Inn liegt günstig an einem großen Highway, der einen schnell zu diversen Nationalparks bringt. Es bietet einen Shuttle-Service zum Flughafen und verfügt über einen Außenpool, einen Innen-Jacuzzi sowie eine Sauna. Besucher des renommierten Utah Shakespeare Festival sollten rechtzeitig reservieren. **www.crystalinncedar.com**

ESCALANTE Prospector Inn $

380 W. Main St, UT, 84726 (435) 826-4653 FAX (435) 826-4285 **Zimmer** 50 **Straßenkarte** C2

Das Grand Staircase – Escalante im verkehrstechnisch kaum erschlossenen rauen Hinterland von Utah ist eines der jüngsten National Monuments der USA. Das familiengeführte Prospector Inn liegt ganz in der Nähe, verfügt über große Zimmer und ein Restaurant. In der Lobby steht ein riesiger ausgestopfter Bär. **www.prospectorinn.com**

KANAB Parry Lodge $

89 E. Center St, UT, 84741 (435) 644-2601 FAX (435) 644-2605 **Zimmer** 89 **Straßenkarte** B2

Die 1931 von den namensgebenden Parry-Brüdern gegründete Lodge wurde regelmäßig von Filmstars (und späteren Politikern) wie Ronald Reagan, Frank Sinatra, Gregory Peck und natürlich dem »Duke«, John Wayne, frequentiert. Sie wohnten hier, während sie mit Regisseuren wie John Ford am Colorado Plateau drehten. **www.parrylodge.com**

KANAB Shilo Inn Suites $$

296 W. 100 North St, UT, 84741 (435) 644-2562 FAX (435) 644-5333 **Zimmer** 117 **Straßenkarte** B2

Die Herberge mit ihren Mini-Suiten steht nördlich der Grenze zu Arizona und liegt in der Nähe von einigen Nationalparks. Die Zimmer verfügen über Kühlschrank, Mikrowelle und Kaffeemaschine. Der Shuttle-Service zum Flughafen ist ebenso kostenlos wie das kontinentale Frühstück und das frisch gemachte Popcorn. **www.shiloinns.com**

MOAB Kokopelli Lodge $

72 S. 100 East St, UT, 84532 (435) 259-7615 **Zimmer** 8 **Straßenkarte** C2

Die Kokopelli Lodge (früher »Atomic Motel«) wurde in den 1950er Jahren gebaut, um dem Ansturm wegen des boomenden Urangeschäfts Herr zu werden. Die Zimmer wurden seither renoviert. Man ist tierfreundlich und »öko«, nimmt gern Radfahrer auf und hält die Preise niedrig. Whirlpool. Nahe der Hauptstraße. **www.kokopellilodge.com**

MOAB Redstone Inn $

535 S. Main St, UT, 84532 (435) 259-3500 FAX (435) 259-2717 **Zimmer** 52 **Straßenkarte** C2

Das zentral gelegene Redstone Inn zielt auf Abenteuerurlauber und bietet Rafting, 4WD-Trips und andere spektakuläre (und weniger spektakuläre) Unternehmungen an. Radfahrer dürfen ihre Renner mit aufs Zimmer (mit Kochnische) nehmen. Wer vom Slickrock Bike Trail erschöpft ist, entspannt im Whirlpool. **www.moabredstone.com**

MOAB The Gonzo Inn $$$

100 W. 200 South St, UT, 84532 (435) 259-2515 FAX (435) 259-6992 **Zimmer** 43 **Straßenkarte** C2

Das trendige Gonzo mixt regionalen Stil mit Retro-Stil der 1970er Jahre. Ein großer Außenpool lädt zum Schwimmen ein, der Whirlpool zum Entspannen. Die Espresso Bar ist rund um die Uhr geöffnet. Fahrräder kann man mieten, für Schäden am eigenen gibt es eine Werkstatt. Kontinentales Frühstück inklusive. **www.gonzoinn.com**

MOAB Pack Creek Ranch $$$

La Sal Mountain Loop Rd, UT, 84532 (435) 259-5505 FAX (435) 259-8879 **Zimmer** 10 **Straßenkarte** C2

Die Ranch liegt rund 24 Kilometer südlich von Moab, am Fuß der La Sal Mountains. Sie bietet auch renovierte Blockhütten, einige mit offenen Feuerstellen. Wandern, Radfahren und Naturgenuss sind hier angesagt. Bringen Sie Ihr Essen mit. Achtung: Es gibt weder Telefon noch TV. **www.packcreekranch.com**

MOAB Sunflower Hill Bed and Breakfast Luxury Inn $$$

185 N. 300 East St, UT, 84532 (435) 259-2974 FAX (435) 259-3065 **Zimmer** 12 **Straßenkarte** C2

Elegant – so kann man das liebevoll restaurierte Sunflower Hill B&B, ein ehemaliges Ranchhaus nahe dem Zentrum von Moab, charakterisieren. Die Zimmer sind individuell gestaltet. In vielen stehen Antiquitäten. Im Sommer kann man den Pool und diverse Patios nutzen. Frühstück und hausgemachtes Gebäck inklusive. **www.sunflowerhill.com**

MOAB Sorrell River Ranch Resort & Spa $$$$

Hwy 128, Mile 17, UT, 84532 (435) 259-4642 FAX (435) 259-3016 **Zimmer** 55 **Straßenkarte** C2

Weit weg von den Menschenmassen, inmitten der Szenerie des Castle Valley, bietet die Sorrell River Ranch gehobenen Standard. Die Zimmer sind mit wuchtigen Holzmöbeln eingerichtet, jedes hat eine kleine Küche, eine Sitzecke und auf der Veranda eine Schaukel. Großes Freizeitangebot, darunter Reiten. Spa. **www.sorrelriver.com**

PANGUITCH New Western Motel $

180 E. Center St, UT, 84759 (435) 676-8876 FAX (435) 676-8954 **Zimmer** 55 **Straßenkarte** B2

In Panguitch, einer der Städte nahe den diversen Nationalparks und nur eine halbe Autostunde vom Bryce Canyon entfernt, finden Sie am malerischen Byway 12 das New Western. Es verfügt über große Zimmer. Kontinentales Frühstück inklusive. Saisonal beheizter Pool und Whirlpool. **www.newbrycewesterninn.com**

SPRINGDALE Best Western Zion Park Inn $$

1215 Zion Park Blvd, UT, 84767 (435) 772-3200 FAX (435) 772-2449 **Zimmer** 120 **Straßenkarte** B2

Hohe rote Felsen umgeben die Holzlodge am Eingang zum Zion National Park. Im Winter dürfen es sich die Gäste am prasselnden Holzfeuer im Great Room gemütlich machen, im Sommer im Pool oder auf der Veranda entspannen. Golffans können sich im Putten üben. Der berühmte Switchback Grille ist gleich nebenan. **www.zionparkinn.com**

SPRINGDALE Majestic View Lodge $$$

2400 Zion Park Blvd, UT, 84767 (435) 772-0665 FAX (435) 772-0308 **Zimmer** 69 **Straßenkarte** B2

Die hübsche Lodge gewährt spektakuläre Blicke auf die Felsen des Zion National Park. Die geräumigen Zimmer sind mit rustikalen Möbeln ausgestattet und verfügen über Balkone oder Patios Richtung Virgin River und Eagle Crags. Steakhouse und Saloon im Haus. Kostenloses Naturmuseum. **www.majesticviewlodge.com**

ST. GEORGE Howard Johnson Inn $$

1040 S. Main St, UT, 84770 (435) 628-8000 FAX (435) 656-3983 **Zimmer** 52 **Straßenkarte** B2

Das »HoJo«, wie es liebevoll genannt wird, liegt rund eineinhalb Kilometer vom Interstate Highway entfernt. Das Haus der Howard-Johnson-Kette gefällt dank sauberer Zimmer, Mini-Suiten mit Kochnischen und vernünftiger Preise. Läden und Restaurants in der Nähe. Kontinentales Frühstück und kostenloses Internet. **www.HowardJohnson.com**

ST. GEORGE Seven Wives Inn $$

217 N. 100 West St, UT, 84770 (435) 628-3737 FAX (435) 628-5646 **Zimmer** 13 **Straßenkarte** B2

Die unterschiedlichen Zimmer verteilen sich auf zwei viktorianische Häuser im historischen Viertel nahe dem Ancestor Square mit seinen Läden und Restaurants. Der Name geht auf einen siebenfachen Ehemann zurück, der sich hier versteckte, als 1882 die Polygamie in Utah abgeschafft wurde. Gourmet-Frühstück. **www.sevenwivesinn.com**

ST. GEORGE Ava House Inn & Spa $$$

278 N. 100 West St, UT, 84770 (435) 673-7755 **Zimmer** 5 **Straßenkarte** B2

Das Ava House liegt in der Nachbarschaft von Brigham Youngs historischem Wohnhaus. Jedes der individuell gehaltenen Zimmer hat ein Bad mit Luxusbademänteln. Das Zimmer mit Doppelbett und Löwenfuß-Badewanne ist vor allem für Familien geeignet. Gourmet-Frühstück. Massage-Angebote und Lotus Spa. **www.avahousespa.com**

Straßenkarte *siehe hintere Umschlaginnenseiten*

TORREY Sandstone Inn $$

875 E. Hwy 24, UT, 84775 Tel. *(435) 425-3775* FAX *(435) 425-3212* **Zimmer** *50* **Straßenkarte** *C2*

Am »Dach der Welt«, nahe beim Capitol Reef National Park, steht dieses Gästehaus, das nach den umliegenden Naturwundern – Canyons und Berge, Wüsten und dichte Wälder – benannt ist. Die Zimmer sind sauber und fröhlich. Ein Hit ist der verglaste Pool, der herrliche Ausblicke gestattet. **www.sandstonecapitolreef.com**

ZION NATIONAL PARK Zion Lodge $$$

Springdale, UT, 84767 Tel. *1-888 247-2757* FAX *(303) 297-3175* **Zimmer** *121* **Straßenkarte** *B2*

Die Lodge liegt in einem Waldgebiet tief im Zion Canyon, umgeben von Sandsteinformationen, die bis zu 1160 Meter hoch aufragen. Das Haupthaus wurde originalgetreu neu errichtet, es gibt zudem noch einige historische Blockhütten sowie Zimmer im Motelstil. Interessante Sonderangebote, vor allem im Winter. **www.zionlodge.com**

Four Corners

BLUFF Recapture Lodge $

Hwy 191, UT, 84512 Tel. *(435) 672-2281* FAX *(435) 672-2284* **Zimmer** *26* **Straßenkarte** *D2*

Die Recapture Lodge am San Juan River ist bei Kajakfahrern und Raftern beliebt. Shuttle-Services zum Fluss werden organisiert. Es gibt regelmäßig (Dia-)Vorträge zu regionaler Geologie und Archäologie. Kinder vergnügen sich in der »Dschungel«-Turnhalle. Die Unterkünfte sind einfach, aber sauber. **www.recapturelodge.com**

CAMERON Cameron Trading Post $$

Route 89, AZ, 86020 Tel. *(928) 679-2231* FAX *(928) 679-2501* **Zimmer** *66* **Straßenkarte** *C3*

An einer Kreuzung, die zum Lake Powell, dem Grand Canyon und nach Four Corners führt, liegt dieses preisgünstige indianische Hotel, das auch als Kunstgalerie fungiert. Man blickt von den Zimmern entweder auf den Wüstengarten oder die Schlucht des Little Colorado River mit einer Hängebrücke von 1911. **www.camerontradingpost.com**

CHINLE Thunderbird Lodge $$

Canyon de Chelly Navajo Route 7, AZ, 86503 Tel. *(928) 674-5841* FAX *(928) 674-5844* **Zimmer** *73* **Straßenkarte** *C3*

Vor einem Jahrhundert war die wunderschöne Lodge direkt am Eingang des Canyon de Chelly ein kleiner Handelsposten. Nun gehört das freundliche, pinkfarbene und von Pappeln umgebene Haus im Adobe-Stil zu einer Motelkette. 4WD-Touren mit Navajo-Führern werden gern organisiert. **www.tbirdlodge.com**

CORTEZ Kelly Place Bed & Breakfast $$

14663 Rd G, CO, 81321 Tel. *(970) 565-3125* FAX *(970) 564-9440* **Zimmer** *11* **Straßenkarte** *D2*

Das B&B bei den Canyons of the Ancients, am Fuß des Sleeping Ute Mountain und inmitten der Obstgärten des McElmo Canyon, liegt etwas versteckt. In unmittelbarer Umgebung kann man jede Menge Pueblo-Stätten erkunden, darunter eine 1000 Jahre alte *kiva*. Touren mit Archäologen sind möglich. **www.kellyplace.com**

DURANGO General Palmer Hotel $$$

567 Main Ave, CO, 81301 Tel. *(970) 247-4747* FAX *(970) 247-1332* **Zimmer** *39* **Straßenkarte** *D2*

Viktorianische Eleganz und hervorragende Gastfreundschaft sind Tradition in dem alterwürdigen Hotel (1898 eröffnet) im historischen Bezirk. Die Zimmer sind mit Möbeln aus der viktorianischen Ära ausgestattet, auf jedem Bett sitzt ein Teddybär. In der großzügigen Lobby werden Tee, Kaffee und Cookies serviert. **www.generalpalmer.com**

DURANGO The Rochester Hotel $$$

721 E. Second Ave, CO, 81301 Tel. *(970) 385-1920, (800) 664-1920* FAX *(970) 385-1967* **Zimmer** *15* **Straßenkarte** *D2*

Das schön restaurierte Hotel von 1892, das im Westernstil dekoriert ist, liegt in Gehweite zu allen wichtigen Sehenswürdigkeiten von Durango. Die großen Zimmer sind gemütlich mit Möbeln im Stil der 1890er Jahre eingerichtet. Frühstück wird in der Lobby serviert. **www.rochesterhotel.com**

DURANGO Strater Hotel $$$

699 Main Ave, CO, 81301 Tel. *(970) 247-4431* FAX *(970) 259-2208* **Zimmer** *93* **Straßenkarte** *D2*

Das 1887 errichtete rot-weiße (Lebkuchen-)Haus blickt auf eine bewegte Geschichte zurück und ist ein Wahrzeichen Durangos. Das viktorianischen Gebäude zieren vielerlei Antiquitäten. Alle Zimmer sind individuell gestaltet. Im Diamond Belle Saloon wird Honky Tonk Ragtime gespielt. **www.strater.com**

FARMINGTON Best Western Inn & Suites $$

700 Scott Ave, NM, 87401 Tel. *(505) 327-5221* FAX *(505) 327-1565* **Zimmer** *192* **Straßenkarte** *D2*

Gäste spazieren und joggen gern am Ufer des Animas River, der gleich hinter dem Haus der zuverlässigen Best-Western-Kette vorbeifließt. Ein reichhaltiges Frühstück ist im Preis inbegriffen. Schöner Pool im dicht bepflanzten Atrium sowie Sportbar mit Billard. Im Riverwalk Patio & Grille kann man gepflegt speisen. **www.bestwestern.com**

MESA VERDE NATIONAL PARK Far View Motor Lodge $$

Mile Marker 15, Mancos, CO, 81328 Tel. *(602) 331-5210* FAX *(970) 564-4311* **Zimmer** *150* **Straßenkarte** *D2*

Von den Balkonen der Lodge im Adobe-Stil blickt man über das Montezuma Valley. Die ruhigen Zimmer sind modern ausgestattet. Das Besucherzentrum des Parks liegt in der Nähe. Das hauseigene Metate Room Restaurant *(siehe S. 264)* ist exzellent. Ein Laden ist vor Ort. *Geschlossen Dez–Apr.* **www.visitmesaverde.com**

MEXICAN HAT Valley of the Gods Bed and Breakfast $$
Valley of the Gods Rd, UT, 84531 (970) 749-1164 ***Zimmer*** *4* ***Straßenkarte*** *C2*

Entspannen Sie sich auf der Veranda dieses B&B, das mit Solar- und Windenergie betrieben wird. Der Standard ist rustikal, aber bequem – mit einem überwältigenden Blick auf das Valley of the Gods und den Belle's-Butte-Monolith. Frühstück wird serviert, doch abends muss man sich selbst verpflegen. **www.valleyofthegods.cjb.net**

MONUMENT VALLEY Goulding's Lodge $$$
1000 Main St, nahe Hwy 163, UT, 84536 (435) 727-3231 FAX (435) 727-3344 ***Zimmer*** *78* ***Straßenkarte*** *C2*

Ursprünglich war Goulding's Lodge – gegenüber dem Eingang zum Monument Valley – ein Handelsposten. Im Restaurant herrscht stets lebhafter Betrieb. Von den Zimmern mit Balkon genießt man wunderbare Ausblicke auf die nahen Felstürme. Ein kleines Museum würdigt Regisseur John Ford und dessen Western. **www.gouldings.com**

MONUMENT VALLEY The View Hotel $$$
Hwy 163 Monument Valley Tribal Park, UT, 84536 (435) 727-5555 ***Zimmer*** *95* ***Straßenkarte*** *C2*

Das moderne Hotel im Monument Valley bietet eine fantastische Aussicht. Die komfortablen und modern eingerichteten Zimmer haben Balkone mit Blick auf die Monumente, vom dritten Stock aus kann man den Sternenhimmel genießen. Verpassen Sie es nicht, sich den Sonnenaufgang anzusehen. **www.monumentvalleyview.com**

SECOND MESA, HOPI RESERVATION Hopi Cultural Center Inn $
Route 264, AZ, 86043 (928) 734-2401 FAX (928) 734-6651 ***Zimmer*** *33* ***Straßenkarte*** *C3*

Wer in der Second Mesa ankommt, geht 1000 Jahre in der Zeit zurück. Das Gästehaus im Pueblo-Stil mit einfachen, sauberen Zimmern ist weit und breit das einzige – ideal als Ausgangsbasis für Touren zu allen drei Mesas. Im Frühjahr treten Sandstürme auf. Herrlicher Blick. Rechtzeitige Reservierung unabdingbar. **www.hopiculturalcenter.com**

TELLURIDE New Sheridan Hotel $$$
231 W. Colorado Ave, CO, 81435 (970) 728-4351 FAX (970) 728-5024 ***Zimmer*** *32* ***Straßenkarte*** *D2*

Bereits 1891 wurde das kleine, aber feine New Sheridan errichtet. Die Zimmer sind mit Antiquitäten aus jenen Tagen bestückt, einige bieten eine wunderbare Aussicht auf die Berge. Das Frühstück ist im Preis inbegriffen. Abstellraum für Skier. Zwei Whirlpools auf dem Dach. Umfangreiche hauseigene Bibliothek. **www.newsheridan.com**

TELLURIDE The Victorian Inn $$$
401 W. Pacific Ave, CO, 81435 (970) 728-6601 FAX (970) 728-3233 ***Zimmer*** *33* ***Straßenkarte*** *D2*

Wenige Blocks vom Victorian entfernt liegt die historische Altstadt von Telluride. In einer Gegend, in der die Hotels meist ziemlich teuer sind, ist dies eine überraschend preiswerte Alternative. Fragen Sie nach einem ruhigen Zimmer. Kontinentales Frühstück. Während der Wintermonate Saunabetrieb. **www.TheVictorianInn.org**

TELLURIDE The Peaks Resort & Golden Door Spa $$$$$
136 Country Club Dr, CO, 81435 (970) 728-6800 FAX (970) 728-6175 ***Zimmer*** *174* ***Straßenkarte*** *D2*

Wenn Ihnen der Sinn nach Luxus und spektakulären Rocky-Mountains-Ansichten steht, dann ist das Peaks Resort in Mountain Village, eine Gondelfahrt von Telluride entfernt, die richtige Wahl. Im Winter fährt man hier Ski, im Sommer spielt man Golf. Das Spa ist ganzjährig geöffnet. **www.thepeaksresort.com**

WINDOW ROCK Quality Inn Navajo Nation Capital $
48 W. Hwy 264, AZ, 86515 (928) 871-4108 FAX (928) 871-5466 ***Zimmer*** *56* ***Straßenkarte*** *D3*

Das Hotel im Stil des Südwestens liegt nahe dem Regierungszentrum der Navajo Nation und neben dem indianisch verwalteten Community College, dem Navajo National Museum und dem Zoo. Es gibt ein Business-Center und ein Restaurant. Das Frühstück ist im Preis inbegriffen. **www.qualityinnwindowrock.com**

Santa Fe und Nördliches New Mexico

ABIQUIU Casa del Rio Bed & Breakfast $$
19946 Hwy 84, NM, 87510 (505) 753-2035 FAX (505) 753-2035 ***Zimmer*** *4* ***Straßenkarte*** *E3*

Das schöne Haus im Adobe-Stil finden Sie in einer Gegend namens »Georgia O'Keeffe Country« – die hiesige Landschaft hat die Malerin inspiriert. Die Zimmer sind im spanischen Kolonialstil möbliert, manche haben geflieste Böden. Von der Veranda aus kann man Adler und Kraniche beobachten. **www.bed-and-breakfast-new-mexico.com**

CHAMA Branding Iron Motel $$
1511 W. Main St, NM, 87520 (575) 756-2162 ***Zimmer*** *39* ***Straßenkarte*** *E2*

Hoch in den Rocky Mountains von New Mexico nahe zur Grenze von Colorado stößt man auf das Branding Iron mit seinen gemütlichen Zimmern. Es liegt in Gehweite zum Bahnhof der Cumbres and Toltec Scenic Railroad, der höchstgelegenen Schmalspurbahn der USA. *Geschlossen von Nov–Apr.* **www.brandingironmotel.com**

CHIMAYÓ Casa Escondida Bed & Breakfast $$
64 County Rd 0100, NM, 87522 (505) 351-4805 FAX (505) 351-2575 ***Zimmer*** *8* ***Straßenkarte*** *E3*

Die entlegene Casa Escondida ist idealer Ausgangspunkt für Wanderungen in der Gegend. Die Zimmer sind einfallsreich im Stil der Region dekoriert. Es gibt einen Holzofen, eine *Kiva*-Feuerstelle und eine Veranda. Auf der täglich wechselnden Frühstückskarte stehen Chili-Quiches und Erdbeerpfannkuchen. **www.casaescondida.com**

Straßenkarte *siehe hintere Umschlaginnenseiten*

CHIMAYÓ Hacienda Rancho de Chimayó $$

County Rd 98, NM, 87522 (505) 351-2222 **Zimmer** 7 — **Straßenkarte** E3

Die restaurierte Hazienda gefällt wegen ihrer individuell gestalteten Zimmer, manche davon mit Messingbetten, handgewebten Läufern und eleganten Gardinen. Alle Zimmer haben einen eigenen Hof, einen Kamin und ein Bad. Kontinentales Frühstück inklusive. Reizendes Restaurant *(siehe S. 265)* im Haus. **www.ranchodechimayo.com**

CIMARRON St James Hotel $$

17th/Collinson St, NM, 87714 (575) 376-2664 FAX (505) 376-2623 **Zimmer** 24 — **Straßenkarte** E3

Ein Wahrzeichen von Cimarron ist das in den 1880er Jahren errichtete St James. In den mit Antiquitäten dekorierten Zimmern nächtigten einst Buffalo Bill, Annie Oakley und Jessie James. Es existiert ein Anbau mit weiteren Zimmern. Saloon, Restaurant und Café – zum Ausgleich gibt es kein TV und Telefon. **www.exstjames.com**

LAS VEGAS Historic Plaza Hotel $$

230 Plaza, NM, 87701 (505) 425-3591 FAX (505) 425-9659 **Zimmer** 38 — **Straßenkarte** E3

Das renovierte Plaza aus den 1880er Jahren steht im originalen Las Vegas, das lange vor der heutigen Casino-Metropole existierte. Die Zimmer im viktorianischen Stil bieten modernen Komfort – und einen Hausgeist. Hier wohnten schon viele Filmstars und Celebrities, etwa Teddy Roosevelts Rough Riders. Frühstück. **www.plazahotel-nm.com**

SANTA FE El Rey Inn $$

1862 Cerrillos Rd, NM, 87505 (505) 982-1931 FAX (505) 989-9249 **Zimmer** 86 — **Straßenkarte** E3

Das im Adobe-Stil gehaltene El Rey mit seiner großzügigen Lobby, eines der besten preiswerten Hotels der Gegend, ist eine kleine Oase in Santa Fe. Im Garten mit Springbrunnen und Skulpturen hängen getrocknete Chilis. Es gibt bequeme Zimmer im regionalen Stil. Das Greer Garson Theater liegt in der Nähe. **www.elreyinnsantafe.com**

SANTA FE Don Gaspar Inn $$$

623 Don Gaspar, NM, 87505 (505) 986-8664 FAX (505) 986-0696 **Zimmer** 10 — **Straßenkarte** E3

Das freundliche Bed and Breakfast erstreckt sich über drei historische Gebäude, wovon jedes über einen eigenen Architekturstil verfügt – Territorial, Pueblo Revival und Arts and Crafts. Die Häuser sind von Gärten und Höfen umgeben, jedes Zimmer hat einen eigenen Eingang und Patio. Gourmet-Frühstück. **www.dongaspar.com**

SANTA FE Hotel Plaza Real $$$

125 Washington Ave, NM, 87501 (505) 988-4900 FAX (505) 983-9322 **Zimmer** 56 — **Straßenkarte** E3

Boutique-Hotel mit gemütlicher Lobby – fast am Hauptplatz. In den Zimmern mit Kamin stehen handgefertigte Möbel. Sie haben Balkone bzw. Terrassen mit Blick auf den hübschen Hof oder die Sangre de Cristo Mountains. In jeder Ecke gibt es Keramik, Webarbeiten und Gemälde regionaler Künstler. **www.santafehotelplazareal.com**

SANTA FE Hotel Santa Fe $$$

1501 Paseo de Peralta, NM, 87501 (505) 982-1200 FAX (505) 984-2211 **Zimmer** 163 — **Straßenkarte** E3

Das einzige indianische Hotel in Santa Fe wurde im Adobe-Stil errichtet. Die Zimmer sind groß. Überall stehen und hängen Skulpturen, Totems sowie Gemälde. Regelmäßig werden Stammestänze vorgeführt und Indianerlegenden erzählt. Im Flügel The Hacienda findet sich Kunsthandwerk aus den 19 Pueblos. Spa. **www.hotelsantafe.com**

SANTA FE Hotel St Francis $$$

210 Don Gaspar Ave, NM, 87501 (505) 983-5700 FAX (505) 989-7690 **Zimmer** 82 — **Straßenkarte** E3

Das elegante Hotel mit schönem Säulengang stammt von 1923. Die thematisch benannten und eingerichteten Zimmer sind geräumig, verfügen über hohe Decken und haben Antikmöbel. Der Nachmittagstee wird in der Lobby am Kamin serviert. Die Secreto Bar befindet sich im Patio. **www.hotelstfrancis.com**

SANTA FE Inn of the Turquoise Bear $$$

342 E. Buena Vista St, NM, 87505 (505) 983-0798 FAX (505) 988-4225 **Zimmer** 11 — **Straßenkarte** E3

Die historische, weitläufige, von einem Garten umgebene Villa spiegelt ganz den Geschmack des Besitzers Witter Brynner und seiner Künstlerfreunde wider. Die Zimmer mit *Kiva*-Feuerstellen und *Viga*-Decken heißen nach illustren Besuchern: Igor Strawinsky, Ansel Adams, Edna Millay … Leckeres Frühstück. **www.turquoisebear.com**

SANTA FE Inn on the Alameda $$$

303 East Alameda, NM, 87501 (505) 984-2121 FAX (505) 986-8325 **Zimmer** 71 — **Straßenkarte** E3

Durch ein blumenumranktes Tor betritt man das Boutique-Hotel im Pueblo-Stil. Die Zimmer sind individuell gestaltet. Kostenlos: kontinentales Frühstück und Wein-Käse-Snack am Nachmittag. Entspannen Sie sich in zwei Außen-Whirlpools oder bei einem Buch in der Lobby-Bibliothek. **www.innonthealameda.com**

SANTA FE The Bishop's Lodge $$$$

1297 Bishop's Lodge Rd, NM, 87501 (505) 983-6377 FAX (505) 989-8739 **Zimmer** 111 — **Straßenkarte** E3

Vornehmes Resort, einst Privathaus des Erzbischofs. Das im Adobe-Stil gehaltene Gebäude liegt versteckt zwischen Pinien in den Sangre de Cristo Mountains, wenige Minuten von der Plaza entfernt. Attraktive Freizeitangebote, darunter Tennis, Reiten und Wandern. Spa für Erwachsene, Camp Appaloosa für Kids. **www.bishopslodge.com**

SANTA FE The Inn of the Five Graces $$$$

150 E. DeVargas, NM, 87501 (505) 992-0957 FAX (505) 955-0549 **Zimmer** 22 — **Straßenkarte** E3

Das Haus sieht aus, als hätte es ein orientalischer Antiquitätenhändler gemeinsam mit einem Spitzendekorateur eingerichtet. Alles ist erlesen gestaltet, die Schlafräume sind ein Gedicht. Es gibt auch Suiten. Die Chapel of San Miguel, die älteste Kirche der USA, liegt gegenüber. Spitzenfrühstück inklusive. **www.fivegraces.com**

Preiskategorien *siehe S. 232* **Zeichenerklärung** *siehe hintere Umschlagklappe*

SANTA FE La Fonda Hotel $$$$

100 E. San Francisco St, NM, 87501 (505) 982-5511 FAX (505) 988-2952 **Zimmer** 167 **Straßenkarte** E3

Das Nobelhotel am Hauptplatz liegt in einem Adobe-Bau von 1610. Kunst, wohin man blickt – seien es die Kopfenden der Betten, die Deckentruhen oder die Lichtschalter, alles wurde vom »Hauskünstler« gestaltet. Zu den modernen Annehmlichkeiten gehören ein Pool, ein Top-Fitness-Center und ein Spa. **www.lafondasantafe.com**

SANTA FE La Posada de Santa Fe $$$$

330 E. Palace Ave, NM, 87501 (505) 986-0000 FAX (505) 982-6850 **Zimmer** 157 **Straßenkarte** E3

Das Luxus-Resort war früher im Sommer eine Kunstschule. Heute ist es ein romantisches Refugium voller Kunst. Im duftenden Pousada-Garten voller einheimischer Pflanzen stehen in den Tönen der Gegend gehaltene farbenfrohe Adobe-*casitas*. Gäste können sich im Spa entspannen. **www.laposadadesantafe.com**

SANTA FE Rosewood Inn of the Anasazi $$$$

113 Washington Ave, NM, 87501 (505) 988-3030 FAX (505) 988-3277 **Zimmer** 57 **Straßenkarte** E3

Das Hotel besticht durch erlesenes, regional bestimmtes Interieur, zu dem indianische Teppiche, Quilts, Himmelbetten und Holzmöbel gehören. Das Gebäude strahlt Eleganz aus. Erwähnenswert sind die handgeschnitzten Türen. Das Anasazi Restaurant *(siehe S. 267)* ist einen Besuch wert. **www.innoftheanasazi.com**

TAOS American Artists Gallery House Bed & Breakfast $$

132 Frontier Lane, NM, 87571 (575) 758-4446 FAX (575) 758-0497 **Zimmer** 10 **Straßenkarte** E3

Das B&B mit Blick auf die Taos Mountains schmücken Arbeiten lokaler Künstler. Die Zimmer sind geschmackvoll eingerichtet und regionaltypisch mit *Kiva*-Feuerstellen und *Saltillo*-Fliesen ausgestattet. Manche Zimmer haben Doppelbadewannen. Leckeres Frühstück, etwa French Toast mit Himbeeren. **www.taosbedandbreakfast.com**

TAOS Don Fernando de Taos $$

1005 Paseo del Pueblo Sur, NM, 87571 (575) 758-4444 FAX (575) 758-0055 **Zimmer** 124 **Straßenkarte** E3

Die Zimmer befinden sich hier in Häusern im Adobe-Stil, die verstreut in einem schönen Garten stehen. Handgefertigte Möbel und viel Kunst machen sie überaus wohnlich. Der verglaste Pool und das Spa sind ganzjährig geöffnet. Aktivurlaub, von Ballonfahrten bis Snowboarden, wird großgeschrieben. **www.donfernandodetaos.com**

TAOS Taos Inn $$

125 Paseo del Pueblo Norte, NM, 87571 (575) 758-2233 FAX (575) 758-5776 **Zimmer** 44 **Straßenkarte** E3

Hinter der Lobby verbergen sich vier Gästehäuser. Die Zimmer sind in fröhlichen kräftigen Farben gehalten. In manchen stehen Antiquitäten, manche haben Kamin und manche Decken mit Holzbalken. In der Bar verkehr(t)en einst Größen wie Greta Garbo, D.H. Lawrence und Robert Redford. **www.taosinn.com**

TAOS Casa de las Chimeneas Bed & Breakfast Inn $$$

405 Cordoba Rd, NM, 87571 (575) 758-4777 FAX (575) 758-3976 **Zimmer** 8 **Straßenkarte** E3

Hier gibt es viel Kunst, Decken mit Holzbalken, geflieste Feuerstellen und dreistöckige Brunnen im Garten. Der Name der Herberge bedeutet »Haus der Schornsteine« – entsprechend haben alle Zimmer *Kiva*-Feuerstellen. Fitness-Center, Sauna, Whirlpool und Spa. Das leckere Frühstück und abendliche Büfett sind inklusive. **www.visittaos.com**

TAOS SKI VALLEY Salsa del Salto Bed & Breakfast Inn $$

543 Hwy 150, Arroyo Seco, NM, 87514 (575) 776-2422 FAX (575) 776-5734 **Zimmer** 10 **Straßenkarte** E3

Das kultivierte Gästehaus liegt östlich von Ski Valley. Es besticht durch seine tolle Aussicht auf den majestätischen El Salto und den Truchas Peak. Die Zimmer sind licht und luftig, die handgefertigte Einrichtung ist regionaltypisch. Tennisplätze und Pool. Zum Frühstück gehören Gourmet-Omeletts. **www.bandbtaos.com**

ZUNI The Inn at Halona $

23B Pia Mesa Rd, NM, 87327 (505) 782-4547 FAX (505) 782-2155 **Zimmer** 8 **Straßenkarte** D3

Dieses Gästehaus befindet sich in einem echten Zuni Pueblo. Manche Zimmer liegen über dem privat genutzten Teil des Hauses und haben einen Balkon. Andere befinden sich in einem angrenzenden Gebäude im Pueblo-Stil. Die Räume sind mit Zuni-Handwerk dekoriert. Kontinentales Frühstück. **www.halona.com**

Albuquerque und Südliches New Mexico

ALAMOGORDO Comfort Inn & Suites $$

1020 S. White Sands Blvd, NM, 88310 (575) 434-4200 FAX (575) 437-8872 **Zimmer** 91 **Straßenkarte** E4

Das Comfort steht nahe dem Flickinger Performing Arts Center, nur wenige Minuten vom White Sands National Monument und der Missile Range entfernt. Das Preis-Leistungs-Verhältnis ist gut. Große Zimmer, Business-Einrichtungen, Außenpool, Fitness-Center. Kontinentales Frühstück mit frischen Waffeln inklusive. **www.choicehotels.com**

ALBUQUERQUE MCM Elegante $$

2020 Menaul Blvd NE., NM, 87107 (505) 884-2511 FAX (505) 884-5720 **Zimmer** 343 **Straßenkarte** E3

Im Zentrum von Albuquerque bietet das MCM Elegante modern eingerichtete Zimmer, manche mit Balkon oder Blick auf die Sandia Peak Mountains. Vom Fitness-Center mit seiner Glasfront schaut man auf den Pool. Kostenloser Shuttle-Service zum Flughafen, den Shopping Malls und in die Altstadt. **www.mcmelegantealbuquerque.com**

ALBUQUERQUE Albuquerque Doubletree Hotel $$$

201 Marquette Ave NW., NM, 87102 ☎ *(505) 247-3344* FAX *(505) 247-7025* ***Zimmer*** *295* ***Straßenkarte*** *E3*

Das Doubletree nahe der Altstadt ist durch eine Untergrundpassage mit dem Convention Center verbunden. Viele der hellen luftigen Zimmer haben Balkon und Blick auf die Berge. In der Lobby-Bar plätschert ein Wasserfall. Einrichtungen für Geschäftsleute. **www.doubletreealbuquerque.com**

ALBUQUERQUE Bottger Mansion of Old Town B & B $$$

110 San Felipe NW., NM, 87104 ☎ *(505) 243-3639* FAX *(505) 243-4378* ***Zimmer*** *8* ***Straßenkarte*** *E3*

Bottger Mansion ist das einzige B & B im historischen Viertel. Im Patio sitzt man unter Ulmen und kann die Kirchturmspitzen von San Felipe de Neri bewundern. Zu den illustren Gästen, die hier schon abgestiegen sind, gehören George »Machine Gun« Kelly, Elvis Presley und Janis Joplin. Es gibt Zimmer mit Himmelbetten. **www.bottger.com**

ALBUQUERQUE Casas de Sueños $$$

310 Rio Grande Blvd SW., NM, 87104 ☎ *(505) 247-4560* FAX *(505) 242-2162* ***Zimmer*** *21* ***Straßenkarte*** *E3*

Das Casa de Sueños (Haus der Träume) beherbergte in den 1930er Jahren eine Künstlerkolonie. Reizende *casitas* im Adobe-Stil verbergen sich in Höfen und Gärten. Jedes Zimmer ist individuell gestaltet, manche haben *Kiva*-Feuerstellen oder S*altillo*-Böden, andere Veranden oder Jacuzzis. American Breakfast. **www.casasdesuenos.com**

ALBUQUERQUE Hacienda Antigua Inn B & B $$$

6708 Tierra Dr NW., NM, 87107 ☎ *(505) 345-5399* FAX *(505) 345-3855* ***Zimmer*** *8* ***Straßenkarte*** *E3*

1790 wurde das historische North Valley Inn als Handelsposten und Postkutschenstation errichtet. Heute zieren erlesene Antiquitäten die eleganten Zimmer. Ein massives Tor öffnet sich in einen mit Pappeln bestandenen Hof, wo im Sommer Frühstück serviert wird. Im Winter lodert ein Feuer in der *Kiva*-Feuerstelle. **www.haciendantigua.com**

ALBUQUERQUE Hilton Albuquerque $$$

1901 University Blvd NE., NM, 87102 ☎ *(505) 884-2500* FAX *(505) 880-1196* ***Zimmer*** *263* ***Straßenkarte*** *E3*

Das resortartige Hilton finden Sie in der Stadtmitte nahe der Universität. Die Cabanas liegen günstig zum Pool, zum Whirlpool, zum Fitness-Center und der Sauna. Die Zimmer im Hotelturm haben Balkone mit herrlichem Blick auf Berge und Vulkane. Alles ist im New-Mexico-Stil: indianisch mit viel Pueblo-Kunst. **www.hilton.com**

ALBUQUERQUE Mauger Estate B & B Inn $$$

701 Roma Ave NW., NM, 87102 ☎ *(505) 242-8755* FAX *(505) 842-8835* ***Zimmer*** *10* ***Straßenkarte*** *E3*

Die liebevoll restaurierte Residenz im Queen-Anne-Stil liegt nur wenige Schritte von der Altstadt entfernt. Snackkörbe und frische Blumen werten die individuell gestalteten, charmanten Zimmer zusätzlich auf. Stars wie Linda Ronstadt sind schon im Mauger Estate abgestiegen. Dezenter, freundlicher Service. Frühstück inklusive. **www.maugerbb.com**

ALBUQUERQUE Nativo Lodge $$$

6000 Pan American Fwy NE., NM, 87109 ☎ *(505) 798-4300* FAX *(505) 798-4305* ***Zimmer*** *146* ***Straßenkarte*** *E3*

Die Nativo Lodge nahe dem Balloon Fiesta Park bietet einen Mix aus indianischer Kultur und bedient die Bedürfnisse von Stadtmenschen. Die Zimmer bieten modernen Komfort, Navajo-Läufer und Balkone mit Aussicht. Es gibt einen Innenpool und eine Sauna. Die Lobby zieren Steinmetz-Wandbilder. **www.hhandr.com/nativo.php**

ALBUQUERQUE Sheraton Albuquerque Uptown $$$

2600 Louisiana Blvd NE., NM, 87110 ☎ *(505) 881-0000* FAX *(505) 881-3736* ***Zimmer*** *296* ***Straßenkarte*** *E3*

Das acht Stockwerke hohe Sheraton dominiert das Geschäftsviertel nahe den Shopping Malls und der Universität. Die geräumigen Zimmer sind geschmackvoll gestaltet und gewähren Ausblick auf die Berge. Der beheizte Innenpool kann das ganze Jahr genutzt werden. Es gibt zudem ein Fitness-Center. **www.sheratonabq.com**

CARLSBAD Executive Suite & Hotel $$

601 S. Canal St, NM, 88220 ☎ *(575) 885-8500* ***Zimmer*** *100* ***Straßenkarte*** *F5*

Das Hotel in der Innenstadt bietet komfortable Zimmer, die mit schönen Textilien ausgestattet sind. Extras: freier Highspeed-Internet-Zugang und ein Restaurant, das auch warmes Frühstück serviert. Der Carlsbad Caverns National Park ist nur eine halbe Stunde Autofahrt entfernt. **www.executivesuitescarlsbadnm.com**

CARLSBAD Hampton Inn & Suites $$

120 Esperanza Cir, NM, 88220 ☎ *(575) 725-5700* FAX *(575) 725-5701* ***Zimmer*** *85* ***Straßenkarte*** *F5*

Die Anlage am Ufer des Pecos River liegt zentral in Carlsbad. Zu den Carlsbad Caverns sind es 32 Kilometer. Die Unterkünfte bieten grandiose Ausblicke. Es gibt einen beheizten Innenpool und ein Fitness-Center. Das warme Frühstück ist inklusive. **http://hamptoninn.hilton.com**

CEDAR CREST Elaine's Bed & Breakfast $$

72 Snowline Rd, NM, 87008 ☎ *(505) 281-2467* FAX *(505) 281-1384* ***Zimmer*** *5* ***Straßenkarte*** *E3*

Das nette B & B liegt östlich von Albuquerque am Turquoise Trail. Die Blockhütte steht direkt neben dem Cibola Forest inmitten von immergrünen Nadelbäumen. Die Zimmer sind mit europäischen Antiquitäten ausgestattet und haben Jacuzzis. Frühstück gibt es am Kamin oder im Sommer auf der Veranda. **www.elainesbnb.com**

CLOUDCROFT The Lodge $$$

60 Corona Place, NM, 88317 ☎ *(575) 682-2566* FAX *(575) 682-2715* ***Zimmer*** *59* ***Straßenkarte*** *F5*

Pancho Villa, Judy Garland, Clark Gable – und auch Rebecca the Ghost, nach der das Restaurant *(siehe S. 269)* heißt – haben schon die lässige Eleganz von The Lodge (1911) genossen. Die Zimmer sind voller Antiquitäten. Der Golfplatz des Hotels liegt auf 2750 Meter Höhe – das ist USA-Rekord! **www.thelodgeresort.com**

GILA Casitas de Gila Guesthouses $$

50 Casita Flats Rd, NM, 88038 (575) 535-4455 FAX (575) 535-4456 **Zimmer** 5 — **Straßenkarte** D4

»Entering Stress-Free Zone« steht am Eingang dieses gemütlichen Gästehauskomplexes. Vom Casitas de Gila, das in der Nähe von Silver City im Apache Country liegt, kann man die Milchstraße bewundern. Wenn Sie Glück haben, sehen Sie einen Rennkuckuck oder andere Wildtiere. Entspannung bietet der Whirlpool. **www.casitasdegila.com**

GRANTS Grants Travelodge $

1608 E. Santa Fe Ave, NM, 87020 (505) 287-7800 FAX (505) 287-7800 **Zimmer** 60 — **Straßenkarte** D3

An der I-40 steht die Grants Travelodge, eine gute Wahl, wenn Sie nach Albuquerque oder zum Acoma Pueblo unterwegs sind. Die großen Zimmer sind mit regionaler Kunst bestückt. Es gibt einen Innenpool. Das Frühstück ist inklusive. Im nahe gelegenen New Mexico Mining Museum erfahren Sie alles über Uran. **www.travelodge.com**

JEMEZ SPRINGS Cañon del Rio B & B $$$

16445 Hwy 4, Jemez Springs, NM, 87025 (575) 829-4377 FAX (575) 829-3138 **Zimmer** 7 — **Straßenkarte** E3

Jedes der bequemen Zimmer, die um einen Hof mit Springbrunnen gruppiert sind, heißt nach einem Indianerstamm und ist mit entsprechenden Artefakten dekoriert. Nach einem leckeren, für die Gegend typischen Frühstück kann man sich im Jacuzzi oder am Jemez River entspannen, angeln, spazieren gehen etc. **www.canondelrio.com**

LAGUNA Apache Canyon Ranch B & B $$$

4 Canyon Dr, NM, 87026 (505) 908-2220 **Zimmer** 3 — **Straßenkarte** D3

Auf einem Wüsten-Hochplateau nahe Grants liegt dieser wunderhübsche Adobe-Bau mit seinen zwei Luxus-Suiten sowie dem allein stehenden Häuschen mit eigener Küche und Whirlpool. Gästen wird ein hausgemachtes Frühstück serviert. Gute Spaziermöglichkeiten. Die Ranch liegt unweit des Acoma Pueblo. **www.apachecanyon.net**

LAS CRUCES The Lundeen Inn of the Arts $

618 S. Alameda Blvd, NM, 88005 (575) 526-3326 FAX (575) 647-1334 **Zimmer** 20 — **Straßenkarte** E5

Ein Architekt und ein Kunsthändler haben sich zusammengetan, um diese mexikanische Herberge aus dem frühen 20. Jahrhundert zu restaurieren. Zwei zweistöckige Gästehäuser flankieren den Great Room mit Bogenfenster, Blechdecke und jakobinischen Möbeln. Die Zimmer heißen nach Künstlern. **www.innofthearts.com**

LAS CRUCES Hilltop Hacienda B & B $$

2600 Westmoreland, NM, 88012 (575) 382-3556 FAX (575) 382-0308 **Zimmer** 3 — **Straßenkarte** E5

Von dem in einem Adobe-Ziegelbau gelegenen B & B blickt man über das Mesilla Valley. Die Zimmer im Untergeschoss haben Bäder und eine Bibliothek. Das Frühstück wird im regionaltypisch möblierten Speisezimmer serviert. Kosten Sie die Dutch Babies (Pfannkuchen mit Früchten) oder die Chili-Quiche. **www.zianet.com/hilltop**

LINCOLN Ellis Store Country Inn $$

Hwy 380, NM, 88338 (575) 653-4609 FAX (575) 653-4610 **Zimmer** 8 — **Straßenkarte** E4

Geschichtsfans, die den Spuren Billy the Kids folgen, landen unweigerlich im Ellis Store in Lincoln, einer der Stätten des Lincoln County War. In einem der Zimmer stand Billy the Kid einst unter Hausarrest. Vor dem Gasthaus grüßt ein schöner Rasen. Reservieren Sie zum Abendessen einen Platz in Isaac's Table *(siehe S. 269)*. **www.ellisstore.com**

ROSWELL Best Western Sally Port Inn & Suites $

2000 N. Main St, NM, 88201 (575) 622-6430 FAX (575) 623-7631 **Zimmer** 124 — **Straßenkarte** F4

Große Zimmer, ein riesiger Innenpool und ein Golfplatz zeichnen das bequeme Sally Port aus. Es liegt neben dem renommierten New Mexico Military Institute, das u. a. einst Präsident Jimmy Carter besuchte. Verlassen Sie die Stadt keinesfalls, ohne die beiden berühmten UFO-Museen besucht zu haben. **www.bestwestern.com**

RUIDOSO Dan Dee Cabins $$

310 Main Rd, NM, 88345 (575) 257-2165 oder (800) 345-4848 **Zimmer** 13 — **Straßenkarte** E4

Schneebedeckte Gipfel umgeben diese Familienunterkünfte im Upper Canyon in den Wäldern der Rocky Mountains. Die Cabins haben einen Kamin, eine Küche sowie einen Außengrill nebst Picknicktischen. Zudem gibt es einen Kinderspielplatz und ein Spa – und »urige« Gastfreundschaft. **www.dandeecabins.com**

RUIDOSO The Lodge at Sierra Blanca $$$

107 Sierra Blanco Dr, NM, 88345 (575) 258-5500 FAX (575) 258-2419 **Zimmer** 120 — **Straßenkarte** E4

Das schicke Resort ist dem Ruidoso Convention Center angeschlossen und liegt im Herzen des Lincoln National Forest. Es verfügt über große moderne Zimmer, einen Pool, ein Fitness-Center und einen Turniergolfplatz. Das Frühstück ist im Preis inbegriffen. Fantastische Pisten im nahen Ski Apache. **www.thelodgeatsierrablanca.com**

SILVER CITY Bear Mountain Lodge $$$

2251 Cottage San Rd, NM, 88061 (575) 538-2538 FAX (575) 534-1827 **Zimmer** 11 — **Straßenkarte** D5

Die schön restaurierte Hazienda aus den 1920er Jahren beherbergte einst eine Schule. Die Zimmer sind mit Möbeln im Missionsstil eingerichtet. Gäste kommen in den Genuss eines hausgemachten Frühstücks. Entspannen Sie sich am Kamin oder auf der Veranda. Geführte Wanderungen. **www.bearmountainlodge.com**

WHITE'S CITY Rodeway Inn $$

12 Carlsbad Caverns Hwy, NM, 88268 (575) 785-2291 FAX (575) 785-2283 **Zimmer** 42 — **Straßenkarte** F5

Das Best-Western-Haus liegt günstig zu den Carlsbad Caverns, wo in warmen Sommermonaten Tausende Fledermäuse Zuflucht finden. Das Hotel ist Teil des White's-City-Komplexes und hat große, regional dekorierte Zimmer. Zum saisonalen Wasserpark haben Gäste freien Zutritt. Kontinentales Frühstück inklusive. **www.rodewayinn.com**

Straßenkarte *siehe hintere Umschlaginnenseiten*

Restaurants

Neben der exzellenten lokalen Küche, die immer mehr Anerkennung erlangt, bietet der Südwesten – vor allem in den größeren Städten – diverse kulinarische Highlights. In Santa Fe, Phoenix, Albuquerque, Tucson und Las Vegas stehen Restaurants aller Spielarten – von rustikal bis romantisch – den Lokalen in anderen US-Städten in nichts nach. Typische Gerichte des Südwestens *(siehe S. 250f)* werden immer öfter in modernen Cafés serviert, mexikanisches Essen ist in New Mexico, Arizona und Colorado am besten. In Utah wird traditionelle amerikanische Küche bevorzugt. »Cowboy«- oder mexikanische Restaurants sind preiswert und unterhaltsam. In Kleinstädten sind Hotelrestaurants oft das beste Haus am Platz. Die Restaurantempfehlungen auf den Seiten 252–269 wurden wegen ihrer Qualität und des guten Preis-Leistungs-Verhältnisses ausgewählt.

Kneipenschild in Flagstaff

Typische Einrichtung eines Restaurants in Santa Fe

Essgewohnheiten

Wie überall in den USA ist das Frühstück recht üppig: Restaurants bieten vielfältige Frühstückskarten, Hotels oft große Büfetts. Speck, Eier, Bratkartoffeln, Pfannkuchen, Waffeln, Zerealien, Toast und Muffins sind Standard. Äußerst reichhaltig ist der sonntägliche Brunch, bei dem auch Seafood, Fleisch und Geflügel serviert werden. Die Frühstückszeit dauert von 6 oder 6.30 Uhr bis 10.30 oder 11 Uhr. Beliebt sind Cafés, in denen ganztägig Frühstück bestellt werden kann. Brunch wird oft bis 14 Uhr serviert.

Lunch-Zeit ist im Allgemeinen von 11.30 bis 14.30 oder 15 Uhr. Viele teurere Restaurants bieten reduzierte Versionen ihres Abendmenüs – oft recht preisgünstig. Abendessen (Dinner) wird ab 17.30 oder 18 Uhr serviert. Nach 21 Uhr kann nur noch selten bestellt werden. Während in Kleinstädten viele Restaurants am Abend geschlossen sind, bietet Las Vegas rund um die Uhr kulinarische Highlights.

Preise und Trinkgeld

Restaurantpreise sind im Südwesten günstig, selbst die teuersten Häuser bieten ein exzellentes Preis-Leistungs-Verhältnis. Kleine Mahlzeiten in Cafés und Diners kosten in der Regel zehn bis 15 US-Dollar. In Restaurantketten bekommt man ein Hauptgericht wie Hühnchen oder Steak mit Kartoffeln und Gemüse oder Salat für weniger als zehn US-Dollar. Mexikanische Restaurants bieten meist riesige gemischte Platten für acht bis zwölf US-Dollar. In besseren Restaurants und hochklassigen Cafés beginnen die Preise für ein Dinner bei 15 bis über 30 US-Dollar. Ein dreigängiges Menü (ohne Wein) kann durchaus unter 50 US-Dollar kosten. In Las Vegas servieren die Casinos unzählige gute Gerichte wie Gegrilltes, Pasta und Fisch zu Preisen (meist *»All-you-can-eat«*) von 15 bis 30 US-Dollar.

Geben Sie 15 bis 20 Prozent Trinkgeld auf die Nettosumme bei ordentlichem bis hervorragendem Service. Barkeeper erhalten für jede Runde Drinks ein entsprechendes Trinkgeld.

Die »Sales Tax« erscheint nicht auf der Karte, wird jedoch auf alle Speisen und Getränke aufgeschlagen. Sie beträgt je nach Staat und Stadt meist fünf bis acht Prozent.

Restauranttypen

Restaurants finden sich im Südwesten in allen erdenklichen Arten und Größen. Die Palette reicht von kleinen Diners, die herzhafte Hamburger und Snacks servieren, über Gourmet-Restaurants, die den letzten Schrei an Fusion-Küche präsentieren, bis zu Luxus-Tempeln in Spitzen-Resorts, z. B. in Phoenix und Las Vegas.

Eine kostengünstige Alternative ist Fast Food, das in den Filialen diverser Ketten wie Burger King, McDonald's, Wendy's und Arby's in den meisten Orten entlang der Hauptstraße angeboten wird.

Dort erhält man preiswerte Burger, Pommes frites und alkoholfreie Getränke. Größer ist die Auswahl in den Filialen von Applebee's und Denny's, die auch Suppen, Salate, viele Sandwiches und Desserts anbieten. Meist stimmt das Preis-Leistungs-Verhältnis, die Qualität kann allerdings unterschiedlich sein. Darüber hinaus findet man in der ganzen Region Filialen von Pizzerien.

Zu den Mittelklasse-Restaurants zählen internationale Lokale mit italienischer, griechischer, chinesischer oder indischer Küche. Man findet sie recht häufig in den Shopping Malls.

Die Bandbreite der vor allem in New Mexico und Süd-Arizona zahlreichen mexikanischen Lokale reicht von Straßenständen und Snack Bars bis zu guten Restaurants mit ansprechendem Ambiente. Häufig residieren sie in Adobe-Häusern mit romantischen, grünen Innenhöfen.

Die Küche des Südwestens, eine Verbindung aus indianischen, hispanischen und internationalen Einflüssen, wird zunehmend in den besten Restaurants der Region serviert, die häufig ein bekannter Koch führt – Mark Miller etwa wirkt im Coyote Café in Santa Fe *(siehe S. 266)*. Einige der elegantesten Restaurants der USA finden sich in Las Vegas. In den 1990er Jahren warben die Top-Hotels der Stadt berühmte Köche an. Heute besitzt jedes Hotel zumindest ein Restaurant von Weltklasse oder schmückt sich mit so berühmten Namen wie dem »Spago«, einer Filiale von Wolfgang Puck. Der Starkoch besitzt mehrere Restaurants am Strip, darunter etwa das Spago im Caesars Palace *(siehe S. 239)*.

Lindy's: typisches amerikanisches Diner in Albuquerque

Coffee Houses und Cafés

Coffee Houses gibt es vor allem in den Resorts und in größeren Städten. Sie bieten Kaffeespezialitäten, dazu gibt es Gebäck, Bagels, Desserts und Snacks. In einfachen Cafés kann man sich mit Sandwiches stärken, die raffinierteren offerieren manchmal vielfältige Südwest-Küche.

Vegetarische Gerichte

Die Küche des Südwestens ist, wie die amerikanische Küche überhaupt, ziemlich fleischlastig. Außerhalb der größeren Städte und Resorts ist das Angebot für Vegetarier deshalb eher bescheiden. Eine schmackhafte Option sind die Salatbars in vielen Lokalen. Als Mahlzeiten werden Salate meist mit Meeresfrüchten oder Fleisch serviert. Explizit vegetarische Bestellungen sind jedoch unproblematisch. Viele Fast-Food-Ketten bieten neben Salaten Suppen oder gebackene Kartoffeln an.

Südwest-Dekor in Two Micks Cantina Grill in Tucson

Alkohol

Bier, vor allem importierte *cerveza* aus Mexiko, ist im Südwesten das angesagte Getränk. Las Vegas ist dazu für seine Cocktails berühmt. Nehmen Sie im Zweifelsfall als Altersnachweis einen Ausweis mit – Alkohol darf erst ab 21 Jahren gekauft oder konsumiert werden. Im Mormonen-Staat Utah sind die Gesetze besonders streng. Hier sind Spirituosenläden nur kurz (und nie sonntags) geöffnet. In den Indianerreservaten ist Alkohol schlichtweg tabu!

Behinderte Reisende

Per Gesetz müssen Restaurants rollstuhlgerecht ausgestattet sein und Toiletten im Erdgeschoss besitzen. Bei älteren Lokalen sollte man dennoch besser vorher fragen!

Mit Kindern essen

Außer vielleicht in Las Vegas ist man im ganzen Südwesten auf Kinder eingestellt. Restaurants bieten häufig Kinderportionen und Hochstühle für die Kleinen.

Etikette

Im Land der Cowboys werden fast überall Jeans getragen. Auch zum Essen zieht man sich eher leger an. Sakko und Krawatte sind selbst in guten Lokalen nur selten erforderlich. In Las Vegas sollte man sich in Top-Restaurants jedoch entsprechend kleiden.

Rauchen

Viele Lokale haben Raucher- und Nichtraucherzonen. Der Trend geht jedoch zum Rauchverbot – achten Sie auf die Schilder am Eingang.

Die Küche im Südwesten

Die Küche im Südwesten spiegelt die starken hispanischen und indianischen Einflüsse wider. Es ist ein Vergnügen, die Viefalt der Gerichte zu entdecken, die meist aus frischesten Zutaten bestehen. Haben Sie keine Angst vor dem Hauptgewürz der Küche, den Chilis – die Schärfe der Nachtschattengewächse kann zwar schweißtreibend sein, aber auch angenehm mild. Die meisten Speisekarten in Feriengebieten erläutern die Gerichte. Das Personal kann Ihnen ebenfalls Auskunft geben. Ein weiteres Highlight der Region ist das hervorragende Rindfleisch – ein Traum für alle Liebhaber von Steaks und Burgern.

Kidney-Bohnen

Barbecue: Steaks in Prime-Qualität auf dem Grill

Chilis und Rindfleisch

Rot oder grün? Diese Auswahl hat man oft bei der Essensbestellung. Sie bezieht sich auf die Chilis, die im Südwesten quasi Grundnahrungsmittel sind. Viele Gerichte werden mit roten oder grünen Chilis serviert – wobei die eine Variante nicht schärfer sein muss als die andere. Die Schärfe basiert eher auf der Mischung bzw. der Sorte. Die von Einheimischen frequentierten Restaurants verwenden meist schärfere Sorten als typische Touristenlokale. Falls Sie unsicher sind: Viele Lokale servieren kleine Portionen extra, sie heißen »Christmas«. Es gibt über 100 Chilisorten, darunter Jalapeños, Poblanos, Mulatos und Chipotles. Sehr scharfe Varianten sind Cayenne und Habanero. Der Südwesten ist auch das Land der Rancher – daher gibt es jede Menge Sirloin-Steaks, T-Bone-Steaks… Die regionale Küche bietet exzellente Fleischgerichte. *Carne asada* bedeutet gebraten oder gegrillt, *carne seca* ist Rindfleisch, das vor der Zubereitung in der Sonne getrocknet wurde. Auch Geflügel taucht in vielen Gerichten auf. Beliebt ist Seafood. Fisch und Meeresfrüchte werden aus Kalifornien eingeflogen und sind deshalb ganz frisch.

Auswahl an frischen und getrockneten Chilisorten

Typische Gerichte

Avocados

Tortillas sind Fladenbrote aus Mais oder Mehl. Sie sind Basis vieler Gerichte und können gefaltet oder gerollt werden sowie eher weich oder aber knusprig sein. Tortilla-Varianten sind Burritos oder das größere Burro, ein weicher Fladen aus Weizenmehl, der zur knusprigen *chimichanga* mutiert, wenn er frittiert wird. Flautas sind ähnlich, werden aber gefaltet statt gerollt. Salsa findet sich auf jedem Tisch. Die kalte Tomatensauce mit Zwiebeln, Chilis, Kräutern und Gewürzen wird zu vielen Gerichten serviert. Guacamole – als Belag oder Dip – besteht aus Avocados, Limonen- oder Limetten(-saft), Chilis, Koriander und Gewürzen. Beliebte Desserts sind *sopaipilla*, frittierte Kürbisfladen mit Honig, sowie der *flan*, eine Variante der französischen Crème Caramel.

Enchiladas *sind gerollte Tortillas mit Füllungen aus Käse, Hühnchen oder Rindfleisch in roter Chilisauce.*

Wandbild eines Cafés im Presidio Historic District in Tucson

Mexikanische Gerichte

Die Hauptzutaten der Küche des Südwestens findet man auch bei mexikanischen Speisen, inklusive Mais, Bohnen, Käse, Tomaten und – natürlich – Chilis. Doch damit endet die Ähnlichkeit. Die Küche New Mexicos wurzelt in der Pueblo-Kultur, deren Kochstil von den frühen Siedlern übernommen wurde. Der etwas andere Geschmack lokaler Speisen beruht auf Zutaten wie Nüssen von Pinyon-Kiefern *(piñon pine)*, die als Delikatesse gelten, Nopales (Früchte des Feigenkaktus), Chayotes (ähnlich wie Zucchini) und Tomatillos. Mexikanische Saucen basieren oft auf Tomaten mit einer Chilimischung. Die Saucen in New Mexico verwenden meist pürierte grüne oder rote Chilis, Knoblauch, Salz und eventuell Gewürze. Das Ganze wird mit Mehl angedickt, auch Fleisch kann hinzugefügt werden. Mexikanisches Essen und Tex-Mex, seine angloamerikanische Version, findet man überall.

Eiskaltes Corona-Bier, serviert mit Limette

Indianische Gerichte

Es gibt ein paar wenige indianische Restaurants. Indianisches *fry bread* – flache frittierte Brotfladen mit Honig oder anderen Belägen – wird oft an Ständen außerhalb von Sehenswürdigkeiten oder bei Veranstaltungen verkauft. Navajo Tacos ähneln eher dem *fry bread* als einer Tortilla. Das *piki bread* der Hopi besteht aus Maisteig und wird in dünnen Fladen zubereitet. Bei traditionellen Festivals kann man bisweilen auch traditionelle Gerichte wie Hasenbraten oder Three Sisters Stew (aus Mais, Bohnen und Butternusskürbis) erhalten.

Getränke

Bier kühlt chiliverbrannte Gaumen. Populäre Marken sind San Miguel, Corona und Tecate. Margaritas, Cocktails auf Tequila-Basis, werden mit Salzrand am Glas serviert und sind ein typischer Aperitif. Kalifornische Weine findet man auf den meisten Weinkarten, doch probieren Sie auch die weniger bekannten lokalen Tropfen. In Süd-Arizona und New Mexico gibt es gute kleine Kellereien. Die Sonoita Vineyards bei Elgin, Arizona, sind für ihre Pinot noirs und Cabernets bekannt. Der Weinbau in New Mexico geht auf die ersten spanischen Missionare zurück. Unter den 19 Weingütern sticht die Gruet Winery mit ihren Schaumweinen hervor.

Huevos rancheros *sind Spiegeleier auf weicher Tortilla mit Chili, Käse und Bohnen – ein beliebtes Frühstück.*

Tacos *sind knusprige Tortillas, gefüllt mit Rinderhack, Bohnen, Käse und Salat mit Guacamole-Dip.*

Chile relleno *sind mit Käse, Fleisch oder Reis gefüllte grüne Chilis, die in Teig ausgebacken werden.*

Restaurantauswahl

Die folgenden Restaurants wurden in allen Preiskategorien wegen ihres guten Essens, des Preis-Leistungs-Verhältnisses oder der interessante Lage ausgewählt. Sie sind nach den Regionen in diesem Reiseführer aufgelistet und innerhalb der gleichen Preiskategorie in alphabetischer Reihenfolge aufgeführt.

PREISKATEGORIEN

Die Preise gelten für ein Drei-Gänge-Menü, inkl. einem Glas Hauswein (falls serviert), Steuern und Service:

- $ unter 30 US-Dollar
- $$ 30–40 US-Dollar
- $$$ 40–60 US-Dollar
- $$$$ 60–80 US-Dollar
- $$$$$ über 80 US-Dollar

Grand Canyon und Nord-Arizona

FLAGSTAFF Downtown Diner $

7 E. Aspen Ave, AZ, 86001 ☎ *(928) 774-3492* **Straßenkarte** *C3*

Wer den Tag früh beginnt, kann sich im Downtown Diner nahe dem Heritage Square unter die Einwohner mischen: Es öffnet um 5.30 Uhr und bleibt bis 21 Uhr (im Sommer: Do–Sa bis 2.30 Uhr) geöffnet. Es gibt herzhaftes Frühstück, Burger, Sandwiches und frische Forellen aus dem nahen Oak Creek. Kein Alkoholausschank.

FLAGSTAFF San Felipe's Cantina $$

103 N. Leroux St, AZ, 86001 ☎ *(928) 779-6000* **Straßenkarte** *C3*

Nahe der Route 66 serviert San Felipe's mexikanische Gerichte »mit Anspruch«. Kosten Sie gegrillten Mahimahi (Goldmakrelenart), Mango Tango oder Mango-Hähnchen – jeweils mit pikanter Mango-Salsa. Dazu gibt es Margaritas und danach köstliche Choco Tacos mit Eis. Kindergerichte.

FLAGSTAFF Black Bart's Steak House $$$

2760 E. Butler Ave, AZ, 86004 ☎ *(928) 779-3142* **Straßenkarte** *C3*

Das nach einem Postkutschenräuber der 1870er Jahre benannte Black Bart's bietet Steaks vom Eichenholzgrill und Meeresfrüchte. Beginnen Sie mit Pilzen – »Bart dips 'em in his secret batter 'n' fries 'em up jest right« –, und schließen Sie mit dem unglaublich reichhaltigen Big City Oreo Pie. Abends ertönen alte Standards und Broadway-Songs.

FLAGSTAFF Charly's Pub & Grill $$$

23 N. Leroux St, AZ, 86001 ☎ *(928) 779-1919* **Straßenkarte** *C3*

Das wegen seiner Tische auf dem Gehsteig beliebte Charly's serviert Navajo Tacos, frische Suppen und köstliche Pies sowie Posole-Steaks und vegetarische Gerichte. Spätabends treten Bands auf und spielen Blues oder Jazz. Das Lokal liegt im Hotel Weatherford *(siehe S. 232)* mit mehreren Bars und Restaurants auf jeder Etage.

FLAGSTAFF Pasto $$$

19 E. Aspen Ave, AZ, 86001 ☎ *(928) 779-1937* **Straßenkarte** *C3*

Das betriebsame, lässige Pasto serviert diverse italienische Gerichte. Auf zwei lebensgroßen Frauenstatuen stehen Blumenvasen mit frischen Blumen, Italien-Fotos schmücken die Wände. Je nach Wetter kann man unter der bemalten Kupferdecke oder im Garten toskanische Schinken-Crostini und Kaninchen-Cacciatore genießen.

FLAGSTAFF Cottage Place Restaurant $$$$

126 W. Cottage Ave, AZ, 86001 ☎ *(928) 774-8431* **Straßenkarte** *C3*

Hier wurde ein Bungalow-Wohnhaus in ein Restaurant mit rosa Tischdecken umgewandelt. Auf der Speisekarte stehen Gerichte wie scharf angebratenes Filet mit Gorgonzola und Portwein. Auch eine gute Auswahl an Meeresfrüchten und vegetarischen Gerichten ist zu haben, ergänzt durch eine umfassende Weinkarte. *Geschlossen: Mo, Di.*

GRAND CANYON Phantom Ranch Canteen $$

Grand Canyon, AZ, 86023 ☎ *(928) 638-2631 oder 1-888 297-2757* **Straßenkarte** *B3*

Wer mit Schlauchboot, Maulesel oder zu Fuß die Schlucht durchquert, muss zeitig aufstehen. Sowohl Frühstück als auch Mittag- und Abendessen finden hier früh statt. Ohne Reservierung geht nichts. Schicken Sie Ihre Anfrage vorab per E-Mail, ebenso Zimmerreservierungen *(siehe S. 232)*. Zu essen gibt es Steaks, Hiker's Stew und Vegetarisches.

GRAND CANYON (NORTH RIM) Grand Canyon Lodge $$$

Grand Canyon, AZ, 86052 ☎ *(928) 638-2611 ext. 160* **Straßenkarte** *B3*

Das schöne, abgelegene Restaurant bietet durch zwei Panoramafenster eine wundervolle Aussicht auf das Kaibab Plateau. Die Küche ist überraschend gut, es gibt Leckereien wie Käseravioli in grüner Chilisauce. Man kann und sollte bereits ein bis zwei Monate im Voraus reservieren.

GRAND CANYON (SOUTH RIM) Maswik Cafeteria $

Grand Canyon Village, AZ, 86023 ☎ *(928) 638-2631 oder 1-888 297-2757* **Straßenkarte** *B3*

Das Selbstbedienungslokal in der Maswik Lodge *(siehe S. 233)* ist für Familien geeignet. An verschiedenen Stationen gibt es unterschiedliche Speisen: von Burgern und Standardgerichten bis zu mexikanischen Klassikern ist alles dabei. Die großzügigen Portionen sind preiswert und sättigend.

Zeichenerklärung *siehe hintere Umschlagklappe*

GRAND CANYON (SOUTH RIM) Bright Angel Restaurant $$

Grand Canyon Village, AZ, 86023 (928) 638-2631 oder 1-888 247-2757 **Straßenkarte** *B3*

Das ganzjährig geöffnete Bright Angel bietet Hausmacherkost und Küche des Südwestens. Die Gerichte sind nach denjenigen benannt, die die Lodge errichteten. Kosten Sie Colter Quesadilla (nach dem Architekten benannt) oder Harvey House Steak. Man kann den Sitzplatz frei wählen, in der Hochsaison ist auch Reservierung möglich.

GRAND CANYON (SOUTH RIM) El Tovar $$$

Grand Canyon Village, AZ, 86023 (928) 638-2631 ext. 6432 **Straßenkarte** *B3*

Dies ist zweifellos das beste Lokal in El Tovar. Die Speisekarte bietet eine Mischung aus klassischen und regionalen Aromen. Der imposante Gastraum besitzt einige Fensterplätze mit Blick auf den Grand Canyon – dort muss man aber reservieren, und die Preise sind höher. Kleine Mahlzeiten und eine schöne Aussicht gibt es auf der Veranda.

JEROME Flatiron Café $

416 N. Main St, AZ, 86331 (928) 634-2733 **Straßenkarte** *B4*

Wenn man auf der gewundenen Straße in die einstige Kupferstadt Jerome fährt, kommt man am winzigen Flatiron Café vorbei. Lecker: Lachs-Quesadilla mit Dillsauce, Spinat und hausgemachtem Korianderpesto und danach einen starken Espresso. Vorsicht, auf dem schrägen Boden des Cafés kann man leicht ausrutschen. *Abends geschlossen.*

JEROME Asylum Restaurant $$$

200 Hill St., AZ, 86331 (928) 639-31972 **Straßenkarte** *B4*

Das gemütliche Restaurant gehört zum Jerome Grand Hotel und bietet einen wunderbaren Blick über das Verde Valley. Auf der Speisekarten steht New-American-Küche, etwa Königslachs mit Kaktusfeigen-Barbeque-Sauce oder gegrilltes Schweinefilet mit Chipotle-Aprikosen-Sauce. Exzellente Weinkarte.

KINGMAN Mr D'z Route 66 $

105 E. Andy Devine Ave, AZ, 86401 (928) 718-0066 **Straßenkarte** *B3*

Die ehemalige Tankstelle mit kitschigem pink-blau-grünem Dekor ist vollgestopft mit Elvis- und Marilyn-Andenken aus den 1950er Jahrern. Sogar Oprah Winfrey hat hier schon einen Burger mit Zwiebelringen gegessen. Probieren Sie das hausgemachte Wurzelbier oder Süßkartoffel-Pommes frites, während Sie die Oldtimer draußen bewundern.

LAKE HAVASU CITY Mudshark Brewing Co. $$$

210 Swanson Ave, AZ, 86403 (928) 453-2981 **Straßenkarte** *A4*

Das nach einem nahe gelegenen Strand benannte Mudshark ist für sein selbst gebrautes Fassbier bekannt. Auf der abwechslungsreichen Speisekarte stehen Burger, Sandwiches und Koteletts. Kosten Sie die Margarita Shrimp Pizza mit Tomaten, Knoblauch und Fetakäse, und trinken Sie dazu Scorpion Amber Ale. Riesige Wandmalereien im Lokal.

LAKE HAVASU CITY Shugrue's $$$

1425 McCulloch Blvd, AZ, 86403 (928) 453-1400 **Straßenkarte** *A4*

Shugrue's Atrium hat eine unverstellte Aussicht auf London Bridge und das English Village am anderen Ufer des Kanals. Den zweiten Gastraum ziert ein Wandbild. Eines der Lieblingsgerichte der Stammgäste ist Heilbutt in Dijon-Knoblauch-Kruste mit großen Jakobsmuscheln. Kommen Sie rechtzeitig zum Sonnenuntergang her.

PAGE Dam Bar und Grille $$$

644 N. Navajo Dr, AZ, 86040 (928) 645-2161 **Straßenkarte** *C2*

Hier trifft feine Kochkunst mit Gerichten wie Steaks, Meeresfrüchten und Pasta auf eine belebte Sportsbar-Atmosphäre. Die elegante, neun Meter lange Glaswand bietet Aussicht auf den Glen Canyon Dam. Von den Tischen im Freien kann man den Sonnenuntergang genießen. Jammern kostet laut Speisekarte fünf US-Dollar.

SEDONA Black Cow Café $

229 N. Hwy 89A, AZ, 86336 (928) 203-9868 **Straßenkarte** *C3*

Das hausgemachte Eis im Black Cow ist einfach göttlich. Für die belgische Vanille möchte man sterben. Das Café ist im Stil einer altmodischen Eisdiele mit Fotos von Sedona in den 1940er und 1950er Jahren dekoriert. Es serviert auch sättigende Sandwiches und Gebäck, Kaffee und Smoothies. Das Café liegt im Norden von Sedona.

SEDONA El Rincon Restaurante Mexicano $$$

Tlaquepaque Village, 336 S. Hwy 179, Suite A112, AZ, 86336 (928) 282-4648 **Straßenkarte** *C3*

Torbogen und spanisches Mobiliar sorgen hier für Tlaquepaque-Ambiente. Sie können auch im Freien essen. Die regional geprägte mexikanische Küche des El Rincon bietet alles von Burritos bis Tamales, wobei auch Einflüsse der Navajo zu spüren sind. Beschließen Sie Ihr Mahl mit einem Obstdessert wie Chimichanga à la mode.

SEDONA Fournos Restaurant $$$

3000 W. Hwy 89A, AZ, 86336 (928) 282-3331 **Straßenkarte** *C3*

Das kleine, unscheinbare Restaurant mit zehn Tischen ist in Ägäis-Blau gehalten und hat gemalte Tischdecken. Hier bekommen Sie authentische griechische Gerichte wie handgemachte Dolmades (Weinblätter mit Reis-Fleisch-Füllung), Krabben mit Feta, in Ouzo flambiert, und gebratene Lammkeule. *Geöffnet: Mo, Do–Sa.*

SEDONA Oaxaca Restaurante & Rooftop Cantina $$$

321 N. Hwy 89A, AZ, 86336 (928) 282-4179 **Straßenkarte** *C3*

Bewundern Sie die malerische Aussicht oder den Sonnenuntergang durch die Bogen der je nach Saison geöffneten Dachterrasse des belebten Traditionsrestaurants im Norden von Sedona. Das Oaxaca gehört einem Ernährungswissenschaftler, ist also auf gesunde Kost ausgerichtet. Spezialität des Hauses ist Nopalitos-Kaktus mit Sauce.

Straßenkarte *siehe hintere Umschlaginnenseiten*

SEDONA Takashi Japanese Restaurant $$$

465 Jordan Rd, AZ, 86336 (928) 282-2334 **Straßenkarte** *C3*

Wer eine Pause in Bezug auf die regionale Küche braucht, kann sich im Takashi mit Sushi und anderen japanischen Gerichten verwöhnen. Das mit orientalischen Laternen und simplen Holzmöbeln eingerichtete Restaurant bietet eine verlockende Speisekarte mit Teriyaki, Sukiyaki, Tempura und Teppanyaki. *Geschlossen: Mo.*

SEDONA Dahl & Diluca Ristorante Italiano $$$$

2321 W. Hwy 89A, AZ, 86336 (928) 282-5219 **Straßenkarte** *C3*

Genießen Sie inmitten weicher Stoffe, warmer Farben und weiß gedeckter Tische den Charme Italiens. Hier wähnt man sich in einer toskanischen Villa. Probieren Sie frittierte Oliven mit Käsefüllung und Linguine mit Pilzen in Fleischsauce *(linguine con funghi)*. Die Weinauswahl passt hervorragend zum Speisenangebot.

SEDONA The Heartline Café $$$$

1610 W. Hwy 89A, AZ, 86336 (928) 282-0785 **Straßenkarte** *C3*

Bunte Blüten aus dem Bio-Garten dienen im Heartline Café zum Kochen und Dekorieren. In legerem, modernem Ambiente genießt man hier asiatische, europäische und mediterrane Speisen. Kosten Sie das Hoisin-Portobello-Pilz-Tortilla-Sandwich oder das Filet mignon in Panchetta.

SEDONA Shugrue's Hillside Grill $$$$

Hillside Courtyard, 671 Hwy 179, AZ, 86336 (928) 282-5300 **Straßenkarte** *C3*

In Sedona dreht sich alles um die Aussicht. Die Panoramafenster des Shugrue's bieten eine solche. Außerdem besitzt es eine Aussichtsterrasse. Das für seine Steaks geschätzte Restaurant ist auch für gegrillte, gedünstete oder scharf angebratene Meeresfrüchte bekannt, etwa Shrimps in Sambuca-Sauce mit gebratenem Saganaki-Käse.

WILLIAMS Twisters Soda Fountain & The Route 66 $

417 E. Route 66, AZ, 86046 (928) 635-0266 **Straßenkarte** *B3*

Das Twister mit seinem schwarz-weiß gewürfelten Boden und den roten Vinylstühlen katapultiert einen direkt in die 1950er Jahre zurück – mit Songs aus der Zeit und Bananensplits. Außerdem gibt es Burger, Sandwiches, Chili-Hotdogs und mehr. Der zugehörige Laden verkauft Route-66-, Elvis- und Coca-Cola-Memorabilien. *Geschlossen: So.*

WILLIAMS Red Raven Restaurant $$

135 W. Route 66, AZ, 86046 (928) 635-4980 **Straßenkarte** *B3*

Das Red Raven ist eine unerwartete Freude in dieser abgelegenen Gegend. Die kreativen und doch einfachen Gerichte werden in einer gemütlichen Atmosphäre serviert. Auf der Speisekarte stehen etwa Steaks, Salate, Suppen und Nudelgerichte. Man kann wählen zwischen Wein oder Bier, die Desserts sind ausgezeichnet. *Geschlossen: Mo.*

WILLIAMS Miss Kitty's Steakhouse & Saloon $$$

Mountainside Inn, 642 E. Route 66, AZ, 86046 (928) 635-4431 **Straßenkarte** *B3*

Im ausgelassenen Miss Kitty's lassen Country-Sänger und Ragtime-Musiker vor allem am Wochenende (manchmal auch unter der Woche) die Gäste das Tanzbein schwingen. Das Lokal sieht aus wie ein Wildwest-Saloon und bietet saftige Steaks, Prime Ribs und Barbecue-Ribs – zu absolut vertretbaren Preisen. Reservierung erforderlich.

WILLIAMS Rod's Steak House $$$

301 E. Route 66, AZ, 86046 (928) 635-2671 **Straßenkarte** *B3*

Halten Sie nach dem roten Neonschild mit dem Stier Domino, dem Maskottchen des Restaurants, Ausschau. Es ist seit über 50 Jahren das Wahrzeichen von Williams an der Route 66. In Rod's Steak House sollte man sich das Prime Rib auf der Zunge zergehen lassen. Das ganze Lokal ist optisch auf Rinder eingestellt. *Geschlossen: So.*

Phoenix und Süd-Arizona

APACHE JUNCTION Mining Camp Restaurant & Trading Post $$

6100 E. Mining Camp St, AZ, 85217 (480) 982-3181 **Straßenkarte** *C4*

In der alten Minenarbeiterhütte aus groben Holzplanken sitzen die Gäste an langen Holztischen. Zu riesigen Portionen Brathähnchen oder gebackenen Ham- und Barbecue-Ribs gibt es große Schüsseln Krautsalat und Baked Beans. Für die Kinder werden Prospector's Cookies aufgetischt. Familienfreundliches Traditionslokal.

GLOBE Chalo's Casa Reynoso $

902 E. Ash St, AZ, 85501 (928) 425-0515 **Straßenkarte** *C4*

Dieser Treffpunkt der Einheimischen ist für seine Hausmacherkost und familiäre Atmosphäre bekannt. In dem gemütlichen Lokal kennt jeder jeden. Angeblich arbeiten im Chalo's die hübschesten Kellnerinnen der Gegend. Wählen Sie die scharfe oder milde Variante der *sopaipillas* mit Schweine- und Rindfleischfüllung. *Geschlossen: Juni–Okt.*

GLOBE Jerry's Restaurant $

699 E. Ash St., AZ, 85501 (928) 425-5282 **Straßenkarte** *C4*

Einheimische besuchen Jerry's Restaurant (24 Std. geöffnet) wegen der amerikanischen Klassiker, des freundlichen Service und der riesigen Portionen. Auf der Speisekarte steht Hausmacherkost wie Burger, Schinken- und Käse-Sandwiches, Reuben-Sandwiches (Corned Beef, Sauerkraut, Käse und Mayonnaise auf Roggenbrot) und Hühnchen.

PHOENIX Matt's Big Breakfast $

801 N. 1st St, AZ, 85004 (602) 254-1074 **Straßenkarte** B4

Bei Matt's gibt es nur Fleisch von mit Getreide aufgezogenen Tieren, Bio-Produkte und Freilandeier. Unter der Woche strömen Büroangestellte hierher und bestellen Sandwiches und Salate, an Wochenenden genießen die Gäste Salami-Scramble, Waffeln und frisch gepressten Orangensaft. Dekor der 1950er Jahre mit Essnischen. *Geschlossen: Mo.*

PHOENIX Aunt Chilada's at Squaw Peak $$

7330 N. Dreamy Draw Dr, AZ, 85020 (602) 944-1286 **Straßenkarte** B4

Leger, rustikal und voller Blumen präsentiert sich das abgelegene mexikanische Lokal mit stimmungsvollem Dekor. Es gibt auch Tische im Freien. Kosten Sie Hähnchenbrust mit Sesam, und trinken Sie dazu eine Margarita. Ende des 19. Jahrhunderts war in dem Gebäude eine Gemischtwarenhandlung für die Bergleute der Quecksilberminen.

PHOENIX FnB $$

7713 E. Stetson Dr, AZ, 85251 (480) 425-9463 **Straßenkarte** B4

Die kleine, häufig wechselnde Speisekarte basiert auf saisonalen Zutaten von Farmen der Umgebung. Vom Restaurant aus sieht man in die Küche von Charleen Badman. Lecker: knusprige gefüllte Zucchiniblüten mit Tomaten oder Auberginen mit Pinienkernen. Der Wein kommt aus Arizona. *Geschlossen: Mo, Di.*

PHOENIX Pizzeria Bianco $$

623 E. Adams St, AZ, 85004 (602) 258-8300 **Straßenkarte** B4

Das in einem Backsteingebäude mit großen Panoramafenstern untergebrachte kleine Lokal bietet eine simple Auswahl an Holzofen-Pizzas bester Qualität. Bei den Einheimischen gelten sie als die besten der Stadt. Die Wiseguy-Pizza ist mit gerösteten Zwiebeln, geräuchertem Mozzarella und Fenchelwurst belegt – köstlich. *Geschlossen: Mo.*

PHOENIX Cafe at Heard Museum $$$

Heard Museum, 2301 N. Central Ave, AZ, 85004 (602) 251-0204 **Straßenkarte** B4

Hier bekommen Sie Salate, Gourmet-Sandwiches und *tartes*. Für alle, die so richtig zulangen wollen, gibt es *posole* (scharfer Mais-Eintopf) mit Schweinefleisch und allem Drum und Dran. Lassen Sie Platz für das Bitterschokoladen-Ganache. Vor oder nach dem Essen kann man die indianische Kunstsammlung im Heard Museum bestaunen.

PHOENIX Rustler's Rooste $$$

8383 S. 48th St, AZ, 85044 (602) 431-6474 **Straßenkarte** B4

Hoch über Pointe Souths Golfplätzen thront das Rustler's Rooste auf einer Felskuppe. Die Böden des im Cowboy-Stil gehaltenen Steakhouses sind mit Sägemehl bestreut. Schon am Minen-ähnlichen Eingang beginnt das Abenteuer: Wer mag, kann über die Rutschbahn in den Gastraum gelangen. Für Wagemutige: Klapperschlangen-Vorspeise.

PHOENIX T. Cook's $$$

5200 E. Camelback Rd, AZ, 85018 (602) 808-0766 **Straßenkarte** B4

Das im historischen Royal Palms Resort and Spa in der Innenstadt gelegene Restaurant strahlt altmodischen Charme aus. Es gibt Feuerstellen und Palmen im Speisesaal. Die saisonal orientiere Karte bietet Hummer und Hummercremesuppe mit Fenchel sowie mediterrane Gerichte wie Paella oder Seeteufel mit Shrimps.

PHOENIX Avanti Restaurant $$$$

2728 E. Thomas Rd, AZ, 85016 (602) 956-0900 **Straßenkarte** B4

Das Avanti serviert seit 1974 köstliche, klassisch italienische Gerichte in romantischer Atmosphäre. Das Interieur hat Art-déco-Akzente. Donnerstags bis samstags gibt es abends Klaviermusik oder Jazz live. Kosten Sie das Hähnchen in Zitronensauce mit Kapern und Artischockenherzen. In der schicken Bar gibt es hausgemachte Pasta.

PHOENIX Durant's $$$$

2611 N. Central Ave, AZ, 85004 (602) 264-5967 **Straßenkarte** B4

Der Klassiker von Steakhouse in der Innenstadt existiert seit den 1950er Jahren. Hier ist es immer voll. Oft trifft man auf lokale Prominenz, die Steaks und Surf 'n' Turf genießt. Für Einheimische ist es üblich, durch den Hintereingang ins Lokal zu gehen und auf dem Weg zuerst das Küchenpersonal zu begrüßen.

PHOENIX Vincent's on Camelback $$$$

3930 E. Camelback Rd, AZ, 85018 (602) 224-0225 **Straßenkarte** B4

Seit 1986 setzt das Vincent's mit seiner einfallsreichen Speisekarte aus regionalen und provenzalischen Zutaten Maßstäbe. Beginnen Sie mit Maisravioli mit Trüffelöl, gefolgt von Bio-Hähnchen mit Pilzen, Lauch und Thymianbrühe. Aufmerksamer Service und eine umfassende Weinkarte perfektionieren das Erlebnis. *Geschlossen: So.*

PHOENIX Compass Restaurant $$$$$

Hyatt Regency, 122 N. 2nd St, AZ, 85004 (602) 440-3166 **Straßenkarte** B4

In luftiger Höhe über Phoenix bietet das Compass, das einzige Drehrestaurant der Stadt, eine fantastische Aussicht. Das moderne Lokal ist in Schwarz und Rot gehalten. Auf der Speisekarte stehen amerikanische Regionalgerichte wie Schweinekotelett in Achiote-Paste (mit Annattosamen) mit geschmortem Fenchel. Köstlicher Sonntagsbrunch.

SCOTTSDALE Frank & Lupe's Restaurant $$

4121 N. Marshall Way, AZ, 85251 (480) 990-9844 **Straßenkarte** Ausschnitt

Das kleine Restaurant mit regionalem Dekor serviert Klassiker der Küche New Mexicos, darunter Enchiladas (mit Fleisch und Gemüse gefüllte Fladen mit Chili und Tomatensauce), Tamales und Tacos mit roter oder grüner Chilisauce, Bohnen, frischer Salsa und hausgemachten Chips. Zu trinken gibt es Bier und Mixgetränke.

Straßenkarte *siehe hintere Umschlaginnenseiten*

SCOTTSDALE Roaring Fork $$$

4800 N. Scottsdale Rd, Ste 1700, AZ, 85251 (480) 947-0795 **Straßenkarte** Ausschnitt

Zu den kreativen Hauptgerichten im Roaring Fork zählen Filet mignon mit Chili-Makkaroni, Fischtacos und über Zeder gebeizter Lachs. Für den großen Hunger gibt es den Roaring Fork's Big-A Burger mit gerösteten grünen Chilis. Aus dem Holzofen kommen köstliche Pizzas.

SCOTTSDALE Cowboy Ciao $$$$$

7133 E. Stetson Dr, AZ, 85251 (480) 946-3111 **Straßenkarte** Ausschnitt

Hier stehen die Desserts ganz oben auf der Speisekarte. Das Cowboy Ciao in der Restaurant Row in Scottsdales Künstlerviertel kocht einfallsreiche Gerichte wie Parmesan-Burritos und Calamari-Chimichanga. Dazu gibt es eine Reihe von ungewöhnlichen Weinen aus aller Welt. Die Einrichtung ist im sogenannten »Border Baroque« gehalten.

SCOTTSDALE Ruth's Chris Steakhouse $$$$$

7001 N. Scottsdale Rd, AZ, 85253 (480) 991-5988 **Straßenkarte** Ausschnitt

Was gibt es Besseres als ein brutzelndes zartes Steak? Diese Restaurantkette ist bekannt für hervorragendes Rindfleisch sowie warmherzige Gastlichkeit. Auf der Speisekarte findet man auch Hähnchen und Seafood. Das im Seville Shopping Center gelegene Restaurant bietet einen schönen Bergblick und im Sommer auch Plätze im Freien.

SCOTTSDALE Sassi $$$$$

10455 E. Pinnacle Peak Pkwy, AZ, 85255 (480) 502-9095 **Straßenkarte** Ausschnitt

Das im Stil einer süditalienischen Villa entworfene Sassi hat eine geschlossene Gartenterrasse und Patios. Das Lokal liegt am Fuß des Pinnacle Peak und bietet eine tolle Aussicht. Hier kommt man gern mit Freunden her, da man viele Gerichte aufteilen kann. Auf der Speisekarte stehen Pasta, Seafood und Geflügel. *Geschlossen: So, Mo im Sommer.*

TOMBSTONE Big Nose Kate's $

417 E. Allen St, AZ, 85638 (520) 457-3107 **Straßenkarte** C5

Das nach der angeblich ersten Prostituierten von Tombstone benannte Big Nose Kate's wurde 1881 als Hotel gebaut. Heutzutage ist der belebte Saloon mit diversen Western-Andenken, Rinderköpfen und Bleiglas verziert. Das Goldie's Over-Stuffed Reuben Sandwich enthält Corned Beef, Sauerkraut und Schweizer Käse. Täglich Country-Musik live.

TOMBSTONE OK Café $

3rd/Allen Streets, AZ, 85638 (520) 457-3980 **Straßenkarte** C5

In dem winzigen Café direkt gegenüber dem berühmten OK Corral treffen sich die Einheimischen. Genießen Sie das Standardomelett und Kaffee zum Frühstück sowie wunderbare Suppen zum Lunch. Die Kneipe gilt vor allem als »Home of the Buffalo Burger« und serviert Emu vom Holzofengrill und Straußenburger.

TUCSON Feast $$

3719 E. Speedway Blvd, AZ, 85712 (520) 326-9363 **Straßenkarte** C5

Das Feinschmeckerrestaurant mit seinen roten Ziegelmauern, den Panoramafenstern mit Blick auf die Santa Catalina Mountains und dem großen, erlesenen Weinregal hat Kellereiflair. Das Essen ist mediterran und östlich geprägt. Die Speisekarte wechselt monatlich. Alle Gerichte gibt es auch zum Mitnehmen. *Geschlossen: Mo.*

TUCSON La Cocina $$

Old Town Artisans, 201 N. Court Ave, AZ, 85701 (520) 622-0351 **Straßenkarte** C5

Das La Cocina liegt in den ehemaligen Stallungen des Presidio aus dem 18. Jahrhundert. Man kann draußen im schattigen Innenhof essen oder in der Cantina, die mit Skulpturen und Kunstwerken der Old Town Artisans bestückt ist. Kosten Sie die Hähnchen-Enchilada mit grüner Chili-Sahne-Sauce. *Geschlossen: So, Mo abends.*

TUCSON La Parilla Suiza $$

5602 E. Speedway Blvd, AZ, 85712 (520) 747-4838 **Straßenkarte** C5

Im traditionsreichen La Parilla Suiza gönnt man sich eine Pause von der allseits vorherrschenden Sonora-Kost. Die Familienrezepte stammen allesamt aus Mexico City. Es gibt Tacos, Fleisch- und Käsegerichte vom Holzkohlegrill. Die Bistek Tacos bestehen aus gewürfeltem, gegrilltem Rindfleisch auf Tortillas mit Salat, Bohnen und Reis.

TUCSON Café Poca Cosa $$$

110 E. Pennington St, AZ, 85701 (520) 622-6400 **Straßenkarte** C5

Das lässig-schicke Bistro serviert kreative New-Mexico-Gerichte aus frischen Zutaten. Der Kellner kommt mit einer Tafel, auf der die Speisekarte in Englisch und Spanisch zu lesen ist. Sie wechselt zweimal täglich. Plato de Poca Cosa besteht aus Probierportionen der Hauptgänge des Tages und ist von typisch regionalen Aromen geprägt.

TUCSON El Charro Café $$$

311 N. Court Ave, AZ, 85701 (520) 622-1922 **Straßenkarte** C5

Das berühmte El Charro im historischen Innenstadtviertel El Presidio serviert superbe mexikanische Speisen nach alten Familienrezepten. Jeder sollte das beliebte *carne seca* probiert haben: getrocknetes Angus-Rindfleisch in Knoblauch-Limonen-Marinade, das gegrillt und mit frischen grünen Chilis, Tomaten und Zwiebeln serviert wird.

TUCSON El Corral $$$

2201 E. River Rd, AZ, 85718 (520) 299-6092 **Straßenkarte** C5

Das preiswerte Steakhouse in einer historischen Territorial-Ranch steht nördlich der Innenstadt. Das El Corral bietet ein heimeliges Ambiente mit Kaminen, Steinböden und Holzbalkendecken. Besonders gut schmeckt hier Prime Rib, es gibt aber auch Steaks und Hähnchen. Um Wartezeiten zu vermeiden, sollte man früh da sein.

TUCSON The Grill $$$$$

Hacienda del Sol, 5601 N. Hacienda del Sol Rd, AZ, 85718 (520) 529-3500 **Straßenkarte** C5

Zurückhaltende Eleganz prägt das Grill-Restaurant, das mit handverlesenen Zutaten aus den Gärten der Hacienda kocht. Hummer-Gazpacho ist eine populäre Vorspeise, danach gibt es gegrillte tasmanische Forelle auf Püree aus violetten Peru-Kartoffeln. Umfangreiche Weinkarte. Abends hört man Klaviermusik, freitags und samstags Jazz.

TUCSON Janos $$$$$

Westin La Paloma Resort, 3770 E. Sunrise Dr, AZ, 85718 (520) 615-6100 **Straßenkarte** C5

In dem gefeierten Restaurant kreiert Janos Wilder regionale Gerichte mit französischem Touch und richtet sie dekorativ an. Dazu kommen die schöne Aussicht auf Tucson und eine umfangreiche Weinauswahl. Es gibt auch ein Festpreismenü mit entsprechenden Weinen. Man sollte die Speisekarte mit Muße studieren. *Geschlossen: So, Mo.*

TUMACACORI Wisdom's Café $

1931 Frontage Rd, AZ, 85640 (520) 398-2397 **Straßenkarte** C5

Halten Sie nach zwei riesigen weißen Hähnchen am Straßenrand Ausschau. Im Familienbetrieb Wisdom's Café werden die Rezepte von einer Generation zur nächsten weitergegeben. Tanten und Onkel haben die Wandmalereien gestaltet. Als einmal eine Tortilla in kochendes Öl fiel, war dies die Geburtsstunde des Fruit-Burrito. *Geschlossen: So.*

Las Vegas

DOWNTOWN Golden Nugget The Buffet $

Golden Nugget, 129 E. Fremont St, NV, 89101 (702) 385-7111

Das einfach nur The Buffet genannte, angenehme All-you-can-eat-Lokal gehört zu den besten Restaurants in Downtown. Mittags bevölkern gut gelaunte Gäste die Sitzkojen. Es gibt abwechslungsreiche Speiseplatten und eine umfangreiche Salatbar. Abends kommen auch Seafood und Roastbeef auf den Teller.

DOWNTOWN San Francisco Shrimp Bar & Deli $

Golden Gate Hotel, 1 Fremont St, NV, 89101 (702) 385-1906

Das im ältesten Hotel (seit 1906) von Las Vegas gelegene Lokal behauptet, Geburtsort des Las Vegas Krabbencocktails zu sein. Bis heute wird er hier in einem tulpenförmigen Eisbecher mit einer mysteriösen Sauce für 1,99 US-Dollar serviert – eine letzte verbliebene Institution in dieser Stadt. Sandwiches und Bier bekommt man auch.

DOWNTOWN Binion's Ranch Steakhouse $$$$

Binion's, 128 E. Fremont St, NV, 89101 (702) 382-1600

Sofern es Ihnen gelingen sollte, sich vom Blick aus der 24. Etage des Binion's auf den Strip loszureißen, können Sie das viktorianische Ambiente bewundern. Wählen Sie eine Sitzkoje, und genießen Sie die Spezialitäten, denen das Lokal seinen Ruhm verdankt: Hummercremesuppe, Porterhouse Steak und Seafood wie panierten Hummer.

DOWNTOWN Hugo's Cellar $$$$$

Four Queens, 202 Fremont St, NV, 89101 (702) 385-4011

Das Backstein-Kellerrestaurant erinnert an einen europäischen Weinkeller. Damen bekommen hier zur Einstimmung auf einen romantischen Abend eine Rose überreicht. Einheimische wählen klassische Spezialitäten wie Queen's Lobster, Lammkarree oder Beef Wellington, danach Cherries Jubilee oder mit Schokolade überzogene Früchte.

HENDERSON Sushi + Sake $$$

Green Valley Ranch, 2300 Paseo Verde Parkway, NV, 89052 (702) 617-7777

Hier können Sie bei einem Drink an der Bar das ultrahippe Dekor des Sushi + Sake bewundern. Ein 120 Zentimeter hoher konvexer Wandbogen hält die Beleuchtung für den Koch bei der Sushizubereitung. Es wird kunstvoll angerichtet. Zu Sashimi und Nigiri trinkt man am besten einen der exotischen Sakes aus der exklusiven Sammlung.

ABSEITS DES STRIP Capriotti's $

322 W. Sahara Ave, NV, 89102 (702) 474-0229

Schnelles Feinschmeckeressen, das den ganzen Tag vorhält, bekommt man nur wenige Schritte vom Strip entfernt bei Capriotti's. Ein Sandwich ist hier bis zu einem halben Meter lang. Die Spezialsandwiches quillen förmlich über. Kosten Sie Slaw B Joe, mit einseitig geröstetem Rindfleisch und Krautsalat. Es gibt auch vegetarische Beläge.

ABSEITS DES STRIP Egg & I $

4533 W. Sahara Ave, NV, 89102 (702) 364-9686

Heißhunger am Morgen? Das familienfreundliche Egg & I schafft Abhilfe! An den Wänden hängen Fotos von Hühnern und Hähnen. Das Egg-Spectations-Menü enthält einen Flapper-Sandwich-Pfannkuchen und die berühmten Eier Benedict. Es gibt »Egg-ceptional«-Omeletts mit Kartoffeln und Bananen-Nuss-Muffins. Burger, Suppen und Salate.

ABSEITS DES STRIP Harbor Palace $

4275 Spring Mountain Rd, NV, 89102 (702) 253-1688

Die Chinatown von Las Vegas bietet eine riesige Vielfalt an Pacific Rim Restaurants. Dieses chinesische Lokal füllt sich mit Einheimischen und Besuchern, die sich an runden Drehtischen Gerichte teilen. Dim Sum gibt es täglich von 10 bis 15 Uhr. Lecker: frisches Seafood aus dem Fischbecken. Bis 5 Uhr wird ein »Friedhofsmenü« serviert.

Straßenkarte *siehe hintere Umschlaginnenseiten*

ABSEITS DES STRIP Pink Taco $$

Hard Rock, 4455 Paradise Rd, NV, 89109 (702) 693-5525

In der farbenfrohen Cantina treffen sich Yuppies und Reha-Patienten *(siehe S. 238)*. Sie ist mit mexikanischem Kunsthandwerk geschmückt und hat eine freundliche Atmosphäre. Auf der Speisekarte stehen klassische mexikanische Gerichte und *panuchos* – rosa Tacos mit Hähnchen, Salsa und Avocado. Große Margarita- und Tequila-Auswahl.

ABSEITS DES STRIP Nora's Cuisine $$$

6020 W. Flamingo Rd, NV, 89103 (702) 873-8990

Als das Nora's in einem winzigen Raum eröffnete, war es sofort ein Renner. Aufgrund der Popularität wurde eine Vergrößerung unvermeidlich, aber Qualität und Geschmack der sizilianischen Familienrezepte blieben unverändert gut. Der Antipasti-Salat mit Sülze und Mozzarella ist unschlagbar köstlich, das Kalbfleisch Marsala wunderbar zart.

ABSEITS DES STRIP Little Buddha $$$$

Palms, 4321 W. Flamingo Rd, NV, 89103 (702) 942-7778

Die Filiale des berühmten Lokals residiert nun im Palms Casino Resort *(siehe S. 237)*. Sie serviert asiatische Fusion-Küche mit französischem Touch. Ein Buddha auf vier Säulen thront über dem Gastraum. Als Vorspeise gibt es Pacific-Beef-Ceviche oder Pekingenten-Crêpes, danach koreanischen BBQ-Lachs. Man kann auch am Pool essen.

ABSEITS DES STRIP Alizé $$$$$

Palms, 4321 W. Flamingo Rd, NV, 89103 (702) 951-7000

Im 56. Stock bietet das westlich vom Strip gelegene Restaurant mit Fenstern auf drei Seiten eine wahrhaft spektakuläre Aussicht. Die Gourmet-Gerichte werden in elegantem, romantischem Ambiente serviert. Belugakaviar steht ganz oben auf der saisonal wechselnden Speisekarte. Es gibt auch Seezunge oder Moschusente.

ABSEITS DES STRIP Morton's the Steakhouse $$$$$

400 E. Flamingo Rd, NV, 89103 (702) 893-0703

Das als eines der besten Steakhäuser der Stadt geltende Morton's lässt seine Gäste das Fleisch am Tisch auswählen. Der Gastraum mit seinem dunklen Holzmobiliar und den Fotos berühmter Stammgäste wie Muhammad Ali und Tiger Woods an den Wänden hat Clubcharakter. Als Vorspeise gibt es Krustentiere, danach Steaks.

ABSEITS DES STRIP Piero's Italian Cuisine $$$$$

355 Convention Center Dr, NV, 89109 (702) 369-2305

Das langjährige Stammlokal der Reichen und Berühmten hat ein gemütliches Ambiente und war auch in Martin Scorseses Film *Casino* zu sehen. Einheimische essen hier Osso buco, diverse Kalbsgerichte und frischen Fisch. Lassen Sie Platz für das Dessert, die *cassatina al liquore* – Eis mit kandierten Früchten und einem Schuss Schnaps.

ABSEITS DES STRIP Ruth's Chris Steakhouse $$$$$

3900 Paradise Rd, NV, 89109 (702) 248-7011

Das gemütliche Restaurant besitzt seinen guten Ruf wegen des herausragenden Essens, der feinen Weine und der Gastlichkeit. Die kreolischen Vorspeisen erinnern an ihre Herkunft aus New Orleans. Die Steaks werden brutzelnd serviert. Es gibt bis 22.30 Uhr warme Küche.

THE STRIP Witchcraft $

MGM Grand, 3799 Las Vegas Blvd S., NV, 89109 (702) 891-1111

Nur mit Hexerei kann man so originelle Sandwiches wie in diesem lässigen Lokal nahe dem Studio Walk im MGM Grand *(siehe S. 239)* produzieren. Bestellen Sie ein grandioses Sandwich mit Hähnchenbrust, gerösteter roter Paprika, Mozzarella und Pesto. Ein gutes Glas Wein dazu und anschließend ein köstliches Dessert runden das Ganze ab.

THE STRIP California Pizza Kitchen $$

The Mirage, 3400 Las Vegas Blvd S., NV, 89109 (702) 791-7111

Die bei Familien beliebte California Pizza Kitchen bietet einzigartige Holzkohleofen-Pizzas mit knusprigem Teig und recht ungewöhnlichem Belag. Zu den Bestsellern gehören Pizzas wie BBQ Chicken mit geräuchertem Käse und roten Zwiebeln sowie die Pizza Portobello mit Unmengen Pilzen.

THE STRIP Cravings $$

The Mirage, 3400 Las Vegas Blvd S., NV, 89109 (702) 791-7111

Das moderne und gehobene Cravings interpretiert das Büfettkonzept neu. An 13 Stationen können die Gäste zusehen, wie die Speisen zubereitet werden. Es gibt verschiedene amerikanische und internationale Gerichte wie gegrillte Schweinerippchen, Nudeln, Sushi, Pasta, Enchiladas etc.

THE STRIP I Love Burgers $$

3327 Las Vegas Blvd S., NV, 89109 (702) 242-2747

Hier gibt es die Fleischklöpse in allen Varianten, als Buffalo Burger, vegetarisch, mit Rindfleisch, Truthahn, Hähnchen oder Thunfisch. Hinzu kommt die Auswahl an 50 Biersorten. Lecker: die Milchshakes, darunter der Blueberry Panshake mit Heidelbeeren, Ahornsirup, Eis und Pfannkuchen.

THE STRIP Tamba $$

Hawaiian Marketplace, 3743 Las Vegas Blvd S., NV, 89109 (702) 798-7889

Das in den bunten Farben Indiens gehaltene Tamba zieren Wandbilder und zahlreiche Hindu-Figuren. Die charakteristischen Gerichte kommen dampfend heiß aus dem Tonofen: Tandoori-Garnelen, Chicken Tikka Masala in Currysauce und das beliebte Sandori. Kosten Sie Ashoka's Feast oder das vegetarische Buddha's Feast.

THE STRIP The Buffet at Bellagio $$$

Bellagio, 3600 Las Vegas Blvd S., Nevada, 89109 (702) 693-8111

Das edle italienische Dekor des Bellagio setzt sich im The Buffet fort. Dort gibt es eine große und kostspielige Auswahl an hervorragenden Speisen: Kobe-Rind, Prime Rib, Lammkarree, geräucherten Lachs, Mako-Hai und *crab legs* auf Eis. Außerdem bekommt man Dim Sum, Sushi und Pasta. Wochentags ist das Essen billiger.

THE STRIP D.O.C.G. Enoteca $$$

3708 Las Vegas Blvd S., Nevada, 89109 (702) 698-7920

Dies ist Scott Conants Version einer einfachen Wein-und-Essen-Locanda. Die Auswahl des Lokals reicht von rustikaler, herzhafter Pasta bis zum grandiosen Steak. Exzellent sind die Gnocchi mit Würsten, Kalamata-Oliven und Steinpilzen, die Pizza Margherita und der Karamellpudding mit gesalzener Karamellsauce und Schlagsahne.

THE STRIP Harley Davidson Café $$$

3725 Las Vegas Blvd S., NV, 89109 (702) 740-4555

Das dreistöckige Biker-Paradies ist an der riesigen Harley Davidson Softail über dem Eingang sofort erkennbar. Das Harley Davidson Café ist berühmt für sein BBQ, zu haben als Kombi-Platte aus Ribs, Hähnchen und Würstchen. Gäste können sich auf dem aus *Easy Rider* bekannten Captain America Bike fotografieren lassen.

THE STRIP Lakeside Grill $$$

3131 Las Vegas Blvd S., NV, 89109 (702) 770-3310

Das Restaurant gewährt Aussicht auf die Wasser-Licht-Show Lake of Dreams des Wynn. Zu den Seafood-Spezialitäten zählen *crab cakes*, neuseeländischer Wolfsbarsch und in Chili marinierter Schwertfisch. Für Fleischliebhaber ist das Angus-Rindfleisch empfehlenswert. Wie in allen Wynn-Restaurants gibt es viele vegetarische und vegane Optionen.

THE STRIP Rainforest Café $$$

MGM Grand, 3799 Las Vegas Blvd S., NV, 89109 (702) 891-8580

Das in Dschungelthematik gestaltete Rainforest Café ist ein kinderfreundliches Lokal mit falschen Gorillas und Elefanten. Während man Sandwich, Salat oder Pizza verzehrt, hört man Donner und sieht simulierte Blitze. Glücklicherweise kommt dieser künstliche Tropensturm ohne Regen aus. Zum Dessert gibt es Gorilla-Käsekuchen.

THE STRIP Spice Market Buffet $$$

Planet Hollywood Resort & Casino, 3667 Las Vegas Blvd S., NV, 89109 (702) 785-5555

Das Büfett mit der erstaunlichen Vielfalt an internationalen Gerichten ist ideal für die, die sich nicht entscheiden können, wonach ihnen der Sinn steht. Hier gibt es alles – mexikanische, italienische, asiatische, amerikanische und nahöstliche Küche. Lassen Sie auf jeden Fall Platz für eines der köstlichen Desserts.

THE STRIP Biscayne Steak, Sea and Wine $$$$

Tropicana Resort & Casino, 3801 Las Vegas Blvd S., NV, 89109 (702) 739-3561

Das lässig-elegante Restaurant serviert hervorragende Steaks und frisches Seafood, etwa Prime Rib, New-York-Steak, Mahi-Mahi im Bananenblatt oder Hummerschwänze. Die Desserts sind absolut himmlisch. Es gibt zudem exzellente Cocktails. Nicht nur für Anfänger: das Vier-Gänge-Probiermenü mit passenden Weinen.

THE STRIP Emeril's New Orleans Fish House $$$$

MGM Grand, 3799 Las Vegas Blvd S., NV, 89109 (702) 891-7374

Der berühmte Fernseh-Starkoch Emeril hat seine köstlichen kreolischen und Cajun-Rezepte nach Las Vegas mitgebracht. Das moderne Dekor des Lokals verströmt lässige Eleganz. Vorspeisen wie Gumbo-Suppe oder BBQ Shrimps locken ebenso wie der Snapper vom Golf. Die Weinliste verkörpert ein Turm aus 2200 Flaschen.

THE STRIP Grand Lux Café $$$$

The Venetian, 3355 Las Vegas Blvd S., NV, 89109 (702) 414-3888

Das an ein venezianisches Café erinnernde Lokal ist prachtvoll eingerichtet. Es hat eine global geprägte Speisekarte, die von Cajun-Krebsen bis Wiener Schnitzel reicht. Alles wird in der Schauküche frisch zubereitet, die Atmosphäre ist entspannt. Das rund um die Uhr geöffnete Lokal ist die ideale Anlaufstelle nach durchtanzter Nacht.

THE STRIP Grand Wok & Sushi Bar $$$$

MGM Grand, 3799 Las Vegas Blvd S., NV, 89109 (702) 891-8670

In der hellen, offenen Küche bereiten die Chefkochs asiatische Küche mit chinesischen, japanischen, thailändischen, koreanischen und vietnamesischen Gerichten zu. Besuchen Sie die Sushi-Bar, oder bestellen Sie ein warmes Gericht wie Mongolian Beef oder Orange Chicken. Genießen Sie beim Essen das Geräusch des nahen Wasserfalls.

THE STRIP Kristofer's Steak House $$$$

Riviera, 2901 Las Vegas Blvd S., NV, 89109 (702) 794-9233

Das ruhige, luftige und elegante Kristofer's Steak House serviert eine Auswahl hervorragender Gerichte, darunter Steak, gegrillten Lachs, Jakobsmuscheln und pikantes Hühnchen. Probieren Sie als Dessert den Limonenkuchen oder den Snickers-Kuchen. Angenehme mediterrane Umgebung, freundlicher Service.

THE STRIP Mon Ami Gabi $$$$

Paris, 3655 Las Vegas Blvd S., NV, 89109 (702) 944-4224

Hier isst man an Tischen auf dem Gehweg mit idealer Aussicht auf den Strip. Auch die Wasserspiele des Bellagio *(siehe S. 239)* sind von hier aus gut zu sehen. Simple Pariser Klassiker wie Zwiebelsuppe au gratin und Steak frites sowie mehrere Seafood-Optionen stehen auf der Speisekarte. Offene Weine vom Servierwagen.

THE STRIP Nero's $$$$

Caesars Palace, 3570 Las Vegas Blvd S., NV, 89109 ☎ *1-877 346-4642*

Ein anmutiger Kronleuchter, der von der Art-déco-Decke hängt, verleiht dem Nero's seine besondere Eleganz. Der Schwerpunkt liegt hier aber auf perfekt zubereiteten Speisen aus besten Zutaten. Nach geröstetem Knochenmark gibt es gut abgehangenes Rindfleisch, etwa Ribeye »lollipop«, oder frischen Wildlachs. Köstlich: der Hummer.

THE STRIP Nobhill $$$$

MGM Grand, 3799 Las Vegas Blvd S., NV, 89109 ☎ *(702) 891-7337*

Hier begibt man sich nach San Francisco, nur dass der Nebel fehlt. Das edle Design zeichnet sich durch ein deckenhohes Weinregal und durch Scheiben getrennte Sitznischen aus, die nach Straßen von San Francisco benannt sind. Zu essen gibt es Köstlichkeiten wie Kobe-Steak. Absolut unschlagbar ist der Hummerauflauf in Brandy-Sahne-Sauce.

THE STRIP Ogden Bradley $$$$

Caesars Palace, 3570 Las Vegas Blvd. S., NV, 89109 ☎ *(702) 731-7110*

Die Atmosphäre ist ruhig und gelassen, die innovativen, schmackhaften Gerichte sind gut zubereitet. Wenn möglich, werden frische Bio-Zutaten zur Zubereitung von klassischen Gerichten wie gebratener Alaska-Heilbutt, Schweinefilet Duroc oder gebratenes Petaluma-Hühnchen verwendet.

THE STRIP Pinot Brasserie $$$$

The Venetian, 3355 Las Vegas Blvd S., NV, 89109 ☎ *(702) 414-8888*

Holzvertäfelte Wände, braune Lederbänke, französische Gemälde und Antiquitäten prägen die belebte Brasserie im Pariser Stil. Serviert wird französisch-kalifornische Küche. Auf einen Salat aus Rote Bete und Prosciutto folgt beispielsweise geschmorter Schweinebauch mit Ingwer-Zitronen-Glasur. Lassen Sie Platz für das Schokoladensoufflé.

THE STRIP Tao Asian Bistro $$$$

The Venetian, 3355 Las Vegas Blvd S., NV, 89109 ☎ *(702) 388-8338*

Das Tao gehört zu einem mehrstöckigen Unterhaltungskomplex. Die Gäste sitzen unter einem riesigen Bronze-Buddha in einem Raum voller Antiquitäten, Samt und Kronleuchter. Auf der Speisekarte findet man die üblichen chinesischen, japanischen und thailändischen Spezialitäten wie Kobe-Rind und Pekingente – bestens zubereitet.

THE STRIP Trattoria del Lupo $$$$

Mandalay Bay, 3950 Las Vegas Blvd S., NV, 89119 ☎ *(702) 632-7410*

Vornehme Säulen, gedämpfte Farben und schmiedeeiserne Details verleihen diesem Restaurant italienisches Trattoria-Flair. Pizza und Pasta werden vor den Augen der Gäste kunstvoll zubereitet. Die Muscheln haben einem Hauch Chili, die Fettuccine kommen mit schwarzen Trüffeln. Um Leute zu beobachten, sollte man auf der Terrasse reservieren.

THE STRIP Aureole $$$$$

Mandalay Bay, 3950 Las Vegas Blvd S., NV, 89119 ☎ *(702) 632-7401*

Kommen Sie früh ins Aureole, und nehmen Sie einen Aperitif an der Bar, um die »wine angels« (Weinkellner im Harnisch) auf den vierstöckigen Glasturm aus hervorragenden Weinen steigen zu sehen. Danach isst man im familiären Swan Court ein Festpreis-Menü aus einfallsreichen Kreationen wie Ziegenkäse-Tartine mit Rochenflügel.

THE STRIP Fin $$$$$

The Mirage, 3400 Las Vegas Blvd S., NV, 89109 ☎ *(702) 791-7111*

Das kleine, aber elegante Fin serviert feine chinesische Speisen. Inmitten von grüngoldenen Seidentapeten und Glaskugeln kann man Gerichte aus dem Tontopf, Fleisch und Geflügel (z. B. Hähnchenbrust Macadamia) oder frisches Seafood aus dem Wasserbecken bestellen. Fast alle Gerichte gibt es entweder gebraten, geschmort oder gedünstet.

THE STRIP Joe's Seafood, Prime Steak & Stone Crab $$$$$

Forum Shops im Caesars, 3500 Las Vegas Blvd S., NV, 89109 ☎ *(702) 792-9222*

Mit seinen massiven Deckenbalken und Ledersitzecken hat das Joe's das gleiche altmodische Flair wie sein Pendant in Miami Beach, eine Institution, die seit 100 Jahren *stone crabs* serviert. Die vom Golf eingeflogenen Taschenkrebse werden am Tisch mit cremiger Senfsauce zubereitet. Das markante Dessert des Hauses ist ein saurer Limonen-Pie.

THE STRIP Picasso $$$$$

Bellagio, 3600 Las Vegas Blvd S., NV, 89109 ☎ *(702) 693-8865*

Unter den wachsamen Blicken von Picasso-Bildern und -Keramiken wird der spanische Künstler mit preisgekrönter Kochkunst gefeiert. Zwei Probiermenüs führen durch die Welt französisch-mediterraner Aromen. Serviert werden Gerichte wie pochierte *foie gras* mit in Honig gerösteten Feigen und Walnüssen oder Taube mit Wildreis-Risotto.

THE STRIP Stratta $$$$$

Wynn Las Vegas, 3131 Las Vegas Blvd S., NV, 89109 ☎ *(702) 770-2040*

Das in Rottönen gehaltene und sanft beleuchtete Lokal versetzt seine Gäste direkt nach Süditalien. Die traditionell italienische Küche hat einen modernen Touch. Fleisch- oder Fischgerichte wie Seeteufel in Pergament sind Spezialitäten des Hauses. Das Restaurant ist außerdem berühmt für seine Holzkohleofen-Pizza.

THE STRIP Top of the World $$$$$

Stratosphere Tower, 2000 Las Vegas Blvd S., NV, 89104 ☎ *(702) 380-7711*

Das Drehrestaurant in Sin City auf 254 Meter Höhe bietet eine grandiose Aussicht auf Las Vegas, so weit das Auge reicht – Downtown, der Strip und die umliegenden Berge. Die romantische Atmosphäre verleitet zu so manchem Heiratsantrag. Spezialitäten des Hauses sind Colorado-Lammkarree, Kalbfleisch mit Krebsfüllung und Wolfsbarsch.

Preiskategorien *siehe S. 252* **Zeichenerklärung** *siehe hintere Umschlagklappe*

SUMMERLIN Hachi $$$

Red Rock Resort, 11011 W. Charleston Blvd, NV, 89135 (702) 797-7517

In dem modernen gehobenen Restaurant wird eine fantastische Auswahl moderner japanischer Gerichte serviert. Die Hauptgerichte reichen von Rindermedaillons in Sake- und Soja-Sauce bis zu Hühnchen-Yakisoba. Darüber hinaus gibt es auch Sushi, Sashimi, Kushiyaki und eine Auswahl an Rollen.

SUMMERLIN Terra Rossa Italian Restaurant $$$$

Red Rock Resort, 11011 W. Charleston Blvd, NV, 89135 (702) 797-7531

Terra Rossa versetzt einen in die Toskana. Mit seinen Hängeleuchten und Beigetönen ist es gemütlich und elegant. Serviert werden authentische Old-World-Gerichte wie *burrata*, ein reichhaltiger Mozzarella-Ricotta-Salat mit getrockneten Tomaten. Die Lasagne ist köstlich. Je nach Wetter gibt es auch draußen Plätze.

Süd-Utah

BOULDER Hell's Backbone Grill $$$

20 N. Hwy 12, UT, 82716 (435) 335-7464 **Straßenkarte** C2

Kurz nach der Landbrücke über die Hogsback Ridge erwartet Sie Hell's Backbone mit wunderbarer Kochkunst des Südwestens. Sehen Sie sich den Buddha im Garten an, während Sie auf Jalapeño-Suppe und Hähnchen-Tacos mit Rattlesnake Beans warten. Alle Weine stammen aus Öko-Anbau. *Geschlossen: Dez–Mitte März.*

BRYCE CANYON Foster's Family Steakhouse $$

1150 Hwy 12, Bryce, UT, 84759 (435) 834-5227 **Straßenkarte** B2

Das familienfreundliche Foster's liegt direkt am Nationalpark. Zum Frühstück, Mittag- und Abendessen gibt es hier deftige Speisen. Gebäck und Brot werden täglich frisch gebacken. Abends wird hier gern das langsam gebratene Prime Rib bestellt. Mittags kann man gute Sandwiches und Suppe genießen.

BRYCE CANYON NATIONAL PARK Bryce Canyon Dining Room $$$

The Lodge at Bryce Canyon, Bryce Canyon National Park, UT, 84717 (435) 834-8760 **Straßenkarte** B2

Der ebenso rustikale wie elegante Gastraum befindet sich inmitten von Ponderosa-Kiefern am Canyon. Die Atmosphäre ist entspannt, vor allem nahe den großen Steinkaminen. Auf der Speisekarte stehen interessante Gerichte wie Fairyland Crème Brie und Hähnchen mit Apfelfüllung. Reservierung erforderlich. *Geschlossen: Nov–März.*

CEDAR CITY Market Grill $

2290 W. 400 North St, UT, 84720 (435) 586-9325 **Straßenkarte** B2

Der Market Grill öffnete vor über 30 Jahren für die hungrigen Viehzüchter vom benachbarten Viehmarkt seine Pforten. Das Lokal bietet große Portionen guter »ole' home cookin'« (Hausmacherkost) in Western-Atmosphäre. Bei den Einheimischen besonders beliebt ist das panierte Steak mit Kartoffelpüree, Bratensauce und Gemüse.

CEDAR CITY Rusty's Ranch House $$$

2275 E. Hwy 14, UT, 84721 (435) 586-3839 **Straßenkarte** B2

Fahren Sie den Cedar Canyon hinauf zu Rusty's, und genießen Sie dort die Aussicht auf den Canyon und den Cold Creek. Das Western-Ambiente besteht aus Hirsch-, Elch- und Rehtrophäen. Das Filet mignon ist fantastisch, ebenso die Kokosnuss-Shrimps und die Rippchen. Abends kann man hier Einheimische kennenlernen. *Geschlossen: So.*

KANAB Parry Lodge Restaurant $

89 E. Center St, UT, 84741 (435) 644-2601 **Straßenkarte** B2

Im Herzen von Canyon Country tischt die Parry Lodge seit ihrer Eröffnung 1931 ein erschwingliches Frühstücksbüfett auf. Es enthält alles – von Omeletts mit Speck und Paprika bis zu French Toasts. Einstige Filmgrößen wie Tyrone Power und Lana Turner waren hier Gäste. *Geöffnet Apr–Sep.*

MOAB Moab Diner $

189 S. Main St, UT, 84532 (435) 259-4006 **Straßenkarte** C2

Die zahlreichen vor der Tür geparkten Autos zeigen, dass das einfach gestaltete Diner mit seinem 24-Stunden-Frühstück (für Discogänger) und den sonstigen Mahlzeiten goldrichtig liegt. Mischen Sie sich unter die Leute, und genießen Sie einen Chili-Käse-Burger, einen Eisbecher oder einen der 15 verschiedenen Shakes.

MOAB Moab Brewery $$

686 S. Main St, UT, 84532 (435) 259-6333 **Straßenkarte** C2

Die einzige Mikrobrauerei in Moab bietet acht im Haus hergestellte Biersorten an. Dazu gibt es delikates Essen. Jede Suppe und jeden vegetarischen Eintopf kann man sich in einem frisch gebackenen »Brottopf« bestellen. Ebenfalls lecker: Hühnchen in Pistazienkruste oder Hähnchenbrust mit Pistazien und Habanero-Sauce.

MOAB Eddie McStiff's $$$

57 S. Main St, UT, 84532 (435) 259-2337 **Straßenkarte** C2

Das zentral gelegene bodenständige Eddie McStiff's schenkt an seiner kleinen Bar 14 Biere aus Kleinbrauereien aus. Die gefragten Pizzas sind preiswert, ebenso die Pastagerichte und Steaks. Kosten Sie die Lachs-Puttanesca mit Knoblauch, Kalamata-Oliven und Kapern. Man kann auch auf der Gartenterrasse essen.

Straßenkarte *siehe hintere Umschlaginnenseiten*

MOAB Slickrock Café $$$

5 N. Main St, UT, 84532 (435) 259-8004 **Straßenkarte** C2

Das Slickrock hat ein luftiges, Atrium-artiges Ambiente. Hier gibt es Bugholzstühle, *Saltillo*-Fliesen und bunte Farben. Die Highlights der Speisekarte sind Hell's Revenge, ein Jalapeño-Burger mit Pfefferkäse und Bacon sowie Addied Taylor's Outlaw Meatloaf (Hackbraten). Vegetarische Gerichte sind ebenfalls im Angebot.

MOAB Sunset Grill $$$

900 N. Route 191, Main St, UT, 84532 (435) 259-7146 **Straßenkarte** C2

Der Aufstieg zu diesem Restaurant lohnt sich. Es liegt im ehemaligen Wohnsitz von Charlie Steen, dem Entdecker der Uranvorkommen von Moab. Seine »Entdeckerstiefel« stehen in Bronze gegossen hier. Die eigentliche Sensation sind aber die Sonnenuntergänge und das feine Essen. Kosten Sie Filet mignon oder die Olivia Linguine (mit Hummer).

PANGUITCH Cowboy's Smokehouse $$

95 N. Main St, UT, 84759 (435) 676-8030 **Straßenkarte** B2

Das Cowboy's Smokehouse wurde von einem Amateur-Rodeoreiter mit Sinn für gutes Essen eröffnet. Die Steaks und Rippchen sind Mesquite-geräuchert und werden mit hausgemachter Barbecuesauce serviert, die man hier auch kaufen kann. Alte Fotos, Elch- und Hirschgeweihe zieren die Wände. Gelegentlich spielen Country-Bands.

SPRINGDALE Spotted Dog Restaurant $

Flanigan's Inn, 428 Zion Park Blvd, UT, 84767 (435) 772-3244 **Straßenkarte** B2

Nahe dem Südende von Zion bietet das Spotted Dog Sitzplätze im Freien und eine wunderbare Aussicht. Der mit Kunst dekorierte Speiseraum hat einen Kamin und hohe Fenster. Auf der Karte stehen Gerichte wie Ziegenkäse-Mousse mit Kapern-Beurre-Blanc und geschmorte Lammkeulen mit Minz-Kartoffelpüree. *Mittags geschlossen.*

SPRINGDALE Oscar's Café $$

948 Zion Park Blvd, UT, 84767 (435) 772-3232 **Straßenkarte** B2

Das Café in einem Adobe-Bau hat vorn einen schönen Patio mit Aussicht auf den Zion National Park. Innen ist es mexikanisch, die Mosaiken stammen vom Besitzer. Dazu kommt eine Mischung aus Maya-Masken und Pflanzen. Köstlich: der Murder Burger (mit Bacon, Käse und Zwiebeln) mit Chili-Chimichangas und Süßkartoffel-Pommes.

SPRINGDALE Bit and Spur Saloon $$$

1212 Zion Park Blvd, UT, 84767 (435) 772-3498 **Straßenkarte** B2

Nicht weit vom hohen West Temple des Parks entfernt liegt dieses Traditionslokal. Das Bit and Spur ist in erster Linie Familienlokal und nur in zweiter Linie ein Nachtlokal. Das simple Restaurant mit sich drehenden Kunstobjekten bietet kreative mexikanische Küche. Bestellen Sie Bistek Asado, und genießen Sie das Mahl auf dem Patio.

ST. GEORGE Bear Paw Coffee Co. $

75 North Main St., UT, 84770 (435) 634-0126 **Straßenkarte** B2

Bear Paw Coffee Co. ist weit mehr als nur ein Coffee Shop. Hier werden jeden Tag Frühstück und Mittagessen serviert. Auf der umfangreichen Karte stehen Omeletts, Frittatas, Waffeln und vieles mehr. Das Lunch-Menü besteht aus Sandwiches, Suppen und einigen Hauptgerichten. Kaffee und Tee gibt es auch zum Mitnehmen.

ST. GEORGE Pancho und Lefty's $

1050 S. Bluff St, UT, 84770 (435) 628-4772 **Straßenkarte** B2

Ein Torbogen führt ins traditionell mexikanische Ambiente mit bunten Webteppichen und Sombreros. Die Einheimischen kommen wegen der frisch zubereiteten Tamales und Chilis hierher. Probieren Sie die *flautas* oder eine Enchilada und dazu eine Margarita, gegrilltes Steak, Hähnchen und Shrimp-Fajitas mit Bohnen, Reis und Tortillas.

ST. GEORGE Painted Pony $$$

Ancestor Square, 2 West St, George Blvd, UT, 84770 (435) 634-1700 **Straßenkarte** B2

Die schmackhaften Speisen des romantischen Restaurants mit modernem Dekor sind eine Überraschung in dieser Kleinstadt. Die Speisekarte wechselt saisonal. Beliebt sind das mit Datteln gefüllte Huhn und die mit Bacon umhüllte Ente mit Apfelfüllung. Zuweilen treten Jazzmusiker auf. Gute Weinkarte.

TORREY Capitol Reef Café $$

360 W. Main St, UT, 84775 (435) 425-3271 **Straßenkarte** C2

Forellen aus einheimischer Zucht sind die Spezialität dieses Cafés, dessen Schwerpunkt auf gesundem Essen liegt. Sie werden gegrillt, gebraten oder geräuchert und mit Salat von zehn Gemüsesorten serviert. Das Capitol Reef liegt in der Nähe des gleichnamigen Nationalparks. *Geöffnet: Mitte März–Mitte Okt.*

TORREY Café Diablo $$$

599 W. Main St, UT, 84775 (435) 425-3070 **Straßenkarte** C2

Wer im Café Diablo Firecrackers (Ladyfingers, Cherry Bombs und M-80s) und Mexican Bridesmaid bestellt, erhält umwickelte Shrimps, Hähnchen und Kartoffeln und dazu Eistee mit Limonade – einfach köstlich. Regionale Küche dieser Art ist in einem abgelegenen Ort in Süd-Utah bemerkenswert. *Geöffnet: Mitte Apr–Mitte Okt auch abends.*

ZION NATIONAL PARK Red Rock Grill $$

Zion Lodge, Springdale, UT, 84767 (435) 772-7760 **Straßenkarte** B2

Das rustikale Lokal zwischen Pappeln am Canyongrund bietet eine wundervolle Aussicht. Auf der Speisekarte findet man Interessantes wie süßsauren Chipotle-Tilapia und eine vegetarische Navajo-Aubergine mit Tomatillo-Sahne-Sauce. Es lohnt sich, für den Moose-Tracks-Eisbecher noch Appetit zu haben.

Four Corners

BLUFF Twin Rocks Café — $

913 E. Navajo Twins Dr, UT, 84512 (435) 672-2341 — **Straßenkarte** D2

Zwei natürliche Sandsteinsäulen stehen dicht beieinander, hoch über den Klippen am Twin Rocks Café. Die Speisekarte bietet eine Vielfalt an preiswerten Sandwiches, Salaten und Hauptgerichten, außerdem die einzigartige Navajo-Pizza aus indianischem *fry bread* mit Belag. Nehmen Sie sich auch Zeit, den Trading Post zu besuchen.

BLUFF Cottonwood Steakhouse — $$$

Main St/4th West St, Hwy 191, UT, 84512 (435) 672-2282 — **Straßenkarte** D2

Die Pappel vor dem Steakhouse am Straßenrand überragt das Gebäude fast und spendet angenehmen Schatten für die Picknicktische um den Barbecueplatz. Üppige Portionen an Steak, Hähnchen, Rippchen, Shrimps und sogar Seewolf werden hier mit viel grünem Salat serviert. Dazu gibt es Bier und Malzgetränke.

CAMERON Cameron Trading Post — $$

Route 89, AZ, 86020 (928) 679-2231 — **Straßenkarte** C3

Das an der Four-Corners-Kreuzung günstig gelegene Lokal *(siehe S. 242)* hat Fenster, die bis zur Little Colorado River Gorge reichen. Wunderbares indianisches Kunsthandwerk schmückt die Wände bis unters Dach. Spezialität des Hauses sind Navajo-Tacos, außerdem gibt es amerikanische, mexikanische und indianische Gerichte.

CHINLE Thunderbird Lodge — $

Canyon de Chelly, Navajo Route 7, AZ, 86503 (928) 674-5841 — **Straßenkarte** C3

Das im Navajo-Reservat in Canyon de Chelly bei einem ehemaligen Handelsposten von 1896 gelegene Restaurant serviert von morgens bis abends klassische amerikanische und europäische Gerichte. Die Speisen sind großzügig bemessen und ändern sich täglich. Die Navajo-Teppiche und -Kunstgegenstände an den Wänden kann man kaufen.

CHINLE Garcia's Restaurant — $$$

Holiday Inn, Canyon de Chelly, Navajo Route 7, AZ, 86503 (928) 674-5000 — **Straßenkarte** C3

Das Garcia's befindet sich direkt neben dem Holiday Inn auf dem Gelände des Garcia Trading Post. Es ist in hellen Farben gehalten und mit weißen Möbeln eingerichtet. Das Lokal serviert klassische Speisen des Südwestens sowie indianische und mexikanische Spezialitäten wie Fajitas und mariniertes Lendensteak. Kinder essen gratis.

DURANGO Carver Brewing Co. — $$

1022 Main Ave, CO, 81301 (970) 259-2545 — **Straßenkarte** D2

Für die Einheimischen von Durango ist das Carver eine Institution. Seit 20 Jahren braut es verschiedene Biere, vom leichten Lager bis zu kräftigen Haferstarkbieren. Auf der abwechslungsreichen Speisekarte findet man Ravioli nach Art des Südwestens mit getrocknetem Chili oder Sesam-Thunfisch mit einer Ingwer-Erdnuss-Sauce. Biergarten.

DURANGO Ken and Sue's — $$$

636 Main Ave, Durango, CO, 81301 (970) 259-2616 — **Straßenkarte** D2

Das vom Ehepaar Ken und Sue Fusco betriebene Lokal bietet feines Essen zu akzeptablen Preisen. Spezialitäten sind mit Hoisin-Sauce glasierte Hähnchenflügel mit Blauschimmelkäse-Sauce oder mit Ahornsirup glasiertes NY Strip Steak mit Zwiebelringen und Kartoffelstampf aus roten und blauen Kartoffeln. Fragen Sie nach einem Platz im Patio.

DURANGO Red Snapper — $$$$

144 E. 9th St, CO, 81301 (970) 259-3417 — **Straßenkarte** D2

Das Paradies für Seafood-Fans liegt in einem alten Stadthaus von 1900. Die Köche bereiten hier Red Snapper in Tamarindensauce zu oder backen ihn in Estragonsauce Mornay. Der frische Fisch wird täglich eingeflogen. Die Speisekarte bietet eine »Landfood«-Kategorie für Fleischesser. Die Atmosphäre ist locker.

FARMINGTON Clancy's Pub — $$

2703 E. 20th St, NM, 87402 (505) 325-8176 — **Straßenkarte** D2

Das in einem Adobe-Haus untergebrachte Clancy's ist als »Irish Cantina« bekannt, weil es ein Stück Irland in New Mexico verkörpert. Es serviert typische regionale und mexikanische Kost, ist aber wohl eher für seine riesigen Burger bekannt. Ein ganzes Kapitel der ungewöhnlichen Speisekarte befasst sich ausschließlich mit Sushi.

IGNACIO Rolling Thunder Grill — $

14324 US Hwy 172 N., Ignacio, CO, 81137 (970) 563-7777 — **Straßenkarte** C3

Das Restaurant in der Nähe des Casinos des Sky Ute Casino Resort serviert einheimische Leibgerichte wie Hühnchensteaks mit Kartoffelbrei und Sauce. Etwas Appetit sollte man sich für den Schokokuchen mit mehreren Schichten dunkler Schokolade aufheben. Auch beliebt: das Cowboy-Schweinekotelett mit Apfel-Chipotle-Sauce.

KAYENTA Amigo Café — $

Hwy 163, AZ, 86033 (928) 697-8448 — **Straßenkarte** C3

Das Amigo Café liegt fernab des Stadttrubels in einem Navajo-Reservat. Einheimische und Besucher kommen gern hierher. Zu essen gibt es z. B. die sehr preisgünstige Combo Plate (9 $), eine mexikanische Probierplatte mit Chimichangas, Tacos, Tamales, Tostados und mehr. Man kann auch Essen zum Mitnehmen bestellen. *Geschlossen: So.*

MESA VERDE NATIONAL PARK Spruce Tree Terrace Café $

Mile Marker 15, Mancos, CO, 81328 *1-800 449-2288* **Straßenkarte** *D2*

Das Spruce Tree liegt in einem historischen Steingebäude gegenüber dem Chapin Mesa Museum mitten im Nationalpark. Man kann entweder in der Cafeteria sitzen oder etwas zum Mitnehmen bestellen. Die Navajo-Tacos sind besonders beliebt, die günstigen Preise ebenso. Man kann auch unter einem weißen Sonnenschirm im Patio essen.

MESA VERDE NATIONAL PARK Metate Room $$$$

Mile Marker 15, Mancos, CO, 81328 *1-800 449-2288* **Straßenkarte** *D2*

Das abgelegene Metate Room erfreut mit einer experimentierfreudigen Küche mit Gerichten der Pueblo-Vorfahren. Ob Kaktus-Nopalitos-Dip, Blaumais-Forelle, Wachtel mit Feigen-Chorizo-Füllung oder Elchbraten in Paprika-Koriander-Kruste – die Speisen sind überraschend. Dazu gibt es Wein aus der Region.

MONUMENT VALLEY The View Hotel Restaurant $$

Hwy 163 Monument Valley Tribal Park, UT, 84536 *(435) 727-5555* **Straßenkarte** *C2*

Essen Sie in diesem großräumigen Restaurant, das mit Navajo-Kunst dekoriert ist, und genießen Sie den spektakulären Blick auf das Monument Valley. Auf der Speisekarte stehen Navajo-Spezialitäten wie Hammelragout mit geröstetem Brot und amerikanische Gerichte wie gegrillter Lachs und Steaks. Häufig spielt ein Flötenspieler.

MONUMENT VALLEY Stagecoach Dining Room $$$

Goulding's Lodge, UT, 84536 *(435) 727-3231* **Straßenkarte** *C2*

Das Stagecoach auf einem Hügel bietet einen großen Speiseraum für die vielen Besucher des nicht weit entfernten Monument Valley. Neben dem üblichen T-Bone-Steak gibt es eine Salatbar und die interessante Navajo-Taco-Vorspeise. Von allen Tischen aus eröffnet sich eine fantastische Aussicht auf die herrliche Umgebung.

OURAY Backstreet Bistro $

636 Main St, CO, 81427 *(970) 325-0550* **Straßenkarte** *D2*

Das auf Kletterer ausgerichtete Backstreet befriedigt süße Gelüste. Es bietet Energie spendende, hausgemachte Pies, Gebäck und wunderbaren Käsekuchen. Beliebt sind die Sandwiches, Suppen und der Eiskaffee. Probieren Sie das Sandwich mit drei Käsesorten und Bailey's Milkshake.

OURAY Bon Ton Restaurant $$$$

St. Elmo Hotel, 426 Main St, CO, 81427 *(970) 325-4951* **Straßenkarte** *D2*

Das im Keller des historischen St. Elmo gelegene Bon Ton bietet eine gemütliche Atmosphäre und gehobene italienische Küche. Das gegrillte Angus-Rind im Teigmantel und die Scampi in Sherrysauce auf Fettuccine sind besonders gefragt. Zum Dessert gibt es etwa Black Nasty, einen sündhaft guten Schokoladen-Pie. Preisgekrönte Weinkarte.

SECOND MESA, HOPI RESERVATION Hopi Cultural Center Restaurant $

Route 264, AZ, 86043 *(928) 734-2402* **Straßenkarte** *C3*

Dampfender Hammeleintopf vom Hot Stone, dazu Maisbrei und grüne Chilis – so sieht eines der traditionellen Hopi-Gerichte aus. Das Piki-Brot aus blauem Mais ist hauchdünn. In diesem beliebten Restaurant gibt es außerdem mexikanische und amerikanische Gerichte sowie eine exzellente Salatbar.

TELLURIDE Maggie's Bakery und Café $

300 W. Colorado Ave, CO, 81435 *(970) 728-3334* **Straßenkarte** *D2*

Der Duft von frischem französischem Röstkaffee durchdringt das kleine Café. Das Brot und die Backwaren von den Muffins bis zu den Zimtschnecken sind hausgemacht. Zum Frühstück gibt es herzhafte Eiergerichte und Pfannkuchen, zu Mittag vegetarische Gerichte und leichte Sandwiches. Burger kommen auf hausgemachten Brötchen.

TELLURIDE Chop House $$$

231 W. Colorado Ave, CO, 81435 *(970) 728-9100* **Straßenkarte** *D2*

Das Lokal im New Sheridan Hotel verarbeitet nur Öko-Geflügel, saisonale Produkte sowie Fisch von nicht gefährdeten Arten. Das Seafood wird täglich eingeflogen. Unter den Gerichten finden sich Elchlende mit Sauerkraut-Risotto und Ribeye-Steak vom Bison. Gleich um die Ecke liegt die älteste Bar der Stadt, die Historic New Sheridan Bar.

TELLURIDE 221 South Oak $$$$

221 South Oak, CO, 81435 *(970) 728-9507* **Straßenkarte** *D2*

Das Restaurant belegt zwei Räume eines historischen Hauses nahe der Gondola. Im Eingangsraum gibt es bequeme Sofas. Vergoldete Wände, Kerzenlicht und weiße Tischtücher schaffen eine heimelige Atmosphäre. Unter den ausgefallenen Gerichten sind poschierte Krebse in roter Paprikasauce. Im Sommer kann man im Garten essen.

TUBA CITY Hogan Restaurant $$

Main St/Moenave Rd, AZ, 86045 *(928) 283-5260* **Straßenkarte** *C3*

Direkt am historischen Tuba Trading Post steht das an eine *Hogan*-Behausung erinnernde Hogan Restaurant. Das Lokal befindet sich mitten im Navajo-Stammesgebiet, unweit malerischer Wüstenlandschaften und des Grand Canyon. Hammeleintopf und Navajo-Tacos gibt es hier ebenso wie mexikanische und amerikanische Gerichte.

WINDOW ROCK Diné $

Quality Inn, 48 W. Hwy 264, AZ, 86515 *(928) 871-4108* **Straßenkarte** *D3*

Das nahe einem Regierungsgebäude der Navajo-Hauptstadt gelegene Diné ist vor allem mittags sehr voll, wenn Politiker und Geschäftsleute zum Essen kommen. Das Restaurant ist mit Navajo-Kunst geschmückt und serviert neben mexikanischen und amerikanischen Gerichten traditionellen Hammeleintopf, *fry bread* und Navajo-Tacos.

Santa Fe und Nördliches New Mexico

CHIMAYÓ Restaurante Rancho de Chimayó $$

County Rd 98, NM, 87522 (505) 351-4444 **Straßenkarte** E3

Feine mexikanische Speisen aus regionalen Zutaten werden hier nach alten spanischen Rezepten zubereitet. An den Lehmwänden der alten Hazienda hängen Familienfotos. Im Sommer isst man auf der Terrasse bei kühler Brise, im Winter am gemütlich knisternden Kamin. Das Bistec Solomillo wird mit Chili und geschmolzenem Käse serviert.

RANCHOS DE TAOS Trading Post Café $$$$

4179 Hwy 68 (am Hwy 518), NM, 87557 (575) 758-5089 **Straßenkarte** E3

Das nahe der berühmten Kirche San Francisco de Asis gelegene Trading Post Café ist bei Promis und Einheimischen wegen der Kunstwerke und der kunstvoll zubereiteten Speisen beliebt. Das legere Lokal bietet viele Tagesgerichte mit frischem Fisch oder Pasta. Die Seafood-Paella bekommt man nur am Wochenende. *Geschlossen: So, Mo.*

SANTA FE Bumblebee's Baja Grill $

301 Jefferson St, NM, 87501 (505) 820-2862 **Straßenkarte** E3

Gegrillte Fisch-Tacos im Baja-Stil mit Mais-Tortillas zählen zu den Rennern von Bumblebee's »beestro«. Die Hausspezialität Burrito de Tomas besteht aus gegrilltem Spargel, Avocado sowie Jack- und Cheddarkäse. Man bestellt an der Theke, wird aber am Platz bedient. Gelegentlich wird hier Jazz gespielt.

SANTA FE Tomasita's $

500 S. Guadalupe St, NM, 87501 (505) 983-5721 **Straßenkarte** E3

Das in einem Backsteinbahnhof von 1904 beheimatete Tomasita's ist bei den Einheimischen populär. Da man nicht reservieren kann, muss man sich auf längere Wartezeiten einstellen, bis man einen Tisch bekommt. Probieren Sie das Blaumais-Hähnchen oder Burritos, aber halten Sie sich mit Chili zurück, da er unglaublich scharf ist. *Geschlossen: Mo.*

SANTA FE Blue Corn Café and Brewery $$

133 Water St, NM, 87501 (505) 984-1800 **Straßenkarte** E3

Das Blue Corn ist trotz der dicken Holzbalken an der Decke modern. Das gezapfte Bier stammt aus Kleinbrauereien. Es gibt sogar Pale Ale und Altitude with an Attitude für Hopfenfreunde sowie Kaktusfrucht-Eistee. Die Spezialität des Hauses sind Tacos aus blauem Mais mit Rindfleisch oder Hähnchen.

SANTA FE Cowgirl Bar & Grill $$

319 S. Guadalupe St, NM, 87501 (505) 982-2565 **Straßenkarte** E3

Die Cowgirls in diesem Wildwest-Restaurant servieren köstliches BBQ. Hier wird alles auf einem Mesquite-Grill zubereitet. Fotos, Kunstplakate, Tierhäute, Totenköpfe und Cowgirl-Memorabilien bedecken die Wände. Familien kommen tagsüber gern hierher (es gibt eine Kinderecke). Abends gibt es im Cowgirl auch Live-Musik.

SANTA FE Los Potrillos $$

1947 Cerrillos Rd, NM, 87505 (505) 992-0550 **Straßenkarte** E3

Los Potrillos (»die Colts«) serviert die Art authentischer Gerichte, die Mexikaner täglich essen: köstliche Quesadillas und Nopal-Kaktus, aber auch Seafood wie gefüllte Fischfilets. Man sitzt auf geschnitzten Holzstühlen mit Pferderelief. An den Wänden hängen Hufeisen, die hintere Wand ziert ein buntes Pferdewandbild.

SANTA FE Maria's New Mexican Kitchen $$

555 W. Cordova Rd, NM, 87505 (505) 983-7929 **Straßenkarte** E3

Beginnen oder beenden Sie das Mahl mit einer Margarita. Wer nicht so hochprozentig einsteigen möchte, kann sich das Buch des Betreibers (Vorwort von Robert Redford) kaufen, um wenigstens alles über Margaritas nachzulesen. Hähnchen, Rindfleisch und vegetarische Gerichte werden mit Guacamole und *pico de gallo* serviert.

SANTA FE Santa Fe Bar & Grill $$

187 Paseo de Peralta, NM, 87501 (505) 982-3033 **Straßenkarte** E3

Das in der DeVargas Mall gelegene schöne Restaurant hat eine geschmackvolle Einrichtung und ist mit Keramik und buntem Kunsthandwerk aus Mexiko dekoriert. Wer Fleisch mag, sollte die langsam gebratenen Baby Back Ribs mit Knoblauch probieren. Lust auf Süßes befriedigen Adobe Mud Pie oder das FX O'Reilly-Eis.

SANTA FE The Shed $$

113½ E. Palace Ave, NM, 87051 (505) 982-9030 **Straßenkarte** E3

The Shed will die Gäste ein paar Jahrhunderte in der Zeit zurückversetzen. Die urige Adobe-Hazienda aus dem 17. Jahrhundert gehört seit vier Generationen derselben Familie. Umgeben von Volkskunst isst man kalte Himbeersuppe mit Rosé, ein scharfes Hähnchengericht und Zitronensoufflé. Das Lokal liegt in der Nähe der Plaza.

SANTA FE Amaya $$$

Hotel Santa Fe, 1501 Paseo de Peralta, NM, 87501 (505) 982-1200 **Straßenkarte** E3

Das in einem eleganten indianischen Hotel *(siehe S. 244)* gelegene Amaya bietet Essen am Kamin oder im Patio. Die Speisekarte konzentriert sich auf regionale Traditionsgerichte mit Lachs oder Wild, etwa Hirschkotelett in Portweinmarinade und Wacholderbeeren mit Püree von lila Kartoffeln und Chili-Brombeer-Sauce.

SANTA FE La Boca

$$$

72 W. Marcy, NM, 87051 *(505) 982-3433* **Straßenkarte** E3

In dem meist vollen La Boca (»der Mund«) herrscht gemütliches Bistroflair. Ein beliebter Koch aus Santa Fe bereitet Speisen nach mediterranen und spanischen Rezepten zu. Als Tapas gibt es etwa Schweinefleisch-Fenchel-Würstchen mit Granatapfel und gegrillte Artischocken mit spanischem Ziegenkäse, Orange und Minze.

SANTA FE Mu Du Noodles

$$$

1494 Cerrillos Rd, NM, 87505 *(505) 983-1411* **Straßenkarte** E3

Wenn Sie Einheimische um eine Empfehlung bitten, werden sie das Mu Du Noodles nennen. Es liegt wenige Minuten mit dem Auto von der Innenstadt entfernt. Innen ist es recht karg, umso netter ist es im Patio. Spezialität des Hauses ist Beef Jantaboon Stir-Fry mit Zwiebeln, Pak Choy, Bohnensprossen und Paprika. *Geschlossen: Mo.*

SANTA FE Aqua Santa

$$$$

451 W. Alameda, NM, 87501 *(505) 982-6297* **Straßenkarte** E3

Interessante Kochkunst bedarf keiner eleganten Umgebung. Das beweist dieses Ladenrestaurant mit zwölf Tischen, einer offenen Küche und informeller Atmosphäre. Mariniertes Wildschwein und Lamm fehlen auf der ständig wechselnden Karte ebenso wenig wie Wachteln mit Risotto und marokkanische Jungtaube mit Zutaten der Region.

SANTA FE Café Pasqual's

$$$$

121 Don Gaspar Ave, NM, 87501 *(505) 983-9340 oder 1-800 722-7672* **Straßenkarte** E3

Hier braucht man Geduld und darf keine Berührungsängste haben. Dicht an dicht sitzt man wenige Schritte von der Plaza entfernt in einem Haus im Pueblo-Stil. Das winzige Restaurant ist mit diversen Wandmalereien und mexikanischen Fliesen verziert. Die Gerichte basieren größtenteils auf Bio-Produkten. Köstlich: Lachs im Bananenblatt.

SANTA FE The Compound

$$$$

635 Canyon Rd, NM, 87501 *(505) 982-4353* **Straßenkarte** E3

Das in einem historischen Gebäude gelegene Lokal war einst als McComb Compound bekannt. Koch Mark Kiffin serviert hier elegante Speisen in einem ebensolchen Ambiente. Spezialitäten sind Thunfisch-Tatar mit Osetra-Kaviar, Entenbrust mit Knoblauch-Confit und lauwarmer flüssiger Schokoladenkuchen mit Pinot-noir-Amarena-Kirschen.

SANTA FE Coyote Café

$$$$

132 W. Water St, NM, 87051 *(505) 983-1615* **Straßenkarte** E3

Wenige Gehminuten von der Plaza entfernt, widmet sich das Coyote Café der modernen Küche des Südwestens. In der eleganten Gaststube werden kreative Erfindungen wie Yucatán-Bohnensuppe und Fenchel mit Sherry-Pinienkern-Vinaigrette serviert, aber auch leckere Entenbrust mit Pfirsich-*passilla*-Mole, Enten-Tamale und Kohlpüree.

SANTA FE Dinner for Two

$$$$

106 N. Guadalupe St., NM, 87501 *(505) 820-2075* **Straßenkarte** E3

In das Dinner for Two geht man für einen romantischen Abend. Das Restaurant verfügt über eine großartige Weinauswahl und serviert hervorragende amerikanische und europäische Küche. Der Service ist freundlich und aufmerksam, ohne zu erdrücken. Die Preise sind angemessen. Am Wochenende gibt es Live-Musik. *Geschlossen: Di.*

SANTA FE El Farol

$$$$

808 Canyon Rd, NM, 87501 *(505) 983-9912* **Straßenkarte** E3

Das im Künstlerviertel Canyon Road angesiedelte El Farol (»die Laterne«) bedient seit 1835 Künstler und Literaten. Überall prangen riesige Wandbilder. Neben der langen Liste warmer und kalter Tapas serviert das Restaurant auch spanische Gerichte wie Paella. Dazu gibt es passende Weine und abends Musik zum Tanzen (samstags Flamenco).

SANTA FE La Casa Sena

$$$$

20 Sena Plaza, 125 E. Palace Ave, NM, 87051 *(505) 988-9232* **Straßenkarte** E3

Die in Adobe-Stil gebaute Hazienda aus den 1860er Jahren umgibt ein hübscher Hof, in dem man im Sommer schön sitzt. Schweinelende mit Chorizo-Füllung, Pfirsich-Kaktusfeigen-Püree und Ananas-Salsa versprechen hier Gaumenfreuden erster Güte. Dazu fließt erstklassiger Wein. Zum Schluss gibt es *crème brûlée* auf Lavendelbasis.

SANTA FE Old House Restaurant

$$$$

309 W. San Francisco St, NM, 87501 *(505) 988-4455* **Straßenkarte** E3

Vor oder nach dem Opernbesuch speist man gern im Old House. Es bietet feine Küche und besten Service. Die Speisekarte ist saisonal orientiert. Das Probiermenü enthält Krabbencremesuppe oder Maine-Jakobsmuscheln. Als Hauptgericht gibt es Entenbraten und zum Dessert Heidelbeerstrudel. Die Weinauswahl ist einzigartig.

SANTA FE The Pink Adobe

$$$$

406 Old Santa Fe Trail, NM, 87051 *(505) 983-7712* **Straßenkarte** E3

Das bei Promis und Einheimischen beliebte Pink Adobe war früher eine Konquistadoren-Kaserne. Die mit Kerzen erleuchteten Räume besitzen Kamine. In einem Raum wächst ein Baum durchs Dach. Hier bekommt man Essen wie bei Großmutter. Das Steak Dunigan ist mit einer rätselhaften Zutat versehen. Die Weine sind hervorragend.

SANTA FE SantaCafé

$$$$

231 Washington Ave, NM, 87501 *(505) 984-1788* **Straßenkarte** E3

Das in der über 150 Jahre alten Adobe-Hazienda des umstrittenen Padre Gallegos residierende Lokal legt Wert auf perfekten Service und ausgefallene Kochkunst. Die erfolgreiche Mischung aus asiatischen und regionalen Zutaten zeitigt Gerichte wie Riesengarnelen-Tempura mit rotem Chili. Ein paar Hirschgeweihe sorgen für Gemütlichkeit.

Preiskategorien *siehe S. 252* **Zeichenerklärung** *siehe hintere Umschlagklappe*

SANTA FE Anasazi Restaurant $$$$$

Anasazi Hotel, 113 Washington St, NM, 87501 *(505) 988-3236* **Straßenkarte** *E3*

Der große Gastraum des Anasazi besitzt eine hohe Holzbalkendecke und rustikales Mobiliar. Der Küchenchef des Restaurants ist für seine innovativen regionalen Kreationen bekannt. Auf eine Vorspeise aus Paprika und Hummercremesuppe mit Parmesan folgt etwa Thunfisch in Cashewkruste. Man kann auch draußen sitzen.

SANTA FE Geronimo $$$$$

724 Canyon Rd, NM, 87501 *(505) 982-1500* **Straßenkarte** *E3*

Das Borrego House wurde 1756 von Geronimo Lopez gebaut. Hier kann man bei Kerzenschein in heimeliger Atmosphäre speisen. Kamine und frische Blumen prägen das Ambiente. Das Restaurant ist für Küche und Service auf höchstem Niveau bekannt. Die Kreationen der international geprägten Fusion-Küche sind beispiellos.

TAOS Orlando's New Mexican Café $$

1114 Don Juan Valdez Lane, NM, 87571 *(575) 751-1450* **Straßenkarte** *E3*

Chili-Aficionados gehen wegen der Küche ins Orlando's. Familienfreundliche Kost wie Schweinefleisch mit geräucherter Chilisauce sind sehr beliebt, ebenso die Hähnchen-Enchiladas. Das Café ist in den Farben Knallrosa, Gelb und Orange gestrichen. Bunte Schirme spenden auf dem Patio Schatten. An kühlen Abenden sitzt man beim Feuer.

TAOS Grahams's Grille $$$

106 Paseo del Pueblo, NM, 87571 *(575) 751-1350* **Straßenkarte** *E3*

Das Lokal steht für authentische New-Mexico-Küche und verwendet nur Produkte aus der Region. Es gibt nur Bio-Hühnchen, die verwendeten Fische sind von der Monterey Seafood Watch zertifiziert. Exzellent sind die Chimaye-Tintenfischstreifen mit Chili und blauem Mais oder die Burger mit Schwarzen Bohnen und Kichererbsen.

TAOS Lambert's of Taos $$$

309 Paseo del Pueblo Sur, NM, 87571 *(575) 758-1009* **Straßenkarte** *E3*

Drei Straßenzüge von der Taos Plaza entfernt, serviert das Lambert's im Randall Home Fleisch und Seafood – von Shrimps nach asiatischer Art bis hin zu Colorado-Lamm in Pfefferkruste. Oberste Maxime sind frische Zutaten. Das Ambiente ist komfortabel. Es gibt hervorragende kalifornische Weine.

TAOS Doc Martin's Restaurant $$$$

125 Paseo del Pueblo Norte, NM, 87571 *(575) 758-1977* **Straßenkarte** *E3*

Thomas-Paul Martin war der erste Arzt im Landkreis. Um Knochenbrüche zu schienen und Geburtshilfe zu leisten, machte er oft Tagesreisen. Das nach dem berühmten Mediziner benannte Restaurant wirkt sich mit seiner überragenden regionalen Küche positiv auf das Wohlbefinden der Gäste aus. Sie können Menüs oder à la carte bestellen.

Albuquerque und Südliches New Mexico

ACOMA Huwak'a Restaurant $

Sky City Casino, I-40 bei Abfahrt 102, NM, 87034 *(505) 552-6017* **Straßenkarte** *D3*

In der Nähe des Sky City Cultural Center und des vornehmen Acoma Pueblo bietet das Huwak'a eine willkommene Zwischenstation nahe der Interstate – auch weil es lange Öffnungszeiten hat. Im indianischen Casino gibt es ein Büfett mit regionalen Speisen wie Grüner-Chili-Eintopf und eine Taco-Bar. Freitagabends ist Seafood angesagt.

ALAMOGORDO Pepper's Grill $$$

3200 N. White Sands Blvd, NM, 88310 *(575) 437-9717* **Straßenkarte** *E4*

Das familiengeführte Restaurant gehört zu den besten in Alamogordo. Der Service ist schnell und effizient, auf der Speisekarte steht eine gute Auswahl an herzhaften Gerichten. Gern werden Steaks vom Grill bestellt, es gibt aber auch vegetarische Gerichte, Nudeln und andere amerikanische Hausmacherkost.

ALBUQUERQUE 66 Diner $

1405 Central Ave NE., NM, 87106 *(505) 247-1421* **Straßenkarte** *E3*

Rote Neonreklame lockt Besucher in dieses familienfreundliche, altmodische Lokal. Kinder können hier in knallrosa und türkiser Umgebung auf vorgezeichneten Kästchen hüpfen. Es stehen auch noch einige Pappfiguren wie Betty Boop und Marilyn herum. Zu essen gibt es Seewolf und Chili-Pommes vom Backblech. Gute Milkshakes.

ALBUQUERQUE Garduño's Restaurant & Cantina $

2100 Louisiana Blvd, NM, 87110 *(505) 880-0055* **Straßenkarte** *E3*

Garduño's ist eine populäre Kette für mexikanische Gerichte. Die Guacamole wird am Tisch zubereitet, die Enchiladas und Burritos werden mit Hatch-Chilis serviert. Gut sind auch die Margaritas – am besten trinkt man sie im Patio und bewundert die Aussicht auf die Berge. Donnerstag-, freitag- und samstagabends gibt es Mariachi-Musik.

ALBUQUERQUE Lindy's Diner $

500 Central Ave SW., NM, 87102 *(505) 242-2582* **Straßenkarte** *E3*

Das Lokal im Zentrum serviert seit Ende der 1920er Jahre riesige Portionen einfacher, guter Speisen. Burritos mit grünen Chilis und geschmolzenem Käse sind der Frühstücksrenner. Mittags und abends stehen frische Sandwiches, Burger und Hackbraten auf der Karte. Kosten Sie den Limetten-Käsekuchen oder die hausgemachten Pies.

Straßenkarte *siehe hintere Umschlaginnenseiten*

ALBUQUERQUE Church Street Café $$

2111 Church St NW., NM, 87104 (505) 247-8522 **Straßenkarte** *E3*

Die Casa de Ruiz, ein Adobe-Haus aus dem 19. Jahrhundert, hat antike Indianerkunst und Teppiche an den Wänden. Drinnen isst man an der *Kiva*-Feuerstelle, draußen zwischen Weinreben. Bestellen Sie *carne adovada al horno*, ein aus dem Nördlichen New Mexico stammendes Gericht aus gebratenem Schweinefleisch in roter Chili-Marinade.

ALBUQUERQUE Elephant Bar $$

2240 Louisiana Blvd NE., NM, 87110 (505) 884-2355 **Straßenkarte** *E3*

Zebramuster an den Wänden, Dschungelfiguren und Teppiche im Leopardendruck prägen die Elephant Bar. Hier bekommt man elefantengroße Portionen asiatischer Gerichte, scharfe BBQs und Shanghai-Cashew-Shrimps aus dem Wok mit Ananasstückchen. Verführerisch: der Maximo Mojito Cocktail mit Himbeeren oder Passionsfrucht.

ALBUQUERQUE La Placita Dining Rooms $$

208 San Felipe St, NM, 87104 (505) 247-2204 **Straßenkarte** *E3*

Eines der ältesten Restaurants von New Mexico befindet sich in der Casa de Armijo, einer historischen Hazienda von 1706 an der Old Town Plaza. La Placita hat mehrere Räume, wobei in einem eine Pappel steht. Genießen Sie scharfe *sopaipillas* mit Rindfleisch oder Hähnchen, Pinto-Bohnen und Käse. Angeblich spukt es hier.

ALBUQUERQUE Pueblo Harvest Café $$

Indian Pueblo Cultural Center, 2401 12th Street NW., NM, 87104 (505) 724-3510 **Straßenkarte** *E3*

Im Museum können Besucher Pueblo-Kultur aus New Mexico und Tänze vor riesigen Wandbildern erleben. Im Harvest Café gibt es dann typische Pueblo-Gerichte. Auf der Speisekarte stehen auch Speisen aus der Fusion-Küche mit Büffellende und gegrilltem Lachs.

ALBUQUERQUE St Clair Winery & Bistro $$

901 Rio Grande Blvd NW., NM, 87104 (505) 243-9916 oder 1-888 870-9916 **Straßenkarte** *E3*

Nur wenige Schritte von der Old Town Plaza entfernt, betreibt das größte Weingut des Bundesstaats eine Weinstube sowie ein Bistro mit französischer Landküche. Als Vorspeise gibt es Käsegerichte oder Suppe. Viele Hauptspeisen enthalten Wein, etwa das Knoblauch-Hähnchen in Chardonnay oder der Cabernet-Schmorbraten.

ALBUQUERQUE El Pinto $$$

10500 4th St NW., NM, 87114 (505) 898-1771 **Straßenkarte** *E3*

Von den überall hängenden dekorativen Chili-Ristras und den Mariachis, die durch den mit Kunstwerken bestückten Gastraum ziehen, bis zu den herrlichen Grünanlagen mit Patio bietet das El Pinto seinen Gästen ein angenehmes Ambiente. Die Einheimischen lieben das Lokal. Die Nachos sind hervorragend und die *sopaipillas* einfach göttlich.

ALBUQUERQUE High Finance Restaurant und Tavern $$$

40 Tramway Rd NE., NM, 87122 (505) 243-9742 **Straßenkarte** *E3*

Das High Finance steht oberhalb der Seilbahn zum Sandia Peak. Porträts berühmter Finanzmagnaten zieren die Holzwände, darunter J. P. Morgan, Henry Ford und William Randolph Hearst. Das romantische Flair und die unvergleichliche Aussicht erfreuen die Gäste, während sie Seafood, Steaks, Geflügel oder vegetarische Gerichte verzehren.

ALBUQUERQUE High Noon Restaurant und Saloon $$$

425 San Felipe NW., NM, 87104 (505) 765-1455 **Straßenkarte** *E3*

Das weitläufige Restaurant gehört zu den historischen Schätzen von Old Town. Teile stammen noch von 1785. In kleinen Nischen stehen *santos* (Heiligendarstellungen). Jeder Raum hat ein eigenes Motto: hispanische Kultur, Pioniere, *Kachina*-Puppen und indianische Webarbeiten. Typische Speisen sind etwa Bisonsteak und Lammkarree.

ALBUQUERQUE La Hacienda Restaurant $$$

302 San Felipe NW., NM, 87104 (505) 243-3131 **Straßenkarte** *E3*

Das traditionsreiche Restaurant in der jahrhundertealten Villa de Albuquerque lockt Besuchermassen an. Auf einem großen Wandbild sind Siedler dargestellt, das farbenfrohe Interieur ist mit Antiquitäten und Indianerkunst bestückt. Berühmt sind die köstlichen Burritos und das *carne adovado*, in roten Chilis mariniertes Schweinefleisch.

ALBUQUERQUE Landry's Seafood House $$$

5001 Jefferson St NE., NM, 87109 (505) 875-0101 **Straßenkarte** *E3*

Die landesweite Kette zeichnet sich durch Kinotafeln über dem Eingang aus. Sie startete als kleines Lokal in einem Privathaus. Die Filiale in Albuquerque besitzt ein indianisches Wandbild. Die umfassende Speisekarte bietet zwar auch Gerichte für Landratten, aber Markenzeichen ist das frische Seafood mit speziellen Saucen.

ALBUQUERQUE Seasons Rotisserie & Grill $$$

2031 Mountain Rd, San Felipe Plaza, NM, 87104 (505) 766-5100 **Straßenkarte** *E3*

An der Theke können Sie bei der Zubereitung kalifornischer Gerichte auf dem Holzkohlegrill zusehen. Der Gastraum ist modern, aber mit warmem Terrakotta, Naturholz und schmiedeeisernen Details gestaltet. Auf dem großen Patio spielen Jazzmusiker. Auf der Karte: Rotisserie-Hähnchen und gegrilltes Colorado-Lamm mit Ziegenkäse. Gute Weine.

ALBUQUERQUE Yanni's $$$

3109 Central Ave NE., NM, 87106 (505) 268-9250 **Straßenkarte** *E3*

In dem renommierten Lokal mit blau-weißem Dekor bekommt man mediterrane Delikatessen. Kosten Sie Saganaki, einen griechischen Käse, der am Tisch flambiert wird. Das Probiermenü bietet verschiedene griechische Spezialitäten. Freitags und samstags gibt es Live-Musik.

ALBUQUERQUE Zinc Wine Bar & Bistro $$$

3009 Central Ave NE., NM, 87106 (505) 254-9462 **Straßenkarte** *E3*

Das in Nob Hill gelegene Zinc ist in Erdfarben gehalten, hat hohe Decken, getöntes Glas und gehobenes Ambiente. Am Zinktresen können Sie den Köchen bei der Arbeit zusehen. Starten Sie mit einer klassischen französischen Zwiebelsuppe oder mit geräucherter Forelle in Trüffel-Vinaigrette. Leichte Kost plus Live-Musik gibt es in der Kellerbar.

ALBUQUERQUE The Artichoke Café $$$$

424 Central Ave SE., NM, 87102 (505) 243-0200 **Straßenkarte** *E3*

Das vornehme Restaurant in Dowtown gleicht mit seinen Dreh-Exponaten und dem modernen Look einer Galerie. Die Speisekarte bietet exzellente französische, italienische und amerikanische Gerichte. Die Gambas auf Fettuccine in Wodka-Sahne-Sauce sind mit Zuckererbsen, Tomaten und Artischockenherzen garniert. Gute Weine.

ALBUQUERQUE Jennifer James 101 $$$$

4615 Menaul Blvd NE., NM, 87110 (505) 884-3860 **Straßenkarte** *E3*

Die bekannte Köchin Jennifer James arbeitet nach dem Motto »back to the roots« mit einfachen, aber qualitativ hochwertigen Produkten. Die saisonal ausgerichtete Karte verzeichnet u. a. Rinderfilet mit *Foie-gras*-Butter. Dienstags und mittwochs gibt es ein Familien-Drei-Gänge-Menü, das am großen Tisch eingenommen wird.

ALBUQUERQUE One Up Elevated Lounge $$$$

301 Central Ave NW., NM, 87102 (505) 242-1966 **Straßenkarte** *E3*

Die freundliche Lounge-Bar und das Restaurant ziehen mit ihrer entspannten Atmosphäre und den großartigen Tapas Geschäftsleute an. Auf der Karte stehen Kleinigkeiten wie Kokosnuss-Hühnchen, Baby-Venusmuscheln und viele vegetarische Variationen. Es gibt eine Bar, eine Lounge und elf Billardtische.

CARLSBAD The Flume Room $$$

Stevens Inn, 1829 S. Canal St, NM, 88220 (575) 887-2851 **Straßenkarte** *F5*

Das nach dem vor über 100 Jahren errichteten Pecos-River-Aquädukt benannte Restaurant hat drei große Bogen und eine riesige Glasskulptur in Form des Flusslaufs. The Cattleman, ein riesiges Prime Rib (340 g), ist die Spezialität des Hauses. Auch auf der Karte: Steaks, Hähnchen und Seafood. Hier geht es leger und familienfreundlich zu.

CLOUDCROFT Rebecca's $$$$

The Lodge, 1 Corona Pl, NM, 88317 (575) 682-2566 **Straßenkarte** *F5*

Das Rebecca's ist ein eleganter viktorianischer Raum mit getönten Fensterscheiben und Queen-Anne-Stühlen. Angeblich wohnt hier auch ein Gespenst. Auf der Karte: Vorspeisen-Klassiker wie Schnecken und Rockefeller-Austern und Hauptgerichte wie Steak, Ente und Regenbogenforelle. Üppiger Sonntagsbrunch.

LINCOLN Isaac's Table $$$$$

Mile Marker 98, Hwy 380, NM, 88338 (575) 653-4609 oder (800) 653-6460 **Straßenkarte** *E4*

Isaac's Table serviert im historischen Ellis Store ein Gourmet-Menü zum Festpreis. Die sechs Gänge bestehen aus saisonalen Highlights wie frischer Spargel in asiatischer Sauce, Antilopenkarree oder Wild oder aber mit Krebsen gefüllte Flunder. Als Dessert lockt ein Schokoladen-Whiskey-Kuchen. Reservierung erforderlich.

MESILLA La Posta de Mesilla $

2410 Calle de San Albino, NM, 88046 (575) 524-3524 **Straßenkarte** *E5*

La Posta de Mesilla ist ein Labyrinth aus Zimmern in einer ehemaligen Poststation. Ein Raum hat Lavawände und viele Grünpflanzen. Die Kellner tragen mexikanische Tracht und servieren New-Mexico-Gerichte. Probieren Sie die *tostada compuesta*, eine Tortillaschale mit *frijoles* (Bohnen) und Chili con Carne mit Käse und Beilagen.

MESILLA Double Eagle $$$

2355 Calle de Guadalupe, NM, 88046 (575) 523-6700 **Straßenkarte** *E5*

Das Restaurant ist Teil der Imperial Bar and Maximillian Rooms in einem Gebäude aus dem 19. Jahrhundert. Zwei Meter hohe Bakkarat-Kronleuchter hängen von der vergoldeten Metalldecke, die Wänden zieren riesige Porträts und Spiegel. Bestellen Sie gebackenen Brie mit Pekannüssen und Äpfeln und danach z. B. ein Steak oder Seafood.

RUIDOSO Café Rio $

2547 Sudderth Dr, NM, 88345 (575) 257-7746 **Straßenkarte** *E4*

Ein Kaleidoskop an Farben empfängt Besucher dieser familienfreundlichen Pizzeria, die mit allerlei witzigem Schnickschnack bestückt ist. Die Küche kapriziert sich auf dicke, teiglastige Pizzas, Calzones sowie Cajun-Gerichte und griechische Speisen. Außerdem gibt es hausgemachtes Softeis. Die portugiesische Kohlsuppe ist köstlich.

RUIDOSO Cattle Baron Steak & Seafood Restaurant $$$

657 Sudderth Dr, NM, 88345 (575) 257-9355 **Straßenkarte** *E4*

Das für Steaks und Seafood bekannte Cattle Baron ist eine regionale Kette. Die Salatbar ist legendär. Das Western-Dekor zeichnet sich durch Cowboysättel, Gewehre, Geweihe sowie Fotos von reitenden Indianern aus. Das entspannte Lokal ist für Familien gut geeignet. Prime Ribs, die Spezialität des Hauses, sind auch Teil der gemischten Platten.

SILVER CITY Shevek & Co. Restaurant $$$

602 N. Bullard St, NM, 88061 (575) 534-9168 **Straßenkarte** *D5*

Das außergewöhnliche Restaurant bietet mediterran inspirierte Gerichte, die frisch zubereitet werden. Die Atmosphäre ist entspannt, der Service sehr freundlich. Auch im Angebot: diverse leichte Gerichte wie Tapas und Mezze. Zu trinken gibt es eine gute Auswahl an Weinen sowie Bier.

Straßenkarte *siehe hintere Umschlaginnenseiten*

Shopping

Gefäß in Chili-Form

Shopping im Südwesten ist ein multikulturelles Erlebnis: Indianische, hispanische und angloamerikanische Produkte stehen zur Auswahl. Beliebte Mitbringsel sind Teppiche, Schmuck und Keramik. Der Südwesten ist auch ein Anziehungspunkt für Künstler. Vor allem Santa Fe *(siehe S. 192–199)* ist für seine Kunstgalerien bekannt. Hier kann man Landschaften im Stil von Georgia O'Keeffe, Avantgarde-Arbeiten oder auch Indianer- und Cowboy-Skulpturen kaufen. In Delikatessenläden und Supermärkten gibt es jede Menge Spezialitäten, von scharfen Chili-Saucen bis zu Tortilla-Chips aus blauem Mais. In den größeren Städten ist man mit ganzen Mode-Arealen konfrontiert, oft in klimatisierten Shopping Malls. Las Vegas verführt nicht nur zum Glücksspiel, sondern mit seinen Themen-Malls auch zur Aktivierung des Kaufrausches *(siehe S. 124f)*.

Öffnungszeiten und Bezahlung

Große Läden sind täglich von 9 oder 10 Uhr bis 20 oder 22 Uhr geöffnet, wobei einige sonntags oder montags am Nachmittag schließen. Die meisten Geschäfte akzeptieren MasterCard, Visa sowie Travellerschecks. Bei anderen Kreditkarten kann es schwieriger werden. Auf den Preis wird die »Sales Tax« aufgeschlagen (2,9 Prozent in Colorado, 4,75 Prozent in Utah, 5,1 Prozent in New Mexico, 6,6 Prozent in Arizona und 6,85 Prozent in Nevada). Lokale und County-Steuern kommen eventuell hinzu.

Kunst des Südwestens

Der Südwesten besitzt eine vibrierende Kunstszene. Santa Fe ist nach New York der zweitgrößte Kunstmarkt der USA. Das »Kunstviertel« erstreckt sich von der Plaza in Downtown etwa drei Kilometer an der Canyon Road *(siehe S. 197)* entlang. Über 200 Galerien haben sich auf regionale Kunst spezialisiert. Sie zeigen Werke von noch eher unbekannten Malern und Bildhauern des Südwestens. Die **Meyer Gallery** konzentriert sich auf figurative Bronzeskulpturen. Schöne Erinnerungsstücke an den Urlaub gibt es in Fotogalerien. Die **Andrew Smith Gallery** bietet Werke von Ansel Adams, Edward S. Curtis und anderen Fotografen, die Landschaft und Menschen des Südwestens abgelichtet haben.

Chimeneas in einem Kunsthandwerksladen in Tubac, Arizona

Indianische und hispanische Künstler sind ebenfalls gut repräsentiert. Die Letzteren produzieren Heiligenschnitzereien in Form von *santos* und *bultos*. Man kann sie etwa in der **Montez Gallery** erwerben, die sich auf hispanische Sakralkunst, Möbel sowie dekorative Kunst spezialisiert hat.

Auch andere Städte im Südwesten besitzen Kunstareale. Im **Tucson Art District** gibt es über 40 Galerien. **Old Town Artisans** ist eine Ansammlung von Läden in einem Adobe-Block aus den 1850er Jahren, die Kunst des Südwestens, Schmuck, Kleidung und Kunsthandwerk verkaufen. In Scottsdale *(siehe S. 80f)* gibt es den Main Street Arts District, wo die Galerien einen Langen Donnerstag für den sogenannten Scottsdale ArtWalk (19–21 Uhr) haben. Die **Trailside Galleries** bieten Western-Kunst von führenden Künstlern. Über 25 Kunstgalerien finden sich in der Albuquerque Old Town, darunter die renommierte **Weems Gallery** mit erlesenen Werken.

Die fröhlichen Farben und traditionellen Muster im Südwesten sind eine Fundgrube für häusliche Deko-Stücke.

Perlenverzierte Huichol-Maske

Originelles Kunsthandwerk und gewebte Teppiche finden Sie in Albuquerque im **Bien Mur Indian Market Center**. **Artesanos** ist ein interessanter Laden in Santa Fe mit mexikanischer dekorativer Kunst, darunter farbenprächtige Talavera-Fliesen, punzierte Zinnspiegel, Möbel und andere Arbeiten. Ganz Tubac *(siehe S. 90f)* ist eine Künstlerkolonie mit Dutzenden von Kunstgalerien. Andere Läden verkaufen Keramik, Textilien, Geschenkartikel aus Mexiko sowie eine ganze Palette an Heimbedarf im Stil des Südwestens. Einige der besten Beispiele finden sich bei **Tubac Ironworks**, gegenüber dem Kunstmuseum.

Indianisches Kunsthandwerk

Indianische Kunst steht meist in spirituellem Kontext: Der Erwerb solcher Arbeiten kann daher für Käufer mit einer speziellen Erfahrung verbunden sein – vor allem wenn sie den Künstler persönlich kennenlernen. Am besten kauft man solche Produkte direkt von Künstlern, in den Läden der Reservate, in Pueblos oder in Museumsläden. Da die Qualität der Stücke sehr unterschiedlich sein kann, sollte man einige Kriterien kennen: Die Bezeichnung »Indian handmade« bedeutet, dass das Objekt aus rein indianischer Produktion stammt. »Indian crafted« heißt lediglich, dass Indianer an der Produktion beteiligt waren. Garantiert echte Werke erhält man nur von den Künstlern selbst – außerdem fließt auf diese Weise das Geld wieder in die indianische Gemeinde.

Viele Künstler verkaufen ihre Arbeiten an Andenkenständen wie am Canyon de Chelly oder in den Läden von Reservaten, etwa dem **Hubbell Trading Post** *(siehe S. 167)* in der Navajo Reservation, der einst für die Urlauber Ende des 19. Jahrhunderts eingerichtet wurde. Arbeiten in guter Qualität erhält man auch im **Cameron Trading Post** bei Flagstaff, einer Galerie für historische und moderne Webwaren, Keramik, Körbe und Schnitzereien. **Fifth Generation Trading Company** in Farmington und **Sewell's Indian Arts** in Scottsdale sind ebenfalls eine gute Wahl.

Die spezielle Keramik der Pueblo-Indianer ist nicht ganz billig. Arbeiten bekannter Künstler wie Maria Martínez sind Sammlerstücke. Es gibt jedoch auch erschwingliche zeitgenössische Arbeiten, etwa von Nancy Youngblood (in der **Andrea Fisher Fine Pottery**). In einigen Pueblos nördlich von Santa Fe kann man auch Werkstattbesuche machen. Halten Sie nach entsprechenden Schildern Ausschau. Das **Indian Pueblo Cultural Center** *(siehe S. 214f)* in Albuquerque bietet Pueblo-Kunst zu fairen Preisen.

Die **Shiprock Trading Company** hat sich auf alte und zeitgenössische indianische Kunst spezialisiert (Filialen in Farmington und Santa Fe). Ältere Kunstwerke gibt es auch in der **Morning Star Gallery** in Santa Fe, die in einem alten Adobe-Bau in der Canyon Road residiert. **Nambé Outlets** hat exzellente Metallschalen und andere Produkte aus dem Nambé Pueblo nördlich der Stadt. Bei **Chief Dodge Indian Jewelry and Fine Arts** in Scottsdale kann man Künstlern bei der Arbeit zusehen.

Indianische Teppiche und Webarbeiten im Cameron Trading Post

Schmuck

Indianischer Türkisschmuck ist bekannt. Leider gibt es in Feriengebieten jede Menge Billigprodukte – echter Türkisschmuck und nachgemachte Stücke sind nicht leicht zu unterscheiden. Wenn Sie das Besondere suchen, sollten Sie das Turquoise Museum *(siehe S. 212)* in Albuquerque besichtigen, um den Qualitätsunterschied zu sehen. Qualitativ hochwertiger Schmuck ist nicht billig. Kaufen Sie nur in verlässlichen Läden, die auch Echtheitszertifikate anbieten.

Beispiele für Navajo-Türkisschmuck

Die Second Mesa Jewelry Co-operative in der Hopi Reservation *(siehe S. 166f)* bildet aus: Hier kann man grazilen Hopi-Silberschmuck sehen. Der Native American Market unter den Arkaden der Plaza von Santa Fe *(siehe S. 192f)* bietet eine breite Palette an Qualität und Preisen. **Galeria Zachanee** an der Plaza gehört einem Indianer und hält hochwertige Stücke vorrätig. **Native Gold** in Albuquerque verkauft Goldschmuck mit exquisiten Türkisen, Korallen und anderen Edelsteinen.

Museumsläden

Schöne indianische Kunst findet man in vielen Museumsläden. In Phoenix bietet das Heard Museum *(siehe S. 78f)* eine Auswahl an Körben, Gemälden, Skulpturen und *Kachina*-Puppen. Gleiches gilt für das Museum of Northern Arizona in Flagstaff *(siehe S. 68)*. In Santa Fe verkauft der Laden im Palace of the Governors *(siehe S. 194)* Holzschnitzereien und hispanische Kunst. Der rekonstruierte Trading Post im Wheelwright Museum of the American Indian *(siehe S. 197)* ist auf Kunsthandwerk und Schmuck der Navajo spezialisiert. Kunst, Möbel und Webarbeiten im spanischen Kolonialstil findet man auf den Märkten, die das **Museum of Spanish Colonial Art** *(siehe S. 197)* organisiert.

Western-Mode im Südwesten

Shopping Malls

Die brütende Hitze in Süd-Arizona und New Mexico hat dazu geführt, dass hier sensationelle Shopping Malls entstanden. Die größte Konzentration gibt es in Phoenix, wo auch das **Metrocenter**, die größte Mall des Südwestens, steht. Große Kaufhäuser wie Neiman Marcus findet man im **Scottsdale Fashion Square**. **Biltmore Fashion Park** in Phoenix verkauft Designermode und Haushaltswaren – und bietet nebenbei gute Restaurants.

Häufig sind die Shopping-Paradiese thematisch gestaltet. **Borgata of Scottsdale** ist ein Dorf im Stil des 14. Jahrhunderts mit mittelalterlichen Innenhöfen. Das **Arizona Center** in Phoenix ist quasi eine Oase mit Restaurants und Läden zwischen Gärten, Brunnen und einem Wasserfall.

La Encantada in Tucson ist wie ein frischer Windhauch, mit hochpreisigen Läden, darunter Tiffany, Anthropologie und Crate & Barrel, die sich um eine Plaza gruppieren. New Mexicos größte Mall, das **Coronado Center** in Albuquerque, umfasst rund 150 Geschäfte.

Die größeren Hotels in Las Vegas haben Designer-Areale *(siehe S. 106–117)*.

Factory Outlet Malls

Falls Sie nach Schnäppchen suchen, bieten sich mehrere Factory Outlet Malls an, die reduzierte Ware von Hunderten von Markenprodukten verkaufen: Kleidung, Schuhe, Sportbekleidung, Lederwaren und Haushaltswaren. Die ausgemusterten Sachen sind meist in Ordnung, dennoch sollten Sie sie sorgfältig auf Flecken oder Beschädigungen untersuchen. Und bedenken Sie: Es ist nicht die allerneueste Mode.

In Tempe, einer Vorstadt von Phoenix, bietet **Arizona Mills** gut 175 Outlet Stores, darunter auch eine Filiale von Saks Fifth Avenue und Neiman Marcus. Die Läden von **Outlets at Anthem**, ebenfalls in Phoenix, verkaufen Sportartikel, Lederwaren und Spielzeug. An der I-10 zwischen Phoenix und Tucson findet man **Outlets at Casa Grande**, mit Schuhen, Mode und Amish-Möbeln. In New Mexico liegen die **Santa Fe Premium Outlets** nahe der I-25. Sie bieten 40 Läden.

Western-Mode

Zu den beliebtesten Mitbringseln aus dem Südwesten zählen handgefertigte Cowboystiefel und -hüte sowie dekorative Ledergürtel. Überall erhält man hochwertige Western-Mode. Phoenix ist als Bekleidungshochburg bekannt, El Paso *(siehe S. 222f)* bietet qualitativ hochwertige Lederwaren. Bei **Az-tex Hats of Phoenix** findet man die größte Auswahl an Cowboyhüten. **Saba's Western Store** kleidet Kunden seit 1927 stilecht ein. **Bacon's Boots and Saddles** im historischen Bergstädtchen Globe *(siehe S. 83)* gehört dem Schuhmacher Ed Bacon, der auf eine 50-jährige Erfahrung zurückblicken kann. Kleine Cowboys finden alles Nötige bei **Sheplers** in Mesa, Arizona.

Vintage-Mode führt **Double Take at the Ranch** in Santa Fe, wo es von Boots über bestickte Hemden bis hin zu Schmuck alles gibt. Bei **Back at the Ranch** kann man seine eigenen Stiefel entwerfen oder welche aus 1000 vorrätigen Paaren auswählen.

Delikatessen

Southwesterners sind stolz auf ihre Küche. Die Lebensmittelläden in den Malls verkaufen Chilisaucen, Salsa Dips und Chips aus blauem Mais. Feinkostläden sind ideal, um Neues entdecken. Bei **Santa Cruz Chili and Spice Co.** an der I-19 nach Tumacacori kann man die Saucen vor dem Kauf probieren. Neben Salsas und scharfen Saucen verkauft **The Chile Shop** in Santa Fe Chili-Erdnussbutter und Habanero-Karamellsauce, zudem Chilikränze, Kochbücher und dekorative Kleinigkeiten. Auf den Websites von Unternehmen wie **Arizona Pepper Products Co.** können Sie Gourmet-Artikel bestellen. **New Mexico Chili** und andere Läden führen frische, tiefgefrorene oder getrocknete Chilis aus Hatch *(siehe S. 218)*.

Bauernmärkte bieten frische lokale Produkte – das tun aber auch die Supermarktketten. **Food City** bedient den hispanischen Markt, auch die Filialen von **Fry's** haben hispanische Abteilungen.

Im **The Pecan Store** gibt es Pekannüsse aus dem Green Valley südlich von Tucson.

Frisches Gemüse auf einem Bauernmarkt

AUF EINEN BLICK

Kunst des Südwestens

Andrew Smith Gallery
122 Grant Ave, Santa Fe, NM 87501.
(505) 984-1234.

Artesanos
1414 Maclovia St, Santa Fe, NM 87505.
(505) 471-8020.

Bien Mur Indian Market Center
I-25 bei Tramway Rd, NE, Albuquerque, NM 87113.
(505) 821-5400.

Meyer Gallery
225 Canyon Rd, Santa Fe, NM 87501.
(505) 983-1434.

Montez Gallery
125 E. Palace Ave, Santa Fe, NM 87501.
(505) 982-1828.

Old Town Artisans
201 N. Court Ave, Tucson, AZ 85701.
(520) 623-6024.

Trailside Galleries
7330 Scottsdale Mall, Scottsdale, AZ 85251.
(480) 945-7751.

Tubac Ironworks
217 Plaza Rd, Tubac, AZ 85646.
(520) 398-2163.

Tucson Art District
Congress/Broadway St; Stone/4th Ave, Tucson, AZ.
(520) 624-1817.

Weems Gallery
303 Romero St NW., Albuquerque, NM 87104.
(505) 764-0302.

Indianisches Kunsthandwerk

Andrea Fisher Fine Pottery
100 W. San Francisco St, Santa Fe, NM 87501.
(505) 986-1234.

Cameron Trading Post
Highway 89, Cameron, AZ 86020.
(928) 679-2231.

Chief Dodge Indian Jewelry and Fine Arts
1332 N. Scottsdale Rd, Scottsdale, AZ 85257.
(480) 970-1133.

Fifth Generation Trading Company
232 W. Broadway, Farmington, NM 87401.
(505) 326-3211.

Hubbell Trading Post
Highway 264, Ganado, AZ 86505.
(928) 755-3254.
www.nps.gov/hutr

Indian Pueblo Cultural Center
2401 12th St, Albuquerque, NM 87104.
(505) 843-7270.

Morning Star Gallery
513 Canyon Rd, Santa Fe, NM 87501.
(505) 982-8187.

Nambé Outlets
924 Paseo de Peralta, 104 W. San Francisco St, Santa Fe, NM 87501.
(505) 988-5528/3574.

Sewell's Indian Arts
7087 Fifth Ave, Scottsdale, AZ 85251.
(480) 945-0962.

Shiprock Trading Company
53 Old Santa Fe Trail, Santa Fe, NM 87501.
(505) 982-84.
Weitere Filialen: **www**.shiprocktrading.com

Schmuck

Galeria Zachanee
211 Old Santa Fe Trail, Santa Fe, NM 87501.
(505) 920-2935.

Native Gold
323 Romero St NW., Albuquerque, NM 87104.
(505) 247-2242.

Museumsläden

Museum of Spanish Colonial Art
750 Camino Lejo, Santa Fe, NM 87505.
(505) 982-2226.

Shopping Malls

Arizona Center
400 E. Van Buren St, Phoenix, AZ 85004.
(602) 271-4000.
www.arizonacenter.com

Biltmore Fashion Park
2502 Camelback Rd, Phoenix, AZ 85253.
(602) 955-8400.
www.shopbiltmore.com

Borgata of Scottsdale
6166 N. Scottsdale Rd, Scottsdale, AZ 85253.
(602) 953-6538.
www.borgata.com

Coronado Center
6600 Menaul Blvd NE., Albuquerque, NM 87110.
(505) 881-2700.

La Encantada
2905 E. Skyline Dr, Tucson, AZ 85718. *(520) 615-2561.* **www**.laencantadashoppingcenter.com

Metrocenter
9617 Metro Parkway, Phoenix, AZ 85051.
(602) 997-8991.
www.metrocentermall.com

Scottsdale Fashion Square
7014 East Camelback Rd, Scottsdale, AZ 85251.
(480) 941-2140.

Factory Outlet Malls

Arizona Mills
5000 Arizona Mills Circle, Tempe, AZ 85282.
(480) 491-7300.

Outlets at Anthem
4250 W. Anthem Way, Phoenix, AZ 85086.
(623) 465-9500.

Outlets at Casa Grande
2300 E. Tanger Dr, Casa Grande, AZ 85222.
(520) 836-9663.

Santa Fe Premium Outlets
8380 Cerillos Rd, nahe I-25, Santa Fe, NM 87507.
(505) 474-4000.

Western-Mode

Az-tex Hats of Phoenix
3903 N. Scottsdale Rd, Scottsdale, AZ 85251.
(480) 481-9900.
www.aztexhats.com

Back at the Ranch
209 E. Marcy St, Santa Fe, NM 87501.
(505) 989-8110.

Bacon's Boots and Saddles
290 N. Broad St, Globe, AZ 85501.
(928) 425-2681.

Double Take at the Ranch
319 S. Guadelupe St, Santa Fe, NM 87501.
(505) 820-7775.

Saba's Western Store
www.sabaswesternwear.com

Sheplers
829 N. Dobson Rd, Mesa, AZ 85201.
(480) 668-1211.
www.sheplers.com.

Delikatessen

Arizona Pepper Products Co.
P.O. Box 40605, Mesa, AZ 85210.
(480) 844-0302.
www.azgunslinger.com

The Chile Shop
109 E. Water St, Santa Fe, NM 87501.
(505) 983-6080.

Food City
www.myfoodcity.com

Fry's
www.frysfood.com

New Mexico Chili
(505) 217-2105.
www.nmchili.com

The Pecan Store
1625 E. Sahuarita Rd, Sahuarita, AZ 85629.
(520) 791-2062.

Santa Cruz Chili and Spice Co.
1868 East Frontage Rd, Tumacacori, AZ 85640.
(520) 398-2591.

Unterhaltung

Der multikulturelle Südwesten ist von einer aufregenden und auch sehr lebendigen Kunst- und Unterhaltungsszene geprägt. In Städten wie Phoenix, Santa Fe, Tucson und Albuquerque wird Kunst ganz groß geschrieben, hier kann man zahlreiche Veranstaltungen in den Bereichen Oper, Ballett und klassische Musik sowie hervorragende Theaterproduktionen genießen. Sedona und Taos sind für die dort ansässigen Maler und Bildhauer berühmt. Hier treten zudem einige renommierte Tourneetheater auf, aber auch die lokalen Theater-, Tanz- und Musikveranstaltungen sind sehenswert. Fast jede Stadt glänzt mit Nachtleben, Country Music, Jazz, Rock, Dinner-Theater und Live-Comedys. Interessant für Sportfans: In der ganzen Region kann man Major-League- sowie College-Teams beim Football, Baseball und Basketball zujubeln.

Schild des Museum Club

Die Kunst des Lassowerfens: Cowboys bei einem Rodeo

Information

Den besten Überblick bieten die Veranstaltungskalender der Lokalzeitungen *Daily Star* (Tucson), *The Arizona Republic* (Phoenix), *Santa Fe New Mexican* oder *Albuquerque Journal*. Die meisten Zeitungen betreiben auch Websites. Kultur und Nachtleben werden zudem in regionalen Zeitschriften besprochen. In Hotels liegen Veranstaltungskalender wie *Where* oder *Key* aus. Der Kartenvorverkauf für die meisten Veranstaltungen läuft über die Filialen von **Ticketmaster**, oder man bucht online über www.ticketmaster.com.

Rodeos und Wildwest-Shows

Seit Buffalo Bills Wildwest-Shows Ende des 19. Jahrhunderts ist der Südwesten das Mekka der »Western«-Unterhaltung. Traditionelle Cowboy-Fertigkeiten wie das Einfangen von Vieh mit dem Lasso oder das Zureiten von Wildpferden sind heute mit hohen Preisgeldern bedachte Wettbewerbe beim Rodeo. Das vom spanischen *rodear*, »umzingeln«, abgeleitete Wort »Rodeo« entstand im 19. Jahrhundert, als riesige Viehherden durch New Mexico nach Kalifornien getrieben wurden. Die nicht ganz ungefährlichen Wettkämpfe werden von absoluten Profis ausgetragen, die für ihr Geld ein beträchtliches Risiko eingehen, doch gleich Zirkusartisten der Faszination ihres Gewerbes erliegen. Zu den größten und beliebtesten Rodeos zählen die Fiesta de los Vaqueros in Tucson, das New Mexico State Fair and Rodeo in Albuquerque und das Frontier Days Rodeo in Prescott *(siehe S. 32–35)*.

Baseballspieler

Das Flair des »Wilden Westens« kann man in den vielen Geister- oder historischen Städten der ehemaligen *frontier* erleben – etwa in **Tombstone** *(siehe S. 92)*, wo zwischen viktorianischen Häusern täglich »Schießereien« aufgeführt werden, oder in einst als Filmkulissen errichteten Westernstädten wie den **Old Tucson Studios** *(siehe S. 86f)*. Sie können bei Führungen besichtigt werden. Nördlich von Scottsdale bietet **Rawhide** ein Wildwest-Museum, eine altmodische Eisdiele, eine berühmte Musikbühne und diverse Wildwest-Sehenswürdigkeiten.

Sportstadien

Wie überall in den USA dominieren in der Zuschauergunst die »Großen Drei«: Football, Baseball, Basketball. Die meisten großen Teams sind in und um Phoenix angesiedelt, darunter das einzige Football-Spitzenteam im Südwesten, die **Arizona Cardinals**. Das seit 1998 zu den Majors zählende Baseballteam Arizona Diamondbacks ist im 275 Millionen US-Dollar teuren **Chase Field** in Phoenix beheimatet. Profi-Basketball bieten die Phoenix Suns, die sich das **US Airways Center** mit dem Footballteam Arizona Rattlers teilen.

Für Ligaspiele sind nur schwer Karten erhältlich, für College-Spiele sämtlicher Sportarten in der ganzen Region dagegen problemlos.

Darüber hinaus findet im Februar und März im warmen Phoenix die Cactus League statt – wie die Trainingsspiele von sieben Baseballteams der Major League genannt werden.

Klassische Musik, Ballett und Oper

Arizona bietet mit Phoenix Symphony und der Arizona Opera exzellente Musikaufführungen in der **Phoenix Symphony Hall**. Zu den über 20 Kunst-, Sport- und Unterhaltungstempeln in und außerhalb von Phoenix zählt das für 14 Millionen US-Dollar renovierte **Orpheum Theater**, ein Juwel im Stil des spanischen Barock. Arizona Theater Company und Actors' Theater bieten im **Herberger Theater Center** ein regelmäßiges Programm. Theaterfans können in Phoenix zudem die Aufführungen von über 20 Ensembles besuchen oder tourende Broadway-Shows und Spitzenstars bewundern.

Santa Fe und Albuquerque sind New Mexicos Kulturzentren. Santa Fe glänzt mit über 200 Kunstgalerien und pflegt auch die darstellenden Künste. Die **Santa Fe Opera** führt im Juli und August klassische und zeitgenössische Opern in einer Open-Air-Arena auf. Das ebenfalls in diesen Monaten stattfindende Chamber Music Festival in Santa Fe zählt zu den besten der USA. Das in Albuquerque heimische **Albuquerque Philharmonic Orchestra** bietet auch kostenlose Konzerte mit Laienmusikern an. Das **El Paso Symphony Orchestra** spielt das ganze Jahr über im historischen Plaza Theater aus den 1920er Jahren. Die **New Mexico Jazz Workshops** bringen jährlich über 30 Konzerte auf die Bühne.

Tanzendes Paar im Museum Club in Flagstaff, Arizona

Nightlife

Fast jede Stadt bietet in Restaurants, Bars und Night Clubs Country Music und Tanz. Zu den bekanntesten Veranstaltern zählt die Westernstadt Rawhide in Scottsdale, wo berühmte Country-Bands auftreten. **The Museum Club** in Flagstaff ist ein waschechter Route-66-Club *(siehe S. 51)*, in dem sich Größen der Zunft wie etwa Hank Williams in den 1950er Jahren die Ehre gaben. Auch heute noch treten hier interessante Bands auf.

Die Großstädte bieten vielfältige Abendunterhaltung: Jazzbars und -cafés gewinnen an Beliebtheit, Rockmusik und Comedys werden in zahlreichen Etablissements aufgeführt. Spitzenstars machen auf Tourneen regelmäßig in Clubs und Arenen in Phoenix, Tucson, Albuquerque und Santa Fe halt.

In grandioser Szenerie: Open-Air-Veranstaltung der Santa Fe Opera

Die Unterhaltungshauptstadt der Region – wenn nicht gar der Welt – ist und bleibt jedoch Las Vegas *(siehe S. 126f)*. Dort treten am Strip an einem Abend mehr Stars auf als im restlichen Südwesten im ganzen Jahr, sei es in Broadway-Shows, glitzernden Eigenproduktionen oder bei Konzerten in den Casinos.

AUF EINEN BLICK

Rodeos und Wildwest-Shows

Old Tucson Studios
(520) 883-0100.
www.oldtucson.com

Rawhide Western Town
(480) 502-5600.
www.rawhide.com

Tombstone Visitor Center
(520) 457-3929.
www.tombstoneweb.com

Sportstadien

Arizona Cardinals
(800) 999-1402.

Chase Field
(602) 462-6000.

US Airways Center
(602) 379-7833.

Klassische Musik, Ballett und Oper

Albuquerque Philharmonic Orchestra
(505) 265-0416.

El Paso Symphony Orchestra
(915) 532-5776.

Herberger Theater Center
(602) 252-7399.

New Mexico Jazz Workshops
(505) 255-9798.

Phoenix Symphony Hall
(602) 495-1999.

Orpheum Theater
(602) 262-7272.

Santa Fe Opera
(505) 986-5900.

Nightlife

The Museum Club
(928) 526-9434.

Rialto Theatre
(520) 740-1000 (Tucson).

Ticketmaster

Für alle Staaten
1-800 745-3000.

Sport und Aktivurlaub

Canyons, die sich über Tausende Kilometer hinweg tief in den Fels eingegraben haben, grandiose Wüstenszenerien, rot schimmernde Landschaften mit erodierten Felsbogen und als Kontrast Berge mit schneebedeckten Gipfeln – wer sich in der überwältigenden Natur des Südwestens aktiv erholen möchte, dem bietet die Region einzigartige Möglichkeiten. Ein Großteil der Naturgebiete wurde von der US-Regierung in Form von Nationalparks und Nature Parks unter Schutz gestellt. Diese entstanden bereits im frühen 20. Jahrhundert, als die Region langsam von Urlaubern entdeckt wurde. Heute zieht der Südwesten Kletterer, Mountainbiker, Wanderer, Skifahrer und Offroad-Fans magnetisch an, aber auch Reiter, Wildwasser-Enthusiasten, Golfer und kulturell Interessierte, die altindianische Stätten erkunden möchten, finden hier alles, was sie suchen. Unter den Naturfreunden kommen vor allem Vogelliebhaber auf ihre Kosten, die während der Vogelzüge im Frühjahr und Herbst seltene Vogelarten beobachten können. Nähere Informationen über Sport-Events und Sportstadien finden Sie auf S. 274f.

Mountainbikes zu vermieten

Information

Hauptzentren für Aktivurlauber sind Moab *(siehe S. 141)*, Durango *(siehe S. 179)* und Sedona *(siehe S. 73)* mit hervorragenden Sportgeschäften und Besucherzentren. Wer im Grand Canyon eine Raftingtour auf dem Colorado River oder einen Maultierritt hinunter zum Canyongrund plant, muss diese unter Umständen bereits ein Jahr im Voraus buchen *(siehe S. 58–63)*. Wanderer und Camper, die das Hinterland erkunden möchten, brauchen eine Genehmigung vom National Park Service sowie unbedingt gute Wanderkarten. Diese sind beim Bureau of Land Management, dem **U.S.D.A. Forest Service** oder dem **US Geological Survey** erhältlich. In staatlichen und lokalen Touristenbüros erhält man zudem aktuelle Informationen über Wanderwege, Genehmigungen und Wetterverhältnisse. Vor allem im Juli und August sollte man bei Touren in die Wüste oder durch die Canyons den Wetterbericht beachten: Es drohen Gewitter und schwere Unwetter.

Golf

Mit etwa 275 Golfplätzen allein in Arizona ist der Südwesten ein Paradies für Golfer. Dies gilt vor allem für das ganzjährig warme Süd-Arizona. Scottsdale *(siehe S. 80f)* gilt als eine der Golfhauptstädte der USA. Die Stadt wartet mit so berühmten, für internationale Wettkämpfe ausgelegten Golfplätzen wie **The Boulders** und dem legendären **Phoenician** auf. Unter Golfern wohlbekannt ist auch die Region um Tucson. Hier befindet sich z. B. das von Jack Nicklaus entworfene Golf-Resort **Westin La Paloma**. Schöne Golfplätze zu erschwinglichen Preisen bietet New Mexico. Anspruchsvoll mit makellosem Grün ist etwa der städtische Golfplatz Arroyo del Oso von Albuquerque. Detaillierte Infos für Golfer bieten verschiedene Websites (u. a. **www.golfarizona.com** und **www.golfnewmexico.com**).

Golfplatz im luxuriösen Wigwam Resort in Phoenix *(siehe S. 235)*

Wildwasser-Rafting auf dem Colorado River

Wandern

Wandern zählt zu den beliebtesten Sportarten im Südwesten. Auf Tages- und Mehrtages-Touren erkunden Einheimische und Urlauber die überwältigende Landschaft. Praktisch alle Nationalparks bieten hervorragende, gut markierte Wanderwege sowie von Rangern geführte Touren, auf denen man die lokale Flora, Fauna und Geologie kennenlernen kann. Eine der berühmtesten und auch anstrengendsten Touren

Zahlreiche Mountainbike-Touren führen durch die rote Felslandschaft bei Moab

durchquert auf dem Bright Angel und dem Kaibab Trail *(siehe S. 60–63)* den Grand Canyon. Für sie sollten zwei bis drei Tage veranschlagt werden. Zu den Höhepunkten zählen längere Wanderungen in der Wildnis des Grand Staircase – Escalante National Monument *(siehe S. 148)* und der Glen Canyon Recreation Area *(siehe S. 150f)*.

In der Region von Four Corners kann man auf Wanderungen einige interessante archäologische Stätten wie die altindianischen Ruinen im Chaco Canyon besichtigen. Von dort führt ein gut begehbarer Wanderweg (13 km) zu den sehenswerten Pueblo-Häusern von Chetro Ketl *(siehe S. 174f)*.

Auf dem Weg zum Pueblo Alto im Chaco Canyon *(siehe S. 174f)*

Klettern

Trockenes, sonniges Klima, weite Berglandschaften, Canyons und hohe Felswände – der Südwesten ist ein Kletterparadies. Beliebt sind die Klippen im Zion National Park *(siehe S. 154f)*, die Felslandschaft um Moab *(siehe S. 141)* und der Canyonlands National Park in Utah *(siehe S. 142)*. In Moab finden sich zudem viele gute Ausrüster, etwa **Pagan Mounteneering**. Im ebenfalls beliebten Rock Canyon, 24 Kilometer westlich von Las Vegas, bieten die **Jackson Hole Mountain Guides** geführte Klettertouren an.

4WD bei Moab

Mountainbiken und Offroad-Fahrten

Alle Nationalparks bieten Routen für Mountainbiker. Biker-Zentren sind Moab und Durango in Colorado *(siehe S. 179)*. In Utah, der weltweiten Hochburg der Mountainbiker, gilt die Gegend um Moab als Mekka für Zweirad-Enthusiasten. Der nach einem bekannten Bike-Trail benannte Laden **Poison Spider Bicycles** verkauft und repariert Räder. Die im selben Haus ansässigen Nichols Tours bieten Gruppentouren durch die Wildnis an. Eine berühmte Fahrt bei Moab führt über den 19 Kilometer langen, anspruchsvollen Slick Rock Trail durch eine atemberaubende Felslandschaft. Die Route kann im Sommer allerdings überfüllt sein.

Um das kühlere und grünere Durango, Colorado, führen Touren durch die Kiefernwälder der Rocky Mountains. Zu den beliebtesten Strecken zählen der Animas Valley Loop mit schönem Panoramablick oder der rauere, hügeligere Animas Mountain Loop.

Bei Offroad-Touren kann man in Autos mit Vierradantrieb (4WDs) das abgelegene, wunderschöne Hinterland entdecken. Auch bei diesem Vergnügen gilt Moab als eines der wichtigsten Zentren. Hier kann man Autos mieten oder Touren bei **Farabee's Jeep Rentals** buchen. Beliebte Areale sind der Canyonlands National Park und der Canyon de Chelly. Im Monument Valley in Arizona *(siehe S. 164f)* leiten Navajo-Führer von **Goulding's Tours** sicher über die von normalen Autos nicht befahrbaren Pisten. Durch die roten Felscanyons von Sedona und den Coconino National Forest kommt man ebenfalls mit 4WDs. **Bikapelli Adventure Tours** und **Pink Jeep Tours** bieten Offroad-Abenteuer an.

Whitewater Rafting und Kajakfahren

Mit dem Green River, San Juan River und Colorado River ist der Südwesten ein Mekka für Wildwasser-Enthusiasten. Raftingtouren auf den schnellen, tiefen, durch atemberaubende Canyons rauschenden Flüssen bieten ein Abenteuer der Extraklasse. Fahrten für Anfänger und Fortgeschrittene werden von vielen Veranstaltern angeboten. Sie stellen Boote, Paddel, Schwimmwesten und (bei mehrtägigen Touren) Zelte und Lebensmittel zur Verfügung. Bevor man bucht, sollte man verschiedene Veranstalter vergleichen – vor allem hinsichtlich Sicherheit und Erfahrung.

Zu den aufregendsten Raftingtouren zählt die zwölf bis 20 Tage dauernde Fahrt auf dem Colorado River durch den Grand Canyon. Da die Teilnehmerzahl auf acht oder weniger Personen beschränkt sein kann, muss man möglicherweise bereits ein Jahr im Voraus buchen. Zu den bekanntesten Veranstaltern zählt **Canyon Explorations**.

Kurz vor dem Zusammenfluss von Green River und Colorado River in der Nähe von Moab, Utah, liegt der Cataract Canyon mit weltberühmten Stromschnellen. Eine Schussfahrt in diesen Gewässern ist nur etwas für erfahrene Rafter. Zu den besten Veranstaltern zählt **Sheri Griffith Expeditions**. Das Unternehmen bietet auch unterschiedlich schwierige Raftingtouren auf kleineren Flüssen in der Region an. Gleiches gilt für **Canyon Voyages**, deren Programm von entspannten Flusserkundungen bis zu atemberaubenden Wildwasser-Fahrten reicht. Zudem gibt es Kajak-Workshops.

Bei den ruhigeren Tagestouren von **Wild Rivers Expeditions** durch die Canyons des San Juan River in der Four-Corners-Region haben Archäologen und Geologen das Ruder in der Hand. Sie halten in Bluff *(siehe S. 172)*, Mexican Hat und an altindianischen Ruinen.

Rennboot am Parker Dam in West-Arizona

Wassersport

Durch Dämme am Colorado River entstanden zahlreiche Stauseen, darunter Lake Powell *(siehe S. 150f)*, Lake Mead *(siehe S. 120)* und Lake Havasu *(siehe S. 70)*. Sie sind Wassersport-Paradiese. Hier kann man sogar mit Rennbooten oder Jetskis herumdüsen.

Sehr beliebt sind die Hausboot-Touren auf dem Lake Powell in der 400 000 Hektar großen Glen Canyon Recreation Area, auf denen man die vielen Strände und Canyons rund um den See erkunden kann. Vor der Abfahrt wird man gründlich in die Bedienung der Boote eingewiesen. Angeboten wird zudem eine Vielzahl von geführten Touren, z. B. zur Rainbow Bridge oder zum Antelope Canyon. Größter Veranstalter am See ist **Colorado River Discovery**, bei dem man auch ruhige Floßfahrten zwischen Glen Canyon Dam und Lees Ferry buchen kann. Haus- und Motorboote verleiht **Lake Powell Resorts and Marinas**.

Am Lake Havasu kann man Sportgeräte von Wasserskiern bis zur Tauchausrüstung bei Fun Time Boat Rentals ausleihen. Am Lake Mead vermieten zahlreiche Läden Boote und Jetskis und bieten Unterricht im Wasserskifahren. Näheres erfährt man im **Lake Mead Visitor Center**.

An allen Seen werden Bootfahrer über Sicherheitsvorschriften informiert. So sind für Kinder unter zwölf Jahren Schwimmwesten vorgeschrieben. In Häfen und an Stränden muss langsam ohne Kielwasserwelle gefahren werden.

Angeln

Lake Mead, Lake Powell und Lake Havasu sind beliebte Angelreviere. Petrijünger gehen auf die Jagd nach Flussbarschen und anderen Süßwasserfischen. In der Saison von März bis November

Angler in einem See im Cedar Breaks National Monument, Süd-Utah *(siehe S. 149)*

Blick auf die Berge von der Seilbahn zum Sandia Peak bei Albuquerque

gibt es in den Flüssen Lachse und Forellen. Die Bestimmungen und Angelscheine unterscheiden sich von Staat zu Staat, in vielen Gebieten gilt jedoch die Regel, dass zu viel gefangene Fische ins Wasser zurückgeworfen werden müssen. Infos über Lizenzen, Wettbewerbe und Angeltouren bieten Marinas, Sportgeschäfte, lokale Tankstellen und die staatlichen **Fish and Game Departments**.

Skifahren und Wintersport

Die Skisaison dauert von November bis April. Die Angebote reichen von All-inclusive-Skiferien bis hin zu Tagesausflügen. Die Ausrüstung kann man bei zahlreichen Ausstattern mieten. Bei Pauschalangeboten in den Resorts sind Leihskier, Liftpässe und nötigenfalls Skikurse im Angebot inbegriffen. Da Wintersportarten wie Snowboarden oder Langlaufen immer beliebter werden, finden sich hierfür in den meisten Skigebieten Pisten, Loipen sowie Ausrüstung.

Einige der besten Skigebiete liegen in Utah, wo 2002 die Olympischen Winterspiele stattfanden. Im Südwesten von Colorado erstreckt sich die **Telluride Ski Area** in den Bergen zwischen Städten aus dem 19. Jahrhundert. Auf den bis in 3450 Meter Höhe angelegten Pisten tummeln sich während der Saison unter den zahlreichen Skitouristen auch viele Prominente. Etwas weniger chic, dafür aber mit langen, anspruchsvollen, steilen Abfahrten versehen ist das **Purgatory-Durango Mountain Resort**. Weltklasse-Abfahrten kann man im **Taos Ski Valley** in New Mexico bezwingen, besonders schöne Loipen locken Langläufer zum Arizona Snowbowl in der Nähe von Flagstaff *(siehe S. 67)*.

Horseback Riding

Im Land der Cowboys findet man fast überall Reitställe, die Pferde verleihen. Einige Ranches bieten organisierte Ausritte oder die Möglichkeit an, einmal wie ein Cowboy zu leben und zu arbeiten. Das Angebot ist überwältigend. Es reicht von stundenlangen Ausritten bis hin zu zweiwöchigen Aufenthalten auf Dude Ranches *(siehe S. 231)*.

Ranches finden sich in der ganzen Region, die bekanntesten liegen in Süd-Arizona hauptsächlich nahe Wickenburg. Das angenehme Winterwetter lockt Tausende Besucher an, sogar in Großstädten wie Phoenix und Tucson bieten Reitställe Ausritte in die Wüste an. Beliebte Reiterstädte sind zudem die im Sommer kühleren Orte wie Sedona und Pinetop Lakeside in Arizona. Ausrittmöglichkeiten bieten auch die meisten Nationalparks: Muli-Touren in den Grand Canyon *(siehe S. 62)* müssen lange im Voraus gebucht werden. Zweitägige Muli-Touren vom South Rim aus bietet **Xanterra Parks & Resorts**, übernachtet wird in der Phantom Ranch am Canyongrund *(siehe S. 232)*.

Rundflüge

Wer wenig Zeit, aber doch Interesse für die abgelegenen Sehenswürdigkeiten mitbringt, sollte buchstäblich in die Luft gehen. Für den Canyonlands National Park mit seinen riesigen Wildnisarealen bietet **Redtail** einstündige Rundflüge an, ebenso für den überwältigenden Dead Horse Point State Park *(siehe S. 143)*. Auf den dreistündigen Flügen von **Slickrock Air Guides of Moab** sieht man u. a. Canyonlands, Lake Powell, Capitol Reef National Park und das North Rim des Grand Canyon. Grandios sind auch die bis zu einstündigen Helikopterflüge um die fantastischen roten Felsnadeln im Bryce Canyon *(siehe S. 152f)*. Die beliebten Rundflüge über den Grand Canyon können in Las Vegas *(siehe S. 123)* oder bei zehn Veranstaltern in Tusayan am südlichen Parkeingang gebucht werden. Des einen Freud, des andren Leid: Der durch die steigende Anzahl von Flügen verursachte Lärm im Canyon ist mittlerweile zu einem ernsten Problem geworden: Immer mehr Besucher fühlen sich durch den Fluglärm in ihrem friedlichen Naturerlebnis gestört.

Bei einem Ausritt durch die Wüste in der Nähe von Tucson, Arizona

International Balloon Fiesta in Albuquerque, New Mexico ***(siehe S. 34)***

Ballonfahrten

Kühle, ruhige Morgenluft, sicherer Sonnenschein und stetige Brisen machen den Südwesten zu einem der beliebtesten Reviere für Ballonfahrer in den ganzen USA. Ballonfahrten rund um Albuquerque sind vor allem im Oktober angesagt, wenn die International Balloon Fiesta *(siehe S. 34)* stattfindet. Veranstalter wie **Discover Balloons** bieten einstündige Fahrten mit Sektfrühstück.

Sie können aber auch mit **Northern Light Balloon Expeditions** über die Canyons von Sedona schweben oder mit **Hot Air Expeditions** über die Sonora-Wüste.

Vogelbeobachtung

Über 200 seltene Vogelarten locken vom Frühling bis zum Herbst Hobby-Ornithologen in den Südwesten. In den jeweiligen Zugzeiten sind u.a. Grasmücken, Fliegenschnäpper und diverse Küstenvögel zu sehen. Brütende Watvögel und Enten kann man zur gleichen Zeit im **Bosque del Apache Wildlife Refuge** in New Mexico beobachten, dem Winterquartier von über 17000 Kanadakranichen. In verschiedenen Habitaten, vor allem im Saguaro National Park in der Sonora-Wüste, leben Wüstenvögel wie Rennkuckuck und Elfenkauz. Im Capitol Reef *(siehe S. 146)* und im Bryce Canyon National Park *(siehe S. 152f)* wiederum finden sich Schwarzkinnkolibris, Trupiale und Gold-Waldsänger.

Weit bekannt sind die Kolibri-Populationen in Süd-Utah und Arizona. Vogelkundliche Führungen zu und über die kleinen fliegenden Juwele veranstaltet **Victor Emmanuel's Nature Tours**. Auch das **Southeastern Arizona Bird Observatory** bietet Touren zu ornithologisch interessanten Zielen in der Region.

Zu den zahlreichen Raubvögeln im Südwesten zählen Rotschwanzbussarde und Steinadler. Zahlreiche Wanderfalken suchen regelmäßig den Bryce Canyon als Quartier auf.

Ferienkurse

Zu den besten Ferienkursen zählen jene über indianische und altindianische Kulturen. Ein breit gefächertes Angebot über die Themen Geografie, Fauna, Flora, alte Ruinen und indianische Kunst bieten das **Crow Canyon Archaeological Center** und die **Four Corners School of Outdoor Education**. Bei Archäologiekursen darf man häufig den Profis bei Ausgrabungen zur Hand gehen. Kurse über indianische Kulturen beschäftigen sich mit der Geschichte, dem modernen Leben, der Religion und der Kunst der verschiedenen Ethnien. Die meisten Workshops dauern zwischen vier und zehn Tage, Teilnehmer wohnen entweder auf dem Campus oder in Motels. **Smithsonian Journeys** bietet Kurse über alte und moderne Kunst der Hopi, Zuni und Navajo.

Die Küche des Südwestens kann man in zahlreichen Kochkursen erlernen. An Anfänger und Fortgeschrittene wenden sich die **Santa Fe School of Cooking** und die **Santa Fe Photographic Workshops**. Bei Letzteren ist es auch möglich, im einmaligen Licht und in der wunderbaren Landschaft von Santa Fe fotografieren oder malen zu lernen.

Breitschnabelkolibri

Sedona *(siehe S. 73)* in Arizona ist das Mekka der Esoteriker. Dort bietet u.a. das **Center for the New Age** Yoga-, Lebensberatungs-, Ernährungs- und Aromatherapiekurse an. Auf Touren kann man zudem die in der Gegend angeblich häufig vorhandenen Erdenergiewirbel erfahren.

AUF EINEN BLICK

Information

United States Geological Survey (U.S.G.S.)
12201 Sunrise Valley Drive, Reston, VA 20192.
1-888 275-8747.
www.usgs.gov

U.S.D.A. Forest Service
Southwest Regional Office, 333 Broadway SE., Albuquerque, NM 87102.
(505) 842-3292.
www.fs.fed.us/r3/

Golf

Boulders Resort
34631 N. Tom Darlington Drive, Carefree, AZ 85377.
(480) 488-9028.

Golfarizona.com
www.golfarizona.com

Golf New Mexico
1-866 485-3661.
www.golfnewmexico.com

Westin La Paloma
3800 East Sunrise, Tucson, AZ 85718.
(520) 742-6000.

Klettern

Jackson Hole Mountain Guides
8221 West Charleston, Suite 106, Las Vegas, NV 89117.
(702) 254-0885.

Pagan Mountaineering
59 S. Main St, Moab, UT 84532.
(435) 259-1117.

Mountainbiken und Offroad-Fahrten

Bikapelli Adventure Tours
1695 W. Hwy 89A, Sedona, AZ 886336. *(928) 282-1312.* **www**.mountain bikeheaven.com

Farabee's Jeep Rentals
35 Grand Ave, Moab, UT 84532. *(435) 259-7734.* **www**.moab jeeprentals.com

Goulding's Tours
Highway 163, Goulding, UT 84536.
(435) 727-3231.

Pink Jeep Tours
204 N. Highway 89A, Sedona, AZ 86339.
(928) 282-5000.

Poison Spider Bicycles
497 N. Main St, Moab, UT 84532.
(435) 259 7882.

Whitewater Rafting und Kajakfahren

Canyon Explorations
P.O. Box 310, Flagstaff, AZ 86002.
(928) 774-4559.

Canyon Voyages
211 N. Main St, Moab, UT 84532.
(435) 259-6007.

Sheri Griffith Expeditions
P.O. Box 1324, Moab, UT 84532.
(435) 259-8229.

Wild Rivers Expeditions
101 Main St, Bluff, UT 84512.
1-800 422-7654.

Wassersport

Colorado River Discovery
130 6th Ave, Page, AZ 86040.
(928) 645-9175.

Lake Mead Visitor Center
601 Nevada Way, Boulder City, NV 89005.
(702) 293-8990.

Lake Powell Resorts and Marinas
P.O. Box 1597, Page, AZ 86040.
(928) 645-2433.

Angeln

Arizona Game and Fish Department
2222 Greenway Rd, Phoenix, AZ 85023.
(602) 942-3000.

Colorado Division of Wildlife
6060 Broadway, Denver, CO 80216.
(303) 297-1192.

New Mexico Department of Game and Fish
Villagra Building, Santa Fe, NM 87503.
(505) 476-8000.

Utah Division of Wildlife Resources
1596 West North Temple, Salt Lake City, UT 84116.
(801) 538-4700.
www.wildlife.utah.gov

Skifahren

Purgatory-Durango Mountain Resort
Route 550, Durango, CO 81301.
(970) 247-9000.

Taos Ski Valley
P.O. Box 90, Taos Ski Valley, NM 87525.
(575) 776-2291.

Telluride Ski Area
Route 145, Telluride, CO.
(970) 728-6900.
www.telski.com

Horseback Riding

Xanterra Parks & Resorts
(303) 297-2757.
www.xanterra.com

Rundflüge

Redtail Aviation
Moab Airport, Moab, UT 84532. *(435) 259-7421.* **www**.moab-utah.com/redtail/

Slickrock Air Guides of Moab
P.O. Box 901, Moab, UT 84532.
(435) 259-6216.

Ballonfahrten

Discover Balloons
205B San Felipe NW., Albuquerque, NM 87104.
(505) 842-1111.

Hot Air Expeditions
2243 E. Rose Garden Loop Ste. 1, Phoenix, AZ 85024.
(480) 502-6999.

Northern Light Balloon Expeditions
P.O. Box 1695, Sedona, AZ 86339.
(928) 282-2274.

Vogelbeobachtung

Bosque del Apache Wildlife Refuge
1001 Hwy 1, San Antonio, NM 87832.
(575) 835-1828.

Southeastern Arizona Bird Observatory
P.O. Box 5521, Bisbee, AZ 85603. *(520) 432-1388.* **www**.sabo.org

Victor Emmanuel's Nature Tours
2525 Wallingwood Dr, Austin, TX 78746.
(512) 328-5221.

Ferienkurse

Center for the New Age
341 Highway 179, Sedona, AZ 86336.
1-888 881-6651.

Crow Canyon Archaeological Center
23390 County Road K, Cortez, CO 81321.
(970) 565-8975.

Four Corners School of Outdoor Education
P.O. Box 1029, Monticello, UT 84535. *1-800 525-4456.* **www**. fourcornersschool.org

Santa Fe Photographic Workshops
P.O. Box 9916, Santa Fe, NM 87504. *(505) 983-1400.* **www**. santafeworkshops.com

Santa Fe School of Cooking
116 W. San Francisco St, Santa Fe, NM 87501.
(505) 983-4511.

Smithsonian Journeys
1000 Jefferson Drive SW., MRC702, Washington, DC 20560.
1-877 338-8687.

Grund-informationen

Praktische Hinweise

Der Südwesten bietet fantastische Naturlandschaften: Bizarre Felsformationen, tief eingeschnittene Canyons und wildromatische Wüstenszenerien laden in Arizona, New Mexico, den Four Corners und in Süd-Utah zu vielfältigen Outdoor-Aktivitäten ein. Vielfältig ist auch das kulturelle Angebot, das von beeindruckenden altindianischen Ruinen bis zu den exzellenten Museen in den modernen, dennoch geruhsamen Städten reicht. Hier kann man auch hervorragend speisen. Die einzigartige Glitzer- und Glücksspielstadt Las Vegas *(siehe S. 98–131)* wird jährlich von Millionen Menschen aus aller Welt besucht. Bequemes Reisen erlauben die Hotels mit internationalem Standard *(siehe S. 230–247)* sowie die zahlreichen Visitor Centers.

Schild der Arizona State Parks

Auf den folgenden Seiten sind nützliche Informationen für Ihre Reiseplanung zusammengefasst. Diverse Sicherheitstipps finden Sie unter *Sicherheit und Gesundheit (siehe S. 288f)*. Zudem erhalten Sie Informationen zum Bank-, Telefon- und Postsystem, zu Massenmedien sowie zu Reisemöglichkeiten in der Region.

Beste Reisezeit

Der Südwesten der USA ist ganzjährig eine Reise wert. Das Mikroklima in den verschiedenen Regionen wird vor allem durch die jeweilige Höhenlage bestimmt. In den hoch gelegenen Gebieten in Nord-Arizona, New Mexico und Süd-Utah sind die Winter kalt und schneereich – perfekte Reiseziele für Wintersportler. In die tieferen Lagen der südlicheren Regionen locken warme, sonnige Winter Tausende Besucher – z. B. nach Phoenix, das in der »kalten« Jahreszeit mit einer Durchschnittstemperatur von 21 °C aufwartet, im Juli und August mit durchschnittlich 37 °C jedoch sehr heiß wird.

Als ideale Reisezeiten eignen sich Frühjahr und Herbst: Der Südwesten ist dann weniger überlaufen, die milden Temperaturen sind günstig für Wanderungen oder Outdoor-Aktivitäten. Allerdings muss man in der Nebensaison möglicherweise auf einige Höhepunkte verzichten. Das North Rim des Grand Canyon in Nord-Arizona ist nur zwischen Mai und Oktober geöffnet, die Gipfel an der altindianischen Stätte Mesa Verde in Colorado können bis April oder Mai verschneit sein.

Doch welche Reisezeit Sie auch wählen, die Sonne wird Sie mit ziemlicher Sicherheit täglich begleiten. Schließlich scheint sie im Norden der Region an über 200 und in den südlicheren Gebieten sogar an über 300 Tagen im Jahr.

Einreise und Zoll

Bürger aus Deutschland, Österreich und der Schweiz können im Rahmen des Visa Waiver Program (VWP) bis zu 90 Tage visumfrei in die USA einreisen. Sie müssen dafür eine ESTA-Reisegenehmigung beantragen – spätestens 72 Stunden vor Antritt der Reise. Der Antrag kann nur auf der ESTA-Website gestellt werden (https://esta.cbp.dhs.gov). Hierbei werden 14 US-Dollar Gebühr fällig, zahlbar per Kreditkarte. Achtung: Sie sollten schon hier Ihre erste Adresse in den USA nennen – spätestens beim Zollformular muss sie angegeben werden. Nehmen Sie sich den Ausdruck der ESTA-Genehmigung mit.

»Bei Nässe unbefahrbar« – Warnschild in Süd-Utah

Erforderlich für die Einreise ohne Visum ist ein maschinenlesbarer Reisepass. Pässe, die nach dem 26. Oktober 2005 ausgestellt wurden, brauchen ein digitales Lichtbild, Pässe, die nach dem 26. Oktober 2006 ausgestellt wurden, einen Chip mit biometrischen Daten. Auch Kinder jeden Alters benötigen einen maschinenlesbaren Pass – und eine eigene ESTA-Genehmigung.

Seit 2004 werden von allen Reisenden bei der Einreise digitale Fingerabdrücke genommen und ein Foto erstellt. Seit 2005 muss man vor Reiseantritt ein APIS-Formular ausfüllen (Formular von der Fluglinie bzw. unter www.drv.de).

Hinweise zu den aktuellen Zollvorschriften für die USA finden Sie unter www.cbp.gov/xp/cgov/travel/

Information

Die Visitor Centers in den USA geben Reisenden detaillierte Informationen und bieten einen exzellenten Service, der von der Ausgabe von Landkarten bis zur Buchung von Hotel- oder B&B-Zimmern reicht. Häufig orga-

◁ **Klassischer Blick vom Highway 163 auf Monument Valley *(siehe S. 164f)***

nisieren sie auch Touren wie historische Führungen, Ranger-Touren zu archäologischen Stätten oder Tierbeobachtungen.

Darüber hinaus unterhalten alle National Parks und State Parks eigene Besucherzentren, in denen man Wanderkarten, Sicherheitstipps sowie Genehmigungen zum Wandern und Campen in der Wildnis erhält. Für einige dieser Gebiete sind spezielle Public Land Management Agencies zuständig.

Jeder Bundesstaat und alle großen Städte unterhalten Tourismusabteilungen. In kleineren Städten und bei speziellen Sehenswürdigkeiten bieten Besucherzentren Karten und Führungen an. Auskünfte erteilen zudem in der ganzen Region die Handelskammern.

Schon bei der Reiseplanung können Sie die Visitor Centers der Bundesstaaten, die Sie besuchen möchten, kontaktieren. Sie werden Ihnen gern Informationsmaterial zusenden. Tourismusbüros und viele Sehenswürdigkeiten verfügen zudem über sehr informative Websites, über die man teilweise auch online Unterkünfte buchen kann.

New Mexico Information

Bitte beachten Sie: Viele Sehenswürdigkeiten wie die Pueblos in New Mexico oder die Navajo Nation in den Four Corners befinden sich in Reservaten und werden von Stammesräten verwaltet. Informationen über Gebühren und Öffnungszeiten gibt es beim lokalen **Bureau of Indian Affairs** oder beim **Navajo Tourism Department**.

Ranger bei einer Führung in Keet Seel, Navajo National Monument

Öffnungszeiten und Eintritt

Öffnungszeiten sind saisonabhängig. Als Faustregel gilt: Wichtige Sehenswürdigkeiten sind im Sommer länger geöffnet. Die Türen der Museen und Sammlungen stehen in der Regel am Wochenende offen, sind dafür an einem Werktag geschlossen. Viele Sehenswürdigkeiten können ganzjährig besucht werden, so etwa zahlreiche Nationalparks und fast alle Attraktionen in Las Vegas. Im Allgemeinen sind Sehenswürdigkeiten an wichtigen Feiertagen wie 1. Januar, Thanksgiving und 25. Dezember geschlossen *(siehe S. 35)*.

Für die meisten Parks, Museen und Sehenswürdigkeiten muss Eintritt bezahlt werden. Oft gibt es Ermäßigungen für Familien, Kinder, Studenten und Senioren – oder für AAA-Mitglieder. Nutzen Sie die »Coupons« der Lokalzeitungen, und nehmen Sie gegebenenfalls geeignete Ausweise mit (Studentenausweis, Seniorenpass).

Zeitzonen

Der Südwesten erstreckt sich über zwei Zeitzonen: Die Mountain Standard Time (MST, –8 Stunden gegenüber MEZ) gilt in Arizona, New Mexico, Colorado und Utah, die eine Stunde zurückliegende Pacific Time (PT, –9 Stunden gegenüber MEZ) in Nevada. Wenn es also in Las Vegas 12 Uhr ist, stehen die Zeiger in Utah bereits auf 13 Uhr. In Arizona gilt zudem vom späten Frühjahr bis zum Frühherbst Sommerzeit (plus eine Stunde).

Um das Ganze noch komplizierter zu gestalten, gelten in den Reservaten unterschiedliche Regelungen: Während man in der Hopi Indian Reservation (in der Navajo Reservation) die Sommerzeit ignoriert, stellt man in der Navajo Nation (in Arizona und Teilen New Mexicos) die Uhr im Sommer vor.

Brunnen im Innenhof des Heard Museum in Phoenix

Senioren

Auch wenn man in den USA erst mit 65 Jahren offiziell als Senior gilt, so kommen doch bereits über 50-Jährige häufig in den Genuss von bis zu 50-prozentigen Ermäßigungen, etwa auf Mahlzeiten, Unterkunft, öffentliche Verkehrsmittel und Eintrittspreise. Oft reisen Senioren bzw. ältere Menschen günstiger als Studenten!

Ermäßigungen können Sie über mehrere Organisationen erhalten. Der **National Park Service** bietet die Golden Age Passports, die zu verbilligten Gebühren bei Führungen und Dienstleistungen in den Parks berechtigen. **Road Scholar** organisiert für über 55-Jährige Bildungsreisen zu verschiedenen Orten – mit preiswerten Unterkünften, Aktivitäten, Vorlesungen und Mahlzeiten. Für etwa 16 US-Dollar können Senioren der **American Association of Retired Persons** (AARP) beitreten, die ebenfalls erhebliche Reiseermäßigungen anbietet.

National Park Service

Mit Kindern reisen

Für Familien mit kleinen Kindern bietet der Südwesten vielfältige Attraktionen, Themenparks und Museen an. Ermäßigungen für Kinder werden unterschiedlich gehandhabt, bisweilen gelten sie nur für Kinder bis vier Jahre, teilweise aber für Jugendliche bis 18 Jahre. Die meisten Unterkünfte verkünden deutlich, ob sie auf Kinder eingestellt sind. In vielen Hotels kann ein Kind kostenlos bei den Eltern im Zimmer schlafen.

Teurere Hotels bieten Babysitter und Kinderbeaufsichtigung in Kinderclubs an.

Restaurants haben meist preiswerte Kindermenüs und sind mit Hochstühlen ausgestattet *(siehe S. 249)*. Bei Flügen stellen sich verbilligte Kindertickets häufig als teurere Alternative zu APEX-Tickets *(siehe S. 295)* heraus. Vergleichen Sie also sorgfältig die Preise. Kinderermäßigungen für öffentliche Verkehrsmittel sind von Stadt zu Stadt unterschiedlich. Wenn Sie einen Mietwagen buchen, achten Sie darauf, auch einen Kindersitz zu reservieren.

Im Südwesten sind Reisen mit Kindern unproblematisch

Behinderte Reisende

Die USA bieten vorzügliche Bedingungen für behinderte Reisende. Hotels, Restaurants, Museen und andere öffentliche Gebäude müssen per Gesetz rollstuhlgerecht ausgebaut sein und über Behindertentoiletten verfügen. Darüber hinaus müssen Züge, Busse und Taxis von Rollstuhlfahrern benutzt werden können. In den Stadtzentren erleichtern abgesenkte Randsteine das Überqueren der Straßen. Behindertenhunde, etwa Blindenhunde, dürfen als einzige Tiere in öffentlichen Verkehrsmitteln mitgenommen werden.

Rollstuhlgerechter Zugang

In vielen Nationalparks und bei wichtigen archäologischen Stätten finden sich geeignete Wege für Rollstuhlfahrer. Mit den kostenlosen Golden Access Passports des National Park Service haben Behinderte ein Jahr lang das Recht auf freien Eintritt zu allen Nationalparks.

Die Organisationen **DisabledTravelers.com** und **Society for Accessible Travel & Hospitality** bieten – auch auf ihren hervorragenden Websites – vielfältige Tipps für behinderte Reisende. Sie informieren z. B. über behindertengerecht ausgebaute Mietwagen oder darüber, wie man bestimmte Parkgenehmigungen bekommt.

Studenten

Studenten aus Europa benötigen einen Pass sowie den Internationalen Studentenausweis (International Student Identity Card, ISIC), um verbilligte Eintrittskarten für Museen und andere Sehenswürdigkeiten zu bekommen. Wer in Jugendherbergen übernachten will, muss Mitglied beim **Hostelling International/American Youth Hostel (HI/AYH)** sein (vgl. deren Website).

Etikette und Trinkgeld

Der Südwesten ist alles andere als steif: Man kleidet sich leger, praktisch und dem Klima angemessen. Jeans können sogar in guten Lokalen oder im Theater getragen werden. Im Allgemeinen sind die Menschen höflich und freundlich. Von Besuchern wird jedoch erwartet, dass sie in dieser multikulturellen Gesellschaft die Sitten anderer Kulturen respektieren.

Einige berühmte Sehenswürdigkeiten wie das Monument Valley *(siehe S. 164f)* oder der Canyon de Chelly *(siehe S. 168–171)* befinden sich in Reservaten. Dort sind Besucher willkommen, sollten aber auf jeden Fall einige Verhaltensregeln beherzigen. Alkohol ist hier strengstens verboten! Sogar eine sichtbare Flasche in einem verschlossenen Auto kann erheblichen Ärger nach sich ziehen.

Fotografieren Sie bitte nie, ohne zuvor um Erlaubnis gefragt zu haben, vor allem nicht Zeremonialtänze oder Häuser. Häufig wird dafür eine Bezahlung erwartet. Verlassen Sie niemals die markierten Wege, und ziehen Sie sich angemessen an. Für Hopi etwa stellen Shorts einfach eine Beleidigung dar.

Außer in den Casinos und Bars in Las Vegas gilt im Südwesten ein Rauchverbot in öffentlichen Bereichen. Die meisten Hotels sind Nichtraucherzonen. Manche haben spezielle Raucherzimmer oder erlauben Rauchen an der Bar. Gleiches gilt für Restaurants, die allerdings tendenziell zu Nichtraucherlokalen mutieren.

In Restaurants sollte man 15 Prozent Trinkgeld geben, Gepäckträger erhalten ein bis zwei US-Dollar pro Gepäckstück, Zimmermädchen ebenfalls einen bis zwei US-Dollar pro Tag.

Typisch für den Südwesten: entspanntes Dinieren in einem Restaurant

Strom

Die Netzspannung beträgt in den USA 110 Volt (60 Hertz, Wechselstrom). Viele europäische 230-Volt-Geräte – beispielsweise Aufladegeräte für Mobiltelefone – haben hierfür einen Umschalter. Sie benötigen allerdings einen Adapter für US-Steckdosen. Dieser ist im Elektrofachhandel erhältlich und sollte bereits vor Reisebeginn gekauft werden.

Umrechnungstabelle

US-Standard in Metrisch
1 inch = 2,54 Zentimeter
1 foot = 30 Zentimeter
1 mile = 1,6 Kilometer
1 ounce = 28 Gramm
1 pound = 454 Gramm
1 US pint = 0,5 Liter
1 US quart = 0,947 Liter
1 US gallon = 3,8 Liter

Metrisch in US-Standard
1 Zentimeter = 0,4 inch
1 Meter = 3 feet 3 inches
1 Kilometer = 0,6 mile
1 Gramm = 0,04 ounce
1 Kilogramm = 2,2 pounds
1 Liter = 1,1 US quarts

AUF EINEN BLICK

Information

Arizona Office of Tourism
1110 W. Washington St, Suite 155, Phoenix, AZ 85007.
☎ *(602) 364-3700, 1-866 298-3795.*
www.arizonaguide.com

Bureau of Indian Affairs
www.bia.gov

Colorado Tourism Office
1625 Broadway, Denver, CO 80202.
☎ *1-800 265-6723.*
www.colorado.com

Navajo Tourism Department
P.O. Box 663, Window Rock, AZ 86515.
☎ *(928) 871-6436.*
http://discovernavajo.com

New Mexico Department of Tourism
491 Old Santa Fe Trail, Santa Fe, NM 87503.
☎ *(505) 827-7400, (505) 827-7336.*
www.newmexico.org

Public Lands Information Center
www.publiclands.org

Utah Office of Tourism
Council Hall, Capitol Hill, Salt Lake City, UT 84114.
☎ *1-800 200-1160.*
www.visitutah.com

Senioren

American Asssociation of Retired Persons
201 E. Washington St, Ste. 1795, Phoenix, AZ 85004.
☎ *1-866 389-5649.*
www.aarp.org

National Park Service
Intermountain Area, P.O. Box 25287, Denver, CO 80225.
www.nps.gov

Road Scholar
11 Avenue de Lafayette, Boston, MA 02111.
☎ *1-800 454-5768.*
www.roadscholar.org

Behinderte Reisende

DisabledTravelers.com
www.disabledtravelers.com

Society for Accessible Travel & Hospitality (SATH)
347 Fifth Avenue, Suite 65, New York, NY 10016.
☎ *(212) 447-7284.*
www.sath.org

Studenten

Hostelling International / American Youth Hostel (HI/AYH)
8401 Colesville Rd, Ste. 600, Silver Spring, MD 20910. ☎ *(301) 495-1240.* **www**.hiusa.org

US-Botschaften

Berlin
Pariser Platz 2, 14191 Berlin. ☎ *(030) 830 50.* **http://**german.germany.usembassy.gov

Wien
Boltzmanngasse 16, A-1090 Wien.
☎ *(01) 31 33 90.*
www.usembassy.at

Bern
Sulgeneckstrasse 19, CH-3007 Bern. ☎ *(031) 357 70 11.* **http://**bern.usembassy.gov

Sicherheit und Gesundheit

Polizeimarke, Santa Fe

Der Südwesten ist ein sicheres Reiseziel, wenn man einige Regeln beachtet. So weisen die Ballungszentren zwar eine geringere Kriminalitätsrate als viele andere Städte in den USA auf, dennoch sollte man vorsichtig sein und sich immer darüber informieren, welche Viertel nachts besser zu meiden sind. Bei Reisen im abgelegenen Hinterland ist eine gute Karte unabdingbar. Zudem sollte man die Ratschläge von Rangern und Mitarbeitern der Besucherzentren beherzigen. Bei Wanderungen in der Wildnis sowie bei sämtlichen Aktivitäten in der Natur *(siehe S. 276–281)* können diese neben den normalen Vorsichtsmaßnahmen überlebenswichtig sein! Informieren Sie sich auch regelmäßig in den lokalen Medien über das aktuelle Wetter und damit verbundene Sicherheitsvorkehrungen.

Polizist mit Fahrrad in Santa Fe, New Mexico

Persönliche Sicherheit

Feriengebiete im Südwesten sind meist ungefährlich, dennoch sollten Sie einige Vorsichtsmaßnahmen treffen: Tragen Sie nie große Bargeldbeträge bei sich, Gleiches gilt für teuren Schmuck oder die Börse in der hinteren Hosentasche – dies ist eine Einladung für Taschendiebe. Tragen Sie z. B. Hand- oder Kamerataschen so, dass der Riemen quer über die Brust verläuft. Bewahren Sie Pass, Bargeld und Reiseschecks immer an verschiedenen Orten auf, und deponieren Sie Wertsachen (z. B. das Flugticket) in Schließfächern oder Safes, die die meisten Hotels zur Verfügung stellen.

Sind Sie mit dem Auto unterwegs, sollten Sie nur an gut beleuchteten Parkplätzen halten und Wertsachen im Kofferraum wegschließen. Bei nächtlichen Spaziergängen sollten Sie einsame und von den Einheimischen als gefährlich bezeichnete Orte meiden.

Diebstahl

Auch wenn kleinere verloren gegangene oder gestohlene Gegenstände mit ziemlicher Sicherheit nie mehr auftauchen werden, sollten Sie den Verlust bei der Polizei melden – einfach um Versicherungsansprüche geltend machen zu können. Rufen Sie bei Verlust und Diebstahl die **Police Non-Emergency Line** an, die den hierfür notwendigen Polizeibericht erstellt.

Den Verlust einer Kreditkarte sollten Sie sofort unter der Notrufnummer dem jeweiligen Unternehmen melden *(siehe S. 291)*. Gleiches gilt für Reiseschecks. Falls Sie sich die Schecknummern notiert haben, erhalten Sie in der Regel innerhalb von 24 Stunden neue Schecks.

Beim Verlust des Reisepasses wenden Sie sich an Ihre Botschaft oder das nächste Konsulat *(siehe S. 287 und 289)*. Dort erhalten Sie ein Ersatzdokument, das ausreicht, wenn Sie direkt wieder in Ihr Heimatland zurückreisen wollen. Möchten Sie Ihre Reise jedoch in weitere Länder fortsetzen, benötigen Sie einen gültigen Pass.

Nützlich sind Fotokopien Ihres Führerscheins und Ihrer Geburtsurkunde sowie beglaubigte Passfotos, wenn Sie einen längeren Aufenthalt planen oder zusätzliche Papiere brauchen.

Polizeiauto im Südwesten – mit Sheriffstern

Versicherung

Die medizinische Versorgung ist in den USA exzellent, aber teuer. Eine Auslandsreise-Krankenversicherung wird dringend empfohlen. Nützlich sind außerdem Reisegepäck-, Diebstahl- und Unfallversicherungen.

Medizinische Versorgung

Bei Notfällen rufen Sie über die Telefonnummer 911 den Notarzt, die Polizei oder Feuerwehr. Bei Problemen hilft zudem die US-weite **Traveler's Aid Society**.

Städtische Krankenhäuser mit Notfallambulanzen sind auf den *Blue Pages* im Telefonbuch aufgelistet. Sie sind jedoch vor allem in Großstädten häufig überfüllt. Suchen Sie deshalb (wenn möglich) eine der Privatkliniken auf, die Sie in den *Yellow Pages* finden. Möglicherweise müssen Sie vor der Behandlung nachweisen, dass Sie diese auch bezahlen können. Deshalb sind ein guter Versicherungsschutz und eine Kreditkarte sehr wichtig.

Hotels rufen für Sie nötigenfalls einen Arzt oder empfehlen einen Zahnarzt. Medikamente und Schmerzmittel, die nicht verschreibungspflichtig sind, erhält man in den oft rund um die Uhr geöffneten Drugstores, verschreibungspflichtige Medikamente dage-

Ambulanzwagen der Feuerwehr

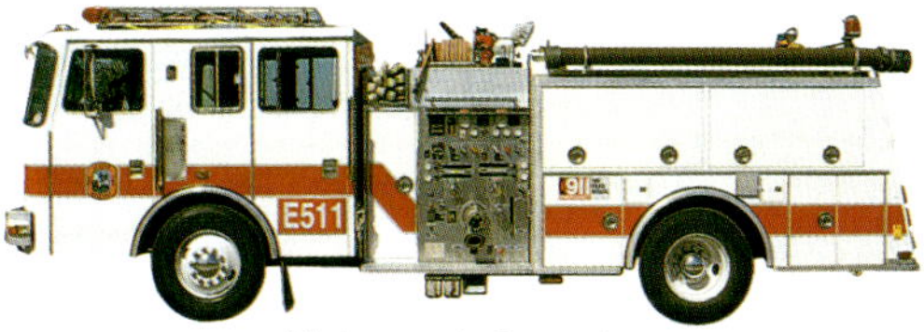

Löschwagen der Feuerwehr

gen nur in Apotheken. Wenn Sie verschreibungspflichtige Medikamente einnehmen, bringen Sie davon ausreichend mit.

Für eine Reise in die USA brauchen Sie keine Impfungen. Empfehlenswert ist jedoch ein ausreichender Tetanusschutz, wenn Sie viel im Freien sein wollen.

Hinweis auf Apotheke

Gefahren im Freien

Reisende können durch Wetterumschwünge in große Gefahr geraten. Dies gilt insbesondere für die Canyons in Süd-Utah und in Süd-Arizona. Dort können plötzliche Sommerunwetter »Blitzfluten« verursachen. Den aktuellen Wetterbericht erhält man in den Ranger-Stationen der Nationalparks sowie über die lokalen Radio- oder Fernsehsender. Vor Wanderungen in der Wildnis sollten Sie immer jemandem mitteilen, wohin Sie gehen und wann Sie voraussichtlich zurückkommen werden.

Ranger im Petrified Forest National Park, Arizona

Die trockene Sommerhitze wird von Reisenden häufig unterschätzt. Vor allem Wanderer sollten mindestens vier Liter Trinkwasser pro Person und Tag mitführen. Halten Sie sich in der Natur auf jeden Fall an alle feuerpolizeilichen Vorschriften. Ein verheerender Waldbrand ist schneller entfacht, als man sich vorstellen kann.

In Höhenlagen ist die Sonneneinstrahlung auch bei bedecktem Himmel sehr stark. Beim Wandern oder anderen Aktivitäten sind im Sommer Sonnencreme und -hut unerlässlich.

Die im Südwesten heimischen giftigen Tierarten wie Schlangen, Skorpione oder Gila-Krustenechsen *(siehe S. 21)* meiden die Menschen. Es ist deshalb unwahrscheinlich, gebissen oder gestochen zu werden, wenn man einige Grundregeln beachtet und daran denkt, dass diese Tiere sich während der Tageshitze meist unter Felsen und in Spalten zurückziehen. Achten Sie jedoch darauf, wohin Sie treten. Drehen Sie keine Steine um. Greifen Sie nicht auf uneinsehbare Simse oder in Spalten.

Feuerwehr-Emblem Sedona

Insektenstiche oder -bisse sind zwar schmerzhaft, für Erwachsene jedoch selten tödlich. Nehmen Sie eine Erste-Hilfe-Ausrüstung (auch gegen Schlangenbisse) mit. Gehen Sie bei Skorpionstichen oder Schlangenbissen sofort zu einem Arzt.

AUF EINEN BLICK

Notfälle

Für alle Notfälle
911.

Polizei (keine Notfälle)
Las Vegas
(702) 795-3111.
Phoenix
(602) 262-6151.
Santa Fe
(505) 428-3710.

Traveler's Aid Society
Las Vegas
(702) 369-4357.
Phoenix
(602) 683-2885.
Tucson
(520) 622-8900.

Konsulate

Deutschland
6222 Wilshire Blvd, Suite 500,
Los Angeles, CA 90048.
(323) 930-2703.
FAX *(323) 930-2805.*
www.los-angeles.diplo.de
1330 Post Oak Blvd, Suite 1850,
Houston, TX 77056.
(713) 627-7770.
FAX *(713) 627 05 06.*
www.houston.diplo.de

Österreich
11859 Wilshire Blvd, Suite 501,
Los Angeles, CA 90025.
(310) 444-9310.
FAX *(310) 477-9897.*
www.austria-la.org

Schweiz
11766 Wilshire Blvd, Suite 1400,
Los Angeles, CA 90025.
(310) 575-1145.
FAX *(310) 575-1982.*
www.eda.admin.ch/la

Banken und Währung

Finanzielle Transaktionen stellen im Südwesten kein Problem dar – es sei denn, man verspielt Haus und Hof in Las Vegas. In der ganzen Region gibt es zahlreiche Banken und Wechselstuben, lediglich die Öffnungszeiten sollte man sich merken. In Klein- und Großstädten kann man an vielen Geldautomaten *(automated teller machines, ATMs)* rund um die Uhr Bargeld vom eigenen Konto abheben. Dazu benötigt man eine Kreditkarte, die im Allgemeinen, vor allem jedoch in Hotels oder bei Mietwagenfirmen, gegenüber der »harten Münze« als Zahlungsmittel bevorzugt wird.

An Geldautomaten (ATMs) werden die akzeptierten Karten angezeigt

Banken und Geldwechsel

Banken sind meist von 9 oder 10 Uhr bis 17 oder 18 Uhr geöffnet. Banken in größeren Zentren wechseln Reiseschecks in Bargeld ein, Filialen in Kleinstädten jedoch möglicherweise nicht. Geldautomaten stehen rund um die Uhr zur Verfügung. Fremde Währungen bar in US-Dollar zu wechseln ist sehr schwierig geworden.

Reiseschecks

Reiseschecks sind sicherer als Bargeld, weil sie bei Verlust oder Diebstahl ersetzt werden. Reiseschecks, die nicht in US-Dollar ausgestellt sind, können Sie in großen Banken oder in den Wechselstuben an den Flughäfen einlösen. Zudem gibt es in Großstädten und in den meisten größeren Städten Niederlassungen von **American Express** oder Travelex, die diese Schecks zu leicht höherem Kurs als die Banken umtauschen. Auf US-Dollar ausgestellte Reiseschecks werden in vielen Restaurants, Hotels und läden wie Bargeld gebührenfrei akzeptiert. Das Wechselgeld auf Reiseschecks wird in bar ausgezahlt. Wählen Sie Schecks in kleinen Stückelungen, etwa 10- oder 20-Dollar-Schecks (maximal 50 Dollar), da die meisten Verkäufer nur ungern viel Wechselgeld herausgeben. Bei der Verwendung von Reiseschecks müssen Sie einen Pass vorzeigen.

Kreditkarten

In den USA werden auch kleine Beträge oft mit Kreditkarte bezahlt. Kreditkarten wie **Visa**, **MasterCard**, **American Express** und **Diners Club** werden fast überall als Zahlungsmittel akzeptiert. Sie fungieren häufig auch als Sicherheitsleistung, etwa bei Hotels, Autovermietungen und Krankenhäusern. Mit Kreditkarten können Sie an Geldautomaten (ATMs) Bargeld abheben. Diese finden sich bei Banken, Bahnhöfen, Busbahnhöfen, Flughäfen und Supermärkten.

American-Express-Kreditkarten

Bitte beachten Sie, dass Debitkarten (z. B. Girocard) mit dem VPay-Logo in den USA nicht funktionieren. Mit Debitkarten mit Maestro-Logo können Sie hingegen an entsprechend gekennzeichneten Automaten Geld ziehen.

Geldanweisung

Falls Sie Bargeld benötigen, können Sie es sich von Ihrer Bank elektronisch an eine örtliche Bankfiliale oder an eine Niederlassung von **Western Union**, Thomas Cook oder American Express Moneygram überweisen lassen.

Währung

Die Währung der USA ist der Dollar. Ein Dollar unterteilt sich in 100 Cent. Achtung: Die alten gleich großen und gleichfarbigen Scheine sind leicht zu verwechseln. In Kleinstädten, an abgelegenen Tankstellen und bei Taxis werden kleine Dollarscheine bevorzugt.

Zum Telefonieren und für die Spielautomaten in Las Vegas braucht man 25-Cent-Stücke. Achten Sie darauf, immer etwas Bargeld für Trinkgelder, Fahrkarten und Taxis bei sich zu haben.

Filiale der Bank of Colorado in Durango

Münzen

In den USA sind folgende Münzen (coins) *in Umlauf: 1, 5, 10, 25 Cent und 1 US-$. Die 50-Cent-Münze ist eher selten. Jede Münze hat einen Namen: 1-Cent-Münzen heißen* pennies, *5-Cent-Münzen* nickels, *10-Cent-Münzen* dimes, *25-Cent-Münzen* quarters *und 1-Dollar-Münzen (und -Scheine)* bucks.

25-Cent-Münze
(quarter)

10-Cent-Münze
(dime)

5-Cent-Münze
(nickel)

1-Cent-Münze
(penny)

Banknoten

Banknoten (bills) *gibt es im Wert von 1, 2 (selten), 5, 10, 20, 50 und 100 US-$. Die neue* Golden Dollar-*Münze hat die 1-Dollar-Banknote noch bei Weitem nicht ersetzt. Seit einiger Zeit sind neue Scheine mit leicht geänderten Farben, größeren Porträts und neuen Sicherheitsmerkmalen im Umlauf.*

AUF EINEN

Geldanweisung

Western Union
Barüberweisung, USA
1-800 325-6000.

Kreditkartenverlust

Allgemeine Notrufnummer
011 49 116 116.
www.116116.eu

American Express
1-800 528-4800 (Karten).
1-800 221-7282 (Schecks).
www.americanexpress.com

Diners Club
1-800 234-6377.
www.dinersclub.com

MasterCard
1-800 627-8372.
www.mastercard.com

Visa
1-800 847-2911.
www.visa.com

Girocard
011 49 69 740 987.

1-Dollar-Note
(George Washington, 1. US-Präsident)

5-Dollar-Note
(Abraham Lincoln, 16. US-Präsident)

10-Dollar-Note (Alexander Hamilton, einer der Gründerväter der USA)

20-Dollar-Note
(Andrew Jackson, 7. US-Präsident)

50-Dollar-Note
(Ulysses S. Grant, 18. US-Präsident)

100-Dollar-Note (Benjamin Franklin, einer der Gründerväter der USA)

Kommunikation

US-Briefmarke zum Valentinstag

Die USA verfügen über eines der besten Kommunikationssysteme der Welt. Per Telefon, Post und Internet kann man überall schnell und zuverlässig im Land und international kommunizieren. Münzfernsprecher werden auch im Südwesten immer seltener – man findet sie am ehesten in öffentlichen Gebäuden, Cafés, Bars, an Tankstellen, in Hotels und Motels. Denken Sie unterwegs auch daran, dass Briefkästen oder gar öffentliche Telefone in abgelegenen Naturregionen wie den Four Corners oder Süd-Utah Mangelware sind.

AT & T-Telefonkarten kauft man in Läden und an Automaten

Telefone

Mit der Verbreitung von Mobiltelefonen, werden öffentliche Telefone immer seltener. Sie sind leicht zu benutzen – die Gebrauchsanweisung ist deutlich angebracht. Die Teilnehmernummern eines Ortsnetzes haben immer sieben Ziffern.

Bei einem Ferngespräch wählen Sie eine 1, dann den dreistelligen *area code* (Vorwahl) für das Ortsnetz, anschließend die siebenstellige Teilnehmernummer. Ein Ortsgespräch kostet 35 Cent pro drei Minuten. Ein Ferngespräch ist alles, was außerhalb der Vorwahlnummer liegt, in deren Bereich Sie sich befinden. Ferngespräche sind außerhalb der Spitzenzeiten billiger, d.h. in der Regel abends und am Wochenende. Gespräche von Hoteltelefonen aus kosten deutlich mehr.

Für Auslandsgespräche wählen Sie erst 011, dann die Ländervorwahl (A: 43, CH: 41, D: 49), die Ortsvorwahl (ohne 0) und die Rufnummer. Sie können an öffentlichen Apparaten internationale Telefonate führen, brauchen dafür aber viel Kleingeld und werden vom Operator gegebenenfalls aufgefordert, Münzen nachzuwerfen. Bequemer ist das Telefonieren mit einer *calling card* von einer großen Telefongesellschaft, etwa **AT & T**. Diese sind in Hotels, Supermärkten und an Automaten im Wert von bis zu 50 US-Dollar erhältlich. Wenn Sie eine Telefonkarte verwenden, müssen Sie zumeist einen Zugangs-Code eintippen. Sie erfahren dann, über wie viel Guthaben Sie verfügen und wie lange Sie damit noch telefonieren können. Dann wählen Sie die gewünschte Telefonnummer. Die Gebrauchsanleitung ist auf allen Karten deutlich angebracht. Sollte es Probleme mit der Verbindung geben, rufen Sie den Operator an und verlangen einen *collect call* (ein R-Gespräch, für das der Angerufene, falls er akzeptiert, zahlt).

AT & T-Logo

Die von US-Unternehmen (z. B. Hotels, Mietwagenfirmen) sehr häufig angebotenen gebührenfreien Nummern beginnen mit 1-800, 866, 877 oder 888. Wenn Sie eine sol-

Mobiltelefone verdrängen die alten öffentlichen Telefone

Nützliche Nummern

- Vorwahl USA: **001**.
- Bei Direktanrufen außerhalb des eigenen Ortsnetzes, jedoch innerhalb der USA wählen Sie die **1** vor dem *area code* (Vorwahl).
  Wichtige Ortsnetze:
  Süd-Arizona: **520**.
  Nord-Arizona: **928**.
  Raum Phoenix: **602**, **623** oder **480**.
  Colorado: **970**.
  New Mexico: **575**.
  Albuquerque und Santa Fe: **505**.
  Las Vegas: **702**.
  Utah: **435**.
  Raum Salt Lake City: **801**.
- Bei Direktanrufen aus den USA ins Ausland wählen Sie erst **011**, anschließend die Ländervorwahl, dann die Ortsnetznummer (ohne 0) und Nummer des Teilnehmers.
- Polizei, Feuerwehr und Notarzt: **911**.
- Nummern mit den Vorwahlen **800**, **866**, **877** oder **888** sind kostenfrei (die **1** muss immer vorangestellt werden).
- Mit **900** beginnen die teureren Service-Nummern.
- Deutschland Direkt: **1-800 292 0049**.

che Nummer von außerhalb der USA anwählen, müssen Sie bezahlen, werden aber über die Gebühren informiert.

Mobiltelefone, Internet, E-Mail und Fax

Die größten Mobilfunkanbieter in den USA sind AT&T, Verizon und Sprint. Europäische Handys (engl. *cell phones* oder *mobiles*) funktionieren nur, wenn es sich um Mehrband-Mobiltelefone handelt. Für günstige Telefonate brauchen Sie eine US-Karte. **Cellion** etwa bietet gratis eine SIM-Karte mit eigener amerikanischer Rufnummer, bei der – ohne sonstige Gebühren oder Verpflichtungen – nur die Telefonate von Ihrem deutschen Bankkonto abgebucht werden. Achtung: Erkundigen Sie sich bei Ihrem Provider über anfallende Roaming-Gebühren. Schalten Sie während Ihres Aufenthalts das meist sehr kostspielige Daten-Roaming am besten ab.

Viele Hotels bieten WLAN oder Modemanschlüsse auf den Zimmern. In Städten und größeren Orten gibt es Internet-Cafés. Shopping Malls, Läden und Cafés in Univierteln oder Büchereien bieten meist den leichtesten und günstigsten Internet-Zugang. Coffee Shops und Flughäfen haben oft kostenloses WLAN. In Las Vegas ist das Telefonieren in den Spielbereichen der Casinos nicht erlaubt – bzw. es wird blockiert.

Faxe kann man in größeren Hotels, auf Postämtern oder in Copyshops versenden. Die Gebühren richten sich nach Tageszeit, Bestimmungsort und Anzahl der Seiten.

Postdienste

Innerhalb der USA erreichen Postsendungen in der Regel innerhalb von ein bis fünf Tagen den Empfänger *(first class mail)*. Achten Sie auf die korrekte Postleitzahl.

Internationale Luftpost kommt innerhalb von fünf bis zehn Tagen an. Päckchen, die nicht mit Luftpost ins Ausland verschickt werden, können vier bis sechs Wochen unterwegs sein. Die US-Post bietet zwei Pakettarife an: *Priority Mail* ist schneller als die normale *first class mail*, die teurere *Express Mail* verspricht die Lieferung am folgenden Tag innerhalb der USA und innerhalb von 72 Stunden im Ausland.

US-Briefkasten

Mit einigen privaten Kurierdiensten kann man internationale Sendungen so verschicken, dass sie am folgenden Tag den Empfänger erreichen. Die bekanntesten sind **FedEx**, **UPS** und **DHL**.

In großen Städten gibt es ein Hauptpostamt und weitere Postämter. Postfilialen finden sich zudem an Flughäfen, in Drugstores und Lebensmittelläden. Ausreichend frankierte Briefe sowie kleinere Päckchen können Sie einfach in die dunkelblauen Briefkästen werfen, auf denen die Leerungszeiten angegeben sind. Briefmarken bekommen Sie an Automaten, in Hotels und in Läden.

Zeitungen, Fernsehen und Radio

Die meistgelesenen Tageszeitungen sind in den USA die überregionalen Blätter *Wall Street Journal*, *New York Times*, *USA Today* und *Los Angeles Times*. Doch selbst in kleinen Ortschaften sind häufig mehrere regionale Zeitungen mit informativen Lokalteilen erhältlich. In Visitor Centers liegen oft kostenlose Blätter mit Lokalteil, Veranstaltungskalender und Wetterbericht aus. Häufig enthalten sie auch Gutscheine *(coupons)* für lokale Sehenswürdigkeiten.

Lokalnachrichten und den Wetterbericht senden die lokalen Radiosender. Hörenswert, informativ, unterhaltsam und ohne Werbeunterbrechungen ist der Sender National Public Radio. Sie finden ihn auf Kurzwelle (FM).

Die zahlreichen Sender der vier TV-Giganten ABC, CBS, FOX und NBC sowie viele Kabelkanäle bieten auch politische sowie spezielle Comedy-, Zeichentrick- und spanischsprachige Programme an. In den meisten Hotel- und Motelzimmern kann man zumindest die großen Stationen und deren lokale Sender empfangen, des Weiteren den Pay-TV-Sender PBS und CNN.

Ein weiterer beliebter, auf Spielfilme und Unterhaltungs-Shows spezialisierter Kabelsender ist Home Box Office (HBO). Die meisten Zeitungen enthalten einen TV-Teil. In Hotelzimmern liegt häufig das lokale TV-Programm aus.

AUF EINEN BLICK

AT&T
(212) 387-5400.

Cellion
www.cellion.de.

DHL
1-800 225-5345.

FedEx
1-800 463-3339.

UPS
1-800 742-5877.

Gemütliche Pause mit Kaffee und Zeitung in einem Café im Südwesten

Reiseinformationen

Jet von United Airlines

Phoenix, Salt Lake City und Las Vegas sind die Drehscheiben des internationalen Flugverkehrs im Südwesten. Regionale Bedeutung haben die Flughäfen in Albuquerque und im texanischen El Paso. Viele Besucher kommen auch mit dem Auto, mit Überlandbussen oder (seltener) mit Amtrak-Zügen. In der Autofahrernation USA ist der eigene – bequeme und klimatisierte – fahrbare Untersatz bevorzugtes Transportmittel, zumal Benzin günstiger ist als in Europa. Dies gilt auch für den Südwesten mit seinem hervorragenden Straßennetz.

Selbst in den Zentren der großen Städte führen öffentliche Transportsysteme ein Schattendasein. Die einzige S-Bahn fährt zwischen Albuquerque und Sante Fe, Busverbindungen sind abends und am Wochenende nur begrenzt vorhanden.

McCarran Flughafen in Las Vegas, dahinter das Luxor ***(siehe S. 106f)***

Mit dem Flugzeug

Von außerhalb der USA gibt es nur wenige Direktflüge zu Zielorten im Südwesten. Reisende müssen meist an den großen internationalen US-Flughäfen umsteigen – etwa in Los Angeles, San Francisco, Chicago oder Dallas – oder in Honolulu (Hawai'i), wenn sie aus dem pazifischen Raum ankommen. Eine Ausnahme bildet Las Vegas, das von einigen Fluglinien, etwa von **Lufthansa** oder von **United Airlines**, von einigen deutschen Städten aus direkt angeflogen wird. Mit Lufthansa gibt es auch Direktflüge nach Salt Lake City. Zu den wenigen internationalen Fluglinien, die Direktflüge in den Südwesten anbieten, zählen des Weiteren **British Airways**, **Air Canada** und **Aero Mexico**.

Jeder Bundesstaat im Südwesten verfügt über einen großen und mehrere kleine Flughäfen. Von dort bieten zahlreiche Fluglinien Verbindungsflüge in die ganzen USA an *(siehe Kasten S. 295)*.

Der größte Flughafen der Region ist der Sky Harbor International in Phoenix, an dessen drei Terminals die vielen inneramerikanischen Flüge abgewickelt werden. Phoenix ist zudem das Zentrum für große US-Fluggesellschaften wie **American Airlines**, **Continental Airlines**, **Delta Airlines**, **Frontier Airlines**, **Grand Canyon Airlines**, **SkyWest Airlines**, **Southwest Airlines**, **United Airlines** und **US Airways**. US Airways fliegt von Phoenix aus nach Tucson, Sedona und Yuma. Der Albuquerque International Sunport ist Basis für **Southwest Airlines**, die größte Fluglinie der Stadt. **New Mexico Airlines** bedient die kleineren Orte in New Mexico.

Vom Tucson International Airport in Süd-Arizona gehen Flüge nach Mexico City ab. Die meisten Reisenden aus dem oder ins Ausland müssen jedoch an einem größeren Flughafen umsteigen. In diesem Flughafen gibt es zwar Zoll- und Einreiseschalter, aber keine Möglichkeit zum Geldwechseln.

SkyWest AIRLINES

Logo von Skywest Airlines

Flughafen	Information	Entfernung zum Zentrum	Fahrzeit (Auto)
Phoenix	(602) 273-3300	4 Meilen (6,4 km)	15 Minuten
Las Vegas	(702) 261-5211	2,5 Meilen (4 km)	10 Minuten
Albuquerque	(505) 244-7700	5 Meilen (8 km)	20 Minuten
El Paso	(915) 780-4749	5 Meilen (8 km)	20 Minuten
Tucson	(520) 573-8100	8 Meilen (12,8 km)	30 Minuten

Vom Flughafen in El Paso aus fliegen einige Airlines wie US Airways u. a. nach Tucson, Phoenix und Albuquerque.

In Süd-Utah kommen nur wenige Reisende mit dem Flugzeug an, lediglich bei Moab *(siehe S. 141)* gibt es einen kleinen Flughafen.

Der Durango-La Plata County Airport, der größte Flughafen in den Four Corners, wird von Frontier Airlines, United Express und US Airways angeflogen. Mit Frontier Airlines gelangt man auch auf den kleinen Cortez-Montezuma Airport, der am nächsten zum Mesa Verde National Park *(siehe S. 180f)* liegt.

SOUTHWEST.COM®

Logo von Southwest Airlines

Ankunft am Flughafen

Besucher aus dem Ausland müssen bei ihrer Ankunft

Ein Flughafenangestellter beim Ausladen des Gepäcks

Zoll und Passkontrollen passieren. Falls Sie mit einem Direktflug aus Europa ankommen, werden digitale Fingerabdrücke genommen und ein digitales Foto gemacht. Stellen Sie sich auf längere Wartezeiten ein.

An größeren Flughäfen gibt es mehrsprachige Infostände, an denen man Ihre Fragen beantwortet und erklärt, wie Sie in die Stadt kommen. Bei der Einreise ist eine Zollerklärung abzugeben. Geringe Mengen Tabak (200 Zigaretten pro Person ab 18 Jahren) und Alkohol (ein Liter pro Person ab 21 Jahren) dürfen Sie mitbringen – falls Ihre Fluglinie diese Flüssigkeitsmenge erlaubt. Fleischwaren, Pflanzen, kubanische Zigaretten u. a. dürfen nicht eingeführt werden (zu Einreise und Zoll *siehe S. 284*).

An den großen Flughäfen werden vielfältige Dienstleistungen angeboten, z. B. ist es möglich, bereits vom Flughafen aus direkt in einige der Hotels in Las Vegas einzuchecken. Sie können Autos mieten oder per Shuttle-Bus oder Taxi in die Stadt fahren. Die meisten Flughäfen sind behindertengerecht ausgebaut.

Flugpreise

Für Flüge in den Südwesten sind Tickets zu unterschiedlichen Preisen erhältlich. Wer von außerhalb der USA anreist, sollte sich tunlichst bereits längere Zeit im Voraus informieren. Die günstigsten Tickets müssen in der Regel früh gebucht werden. Dies gilt vor allem für Reisen in der Hochsaison, d. h. zwischen Juni und September, in den Weihnachtsferien und um Thanksgiving.

Auf Websites wie telme.com oder lastminute.com kann man Flüge zu Last-Minute-Preisen ergattern. In der Regel bucht man jedoch Direktflüge in den Südwesten einige Zeit im Voraus bei einer Fluggesellschaft oder über eine Reiseagentur. Dort können Sie sich auch über aktuelle Ermäßigungen und Ticketbeschränkungen informieren oder über günstige Reisepakete inklusive Mietwagen, Unterkunft und weitere US-Inlandsflüge. Relativ günstig sind in der Regel die sogenannten Fly-&-Drive-Tickets, bei denen man zugleich Flug und Mietwagen bucht.

Normalerweise sind die APEX-Tickets (Advanced Purchase Excursion) am preiswertesten, die man spätestens sieben Tage vor Abflug kauft. Mit diesen ist jedoch eine minimale Aufenthaltsdauer von in der Regel sieben Tagen und eine maximale zwischen drei und sechs Monaten verbunden, außerdem kann man bei gekauften Tickets nur schwer die Daten ändern. Sichern Sie sich besser mit einer Reiserücktrittsversicherung ab.

AUF EINEN BLICK

Fluglinien

Aero Mexico
1-800 021-4000.

Air Canada
1-888 247-2262.

American Airlines
1-800 433-7300.

Austrian Airlines
www.aua.com

British Airways
1-800 247-9297.

Continental Airlines
1-800 525-0280.

Delta Airlines
1-800 221-1212.

Frontier Airlines
1-800 432-1359.

Grand Canyon Airlines
(928) 638-2359.

Lufthansa
www.lufthansa.com

New Mexico Airlines
1-888 564-6119.

Redtail Aviation
1-800 842-9251.

SkyWest Airlines
(435) 634-3400.

Southwest Airlines
1-800 435-9792.

Swiss
www.swiss.com

United Airlines
1-800 241-6522.

US Airways
1-800 428-4322.

Gepäck

Auf internationalen Flügen gibt es meist eine Freigepäckmengengrenze von 23 Kilogramm. Da es verschiedene Bestimmungen in Bezug auf Größe, Handgepäck etc. gibt, sollten Sie sich rechtzeitig vor Reiseantritt informieren.

Mit Bus und Bahn unterwegs

Logo der Greyhound-Busse

Mit Bus und Bahn ist man im Südwesten langsamer unterwegs als mit dem Auto oder Flugzeug, dafür kann man die Region auf angenehme Weise erkunden. Am preisgünstigsten reist man mit Fernbussen, die eine Vielzahl von Zielorten ansteuern. In den Großstädten sind Busse die einzigen öffentlichen Verkehrsmittel. Auch wenn sich deren Fahrplan vor allem nach den Bedürfnissen der Pendler richtet, stellen sie dennoch für Besucher nicht selten eine Alternative zu Taxis dar. Häufig steuern sie auch zentral gelegene Sehenswürdigkeiten an. Auf organisierten Ausflügen kann man sowohl Attraktionen in den Städten erreichen als auch ins Hinterland gelangen, ohne selbst Auto fahren zu müssen.

An den Amtrak-Schaltern kann man Zugfahrkarten kaufen

Mit der Bahn

Durch den Rückgang der Bahnreisen in den USA sind nur wenige, von **Amtrak** betriebene Linien verblieben, die den Südwesten in Ost-West-Richtung queren. Auch wenn die legendären Nonstop-Bahnreisen von New York nach Los Angeles heute nicht mehr angeboten werden, so kreuzen doch immer noch drei große Überlandverbindungen die Region: Der *Southwest Chief* fährt täglich zwischen Chicago und Los Angeles. Er hält in dem Dorf Lamy bei Santa Fe und in Albuquerque, setzt dann seinen Weg Richtung Westen via Winslow und Gallup durch Navajo- und Hopi-Land bis nach Flagstaff fort. Von dort bietet Amtrak eine Busverbindung zum Grand Canyon. Von Lamy aus fährt ein Bus nach Santa Fe. Der *California Zephyr* fährt weiter im Norden von Chicago nach San Francisco. Er hält in Süd-Utah in Green River, 64 Kilometer nordwestlich von Moab, sowie bei den Nationalparks Arches und Canyonlands. Mit dem *Sunset Limited* schließlich reist man von Miami durch Texas und den Süden von New Mexico und Arizona. Er hält in El Paso, Tucson (von dort gibt es eine Busverbindung nach Phoenix) und Yuma.

Alle drei Züge sind Amtrak-Superliner, deren zweistöckige Waggons Komfort für jeden Geldbeutel bieten – von Luxuskabinen mit Bad bis zu gewöhnlichen Liegesitzen. Die Züge sind in der oberen Etage mit Panoramafenstern ausgestattet, zudem bieten sie Bar-, Restaurant- und Imbisswaggons.

Liebhaber-Zugreisen

Auf drei historischen Bahnstrecken kann man einige der schönsten Landschaften des Südwestens des USA genießen:

Die **Cumbres and Toltec Scenic Railroad**, eine von einer Dampflokomotive gezogene Schmalspurbahn, schnauft im Sommer auf einer tunnelreichen Strecke zwischen Chama in New Mexico *(siehe S. 203)* und Antonito in Colorado gut 103 Kilometer lang an Gipfeln und Schluchten vorbei.

In Colorado reist man mit der **Durango and Silverton Narrow Gauge Railroad** *(siehe S. 179)* durch die Ausläufer der Rocky Mountains und deren zerklüftete Bergbauregionen, in denen verlassene Maschinen und Holzhütten die Zeit überdauert haben.

Die **Grand Canyon Railway** überwindet von Williams *(siehe S. 70)* aus den über zweistündigen Weg zum Grand Canyon sowohl mit Diesel- als auch mit Dampfloks. Organisierte Ausflüge mit dieser Bahn umfassen Mahlzeiten, Übernachtung am Canyon und Unterhaltung im Westernstil – etwa einen fingierten Überfall auf den Zug. Für Eisenbahnfans empfiehlt sich außerdem die 58 Kilome-

Zug der Schmalspurbahn Durango and Silverton Narrow Gauge Railroad

ter lange Rundfahrt zwischen Santa Fe und dem Dorf Lamy mit einem Zug der **Santa Fe Southern Railway**, deren überaus liebevoll restaurierte Waggons und abendliche Dinnerfahrten die Herzen von Zugliebhabern höherschlagen lassen.

Greyhound-Busse bringen ihre Gäste überallhin

Fernbusse

Die größte Busgesellschaft der USA ist **Greyhound**. Zusammen mit einigen angeschlossenen Busunternehmen erreicht man mit Greyhound-Bussen fast alle kleineren Orte und großen Zentren im Südwesten sowie wichtige Flughäfen und Amtrak-Bahnhöfe. Die Buslinien von Amtrak Thruway verbinden Bahnhöfe mit den großen Städten. Mit ihnen gelangen Reisende etwa von der Haltestelle des *Southwest Chief* in Flagstaff nach Phoenix.

Einige der besten Busverbindungen beginnen an Flughäfen: Vom Flughafen in Albuquerque fahren Greyhound-Busse nach Durango, Carlsbad, Farmington und Roswell. Vom Sky Harbor Airport in Phoenix steuern täglich 27 Buslinien verschiedene Ziele in Arizona an, acht fahren täglich direkt nach Tucson.

Mit den von Greyhound und einigen anderen Unternehmen angebotenen Ausflügen kann man entspannt auf Sightseeing-Tour gehen, ohne selbst am Steuer sitzen zu müssen. Auf diesen Fahrten in klimatisierten Bussen werden verschiedene Sehenswürdigkeiten von Nationalparks wie dem Grand Canyon bis hin zu archäologischen Sehenswürdigkeiten wie dem Chaco Canyon angesteuert. Mahlzeiten und Unterkunft sind im Angebot enthalten. Die **Grey Line Albuquerque** bietet Tagesausflüge zum Acoma Pueblo, nach Santa Fe und Albuquerque. Ähnliche Angebote von anderen Unternehmen finden Sie in den Lokalzeitungen oder den *Yellow Pages* im Telefonbuch.

Tickets und Reservierung

Amtrak- und Greyhound-Tickets sollte man vorab buchen. So fährt man preisgünstiger – und ein Sitzplatz ist garantiert. Ermäßigte Greyhound-Fahrkarten *(Ameripasses)* sind zwischen sieben und 60 Tagen gültig, Ermäßigungen erhalten Kinder unter zwölf Jahren, Studenten, Senioren, Familien von US-Soldaten sowie Veteranen.

Für Fahrten mit einem Amtrak-Superliner sollte man unbedingt Plätze reservieren – sie können schon elf Monate im Voraus gebucht werden. Günstigere Preise gibt es in der Nebensaison zwischen Januar und Mitte Mai sowie zwischen Mitte September und Mitte Dezember.

Öffentlicher Nahverkehr

Außer Santa Fe und Flagstaff, die man am besten zu Fuß erkundet, erstrecken sich Großstädte im Südwesten über riesige Flächen und leiden unter erheblichen Verkehrsproblemen. In diesen Städten sollte man am besten auf den öffentlichen Nahverkehr umsteigen.

Bus von Valley Metro in Phoenix

In Albuquerque erreicht man mit den städtischen Buslinien von **Sun Tran** fast alle Ecken in der City, den Flughafen, die Old Town und den University District *(siehe S. 210–215)*.

Der **Rail Runner Express** verbindet in New Mexico Albuquerques Sunport International Airport und Sante Fe. In Phoenix und Scottsdale *(siehe S. 76–81)* fahren die Busse von **Valley Metro** sowie von **Ollie the Trolley**. Letztere verkehren zwischen den Ferienanlagen und Einkaufsvierteln von Scottsdale.

Die City von Phoenix zwischen dem State Capitol, dem Arizona Center und der Civic Plaza kann man mit Bussen von **Downtown Dash** erkunden. Sie verkehren montags bis freitags – kostenlos.

AUF EINEN BLICK

Eisenbahn

Amtrak
1-800 872-7245.
www.amtrak.com

Cumbres and Toltec Scenic Railroad
(575) 756-2151.
1-888 286-2737.
www.cumbrestoltec.com

Durango and Silverton Narrow Gauge Railroad
(970) 247-2733.
1-888 872-4607.
www.durangotrain.com

Grand Canyon Railway
(303) 843-8724.
1-800 843-8724.
www.thetrain.com

Santa Fe Southern Railway
(505) 989-8600.
1-800 989-8600.
www.sfsr.com

Fernbusse

Greyhound
1-800 231-2222.
www.greyhound.com

Grey Line Albuquerque
1-866 242-4998.

Grey Line Tucson
1-800 276-1528.

Öffentlicher Nahverkehr

Downtown Dash
Phoenix. (602) 253-5000.

Ollie the Trolley
Scottsdale.
(480) 970-8130.

Rail Runner Express
Albuquerque/Santa Fe.
1-866 795-7245.

Sun Tran
Albuquerque.
(520) 792-9222.

Valley Metro
Phoenix. (602) 253-5000.

Mit Auto und 4WD unterwegs

Zapfsäule

Nicht nur Thelma und Louise im gleichnamigen Film genossen die Freiheit auf den endlosen Straßen des Südwestens und die Fahrt durch fantastische Landschaften. Autofahren ist in den USA, wo viele abgelegene Gebiete nur mit dem Wagen erreichbar sind, in erster Linie eine Notwendigkeit. Touren durch malerische Regionen wie Zentral-Arizona *(siehe S. 71)*, den Enchanted Circle in New Mexico *(siehe S. 207)* oder auf dem San Juan Skyway in Colorado *(siehe S. 178)* unternimmt man am besten mit dem Auto. Im Südwesten lädt ein exzellentes Verkehrsnetz von vielspurigen Highways bis zu kurvigen Panoramastraßen zur Erkundung der gesamten Region ein.

Spektakuläre Berglandschaft am San Juan Highway

Mietwagen

Ausländische Autofahrer brauchen einen seit mindestens einem Jahr gültigen Führerschein. Ein internationaler Führerschein ist kein Muss, aber hilfreich, wenn der nationale alt und schwer lesbar ist. Obwohl Autos bereits mit 21 Jahren gemietet werden dürfen, verlangen einige Verleiher höhere Gebühren für Fahrer unter 25 Jahren. Eine Kreditkarte ist unerlässlich – die Mietwagenfirma blockt bis zur Rückgabe des Wagens auf Ihrem Kreditkartenkonto eine Sicherheitsleistung.

Mietwagen gibt es im Südwesten überall. Fast alle großen Firmen wie **Alamo**, **Avis**, **Hertz** und einige preiswerte Anbieter wie **Dollar Rent-A-Car** und **Thrifty Auto Rental** unterhalten Filialen an Flughäfen und in Städten. Wenn Sie an einem Großflughafen wie Las Vegas oder Phoenix ankommen, sind Fly-&-Drive-Arrangements am preisgünstigsten. Möchten Sie nicht von Ihrem Ankunfts-, sondern von einem anderen Ort zurückfliegen, müssen Sie einen (teils hohen) Aufpreis bezahlen.

Autovermietung Hertz

Die meisten Autoverleiher verfügen über ein zentrales Computer-Buchungssystem. Informieren Sie sich bei den gebührenfreien Nummern über die besten Angebote. Ermäßigungen werden etwa bei Vorausbuchungen oder in der Nebensaison gewährt. Die Kosten unterscheiden sich von Staat zu Staat. Spezielle Tarife gibt es für Vielflieger, Geschäftsreisende oder Mitglieder der **American Automobile Association** (AAA oder »Triple A«), teilweise auch für **ADAC**-Mitglieder, sowie bei Buchungen über das Internet. Das billigste Angebot ist nicht unbedingt das günstigste. Überprüfen Sie, ob im Preis eine unbeschränkte Kilometeranzahl und eine gesetzlich vorgeschriebene Haftpflichtversicherung sowie eine zehnprozentige Steuer inbegriffen sind. Sie schützen sich mit einer ausreichenden Versicherung vor eventuell hohen Kosten. Geben Sie das Fahrzeug mit vollem Tank zurück. Kalkulieren Sie Zeit für die Rückgabe ein.

Im Sommer ist eine Klimaanlage unerlässlich. Die meisten Autos haben Automatikschaltung. Kindersitze und behindertengerechte Autos müssen reserviert werden.

Verkehrsregeln

Freeway und Interstate Highways sind großzügige Autobahnen. Die auf Highways erlaubte Höchstgeschwindigkeit ist in jedem Staat unterschiedlich und reicht im Südwesten von 55 bis zu 75 Meilen/h (90 km/h bzw. 120 km/h). Überschreitungen werden von der *Highway Patrol* rigoros geahndet. In Ortschaften gelten 20–30 mph (32–48 km/h) und

Höchstgeschwindigkeit (Meilen/h)

Ausfahrt zu einer Raststelle an einer Interstate

Wildwechsel

Stoppschild

Einbahnstraße

Verkehrsschilder
Zahlreiche Verkehrsschilder warnen vor Gefahren – man sollte sich zur eigenen Sicherheit unbedingt an sie halten.

Tankstelle an der legendären Route 66 ***(siehe S. 50f)***

15 mph (24 km/h) vor Schulen und Kindergärten. An haltenden Schulbussen mit eingeschalteten Warnblinklichtern darf man – auch in der Gegenrichtung – nicht vorbeifahren.

Infoschild für Besucher

Vor allem in abgelegenen Gebieten weisen Schilder oft auf Gefahren hin, halten Sie sich an die Warnungen. Alkohol am Steuer wird hart bestraft. Die Promillegrenze liegt zwar formal in fast allen Bundesstaaten bei 0,8 Promille, praktisch gilt aber 0,0 Promille, da es verboten ist, unter Alkoholeinfluss (DUI, »driving under influence«) zu fahren. Wenn Sie von der Polizei angehalten werden, bleiben Sie im Auto sitzen und lassen die Hände auf dem Steuer liegen.

Der AAA und die Autoverleiher informieren über Verkehrsregeln, die von europäischen Vorschriften abweichen. So ist etwa an roten Ampeln das Rechtsabbiegen erlaubt, an Kreuzungen mit Stoppschildern hat das jeweils zuerst ankommende Fahrzeug Vorfahrt. Der AAA bietet Karten und Hilfe für Mitglieder von befreundeten Automobilclubs (ADAC, ÖAMTC) an.

Tankstellen

Benzin ist in den USA preiswerter als in Europa. Die Preise für den in *gallons* (3,8 Liter) verkauften Kraftstoff variieren und liegen bei abgelegenen Tankstellen höher. Häufig wird man von einem Tankwart bedient, bei Tankstellen mit Selbstbedienung ist es üblich, vor dem Tanken die Kreditkarte am Tankschalter zu hinterlegen. Tankstellen sind im Südwesten weitaus weniger dicht gesät, als viele europäische Reisende vermuten.

Reisen im Hinterland

Bei Reisen in einsame Gebiete wie die Canyonregion (Süd-Utah) oder die Wüsten von Arizona und New Mexico sollte man sich informieren, ob ein Fahrzeug mit Allradantrieb (4WD) erforderlich ist. So wird etwa im Grand Staircase – Escalante National Monument *(siehe S. 148)* aus ökologischen Gründen kein Straßenausbau genehmigt. Erkundigen Sie sich vorab bei Automobilclubs und in Visitor Centers.

»Unbefestigte Straße« – Schild im Kodachrome Basin ***(siehe S. 148)***

AUF EINEN BLICK

Mietwagen

Alamo
1-800 354-2322.
www.alamo.com

Avis
1-800 331-1212.
www.avis.com

Budget
1-800 527-0700.
www.budget.com

Dollar Rent-A-Car
1-800 800-4000.
www.dollar.com

Hertz
1-800 654-3131.
www.hertz.com

Thrifty Auto Rental
1-800 847-4389.
www.thrifty.com

Automobilclubs

American Automobile Association (AAA)
742 E. Glendale Ave 182,
Phoenix 85027.
(602) 285-6241.
www.aaaaz.com

ADAC
1-888 222-1373 (deutsch).
www.adac.de

Planen Sie die Streckenlänge, versorgen Sie sich mit aktuellen Karten (z. B. Rand McNelly Road Atlas), und geben Sie bei Fahrten zwischen abgelegenen Orten bei Polizei oder Parkaufsicht Ihre Abfahrts- und voraussichtliche Ankunftszeit an. Informieren Sie sich über die Straßenverhältnisse. Achten Sie auf Gefahren (etwa Blitzfluten in den Canyons). Nehmen Sie reichlich Wasser, Verpflegung und ein Mobiltelefon mit. Bleiben Sie bei Pannen am Fahrzeug (Wetterschutz). Sobald Sie nicht zur geplanten Zeit am Zielort ankommen, wird man nach Ihnen suchen.

Tiere und Pflanzen dürfen weder mitgenommen noch beschädigt werden. Offroad-Touren sind nur in ausgewiesenen Gebieten – nie in Reservaten – erlaubt. Mit Wohnmobilen darf man nur auf dafür eingerichteten Campingplätzen übernachten.

Textregister

Seitenzahlen in **Fettdruck** beziehen sich auf Haupteinträge.

A

B

N

T

Danksagung und Bildnachweis

Dorling Kindersley bedankt sich bei allen, die an diesem Buch mitgewirkt haben.

Hauptautoren

Donna Dailey ist Autorin und Fotografin und hat den Südwesten der USA und die Rocky Mountains ausgiebig bereist. Von ihr stammen außerdem Reiseführer über Denver, Los Angeles, den amerikanischen Westen, Kenia, Schottland und Griechenland.

Paul Franklin lebt in Washington, DC. Der Autor und Fotograf ist auf die USA und Kanada spezialisiert und hat zahlreiche Reiseführer und Artikel veröffentlicht.

Michelle de Larrabeiti lebt in London. Die Autorin und Redakteurin hat die USA, Europa und Asien vielfach bereist und an zahlreichen Reiseführern von Dorling Kindersley mitgewirkt.

Philip Lee ist ein erfahrener Reiseschriftsteller und hat zahlreiche Artikel und Reisebücher über viele Länder veröffentlicht. Seine Reisen führten ihn insbesondere in die USA, nach Kanada und Europa.

Weitere Beiträge

Randa Bishop.

Duncan Baird Publishers

Managing Editors Michelle de Larrabeiti, Rebecca Miles.
Managing Art Editor Vanessa Sayers.
Editors Liz Atherton, Georgina Harris, Judith Ledger.
Designer Dawn Davies-Cook.
Design and Editorial Assistance Kelly Cody, Jessica Hughes.
Visualizer Gary Cross.
Picture Research Ellen Root.
DTP Designer Sarah Williams.

Dorling Kindersley

Publisher Douglas Amrine.
Senior Revisions Editor Esther Labi.
Publishing Manager Jane Ewart.
Senior Designer Marisa Renzullo.
Director of Publishing Gillian Allan.
Revisions Editor Sherry Collins.
Production Marie Ingledew.
Map Co-Ordinators Casper Morris, Dave Pugh.

Grafik- und Redaktionsassistenz

Claire Baranowski, Bob Barnes, Marta Bescos Sanchez, Tessa Bindloss, Caroline Elliker, Mariana Evmolpidou, Anna Freiberger, Camilla Gersh, Sophie Jonathan, Laura Jones, Hayley Maher, Nancy Mikula, Sonal Modha, Catherine Palmi, Marianne Petrou, Pete Quinlan, Rada Radojicic, Ellen Root, Zoë Ross, Sands Publishing Solutions, Brett Steel, Rachel Symons, Roseen Teare, Ros Walford.

Ergänzende Bildrecherche

Rachel Barber, Rhiannon Furbear.

Ergänzende Fotografie

Steve Gorton, Dave King, Andrew McKinney, Neil Mersh, Ian O'Leary, Tim Ridley, Clive Streeter.

Kartografie

Ben Bowles, Rob Clynes, Sam Johnston, James Macdonald (Colourmap Scanning Ltd).

Fact Check

Eileen Bailey, Alan Chan, Jessica Hughes, Lynn Kidder, Marshall Trimble, Barney Vinson.

Korrektur

Sam Merrell.

Textregister

Helen Peters.

Besondere Unterstützung

Dorling Kindersley bedankt sich bei den folgenden Personen für ihre wertvolle Hilfe: Margaret Archuleta, Heard Museum; Myram Borders, Las Vegas CVA; Jennifer Franklin, Phoenix CVB; Louann C. Jordan, El Rancho de las Golondrinas; Ken Kraus, Utah Travel Council; Joyce Leonsanders, Albuquerque CVB; Steve Lewis, Santa Fe CVB; Jean McKnight, Tucson CVB; Rekha Parthasarathy, Arizona Office of Tourism; Pat Reck, Indian Pueblo Cultural Center; Gary Romero, New Mexico Department of Tourism; Theresa Valles Jepson, Flagstaff CVB; Charles B. Wahler, Grand Canyon National Park – zudem bei allen Mitarbeitern der Nationalparks im Südwesten der USA.

Genehmigung für Fotografien

Dorling Kindersley bedankt sich bei allen Personen bzw. Besitzern für ihre Unterstützung und die freundlich gewährte Erlaubnis, Kathedralen, Kirchen, Museen, Hotels, Restaurants, Läden, Kunstgalerien, National Parks und State Parks sowie andere Sehenswürdigkeiten zu fotografieren.

Bildnachweis

o = oben, m = Mitte; u = unten, l = links, r = rechts, d = Detail.

Folgende Kunstwerke und Illustrationen wurden mit freundlicher Genehmigung ihrer Copyright-Inhaber reproduziert: Albuquerque Museum of Art and History Museum Purchase, 1993 General Obligation Bond Estella Loretto *Earth Mother, Offerings for a Good Life (No wa Mu Stio)*, 1994 212ol; Capitol Art Foundation, Santa Fe, New Mexico, Capitol Art Collection Holly Hughes *Buffalo* 1992, Skulptur aus verschiedenen Materialien 188 x 127 x 63,5 Zentimeter 199m; mit freundlicher Genehmigung des Kit Carson Historic Museum 15o, 28m/ul, 204o/ml/mr, 206o; mit freundlicher Genehmigung der Frank Lloyd Wright Foundation 23u, 81u; Museum of Indian Arts and Cultures/Laboratory of Anthropology, Museum of New Mexico, 44857/12 Keramikfigur, Cochiti Pueblo ca. 1885 197or; University of Arizona Fine Arts, Oasis Barbara Grygutis *Front Row Center* 84o.

Dorling Kindersley bedankt sich bei den folgenden Personen, Organisationen und Bildarchiven für die freundliche Genehmigung zur Reproduktion ihrer Fotografien:

AFP: Spaceimaging.com 13o.
Alamy Images: Tibor Bognar 116ol; Danita Delimont/Walter Bibikow 251ol, 270mu; Patrick Eden 105ol; Alan Hanson 270mr; Art Kowalsky 10um; pictures-byrob/fc1 250ml; Rollie Rodriguez 10mro; RogerPix 10om.
Arizona Office of Tourism: Chris Coe 50ol.
Arizona State Library: Archive + Public Records, Archive Division, Phoenix no. 99–0281 36.
Arizona State Parks: K. L. Day 93o.
Associated Press: 35u, 96u, Roy Dabner 274u; Louisa Gauerke 51ol; Mickey Krakowski 33u; Julia Malakie 45m; Lennox McLendon 17u; Douglas C. Pizac 31o; Susan Sterner 33o.
AT&T Inc.: 292mu.
AURA/NOAO/ National Science Foundation: 91u.

Bridgeman Art Library: Christie's London Walter Ufer (1876–1936) *The Southwest* 8–9; Private Collection/Index Frederic Remington (1861–1909) *The Conversation or Dubious Company* 1902 54u; Museum of Fine Arts Houston, Texas, USA, Hogg Brothers Collection, Schenkung von Ms. Ima Hogg, Frederic Remington (1861–1909) *Aiding a Comrade* ca.1890 54–55; University of Michigan, Museum of Art, USA Charles Ferdinand Wimar (1829–1863) *The Attack on the Emigrant Train* 1856 42–43.

Caesars Entertainment: 101or, 103ur.
Cirque du Soleil: Foto Véronique Vial, Kostüme Dominique Lemieux 126o.
Corbis: 25o, 38m, 41m, 43ol, 43u, 45o, 95, 97mru, 136o, 203or, 229, James L. Amos 172o; Tom Bean 2–3, 11ur, 153u, 161m, 293u; Patrick Bennett 295u; Bettmann 39m/u, 41o, 42m, 42u, 43or, 44m, 54mu, 96ml, 97o, 103ul, 136u, 171u, 187or, 225ol, 227u; D. Boone 95–96; Jan Butchofsky-Houser 26m; W. Cody 1; Richard A. Cooke 38o; Raymond Gehman 153o; Aaron Horowitz 219o; H. H. HneyLiz 215ur; Hymans 161o; Dewitt Jones 160o; Wolfgang Kaehler 206u; Catherine Karnow 104ur; Danny Lehman 189ur; Buddy Mays 287; Joe McDonald 87o; David Muench 20mr, 153mu, 160–161; Richard T Nowitz 294m; Pat O'Hara 52ul; Progressive Image/Bob Rowan 26o; Charles E. Rotkin 97mlo; Phil Schermeister 32u; Baldwin H. Ward + Kathyrn C. Ward 186–187; Patrick Ward 137ur; Nevada Wier 271or; Adam Woolfitt 274m.

Diana Dicker: 27m, 160u; © Anna Marie Houser/The Allan Houser Foundation 29o.

EFX: 126u.
Mary Evans Picture Library: 42o, 157.

Paul Franklin: 63or.

Getty Images: Photographer's Choice/Gavin Hellier 11mlu; Harald Sund 11om.
Goulding Lodge: 165u.
Grand Canyon Caverns: 50ur.
Grand Canyon Railway: 60um.
Granger Collection, New York: 133.
Ronald Grant Archive: Greenspun Media Group: MGM 31ur; Paramount Pictures 31mr; Universal Pictures 30ur.
Greyhound Lines, Inc: 297o.

Robert Harding Picture Library: Geoff Renner 134m; Nerda Westwater 33m, 189o; Adam Woolfitt 190.
Heard Museum: 78or, 79u; 79mru; Fred Harvey Collection 79mo.
Dave G. Houser: 32m, 223o; Ellen Barone 34; Rankin Harvey 35o.
Hulton Getty Collection: 186u.

Image Bank, London: Archive Photos 97u.
Impact Photos: Jacqui Spector 50ul.

James Agency/Liberace Museum: 109m.
Jubilee: 126or.

Kirvan Doak Communications: 102ml.
Kobal Collection, London: Hollywood Pictures/Cinergi 31mlu; MGM Cinerama 30mo; MGM/PATHE 30mu; Paramount Pictures 55u; RKO 31mlo; United Artists 30ul.

Las Vegas Convention & Visitors Authority: Bob Byre 102or.
Las Vegas Visitors' News Bureau: 96mro, Brian Jones 127m.
Lonely Planet Images: John Hay 272ur.

MGM Grand Hotel: 108m.
MGM Mirage: 104mo.
Museum of Church History and Art, Salt Lake City: American Publishing Co. 137o; © Intellectual Reserve, Inc CCA Christensen *Handcart Com.* 1900 Öl auf Leinwand 136–137.
Museum of International Folk Art, Teil des Museum of New Mexico: Nachlass von Charles D. Carroll, Photo Blair Clark *Nuestra Señora de los Dolores/Our Lady of Sorrows* (A.78.93–1) Arroyo Hondo Carver, New Mexico 1830–50 196u; Girard Foundation Collection, Photo Michel Monteaux *Baptism* von der Familie Aguilar, Octolan de Morelos, Oaxaca, Mexiko ca. 1960 196or, *Jaguarmaske* Mexiko ca. 1960. 196ol, *Spielzeugpferd* Bangladesch, Indien ca. 1960. 197ol; Neutrogena Collection, Photo Pat Pollard *Yogi (Hochzeitsdecke)* vermutlich aus Kyushu, West-Japan. 19. Jh. 196m.
Museum of New Mexico: Fray Orci *Don Juan Bautista de Anza* 1774 neg. no. 50828 40ur(d).
Museum of Spanish Colonial Art: 1997.10 Krug (Olla), glimmeriger Ton, 1997, von Jacobo de la Serna, Alcade, New Mexico 188or.

NASA: 45ur, 187m.
NHPA: Stephen Dalton 227ol; Rich Kirchner 280u; Stephen Kraseman 21ul; David Middleton 21uml; Rod Planck 20ul; Andy Rouse 21ol; John Shaw 14, 21mr/ur, 90u.
National Park Service, Chaco Culture National Historic Park: 161u; Dave Six 160mu, 174ol.
Peter Newark Pictures: 24m, 25m/u, 37m, 39o, 40o, 43m, 44o/ul, 54mo, 55o, 136m, 137m.
New Mexico Tourism: 32o.

Georgia O'Keeffe Museum: Schenkung der Burnett Foundation ©ARS, NY and DACS, London. 2011. Georgia O'Keeffe *Jimson Weed* 1932 194m.

Papillon Grand Canyon Helicopters: 123ul.
Mit freundlicher Genehmigung des **Phoenix Art Museum:** Bill Timmerman 77ur.
Photolibrary: JTB Photo 251m.
Photoshot: Art Foxall 70or.
Privatsammlung: 9, 24o, 40m, 47, 183, 283.

Branson Reynolds: 27u, 290u.
Riviera Hotel & Casino: 105mru, 116ur.
John Running: 26u, 27o.

Santa Fe Opera: Robert Reck 275u.
Scottsdale CVB: Tom Johnson 272ol.
Science Photo Library: NASA 187ol/u.
Stone: Tom Bean 35m; Paul Chesley 162; Stewart Cohen 97mlu; Kerrick James 112–113; Steve Lewis 51or; Jake Rajs 96mru; Randy Wells 280o.
Mit freundlicher Genehmigung von **Southwest Airlines, Texas:** 295ol.
SuperStock: National Geographic 292ul.

Telegraph Colour Library: F.P.G. (C) T. Yamada 182–183.
Tumacacori National Historic Park: Cal Peters 24u.

University of Nevada, Las Vegas Library: mit freundlicher Genehmigung der Helen J. Stewart Collection 96o.

Wigwam Resort: 276m.

Yuma Convention and Visitors Bureau: © Robert Herko 1999 90o.

Vordere Umschlaginnenseiten
Auftragsfotos außer: **Robert Harding Picture Library:** Adam Woolfitt ur; **Stone:** Paul Chesley or.

Umschlag
Vorderseite: **Alamy Images:** Rollie Rodriguez.
Rückseite: **Alamy Images:** nagelstock.com mlo; **AWL Images:** Alan Copson ul; **Dorling Kindersley:** Demetrio Carrasco mlu, Rough Guides/Demetrio Carrasco ol.
Buchrücken: **Alamy Images:** Rollie Rodriguez o; **DK Images:** Alan Keohane u.

Alle anderen Bilder © Dorling Kindersley.
Weitere Informationen finden Sie unter:
www.dkimages.com

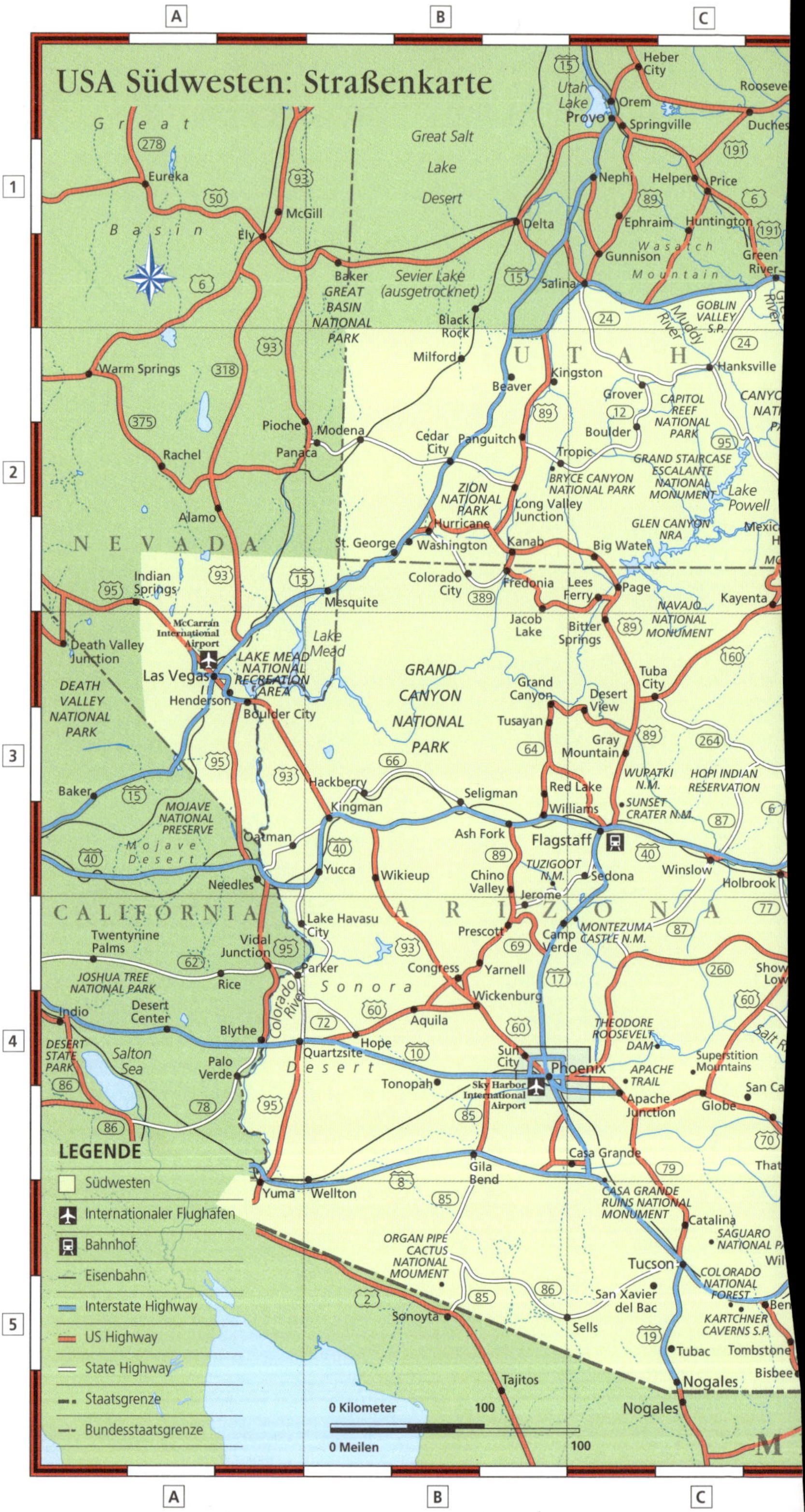
USA Südwesten: Straßenkarte
A
B
C
1
2
3
4
5
LEGENDE
Südwesten
Internationaler Flughafen
Bahnhof
Eisenbahn
Interstate Highway
US Highway
State Highway
Staatsgrenze
Bundesstaatsgrenze
0 Kilometer 100
0 Meilen 100
NEVADA
UTAH
ARIZONA
CALIFORNIA
Great Basin
Great Salt Lake Desert
Sevier Lake (ausgetrocknet)
Wasatch Mountain
Mojave Desert
Sonora Desert
Salton Sea
Lake Mead
Lake Powell
Utah Lake
Colorado River
Muddy River
GREAT BASIN NATIONAL PARK
CAPITOL REEF NATIONAL PARK
GRAND STAIRCASE ESCALANTE NATIONAL MONUMENT
BRYCE CANYON NATIONAL PARK
ZION NATIONAL PARK
GLEN CANYON NRA
GOBLIN VALLEY S.P.
NAVAJO NATIONAL MONUMENT
GRAND CANYON NATIONAL PARK
LAKE MEAD NATIONAL RECREATION AREA
DEATH VALLEY NATIONAL PARK
MOJAVE NATIONAL PRESERVE
JOSHUA TREE NATIONAL PARK
DESERT STATE PARK
WUPATKI N.M.
SUNSET CRATER N.M.
HOPI INDIAN RESERVATION
TUZIGOOT N.M.
MONTEZUMA CASTLE N.M.
THEODORE ROOSEVELT DAM
APACHE TRAIL
CASA GRANDE RUINS NATIONAL MONUMENT
ORGAN PIPE CACTUS NATIONAL MOUMENT
SAGUARO NATIONAL P
COLORADO NATIONAL FOREST
KARTCHNER CAVERNS S.P.
McCarran International Airport
Sky Harbor International Airport
Eureka
McGill
Ely
Baker
Black Rock
Milford
Delta
Warm Springs
Rachel
Pioche
Panaca
Modena
Alamo
Indian Springs
Death Valley Junction
Las Vegas
Henderson
Boulder City
Mesquite
St. George
Washington
Hurricane
Cedar City
Panguitch
Beaver
Kingston
Colorado City
Fredonia
Kanab
Long Valley Junction
Tropic
Grover
Boulder
Hanksville
Big Water
Page
Lees Ferry
Jacob Lake
Bitter Springs
Kayenta
Tuba City
Grand Canyon
Desert View
Tusayan
Gray Mountain
Red Lake
Williams
Flagstaff
Seligman
Hackberry
Kingman
Ash Fork
Oatman
Yucca
Needles
Wikieup
Chino Valley
Jerome
Sedona
Camp Verde
Prescott
Winslow
Holbrook
Lake Havasu City
Parker
Vidal Junction
Twentynine Palms
Rice
Indio
Desert Center
Blythe
Palo Verde
Quartzsite
Hope
Congress
Yarnell
Wickenburg
Aquila
Tonopah
Sun City
Phoenix
Apache Junction
Globe
Superstition Mountains
Gila Bend
Casa Grande
Yuma
Wellton
Catalina
Tucson
San Xavier del Bac
Sells
Sonoyta
Tajitos
Tubac
Nogales
Tombstone
Bisbee
Baker
Heber City
Orem
Provo
Springville
Roosevel
Duches
Nephi
Helper
Price
Ephraim
Huntington
Gunnison
Salina
Green River
Show Low
San Ca
That
Wil
Ben
Mexic
M
15
50
93
6
278
318
375
95
389
89
12
24
191
160
264
64
66
40
87
77
62
72
60
10
69
17
260
70
79
85
86
8
2
19
78

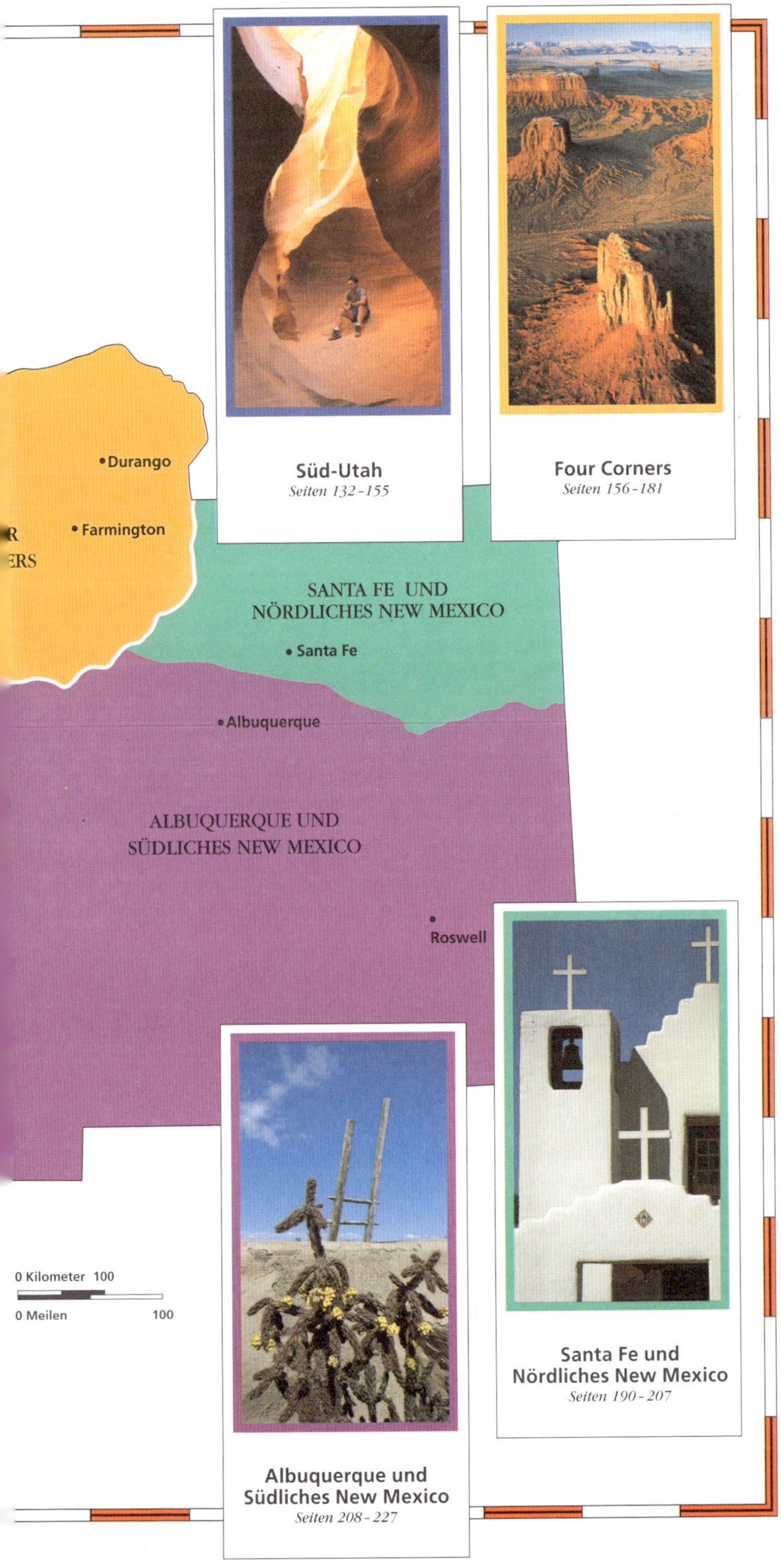
Süd-Utah
Seiten 132-155
Four Corners
Seiten 156-181
Durango
Farmington
SANTA FE UND
NÖRDLICHES NEW MEXICO
Santa Fe
Albuquerque
ALBUQUERQUE UND
SÜDLICHES NEW MEXICO
Roswell
0 Kilometer 100
0 Meilen 100
Santa Fe und
Nördliches New Mexico
Seiten 190-207
Albuquerque und
Südliches New Mexico
Seiten 208-227